wk

GESTALTEN DER KIRCHENGESCHICHTE

Herausgegeben von Martin Greschat

Band 2

Martin Greschat (Hrsg.)

Alte Kirche II

Verlag W. Kohlhammer
Stuttgart Berlin Köln Mainz

CIP-Kurztitelaufnahme der Deutschen Bibliothek

Gestalten der Kirchengeschichte / hrsg. von Martin Greschat. –
Stuttgart ; Berlin ; Köln ; Mainz : Kohlhammer
NE: Greschat, Martin [Hrsg.]
Bd. 2. Alte Kirche : II ; [Basilius von Caesarea ...]. – 1984.
ISBN 3-17-008355-4

Stuttgart Berlin Köln Mainz
Verlagsort: Stuttgart
Umschlag: hace
Gesamtherstellung:
W. Kohlhammer Druckerei GmbH + Co. Stuttgart
Printed in Germany

Inhalt

Basilius von Caesarea

von Wolf-Dieter Hauschild

Die Bedeutsamkeit von Person und Werk des Basilius, der schon seinen Zeitgenossen als »der Große« galt, zeigt sich im historischen Kontext der Krise der Reichskirche im 4. Jahrhundert. Diese durch verschiedene Ursachen bedingte Krise fand den signifikantesten Ausdruck in zwei Phänomenen: im Erstarken der charismatisch-asketischen Reformbewegung des Mönchtums sowie in der Spaltung der Kirche durch den trinitarischen (den sog. arianischen) Streit. Basilius hat einen entscheidenden Beitrag zur Entwicklung des Mönchtums und dessen kirchlicher Integration sowie zur Fixierung der orthodoxen Trinitätslehre und deren Durchsetzung in einer geeinten Kirche geliefert.

I

329 oder 330 in Caesarea (Kappadokien) geboren, entstammte Basilius einem alten pontisch-kappadokischen Geschlecht. Sein Vater Basilius war ein angesehener Rhetor und Advokat in Neocaesarea; dessen Mutter Makrina (die Ältere) gehörte zu den Pionieren der christlichen Mission im Pontus unter der Führung des Gregor Thaumaturgos, und ihre Familie widerstand tapfer den Christenverfolgungen. Die Familie seiner Mutter Emmelia verfügte über immense Güter, die sich über drei Provinzen erstreckten, und gehörte wohl zum kappadokischen Landadel. Sie hatte sich ebenfalls schon in vorkonstantinischer Zeit zum Christentum bekehrt; Emmelias Vater wurde in der diokletianischen Verfolgung Märtyrer, ihr Bruder wurde später Bischof. Diese Familientradition eines engagierten Christentums prägte den jungen Basilius ebenso wie seine aristokratische Herkunft, die ihm Verbindungen zu den Größen von Geistesleben und Politik bis hin zum Kaiserhof erschloß. Er suchte in seiner späteren Wirksamkeit beides zu vermitteln. Auch seine Geschwister profilierten sich in religiöser und theologischer Hinsicht: die ältere Schwester Makrina durch kontemplative Askese, womit sie die Brüder beeinflußte, von welchen zwei (Gregor und Petrus) wie Basilius später als Bischöfe (von Nyssa und Sebaste) hervortraten, während Naukratius, ein Protagonist der asketischen Bewegung, früh starb – insgesamt das Paradigma einer kirchengeschichtlich bedeutsamen christlichen Familie.

Basilius erhielt von seinem Vater eine erste Einführung in das Bildungsgut der hellenistischen Literatur und Wissenschaft wie zugleich auch in das Christentum, wobei seine religiöse Sozialisation nicht minder durch die frühe Beschäftigung mit der Bibel bei seiner Großmutter Makrina in Neocaesarea bestimmt wurde. Bibel und Bildung verbanden sich so von Anfang an für Basilius zu einer Einheit. Nach einer rhetorischen Elementarausbildung in Caesarea zog er, dem Brauch reicher, gebildeter Familien gemäß, zur Weiterbildung an die berühmten Hochschulen des Imperiums: In Konstantinopel studierte er – wohl in den Jahren 346 bis 350 – bei Sophisten und Philosophen, wobei ihn gegen Ende dieser Zeit vor allem der große Rhetor Libanius, der seit 348/49 dort lehrte, beeinflußte. Die sprachliche und stilistische Virtuosität, die seine späteren Schriften bekunden, hat er hier gelernt. Das Studium setzte Basilius in Athen für etwa fünf bis sechs Jahre fort (wohl 350–356), wo er unter anderem die berühmten Rhetoren Himerius und Prohäresius, einen kappadokischen Christen, hörte, mit gleichgesinnten Studenten einen kontemplativen Zirkel bildete und die lebenslange Freundschaft mit Gregor von Nazianz, dem großen Theologen der Ostkirche, begründete. Ob er in Athen auch Julian, den späteren Kaiser, kennenlernte, ist in der Forschung – wie fast alle hier skizzierten Details der frühen Biographie des Basilius – umstritten.

Im Jahre 356 (?) kehrte Basilius nach Caesarea zurück, wo er ein Amt als Lehrer der Rhetorik erhielt. Eine bald darauf ergehende entsprechende Berufung der Stadt Neocaesarea lehnte er ab, weil ihm nunmehr – am Ende seiner intensiven Studien – klar wurde, daß sein Lebensweg eine andere Wendung nehmen müßte.

In seinen Studienjahren hatte Basilius sich das rhetorisch-philosophische Bildungsgut seiner Zeit als einen Fundus angeeignet, aus welchem er in der späteren Praxis als Prediger, Briefeschreiber und Theologe schöpfen konnte. Allerdings pflegte er es nicht um seiner selbst willen, sondern gebrauchte es instrumental zur argumentativen und illustrativen Untermauerung seiner christlichen Position. In einer kleinen Schrift »An die Jünglinge, wie sie aus der hellenischen Literatur Nutzen ziehen können«, formulierte er sein diesbezügliches Programm (vielleicht beim Antritt seines Amtes als Lehrer in Caesarea 356?), welches charakteristisch für seine Lösung eines Grundproblems jener Zeit ist. Einerseits war im 4. Jahrhundert das klassische Bildungsideal auch in der Kirche akzeptiert und behielt im Zusammenhang der Christianisierung der Gesellschaft für bestimmte Schichten seine konstitutive Bedeutung, oft unkritisch ohne Vermittlung mit dem christlichen Ansatz übernommen. Andererseits verstärkte sich die innerkirchliche Reaktion frommer Puristen, die unter Hinweis auf den inhaltlichen Gegensatz die hellenische Paideia für unvereinbar mit christlicher Existenz hielten; verstärkend trat in manchen Asketenkreisen eine grundsätzliche Bildungsfeindschaft hinzu. Basilius strebte eine vermittelnde Lösung an: Zum wahren Leben leitet allein die Heilige Schrift an, doch die heidnische Literatur

Basilius von Caesarea

kann als Propädeutik dienen, weil zwischen beiden insofern eine Konvergenz besteht, als die Helden der klassischen Literatur und bestimmte philosophische Schriften moralische Vorbilder liefern. Die griechische, insbesondere platonische Tendenz zur Bevorzugung der ideellen Werte und zum Intellektualismus wird mit der christlichen Relativierung des Irdischen zusammengesehen, die sich aus der biblischen Eschatologie ergibt.
Die Entfaltung dieser Konzeption in der Schrift an die Jünglinge paßt in die frühe Zeit der geistigen Entwicklung des Basilius, wo er auf dem Wege zur asketischen Definition des Christentums dessen Wesen zunächst noch stark von den Idealen der Popularphilosophie her interpretierte. Sein Grundsatz blieb auch später leitend und kann als typisch für das Verhältnis der Kirche zur antiken Bildungstradition gelten. Man greift auf dieses zurück, um die christliche Wahrheit missionarisch-apologetisch zu explizieren. Dies gilt bei Basilius für seine Beanspruchung ethischer Kategorien und rhetorischer Stilmittel in Predigten und Briefen ebenso wie für die instrumentale Verwendung philosophischer Ontologie in der Gottes- und Trinitätslehre und der naturwissenschaftlichen Forschung in der Schöpfungslehre.

II

Basilius' historische Bedeutung resultierte allerdings nicht aus dieser Umsetzung antiker Bildung, sondern aus dem Umstand, daß er sich der asketischen Bewegung anschloß, deren führender Kopf wurde und damit die innere Reform des Christentums zu seiner Lebensaufgabe machte. Das parallel zur Etablierung der Reichskirche seit Konstantin aufblühende Mönchtum, zunächst in Ägypten und Palästina festere Gestalt annehmend, machte sich seit etwa 340 als eine kirchenkritische und innovatorische Potenz zunehmend auch in Kleinasien, Pontus und Armenien bemerkbar. Geistiger Führer in diesem Raum war Eustathius, längere Zeit vor 356 Bischof von Sebaste in Armenien, der erste Asket, der die Kreuzesnachfolge der schroffen Weltentsagung bewußt mit einem kirchenleitenden Amt verband: Die radikale Kritik am verweltlichten Christentum und der Aufbau einer neuen Gemeinschaft wahrer Christen zielten hier letztlich auf eine Reform der gesamten Kirche. Doch innerhalb der Eustathianer-Bewegung gab es starke Kräfte, die in ihrer asketischen Radikalität über den Meister hinausgingen und in pneumatischem Enthusiasmus die herkömmlichen Ordnungen in Kirche und Gesellschaft negierten. Auf einer Synode in Gangra suchte 340 der Episkopat des nördlichen Kleinasiens dem einen Riegel vorzuschieben. Die ganze monastische Bewegung geriet ins Zwielicht revolutionärer Systemveränderung. Wer sich zu ihr bekannte, nahm eine konfliktreiche Außenseiterposition in Kauf.
In die Zeit nach der Rückkehr aus Athen fiel des Basilius »Bekehrung«, ein Vorgang von mehr als nur exemplarischer Bedeutung. Daß er zwar christlich

erzogen, bisher aber nicht getauft war, entsprach durchaus damaliger Sitte. Der Taufaufschub wurde aus unterschiedlichen Motiven praktiziert, von Basilius deswegen, weil die Taufe die Besiegelung des Bruchs mit heidnischer Lebensart und Denkweise meinte. Nun ließ er sich (zu Ostern 356?) vom Caesareenser Bischof Dianius taufen und engagierte sich sogleich in einer kirchlichen Funktion als Lektor, von welcher er recht bald zum Diakon aufstieg (als solchen nennen ihn die Quellen für 359/360).

Doch dies reichte ihm auf der Suche nach der Realisierung eines entschiedenen Christentums nicht. Unter dem Einfluß seiner religiös und geistig genialen Schwester Makrina sowie der Eustathianer-Bewegung entschied er sich, auch dem Vorbild seiner Mutter Emmelia und seines jüngeren Bruders Naukratius folgend (die seit 352 im pontischen Gebirge monastische Lebensformen praktizierten), für eine asketische Existenz. Taufe und Bekehrung verstand er im Sinne des Neuen Testaments als Bruch mit dem normalen bürgerlichen Leben, als Distanzierung von den Normen der Gesellschaft, als Kritik der volkskirchlichen Unverbindlichkeit, die sich in der Reichskirche des 4. Jahrhunderts breitmachte. Taufe erforderte für Basilius die Nachfolge Jesu, konkret die Realisierung der neutestamentlichen Ethik; und möglich war diese nur in der räumlichen Trennung von der »Welt«, fern von allen Ablenkungen auf Kontemplation und Gebet konzentriert, bezogen auf den Aufbau einer idealen christlichen Gemeinschaft von Brüdern und Schwestern. Den hier sichtbar werdenden Ansatz, christliche Existenz zentral von der Taufe her zu interpretieren, hielt er in seiner späteren Theologie durch, wobei er die soteriologischen Aspekte noch stärker betonte.

Entsprechend seinem bisherigen Bildungsgang suchte Basilius auch sein asketisches Interesse durch Informationen aus erster Hand über die neue Bewegung an deren Ursprungsstätten zu fundieren. Er reiste über Mesopotamien und Syrien nach Palästina und Ägypten und studierte die Lebensweise in den dortigen Mönchskolonien. Nun stand sein Entschluß, sich ganz der Askese zu widmen, fest. Nach der Rückkehr in die Heimat, wahrscheinlich im Jahre 357, zog er sich in eine landschaftlich reizvolle Einöde in den Bergen des Pontus am Irisfluß unweit von Neocaesarea zurück. Dort in Annisi baute er während der nächsten Jahre im Kontakt mit Mönchen des Eustathius-Kreises eine monastische Gemeinschaft auf, zunächst vielleicht in Anlehnung an die herkömmliche Form der Eremitenkolonien. Sein erstes asketisches Programm eines »philosophischen Lebens« (in Ep. 2 für Gregor von Nazianz formuliert) lehnte sich noch stark an das kynische Ideal des bedürfnislosen, affektfreien Lebens an. Doch der schon hier anklingende Grundgedanke der Kreuzesnachfolge wurde in der Folgezeit sein Leitmotiv: Bekehrung bedeutet Absage an die Sorgen der Welt, Abtötung des »Fleisches«, Kontrolle der Emotionen, ein einfaches Leben in Kontemplation, Gebet und Gesang, Arbeit und Bibelstudium; denn nun richtet das Leben sich ganz auf Gott, den transzendenten Gegenpol zu allem Kreatürlichen.

Mit seinen Asketen und dem zu diesem Kreis hinzustoßenden Gregor von

Nazianz erprobte und diskutierte Basilius in den Jahren nach 357 die bestmöglichen Formen des monastischen Lebens. Einen relativ frühen literarischen Niederschlag fanden derartige Überlegungen in einer Fortschreibung jenes Ansatzes von Ep. 2: Erstens in einer Programmschrift für die Reform von Kirche und Christentum, den sog. »Moralia« (einer Auflistung von 80 Regeln, wo die Fragen christlicher Praxis eindrucksvoll mit unkommentierten Zusammenstellungen von Bibelzitaten beantwortet wurden), vermutlich 359/360 verfaßt, nicht an Mönche, sondern an die Christen schlechthin gerichtet; und zweitens in einem Katalog von Regeln für die asketische Lebensart »des Christen«, die deutlich den organisatorischen Rahmen einer Mönchsgemeinschaft voraussetzen (Ep. 22, wohl zeitlich parallel zu den Moralia). Aus dem Ideal eines »philosophischen Lebens« ist hier dasjenige eines »Lebens nach dem Evangelium« geworden, und der Gehorsam gegen das als Anweisung zum rechten Leben verstandene Wort der Bibel wurde zum zentralen Motiv. Deswegen trennte Basilius nicht zwischen Mönchen und Weltchristen; jene sollten modellhaft das realisieren, was auch diesen aufgetragen ist, nämlich das Doppelgebot der Liebe: die Nachfolge Jesu auf dem Weg zu Gott durch Erfüllung der Gebote von Bergpredigt und apostolischer Paränese, die brüderliche Gemeinschaft durch ein neues Sozialverhalten nach den Maßstäben der Nächstenliebe. Christliche Existenz sollte sich kompromißlos an ihrer Grundlage, der Botschaft des Neuen Testaments, orientieren, und durch ein derart bekennerhaftes, entschieden biblisches Christentum der Tat sollte der Identitätskrise der Reichskirche begegnet werden.
Das war das Reformprogramm der »Moralia«, welches Basilius seit 359/60 unbeirrbar verfolgte, wobei sich ein zweigleisiges Verfahren anbot: der Ausbau einer Organisation modellhafter Kirche im Mönchtum, die aber personell und konzeptionell als kritisches Innovationspotential mit der volkskirchlichen Institution verzahnt blieb; und die Bemühung um eine Erziehung der Gemeinden dieser Reichskirche zu bewußterem Christsein im bruderschaftlichen Sinne. Fundiert war dies Konzept in Basilius' christlichem Humanismus, in seiner Anthropologie, wonach der Mensch von Natur aus zur »Vollkommenheit«, d. h. zur Gemeinschaft mit Gott und den Mitmenschen berufen ist, sowie in seinem Christentumsverständnis, wonach Gott sich definitiv in Jesus Christus offenbart und den Menschen im Heiligen Geist die Kraft zur Vervollkommnung mitteilt.

III

Basilius hat persönlich dieser zweigleisigen Konzeption dadurch Rechnung getragen, daß er auch während der Zeit seiner asketischen Einsiedelei in Annisi gelegentlich sich kirchlichen Geschäften widmete. Damit geriet er in die Wirren des trinitarischen Streits. Die dogmatischen Gegensätze in der Frage, wie das

Verhältnis des Gottessohnes Jesus Christus zu Gott dem Vater zu bestimmen sei, wie mithin die spezifisch christliche Gotteslehre aussehen müsse, hatten die Kirche seit der mißglückten Lehrentscheidung von Nicäa (325) in verschiedene Parteien gespalten, wobei sich Theologie und Kirchenpolitik verzahnten. Dies war kein zufälliger Streitpunkt. Vielmehr hatte sich das römische Imperium unter Konstantin auch deswegen dem Christentum geöffnet, weil es eine überzeugende Lösung der Gottesfrage bot, die der spätantike Mensch zugleich als Frage nach dem individuellen Sinn des Lebens und dem politischen Heil stellte.

Während die Arianer, eine relativ kleine Gruppe, um des Monotheismus willen die Gottheit Christi leugneten (diese Position fand gerade jetzt, um 358/360, in Aëtius und Eunomius zwei philosophisch gebildete, einflußreiche Vertreter), bekannten die Anhänger des Nizänums die Wesenseinheit (Homousie) von Vater und Sohn. Doch außer Athanasius gab es im Osten nur ganz wenige Nizäner. Die breite Majorität neigte der biblizistisch und ontologisch begründeten Position zu, daß Vater und Sohn »gleichermaßen« Gott seien. Seit 358 spaltete sie sich in zwei Parteien, deren eine, die der »Homöusianer«, in ontologischer Terminologie die Wesensgleichheit zu bestimmen suchte (mit der Formel »homoios kat'usian«), während die andere, diejenige der »Homöer«, alle philosophischen Erörterungen abblockte und die inhaltsarme Formel »gleich gemäß der Schrift« (homoios kata tas graphas) mit kaiserlicher Hilfe als für das Reich verbindliches Dogma durchzusetzen suchte.

Wie fast alle bedeutenden Theologen des 4. Jahrhunderts so stand auch Basilius unter dem Einfluß des origenistischen Erbes, er allerdings mit spürbarer Reserve in einem kritisch-selektiven Verhältnis. Seiner Wertschätzung des Origenes entsprang die zusammen mit Gregor von Nazianz (wohl um 360) erarbeitete Anthologie aus den Werken des Alexandriners, die »Philokalia«. Vor allem in seiner asketischen Theorie orientierte er sich an dem großen Meister, zunächst aber auch in der exegetischen Methodik und Trinitätslehre. In späteren Jahren wuchs dann seine Distanz.

An der entscheidenden Synode in Konstantinopel am Jahreswechsel 359/360 nahm auch Basilius teil, der mit den Führern der Homöusianerpartei in Verbindung stand, aber – der Familientradition gemäß – darüber hinaus das Nizänum vertrat. So kam er erstmals mit der großen Kirchenpolitik in Berührung. Nach dem gescheiterten Versuch, im Jahre 362 als Nachfolger des Dianius Bischof von Caesarea zu werden, fand er sich dann angesichts der Bedrohung durch den neuen Kaiser Valens im Jahre 364 zur Übernahme eines Presbyteramtes in Caesarea bereit, um die Position der Neonizäner zu stärken. Allerdings überwarf er sich sogleich mit dem neuen Bischof Eusebius, einem theologisch ungebildeten und kirchlich unerfahrenen Beamten, weswegen er sich wieder nach Annisi zurückzog. Doch der Besuch des Valens in Caesarea im Sommer 365, der auch hier die Nizäner ausschalten und die Homöer an die Macht bringen wollte,

veranlaßte Basilius zur Rückkehr. Jetzt machte Eusebius ihm die Bahn frei für die Durchsetzung seiner Reformvorstellungen in Caesarea.
Während dieser Jahre 360–365 verfolgte Basilius seine monastische Arbeit im Sinne des Koinobitentums weiter. Er organisierte – in prinzipieller Abkehr vom älteren Eremitentum wie vom Vagantentum der Radikal-Eustathianer – Klöster und Kommunitäten, und zwar für Männer und Frauen getrennt. Im Zusammenhang damit gab er die in der Form von 203 Fragen und Antworten erarbeiteten Mönchsregeln heraus: das »Kleine Asketikon« (so nach Jean Gribomonts Vorschlag benannt, nur in der lateinischen Übersetzung Rufins erhalten), die Urform der heutigen Gestalt der Längeren und Kürzeren Regeln. Später hat er, vor allem nach dem Bruch mit Eustathius und dessen institutionenkritischen Schülern, dieses Asketikon überarbeitet und erweitert (Gribomont: das »Große Asketikon«) und zusammen mit den Moralia sowie kurzen asketisch-dogmatischen Traktaten als ein Corpus herausgegeben (nach 372). In nachbasilianischer Systematisierung hat dies differenzierte Corpus der Basiliusregel das östliche, teilweise aber auch das westliche Mönchtum geprägt und im Verlauf des Überlieferungsprozesses eine Fülle von pseudobasilianischen Ascetica angezogen. In der Ostkirche wurde es zur allein maßgeblichen Regel, so daß sein Konzept, die gegenseitige Durchdringung von Kirche und Mönchtum, dort lebendig blieb. Aber auch in Einzelheiten wirkte es geschichtsmächtig, z. B. in der Entwicklung der Beichte aus der von Basilius mit psychologischer Meisterschaft geregelten Kontrolle der eigenen Gedanken und Emotionen unter Anleitung eines erfahrenen Seelsorgers. Die intensiven Bemühungen um den Gottesdienst der Kommunitäten wie um eine Liturgiereform der Kirche von Caesarea schlugen sich auch literarisch nieder, so daß man einen Kernbestand der späteren sog. Basiliusliturgie auf ihn zurückführen kann.
Als Presbyter in Caesarea erwarb sich Basilius großes Ansehen, aber auch etliche Feinde durch organisatorische Reformen und eine glänzende Predigttätigkeit. Fragen der Ethik und der Spiritualität thematisierte er relativ häufig, wie die literarisch erhaltenen Predigten zeigen (etwa 23 der überlieferten sind authentisch). Unermüdlich verfolgte er sein Ziel, die Gemeinde zu einem entschiedeneren Christentum im Geist der Bibel zu erziehen. Er verbesserte die Armenfürsorge, integrierte die Mönchsgemeinschaften, reformierte den Klerus und die Gottesdienstordnung. In einer im 4. Jahrhundert seltenen Weise erwies sich Basilius sowohl als Sozialethiker wie als karitativer Praktiker von Format. Sein soziales Engagement und seine Kritik der Mißstände in der Stadt erregten Opposition bei den führenden Schichten Caesareas.
Dies zeigte sich drastisch anläßlich der großen Hungersnot vom Jahre 368, die durch künstliche Nahrungsverknappung seitens habgieriger Spekulanten noch verschärft wurde. Basilius' scharfe Attacke gegen das unsoziale Verhalten führte zu einem gewissen Erfolg; er trieb Mittel zusammen, um eine kirchliche Armenspeisungsanstalt zu organisieren. In seinen Predigten analysierte und beurteilte

er soziale und ökonomische Mißstände nicht nur vom biblischen Kriterium der Bruderliebe her, die den wahren Christen zum Ausgleich der ungerechten Verteilung von Gütern motiviert, sondern auch von der Schöpfungstheologie her, wonach alle Menschen prinzipiell gleich und daher zur Solidarität verpflichtet sind. Die Arbeit wertete er gegenüber der hellenistischen Tradition auf als eine Möglichkeit individueller Sinnerfüllung wie gemeinschaftlicher Daseinsbewältigung. Dagegen kritisierte er den »Kapitalismus« einer auf sozialen Privilegien und wirtschaftlicher Ausbeutung basierenden Gesellschaft. In diesem Zusammenhang suchte er die durch das Erbschaftsrecht begünstigte Kumulation von Privateigentum zu begrenzen, indem er forderte, daß jeder Erblasser um seines Seelenheils willen eine feste Quote seines Vermögens als eine Art Sozialsteuer für die Armenversorgung abzutreten habe. Diese erstmals von Basilius propagierte Konzeption des »Seelteils« hat sich später in manchen Rechtsordnungen niedergeschlagen. Persönlich hat er seine Auffassung von der Sozialbindung des Eigentums dadurch demonstriert, daß er die asketische Forderung der Besitzlosigkeit nicht durch konzeptionsloses Wegwerfen der immensen Erbgüter aus Familienbesitz erfüllte, sondern durch planvollen, sukzessiven Einsatz für karitative Aufgaben.

Gegen die kaiserliche Religionspolitik, welche die Annahme des homöischen Reichsdogmas von 359/60 durchzusetzen suchte, stabilisierte er den Widerstand der Nizäner. Er versuchte entsprechend der Leitlinie, die Athanasius mit seiner alexandrinischen Synode von 362 abgesteckt hatte, deren Basis durch eine Verständigung mit der Partei der Homöusianer auf den Synoden von Lampsakus 364 und Tyana 366 zu verbreitern. In diesem Zusammenhang publizierte er 364 sein erstes größeres dogmatisches Werk, die Auseinandersetzung mit der Trinitätslehre des Neuarianers Eunomius (Contra Eunomium I–III). Hier zeigte sich seine theologische Eigenart, die seine Teilnahme an der leidenschaftlichen Debatte um das Verhältnis von Gott und Christus charakterisierte. Die Trinitätslehre war ihm kein Problem abstrakter metaphysischer Spekulation zum Gottesbegriff, sondern ein solches der religiösen Erfahrung und der adäquaten Schriftauslegung, mithin der rechten Interpretation der geschichtlichen Offenbarung Gottes.

Basilius war auch als Theologe kein Systematiker, sondern ein Praktiker, den vor allem pastorale und soteriologische Interessen veranlaßten, seinem irenischen Naturell zuwider sich am dogmatischen Streit zu beteiligen. Die Klarheit in der Sache ging ihm über Präzision der Begrifflichkeit, wie sein unbekümmerter Umgang mit der ontologischen Terminologie der philosophischen Tradition zeigte: Die Dialektik zwischen wesenhafter Homousie von Vater und Sohn und deren aus der Offenbarung erkennbarer Differenzierung mußte festgehalten werden als Basis des Glaubens, weil der Mensch nur durch Christus als den Sohn und das Bild Gottes zur Gemeinschaft mit Gott und damit zum Heil gelangt. Terminologisch hieß das: Hinsichtlich ihrer Gottheit (Usia) sind beide eins,

hinsichtlich ihrer Eigenart (Vaterschaft/Sohnschaft) sind sie unterschieden, also zwei Hypostasen (C. Eun. II,28). Das Wesen Gottes wird durch seine Wirkungen erkennbar (C. Eun. III,4). So kündigte sich schon hier die spätere klassische Trinitätsformel an, die 381 ein Ende des langen Streits ermöglichte, wonach die dreieinige Gottheit *eine* Usia, aber drei Hypostasen (*ein* Sein in drei unterschiedlichen Realisierungen) habe. Basilius hat diese Formel nicht erfunden (ihre genaue Herkunft ist ungeklärt), aber er hat zusammen mit Gregor von Nyssa und Gregor von Nazianz Entscheidendes zu ihrer Popularisierung beigetragen.
Durch Eunomius' These, daß auch der Geist wie der Sohn ein Geschöpf Gottes sei, provoziert, bezog Basilius in seiner Schrift von 364 erstmals die Pneumatologie ausführlich in die trinitarische Reflexion ein. Damit kündigte sich die für die letzte Phase des Streits charakteristische Erweiterung der Betrachtungsweise über die bisherige christologische Konzentration hinaus an. Es ging Basilius nicht bloß um das Problem der Erkennbarkeit Gottes, sondern mehr noch um das Leben des Christen in der Kraft Gottes. Deswegen machte er hinfort die Pneumatologie zum dogmatischen Thema.

IV

Als der Caesareenser Bischof Eusebius 370 starb, schien es sich nahezulegen, den so erfolgreichen Presbyter Basilius zum Nachfolger zu wählen. Doch dagegen regten sich erhebliche Widerstände, nicht zuletzt kirchenpolitisch motivierte. Da der Metropole Caesarea ein riesiges Jurisdiktionsgebiet unterstand, bildete sie ein kirchliches Machtzentrum, dem auch politisches Gewicht zukam. Deswegen versuchten die Vertreter der kaiserlichen Religionspolitik einen Nicht-Nizäner durchzusetzen; doch dank des konzentrierten Einsatzes der kappadokischen Nizäner wurde Basilius gewählt.
Mit dem Bischofsamt begann seit 370 eine Periode intensiven kirchenpolitischen Engagements, welches – neben seiner Bedeutung für die Geschichte des Mönchtums – Basilius' Nachruhm als Vorkämpfer von Orthodoxie und Kircheneinheit begründet hat. Schon bald nach seiner Wahl versuchte Kaiser Valens, ihn durch die Androhung von Exil und Güterkonfiskation von der nizänischen Position abzubringen. Der Staat wollte ihn nicht einfach ausschalten, sondern – was sein politisches Gewicht unterstreicht – als Bundesgenossen gewinnen. Doch als der Kaiser zur Jahreswende 371/372 auf der Durchreise persönlich in Caesarea weilte, bewirkte der Eindruck, den der Bischof durch seine Predigtweise und seine sozialen Aktivitäten auf ihn machte, daß er ihn im Amt beließ, ihm sogar kaiserliche Ländereien für seine karitativen Einrichtungen zur Verfügung stellte und ihn mit einem besonderen Auftrag auszeichnete, mit der Visitation der traditionell mit Caesarea verbundenen Kirche des armenischen Königreiches, welche durch die persische Okkupation, den Krieg und die inneren Unruhen

gelitten hatte. Die Bedrohung durch Protagonisten der homöischen Kirchenpolitik am Kaiserhof schwand in der Folgezeit zwar nicht völlig, aber durch seine persönlichen Kontakte zu den höchsten Reichsbeamten erwirkte Basilius sich Schutz und einen in der damaligen Situation für einen Nizäner ungewöhnlichen Freiraum politischen Handelns.

Angesichts der Zersplitterung der Kirche in verschiedene rivalisierende Religionsparteien setzte Basilius dem kaiserlichen Programm der gewaltsamen Einigung auf dem kleinsten gemeinsamen Nenner (der biblizistischen Ausklammerung des Trinitätsproblems) sein Konzept entgegen, einen dogmatischen Konsens und eine kirchenpolitische Koalition zwischen Nizänern und Homöusianern herbeizuführen. Kleinasien war neben Antiochien am stärksten von der Spaltung betroffen. Eine Verständigung hier sollte die Verhältnisse im gesamten Ostteil des Imperiums sanieren. Unterstützung dabei erhoffte sich Basilius von der Kirche des Westens, insbesondere von Rom. In Kleinasien suchte er den Kontakt mit der Nizänergruppe um Meletius von Antiochia, aber er ließ auch die Verbindung zu seinem alten Lehrer Eustathius von Sebaste und damit zur Partei der Homöusianer nicht abreißen. Er warb überall im Sinne der in »Contra Eunomium« formulierten Position für eine Neuinterpretation des Nizänums, die ebenso der Einheit Gottes wie der Differenzierung der drei Hypostasen gerecht werden sollte. Doch nun entstanden neue Schwierigkeiten, weil Eustathius und seine Freunde (wie auch Theologen im südlichen Kleinasien und in Ägypten, die Athanasius als »Pneumatomachen« attackierte) mit gewissen Modifikationen zwar das Nizänum zu akzeptieren schienen, aber die Gottheit des Heiligen Geistes entschieden leugneten.

Dies letztere Problem rief einen neuen kirchenspaltenden Streit hervor, in dem es für beide Seiten darum ging, die lebendige Erfahrung der charismatischen Geistwirklichkeit pneumatologisch adäquat zu verarbeiten. Die Pneumatomachen verstanden den Geist als Geschöpf, d. h. als auf die Seite des Menschen gehörige göttliche Kraft, Basilius dagegen als bleibendes, unverfügbares göttliches Gegenüber. Beide Seiten argumentierten mit der Berufung auf die biblische Pneumatologie. Längere Zeit versuchte Basilius, den Bruch mit den Pneumatomachen zu vermeiden, zumal dieser Differenzpunkt lehrmäßig in der bisherigen Tradition völlig ungeklärt war. Doch die anderen Nizäner, deren Verstehenshorizont und Konsensusfähigkeit begrenzter waren, drängten ihn im Jahre 373 zu einer klaren Entscheidung. Der Bruch mit Eustathius und den Pneumatomachen bewirkte auch eine Spaltung der asketischen Bewegung. Basilius geriet in der Folgezeit in eine schwierige Lage: Viele Kämpfer für die nizänische Orthodoxie mißtrauten ihm, die Arianer, Homöer und Pneumatomachen bekämpften ihn offen. Es war seiner überragenden Persönlichkeit und der Kraft seiner theologischen Argumentation zuzuschreiben, daß es ihm gelang, seit 375/6 aus dieser Minderheitenposition heraus das kirchliche Bewußtsein zunehmend zu prägen, wobei ihm seine Freunde, voran Gregor von Nazianz und Amphilochius von

Ikonium sowie sein Bruder Gregor von Nyssa mit glänzendem Sachverstand und eindringlicher Überzeugungskraft zu Hilfe kamen.
Keinen Erfolg erzielte Basilius mit seinem Bemühen, eine Verständigung mit dem Westen zu erreichen. Das dort vorherrschende Mißtrauen gegen die östliche Form der Trinitätslehre und gegen die origenistisch geprägten Neonizäner bezog sich auch auf ihn. Kirchenpolitische Gründe verstärkten das, weil Basilius mit Meletius verbündet war, dessen Anspruch auf den antiochenischen Bischofsstuhl von Rom wie von Alexandria bestritten wurde. So stieß Basilius' Bitte, der alte Athanasius möge ihm die Kirchengemeinschaft mit dem Westen vermitteln, schon 371 bei diesem auf taube Ohren. Einen direkten Kontaktversuch konterte Damasus von Rom 373 mit der Zumutung, Basilius und seine Freunde sollten erst einmal ihre Rechtgläubigkeit beweisen. Nach dem Bruch mit Eustathius erschien der Rückhalt durch westliche Hilfe noch nötiger; deswegen unternahm Basilius 375 einen neuen Anlauf, der wieder an der Meletiusfrage (Rom hatte inzwischen Paulinus, den antiochenischen Gegenbischof des Meletius, anerkannt) und jetzt auch an der Tatsache scheiterte, daß Rom mit Eustathius seit 366 in Kirchengemeinschaft stand. Basilius' letzter Versuch 377, den Westen von der Häresie der anderen östlichen Parteien zu überzeugen, nützte nichts – der Westen war nicht bereit, den bedrängten Neonizänern Kleinasiens zu helfen. Den Kampf für die trinitätstheologische Orthodoxie mußten diese allein ausfechten, und ihnen gelang im Zusammenhang mit dem religionspolitischen Kurswechsel am Konstantinopeler Kaiserhof beim Regierungsantritt des Theodosius 379/380 der Durchbruch. Basilius selber hat ihn allerdings nicht mehr erlebt, weil er am 1. Januar 379, durch lange Krankheit und kirchenpolitischen Ärger aufgezehrt, starb. Aber seine dogmatische Position wurde von den Freunden mit dem Abschluß des trinitarischen Dogmas auf dem Konzil von Konstantinopel 381 durchgesetzt, welches gegen den Widerstand Roms ökumenische Geltung erlangte und abschließend noch einmal den tiefen Graben zwischen West und Ost deutlich machte, woran Basilius' Einigungswerk gescheitert war.

V

Die Pneumatologie bildete das große Lebensthema des alten Basilius, und darin gründet sich in theologie- und dogmengeschichtlicher Hinsicht seine bleibende Bedeutung. Aus dem Streit mit Eustathius erwuchs 374/5 sein dogmatisch wichtigstes Werk »Über den Heiligen Geist«. (Intensiv beschäftigte er sich in seinen letzten Lebensjahren auch mit der Schöpfungstheologie in Auseinandersetzung mit antiker Naturwissenschaft und Philosophie sowie heidnischem Fatalismus; seine Auslegung von Gen. 1 in neun Hexaëmeron-Homilien vom Jahre 378 ist von der Nachwelt hoch geschätzt worden.) Gottes heilvolles Wirken in der Welt und seine gnädige Zuwendung zum Menschen manifestieren sich konkret erfahrbar als Wirkung des Heiligen Geistes. Die Schöpfung muß durch die Erlösung zu ihrem Ziel gebracht werden, da sie unvollkommen ist ohne die bewußt realisierte Gemeinschaft mit Gott. Der Mensch hat als Bild Gottes die Aufgabe, sich durch progressive Heiligung und Erkenntnis Gott zu nähern; aber entscheidend ist, daß dieser ihm entgegenkommt, sich in Jesus Christus als seinem authentischen Bild offenbart hat und im Geist verändernd in sein Wesen eingreift: ihn erleuchtet, heiligt und vervollkommnet. Erst der vom Geist geleitete, der aus der Kraft Gottes heraus nach den Geboten Jesu lebende Christ in der Gemeinschaft der Brüder und Schwestern kann als der wahre Mensch gelten, der der schöpfungsmäßigen Bestimmung gerecht wird.

Die Kirche ist für Basilius die Gemeinschaft, in der sich dieses wahre Menschsein realisieren kann und soll, weil sie vom Heiligen Geist geleitet wird. Das gilt allerdings zunächst nur als Postulat, denn die vorfindliche Kirche – und hier hält er mit scharfer Kritik nicht zurück – befindet sich in einem desolaten Zustand. Abhilfe kann nur die Rückbesinnung auf den urchristlichen Idealzustand bringen, indem der Kirche die Erneuerungskräfte des Mönchtums zugeführt werden und sie sich als Bruderschaft, als charismatische Gemeinschaft, als lebendige Einheit in der Vielfalt unterschiedlicher Gaben und Lebensformen darstellt. Der rechte Glaube ist das Fundament dieser Erneuerung, die Gebotserfüllung dessen Konsequenz: Gehorsam gegenüber Gottes Wort ist die Signatur der wahren Kirche.

Basilius hat sich als Bischof und Asket in der Praxis von diesem Konzept leiten lassen. Es stand ebenso hinter seinen Verständigungsbemühungen mit den unterschiedlichen Parteien wie hinter seinen sozialen Aktivitäten, die er seit 370 verstärkte. Vor den Toren Caesareas baute er aus amtlichen Mitteln wie durch Hergabe seines Privatvermögens Häuser für Kranke, Arme und Asoziale, Werkstätten, Hospitäler und Herbergen, woraus sich allmählich eine eigene Vorstadt entwickelte, die man später ihm zu Ehren »Basilias« nannte. Hierhin verlegte er seine Bischofsresidenz und bekundete damit seine Absicht, neben der alten Gesellschaft bzw. aus dieser heraus eine neue christliche Gemeinschaft zu etablieren, in welcher das Evangelium eine angemessenere Realisierung finden konnte. Am besten realisieren ließ sich dies allerdings in seinen Mönchsgemeinschaften, um deren Organisation er sich bis zum Lebensende durch die Überarbeitung seines Regelwerkes kümmerte. Praxis und Theologie entsprachen sich bei ihm in eindrucksvoller Weise; von seiner Grundkonzeption der Vervollkommnung des Menschen durch Gottes heilvolles Wirken her verbanden sich Trinitätslehre, Humanismus, Askese, kirchliche und soziale Praxis zu einer Einheit.

Werke

Verzeichnis der Schriften in: Clavis Patrum Graecorum. Hg. von M. Geerard. Bd. 2, Turnhout 1974, 140–178.
S. Basilii Opera omnia quae exstant. Patrologia Graeca, hg. von P. Migne, Bde. 29–32 (Nachdruck der Ausgabe von J. Garnier–P. Maran, 1721–1730).
Saint Basile, Lettres. Hg. von Y. Courtonne. 3 Bde., Paris 1957–1966.
Basile de Césarée, Sur le Saint-Esprit. Hg. von B. Bruche. Paris 1968.
Basile de Césarée, Homélies sur l'Hexaéméron. Hg. von S. Giet. Paris 1968.
Deutsche Übersetzung: Sämtliche Werke der Kirchen-Väter. Bde. 19–26, Kempten 1838–1842.

Darstellungen

Amand, D.: L'Ascèse monastique de Saint Basile. Paris 1949.
Bernardi, J.: La prédication des pères cappadociens. Paris 1968.
Courtonne, Y.: Un témoin du IVe siècle oriental. Saint Basile et son temps d'après sa correspondance. Paris 1973.
Dörries, H.: De Spiritu Sancto. Der Beitrag des Basilius zum Abschluß des trinitarischen Dogmas. Göttingen 1956.
Fedwick, P. J.: (Hg.): Basil of Caesarea. Christian, Humanist, Ascetic. 2 Bde., Toronto 1981.
Giet, S.: Les idées et l'action sociales de Saint Basile. Paris 1941.
Gribomont, J.: Histoire du texte des Ascétiques de saint Basile. Louvain 1953.
Hauschild, W.-D.: Basilius von Caesarea. In: TRE 5 (1980), 301–313 (dort weitere Literatur).
Holl, K.: Amphilochius von Ikonium in seinem Verhältnis zu den großen Kappadoziern. Tübingen 1904 (Nachdr. 1969).
Hübner, R.: Gregor von Nyssa als Verfasser der sog. Ep. 38 des Basilius. In: Epektasis. Festschrift für J. Daniélou. Paris 1972, 463–490.
Loofs, F.: Eustathius von Sebaste und die Chronologie der Basilius-Briefe. Halle 1898.
Luislampe, P.: Spiritus vivificans. Grundzüge einer Theologie des Heiligen Geistes nach Basilius von Caesarea. Münster 1981.
Schwartz, E.: Zur Kirchengeschichte des 4. Jahrhunderts. In: Ders., Gesammelte Schriften. Bd. 4, Berlin 1960, 1–110.
Treucker, B.: Politische und sozialgeschichtliche Studien zu den Basilius-Briefen. Bonn 1961.
Vischer, L.: Basilius der Große. Basel 1953.

Gregor von Nazianz

von Bernhard Wyß

I

Gregors Heimat war Nazianzos in Kappadokien, im Innern der heutigen anatolischen Türkei. Seit der Unterwerfung des Seleukidenreichs durch Rom hatte Kappadokien unter dessen politischem Einfluß gestanden, und unter Tiberius war es römische Provinz geworden. Darin bildeten die Griechen eine dünne Oberschicht; noch im 4. Jahrhundert sprach die einheimische Bevölkerung Kappadokisch. Gregor stammte aus einer Familie begüterter Grundbesitzer; ihr Vermögen muß sehr beträchtlich gewesen sein: Gregors gleichnamiger Vater erbaute der Gemeinde von Nazianz zur Hauptsache aus eigenen Mitteln eine Kirche. Seinem Census gemäß hatte er auch ein städtisches Amt – »nicht ein zweitrangiges« – bekleidet. Dem Glauben nach gehörte er ursprünglich einer heidnisch-jüdischen Gemeinschaft von »Verehrern des Höchsten«, des Hypsistos, an: jenen Hypsistariern, denen in seiner Religiosität nahezustehen Goethe im hohen Alter bekannte. Gregors Mutter, Nonna, von Geburt an Christin, war es, die ihren Mann dem Christentum zuführte. Dieser wurde, in seinen Fünfzigerjahren, um 329, sogar Bischof von Nazianz. Das Geburtsjahr Gregors des Sohnes steht nicht fest; 326 halten wir für wahrscheinlicher als 329/30. Kaisarios, der jüngere Bruder, wurde in glänzender weltlicher Laufbahn Arzt am Kaiserhofe Julians, dann Reichsbeamter in Bithynien. Er und eine Schwester, Gorgonia, starben früh.

Seine Ausbildung erhielt Gregor erst im kappadokischen, dann im palästinischen Kaisareia, darauf in Alexandrien und schließlich in Athen. Vom dortigen Studentenleben hat er in der Gedächtnisrede auf Basileios ein anschauliches Bild gezeichnet. In Athen hielt er sich ungefähr ein Jahrzehnt lang auf, wohl 346–356. Seine Lehrer waren der Christ Prohairesios, von dessen Werk leider nichts überliefert ist, und der Heide Himerios, Virtuose in blumiger Redeweise. In Athen schloß Gregor sich an Basileios an: der Glaube, die gemeinsame Heimat, die Bildungsfreudigkeit verbanden die beiden in innigster Freundschaft. In Athen begegnete Gregor im Spätsommer 355 auch dem damaligen Caesar und späteren Kaiser Julian. Ob Gregor aufgrund seiner Kenntnisse der Physiognomik, die im 4. Jahrhundert etwa so beliebt war wie zu Lavaters Zeiten, aus Julians Gesichtsausdruck und seiner Art sich zu bewegen, wirklich, wie er später behauptete, erkannt hat, »was für ein Unheil sich das Römerreich da heranziehe«, mag offenbleiben. Mitstudenten und Lehrer wollten die beiden hochbegabten Kappadokier bewegen, in Athen zu bleiben. Basileios reiste gleichwohl ab. Dem weicheren Gregor fiel die Entscheidung schwer: daß man ihm versprach, ihm zur Stellung eines Lehrers der Redekunst zu verhelfen, hatte offenbar etwas Verlockendes für ihn. Schließlich wußte er sich nicht anders zu helfen als dadurch, daß er sich heimlich wegstahl: die erste »Flucht« – ein Ausweg, den er in Lebenslagen, die seine Entschlußkraft überforderten, noch mehr als einmal beschreiten sollte. Seinen langen Studien verdankt Gregor ungleich mehr als die in der Meisterung der Redekunst gipfelnde »Allgemeinbildung«. Dem Aufenthalt in Alexandrien darf man die Vertrautheit mit dem Gedankengut des Origenes zuschreiben, die rückhaltlose Verehrung für Athanasios wie die theologische Nähe zu ihm; Athen, »das wahrhaft goldene«, verlieh seiner Kenntnis des hellenischen Erbes ihre einzigartige Weite und Fülle.

Nach Nazianz zurückgekehrt, sah er sich vor die Frage der künftigen Lebensform gestellt. Die schon im paganen Griechentum viel erörterte »Bioswahl« war für ihn besonders wichtig, weil er, als Christ, sie unlöslich verknüpft sah mit ihrem Ziel, den »vielen Wohnstätten im Hause des Vaters«. Daß »die Dinge des Fleisches« ausgeschlossen sein würden, war ihm klar. Aber es standen sich gegenüber: ein Leben in asketischer Einsamkeit, sein eigentliches Ideal, und das Wirken als Christ in der Gemeinschaft. Er entschloß sich zu einem »mittleren Weg«: das geistige Gesammeltsein des Einsiedlers wollte er mit der Gemeinnützigkeit des geselligen Menschen verbinden. Es war ihm allerdings nicht vergönnt, auch später nicht, sein Wunschbild in reiner Form zu verwirklichen. Zwar hielt er sich zunächst eine Zeitlang in einem Kloster auf, das Basileios im Pontos, am Irisflusse, gegründet hatte. Wohl damals stellten die Freunde eine Auswahl aus den Werken des Origenes zusammen, die »Philokalia«. Aber dieses beschauliche Leben fand ein jähes Ende: Gregor der Vater weihte den Sohn wider seinen Willen zum Priester, vielleicht Anfang 362. Der Ausübung des Priesteramtes entzog sich Gregor freilich durch die Flucht zu Basileios. Aber bald bewog ihn die Pietät gegenüber den geliebten Eltern zum Einlenken. Er kehrte nach Nazianz zurück und hielt dort, wohl Ostern 362, seine erste Predigt.

In jene Zeit fiel Kaiser Julians Versuch, »den Väterglauben« wiederherzustellen. Gregor setzte sich damit auseinander in zwei bald nach Julians Tod (26. Juni 363) entstandenen Reden (4 und 5). Er ist es wohl, der den Beinamen des Apostaten, des Abtrünnigen, wo nicht aufgebracht, so doch in die Literatur eingeführt hat. Wir erwähnen aus diesen haßerfüllten Invektiven nur Gregors Entgegnung auf jene Maßnahme Julians, die ihn erbittert hat wie keine andere, auf das sog. Rhetorenedikt vom 17. Juni 362. Darin war verfügt, daß ein Lehramt fortan bloß ausüben dürfe, wem von der zuständigen städtischen Behörde bestätigt sei, daß er sich nicht nur fachlich eigne, sondern auch sittlich untadelig dastehe. Das klang harmlos, eigentlich selbstverständlich. Aber in einem Begleitschreiben

hieß es, dieser Forderung genüge nicht, wer im Unterricht Götter und Göttermythen behandle, an die er nicht glaube. Damit waren die christlichen Lehrer vor die Wahl gestellt, ihrem Glauben abzuschwören oder ihr Lehramt niederzulegen. Daß Christenkinder die (heidnische) Schule nicht besuchen dürften, war nicht gesagt: dem Apostaten war es ja gerade erwünscht, daß sie wieder unter hellenischen Einfluß kämen. Aber den christlichen Eltern und Geistlichen konnte es nicht gleichgültig sein, die ihnen anvertrauten jungen Menschen der Bedrängnis oder der Verführung durch »das Heidentum« ausgesetzt zu wissen. Gregor stellt die Sache denn auch ohne weiteres so dar, als habe Julian die Christen samt und sonders von der hellenischen Bildung ausschließen wollen. Auf den Vorwurf der Unaufrichtigkeit, den Julian christlichen Lehrern in heidnischen Schulen macht, geht er mit keinem Worte ein. Leidenschaftlich verficht er dagegen den Standpunkt, ein Anrecht auf hellenische Bildung hätten gleichermaßen alle, die hellenischer Zunge seien, ob Heiden oder Christen. Er will und kann also auf die Schöpfungen des griechischen Geistes nicht verzichten. Und er traut sich zu, die für den Christen damit verbundene Gefahr zu meistern: aus den hellenischen Blüten der Biene gleich das Nahrhafte herauszusaugen und das Giftige daran unberührt zu lassen.
Von 362 an stand Gregor ein Jahrzehnt lang dem betagten Vater in der Betreuung seiner Gemeinde bei. 370 wurde Basileios Erzbischof von Kaisareia. Zwei Jahre darauf teilte Kaiser Valens das bisher einheitliche Kappadokien in Cappadocia prima mit Kaisareia und Cappadocia secunda mit Tyana als Hauptstadt. Das hatte auch kirchenpolitische Folgen: der Bischof von Tyana erklärte sich zum Metropoliten der Cappadocia secunda und sagte sich von Kaisareia los. Basileios seinerseits wollte die Auswirkung der staatsrechtlichen Änderung auf die kirchlichen Verhältnisse nicht anerkennen und traf Abwehrmaßnahmen. In diesem Zusammenhang richtete er in Sasima, das übrigens – wie Nazianz – in der Cappadocia secunda lag, ein neues Bistum ein und sah vor, es Gregor zu übertragen. Dieser sträubte sich heftig, gab aber schließlich doch nach und ließ sich von Basileios weihen. Aber als er den eigentlichen Grund seiner Bestallung darin zu erkennen glaubte, daß Sasima, ein trostloser Flecken, im Machtkampf der Metropoliten von Bedeutung war, weil es, als Straßenkreuzungspunkt, den Durchgang der Steuerabgaben nach Kaisareia gewährleistete, entfloh er, angewidert, »ins Gebirge«; geamtet hat er in Sasima überhaupt nicht. Die Freundschaft mit Basileios litt unter dieser Belastungsprobe aufs schwerste. Noch zehn Jahre später führt es Gregor auf sie zurück, daß über ihn die ganze Zerrissenheit und Verwirrung der Folgezeit hereingebrochen sei. Er stand dann doch seinem Vater weiterhin zur Seite, bis dieser 374 fast hundertjährig starb. Man sah im Sohn den gegebenen Nachfolger. Doch dem Vollamt, das ihm bevorstand, wich Gregor abermals aus: er begab sich nach Seleukeia in Isaurien. Dort durfte er etwa vier Jahre lang wohl so leben, wie er selbst es sich wünschte.
Am 9. August 378 fiel Valens bei Adrianopel im Kampf gegen die Goten. Es war

der Tod dieses arianischen Kaisers, der den steilen Aufstieg in Gregors äußerer Laufbahn einleitete. Jedenfalls erhielt dieser bald darauf den Ruf, die Leitung der kleinen orthodox gebliebenen Gemeinde in Konstantinopel zu übernehmen. Dort kam er wohl erst nach dem Neujahrstag 379, dem Todestag des Basileios, an. Die kirchlichen Verhältnisse fand er so vor wie sie seit Konstantios, also seit vier Jahrzehnten geherrscht hatten: die Mehrheit der Stadt war arianisch, die Orthodoxen bildeten eine winzige Minderheit. Einen Umschwung werden sie nach dem Ende des Valens für möglich gehalten haben – erst recht, nachdem der aus Spanien gebürtige, als Abendländer gut nikänische Heerführer Theodosius Anfang 379 zum Augustus des Ostens ernannt worden war. Daß die von Gregor als Mithelfer bei seiner Berufung genannten »Hirten« ihre Hoffnung auf ihn setzten, ist begreiflich: er war ein Mann von nie ins Wanken geratener Rechtgläubigkeit und von hinreißender Redegewalt.
Seine Anfänge in Konstantinopel waren gleichwohl überaus schwierig: eine amtliche Stellung hatte er nicht, er galt als Eindringling, sein unscheinbares Äußere enttäuschte auch ihm Wohlgesinnte. Und der arianische Bischof Demophilos hielt die Zügel noch fest in den Händen. So mußte Gregor seinen Gottesdienst in einem Privathaus von Verwandten abhalten. Er nannte es Anastasia: von dort aus sollte der rechte Glaube zu neuem Leben auferstehen. Allerdings: die Gemeinde, wie er sie antraf, war nicht nur zahlenmäßig schwach, sondern auch keineswegs einig und gefestigt. Und die arianischen Gegner schreckten selbst vor Tätlichkeiten, ja vor einem (dann doch nicht ausgeführten) Mordanschlag auf ihn nicht zurück. In solche Ruchlosigkeit war also die – nicht unbegründete – Befürchtung ausgeartet, daß Gregor zum künftigen, orthodoxen Bischof Konstantinopels ausersehen sei. Auch in Rom und Alexandrien scheint man bereits mit dieser Entwicklung gerechnet zu haben. Dem Glauben nach mußte Gregor mit seiner makellosen »nikänischen Vergangenheit« sowohl dem Westen wie dem mit diesem eng verbundenen Ägypten genehm sein. So versicherte ihn denn Petros, der Nachfolger des Athanasios in Alexandrien, brieflich seiner freundschaftlichen Gesinnung. Aber eigentlich hätte er den so wichtigen Thron mit einer Person seiner eigenen Wahl besetzt sehen wollen: Konstantinopel konnte der von Alexandrien beanspruchten Vormachtstellung im Osten gefährlich werden.
Eben in diesen Zusammenhang gehört eine peinliche, zum Teil auch lächerliche Affäre: Ein dunkler Ehrenmann, Maximos (auch Heron genannt), kynischer Philosoph und zugleich orthodoxer Christ, der 380 von Alexandrien nach Konstantinopel gekommen war und Gregors Vertrauen zu gewinnen verstanden hatte, wurde heimlich von einigen aus Ägypten zugereisten Bischöfen zum Bischof von Konstantinopel geweiht. Die allgemeine Empörung der Bevölkerung über diesen Streich zwang ihn allerdings, die Stadt sofort zu verlassen. Daß er sich dann, nach erfolgloser Vorsprache bei Theodosius in Thessalonike, nach Alexandrien zu Petros wandte und daß die in Aquileia versammelten westlichen

Predigt des hl. *Gregor von Nazianz* an die Orthodoxen

Prälaten sich für ihn einsetzten – freilich umsonst – wirft ein helles Licht auf die Hintergründe der Angelegenheit. An Gregor blieb der Vorwurf mangelnder Menschenkenntnis und kirchenpolitischer Unbeholfenheit haften.
Wohl erst nach diesem Zwischenfall, im Sommer und Herbst 380, hielt er in der Anastasia die fünf »Theologischen Reden«. Die Schärfe der dogmatischen Beweisführung, der Glanz der Darstellung, gewiß auch die durchwegs spürbare leidenschaftliche innere Beteiligung taten, nach Gregors eigenem Zeugnis, ihre Wirkung: aus dem »Häuflein klein« wurde eine ständig wachsende Anhängerschaft. Doch die entscheidende Wendung zugunsten der Orthodoxen brachte der Einzug des Theodosius in Konstantinopel am 24. November 380. Am 26. verließ Bischof Demophilos die Stadt. Am 27. übergab der Kaiser Gregor die Apostelkirche und damit, de facto, die Leitung der konstantinopolitanischen Gemeinde. Die Glaubenslage war freilich nach wie vor gespannt: Gregors Einsetzung hatte unter militärischem Schutz geschehen müssen. Der Glaube des Theodosius an »den vollen Zusammenklang der Gottheit« und sein politisches Bestreben, Osten und Westen möglichst eng zu verbinden, wirkten in der gleichen Richtung: er suchte auch in seinem Machtbereich das nikänische Bekenntnis durchzusetzen und damit eine Bedingung für besseres Zusammengehen mit dem Westen zu erfüllen.
Eben darum berief er auf das Frühjahr 381 nach Konstantinopel ein Konzil, das später »das zweite ökumenische« genannt wurde. In Wirklichkeit gehörten die rund hundertfünfzig geladenen Bischöfe fast ausnahmslos den östlichen Diözesen an. Sie wählten Gregor in aller Form zum Bischof von Konstantinopel. Bald nach Konzilsbeginn starb der Vorsitzende, Meletios von Antiochien. Zu seinem Nachfolger wurde von den versammelten Vätern, wie es nahelag, Gregor, der Bischof des Tagungsortes, bestimmt. Das Erbe, das er antrat, war denkbar schwierig: Meletios war der eine – der Anhängerschaft nach der ungleich stärkere – der zwei orthodoxen Bischöfe in Antiochien gewesen, zwischen denen der Streit darum ging, welchem von beiden der Thron der Weltstadt wirklich gehöre. Gregor sah die Lösung dieses »Antiochenischen Schismas« darin, daß Meletios vorläufig nicht ersetzt und die Wahl bis nach dem Ableben seines Antagonisten, des schon hochbetagten Paulinos, aufgeschoben werde. Davon erhoffte er sich eine Beruhigung im nikänischen Osten, die sich günstig auf das Verhältnis zu Alexandrien und dem Westen auswirken würde. Aber die große Mehrheit der Konzilsteilnehmer erblickte in Paulinos – und zwar mit Recht – den Kandidaten auch des Westens und Ägyptens und lehnte ihn deshalb aufs entschiedenste ab. Gregor drohte mit dem Rücktritt, falls man seinen Versöhnungsvorschlag nicht annehme. Umsonst. Er wurde darob krank und mußte den Versammlungen fernbleiben. Theodosius suchte die verfahrene Lage dadurch in Ordnung zu bringen, daß er – erst jetzt – »die Ägypter und Makedonier« einlud: von den zweiten erwartete er, daß sie Gregors Plan, der auch sein eigener war, unterstützen würden. Aber von Rom aus waren die Makedonier angewiesen, gegen

Gregor vorzugehen: indem man sich auf den 15. Kanon von Nikaia berief, focht man seine Ernennung zum Bischof von Konstantinopel an, da er schon zum Bischof von Sasima geweiht gewesen sei. Diese Begründung war rechtlich zum mindesten fragwürdig: Gregor hatte das Bischofsamt in Sasima ja überhaupt nicht ausgeübt. Aber von den Quertreibereien und Anfeindungen fühlte er sich dermaßen verletzt, daß er, »um des Friedens willen«, seinen Rücktritt anbot. Wohl doch rascher, als er erwartet hatte, entsprachen das Konzil und der Kaiser seinem Gesuch. In einer großangelegten Rechenschaftsablage (42. Rede) über sein Wirken in Konstantinopel verabschiedete er sich von seiner Gemeinde und dem Konzil. Schon vorher, wohl am 31. Mai 381, hatte er sein Testament errichtet und darin seinen gesamten Grundbesitz der Gemeinde von Nazianz vermacht. Gregors Scheitern erklären Biographen und Kirchenhistoriker fast ausnahmslos mit seinem harter Auseinandersetzung nicht gewachsenen Wesen und dem Fehlen kirchenpolitischer Begabung. Gewiß: ein Basileios hätte auf Gregors Posten wahrscheinlich nicht aufgegeben; daß er in der Antiochenischen Frage erfolgreicher gewesen wäre, darf man füglich bezweifeln.
Noch vor Abschluß des Konzils kehrte Gregor in seine Heimat zurück. In den Jahren, die ihm noch blieben, war er schriftstellerisch ungemein tätig: damals erst entstand bei weitem der größte Teil seines poetischen Werkes. In drei »Theologischen Briefen« übte er scharfe Kritik an der Lehre der Apollinaristen, die zu jener Zeit auch in Nazianz Fuß zu fassen suchten. Seinem Wunsche, man möge der Gemeinde doch endlich wieder einen Bischof geben, kam man lange nicht nach. So übernahm er, als gegen den Herbst 382 sein Gesundheitszustand sich etwas besserte, nochmals selbst ihre Leitung. Aber im Sommer 383 zwang ihn die wieder heftiger gewordene Krankheit zum endgültigen Rücktritt. Er zog sich auf den Landsitz seiner Familie zurück. Wohl etwa vierundsechzigjährig starb er 390.

II

Mit dem hellenischen Erbe war Gregor so vertraut wie wohl nicht mancher seiner – christlichen und heidnischen – Zeitgenossen. Dem Verständnis seines Werkes als Literat (III) und als Theologe (IV) dürfte es deshalb dienlich sein, wenn wir uns zuvor kurz vergegenwärtigen, in welchem Ausmaß Schrifttum und Gedankenwelt der früheren Jahrhunderte zu seinem geistigen Besitz gehören.
Gregors Kenntnis der paganen Literatur ist erstaunlich. Seine daktylische Dichtung ist, wie die jedes andern griechischen Poeten, aufs stärkste geformt von Homer: Ilias und Odyssee wird er so gut wie auswendig gewußt haben. Bewandert ist er auch im Hesiod; die »Werke und Tage« im besonderen regen ihn in ethischen Fragen bald zur Zustimmung, bald zum Widerspruch an. Von der alten Elegie waren ihm die Theognideen offenbar vollständig bekannt, außerdem

das eine und andere Bruchstück aus Zitaten bei spätern Schriftstellern. Anklänge an Sappho sind nicht zu überhören, und daß er sich mit Pindar beschäftigte, verraten etliche Nachbildungen und Anspielungen. Für Sprache und Stil seiner iambischen Dichtung war Euripides das richtungweisende Muster: von seinen Tragödien hat er die sog. Schulauswahl gelesen; von Sophokles jedenfalls Aias und König Ödipus. Was die Komödie des Aristophanes anlangt, finden sich Spuren nicht bloß des harmlosen Plutos, sondern auch der jugendlich übermütigen Ritter. Von den klassischen Prosaikern läßt sich der Einfluß der Geschichtsschreiber Herodot, Thukydides, Xenophon sowie der großen Redner, jedenfalls des Isokrates und des Demosthenes, nachweisen. Zu Hause ist Gregor dann auch in der hellenistischen Poesie: die kunstvolle Diktion ihres Meisters Kallimachos bildet er gerne nach. Er kennt aber auch das Argonautenepos des Apollonios von Rhodos, die bukolischen Eidyllien Theokrits, die spröden Lehrgedichte Nikanders über Tiergifte und Gegengifte sowie den »Kranz des Meleagros«, eine Sammlung früherer und hellenistischer Epigramme. An kaiserzeitlichem Schrifttum hat Gregor die Epen der beiden Oppiane über den Fischfang und über die Jagd benutzt; ferner »Orphische« Poesie, die astrologischen Manethoniana, die christlich interpolierte Orakelsammlung der Sibyllinen, das pythagoreisierende »Goldene Gedicht«, den Frauenspiegel eines Naumachios, dies und jenes andere. Die fruchtbarsten kaiserzeitlichen Prosaiker, Plutarch und Lukian, hat er – in welchem Ausmaß auch immer – gelesen, und wohl auch den schwierigen klassizistischen Redner Ailios Aristeides. Unmittelbaren Einfluß auf Gregors Stil hatte sein Lehrer Himerios.

Mit der griechischen Philosophie steht Gregor wie die beiden andern Kappadokier in enger Berührung, sowohl in kritischer Auseinandersetzung wie in der Übernahme in das eigene Weltbild. Den Begriff »philosophia« braucht er bald im noch uns geläufigen Sinn, bald bezeichnet er damit die vollkommene christliche Lebensform. In jener ersten Bedeutung heißt ihm »philosophia« auch etwa einmal Quelle aller Ketzerei. So manches Erbstück hellenischer Philosophie sich in seinem Werk feststellen läßt: fast durchwegs handelt es sich um Gedankengut, das schon vor ihm auf christliche Denker eingewirkt hatte oder von ihnen doch erörtert worden war. Und bei aller Nähe, besonders zum Platonismus: wo es um Entscheidendes geht, bleibt Gregor in Glauben, Denken und Lehre immer durchaus Christ. Die Sprache allerdings, in der er seine christliche Überzeugung äußert, ist zu einem guten Teil die der griechischen Philosophie: so nennt er die Trinität einmal, wörtlich wie Empedokles den Gott Sphairos, »von allen Seiten gleich«, ein andermal, wie Plotin die (Welt-)Seele, »ohne Teilung geteilt«.

Um von den Spuren der Vorsokratiker – hier wäre Heraklit am bedeutsamsten – und des Sokrates zu schweigen: wohlwollend begegnet Gregor dem Kynismus, mit dessen Grundhaltung sein christliches Ideal asketischer Lebensform übereinstimmt. Am stärksten ist seine Bindung an Platon; »platonisch« sind bei ihm – wie bei andern christlichen Lehrern: das dualistische Weltbild, die Gleichsetzung

Gottes mit dem Guten an sich, das »Gottwerden« als Ziel des Menschenlebens, das Gebot der Befreiung der Seele vom Leib, die Auffassung des Lebens als einer »Einübung des Todes«, die Kernsätze »Unrechtleiden ist besser als Unrechttun«, und »Die Schuld liegt bei dem, der sich entschieden hat; Gott ist frei von Schuld«. Allerdings, Gregor spricht auch aus, was ihn von Platon trennt: so verwirft er die Lehren von den Ideen, der Wiedererinnerung an früheres Dasein, dem Aufstieg von leiblichem zu geistigem Eros. Auf Aristoteles geht Gregors Technik der Beweisführung zurück; mit den »neuen Aristotelikern«, den arianischen Eunomianern, setzt er sich denn auch in ihrer eigenen Fechtart auseinander. Mehrmals kommt bei ihm der Begriff des (richtigen) Mittelmaßes vor: die Nikomachische Ethik hat er nachweislich gelesen. Nicht gelten läßt er natürlich die aristotelische Ansicht, daß zum Menschenglück auch äußere Güter nötig seien. Die Lehre der Stoa, vor allem ihre Ethik, hatte sich bis zu Gregors Zeit so allgemein verbreitet, daß es nicht überrascht, ihren Widerhall auch in seinen Schriften recht oft zu vernehmen. Dafür nur drei Belege: Er übernimmt die stoische Definition der Weisheit, der »sophia«, als des Wissens von Göttlichem und Menschlichem. Wie ein Stoiker betet er darum, Herr über seine Affekte zu sein. Daß der stoische Weise alles und jedes am besten verstehen und verrichten solle, ruft freilich seinen Unmut und Spott hervor. Von Vertretern des Neuplatonismus nennt er einen einzigen mit Namen, Porphyrios, und zwar als geistigen Ahnherrn Julians. Indes darf für gesichert gelten, daß eine Stelle, an der Gregor eine bildhafte Wendung ausdrücklich als die eines griechischen Philosophen anführt, auf Plotin (und zwar Enneaden 5,2,1) geht: Gregors Äußerung steht in einer Stellungnahme zu neuplatonischen Gedanken über die Entstehung der drei »ersten Ursachen« (Hypostasen), also über einen besonders wichtigen Gegenstand auch seines eigenen Philosophierens. Auch sonst zeigt sich recht oft seine Kenntnis der neuplatonischen Vorstellungswelt, die Nähe zu ihr: die Seele als Ausfluß des göttlichen Lichtes; ihr Verlangen nach der Angleichung an Gott; ihr Aufstieg; ihre Erleuchtung. Die (platonisch-)plotinischen Bilder vom »sonnenhaften Auge« und vom Bildhauer, der aus dem Marmorblock die Statue immer vollkommener herausmeißelt, kehren bei Gregor wieder. Und eine vergleichbare Entsprechung bei Plotin hat auch die von Gregor dargelegte (allgemein orthodoxe) Lehre von der Zeitlosigkeit des innertrinitarischen Geschehens.
So viel – unsere Liste ist bei weitem nicht vollständig – über Gregors Kenntnis der griechischen Literatur, im besondern auch der philosophischen. Wie hat er selbst über seine so innige Beziehung zum Hellenentum gedacht? Alle Urteilsfähigen, sagt er einmal, halten die Bildung (»paideusis«) für das höchste menschliche Gut, und zwar nicht nur die edlere, christliche, sondern auch »die von draußen«. Wenn die meisten Christen diese als heimtückisch und gefährlich verabscheuen, ist das falsch. Denn nichts – und nun übernimmt er eine Prägung des Euripides – ist an sich schädlich oder förderlich: so oder anders wird es erst durch jene, die es handhaben. – So sicher war Gregor seiner Sache allerdings doch nicht: immer

etwa wieder konnte ihn die Frage heimsuchen, ob ein solches weltliches Besitztum dem Christen überhaupt erlaubt sei. Wie in ihm die Freude an der hellenischen Bildung und der Stolz darauf abwechseln mit dem Gefühl der Verpflichtung, auch dieses »höchste menschliche Gut« Christus zum Opfer zu bringen, bezeugt er, in Poesie und Prosa, in etlichen sich widersprechenden und gerade deshalb besonders ergreifenden Aussagen.

III

Gregors schriftstellerisches Werk umfaßt fünfundvierzig Reden (von denen die 35. unecht ist), fast zweihundertfünfzig Briefe und rund siebzehntausendfünfhundert Verse. Den Redner haben die Byzantiner neben oder gar über Demosthenes gestellt und ihre rhetorischen Anleitungen, wie sie im Unterricht gebraucht wurden, mit Hunderten von Musterbeispielen aus ihm erläutert. An Anklängen, die Gregors Kenntnis der alten attischen Redner verraten, fehlt es nicht. Ungleich deutlicher zeigt sich bei ihm aber der Einfluß einer zeitlich näheren Bewegung, der »Zweiten Sophistik«. Kennzeichnend für diese sind sich drängende kurze Satzglieder und Sätze, eine Fülle rhetorischer Figuren, ein Pathos, das von der Sache her allzu oft nicht hinlänglich gerechtfertigt ist. Wo Gregor diese Ausdrucksweise über eine längere Strecke beibehält (was doch die Ausnahme ist), mag dem Hörer nachher wirklich zumutegewesen sein »wie einem in die Korybantenweihen Aufgenommenen« (Wilamowitz). – Als besonders wichtig gelten mit Recht die fünf Theologischen Reden. Neben ihnen stehen solche auf kirchliche Feste, Grab- und Gedächtnisreden und eine ganze Reihe bei den verschiedensten Anlässen gehaltener »Gelegenheitsreden«. Die 38. Rede »Auf die Geburt des Erlösers« erklärte Usener, der sie auf den 25. Dezember 379 datierte, für das früheste Zeugnis der Begehung des Weihnachtsfestes im Osten; die Neueren sind ihm freilich nicht durchwegs gefolgt. Wie hoch Gregors Kunst geschätzt wurde, ergibt sich etwa aus der 19. Rede: ein Steuerbeamter hatte sie sich ausdrücklich gewünscht und dafür wahrscheinlich Erleichterungen für den Kleros von Nazianz in Aussicht gestellt. – Gregor selbst fühlte sich offensichtlich als Redner, und nur zu oft, wo nach unserm Geschmack ruhige, gedämpfte Sprache angemessener wäre, kann – auch in den Briefen und Gedichten – sein angeborenes rhetorisches Temperament überborden.

Der Brief war wie zu andern Zeiten so auch im 4. Jahrhundert eine beliebte und vielgepflegte literarische Gattung. Daß Gregor in seinen Briefen tatsächlich kleine Literaturwerke sah, ergibt sich, abgesehen von ihrer ausgefeilten Form, auch daraus, daß er selbst im Alter eine Sammlung davon veranstaltete: sie dürfte den Grundstock des uns Erhaltenen gebildet haben. Gregor hat sich auch theoretisch mit der Epistolographie befaßt und die (schon lange vor ihm aufgestellten) Vorschriften darüber in einem Brief an seinen Großneffen Nikobulos weitergegeben: knapp, klar und anmutig soll der Brief sein. Wie diese drei Forderungen erfüllt werden, führt Gregor im einzelnen aus. Er selbst ist ihnen im ganzen wirklich gerecht geworden. Etwas heikel ist es für den Christen, dem Brief Anmut zu verleihen; denn darunter versteht die Überlieferung nicht bloß, daß er geistreich, neckisch, sentenziös, sondern auch, daß er mit dem Schmuck bildlicher Wendungen und klingender Wortspiele geziert sein soll. Wenn Gregor auch erklärt, dieses zuletzt genannte Reizmittel werde man den (heidnischen) Sophisten überlassen: er selbst hat durchaus nicht immer solche Zurückhaltung geübt. – Der Kreis der Empfänger seiner Briefe ist weit: wir fassen ihrer mehr als hundert. Die meisten sind christlichen Glaubens; aber Gregor hat brieflich auch mit Heiden, so mit Beamten und mit Lehrern der Redekunst verkehrt, zum Teil freundschaftlich, besonders wenn die Bildung eine Brücke schlug. Bittschriften und Empfehlungen nehmen einen beträchtlichen Raum ein; pastoraler Zuspruch, Ermutigung, Trost, Zurechtweisung sind andere Themen. Oft muß der Brief einfach das persönliche Zusammensein ersetzen: Gregor war häufig krank.

Von ganz vereinzelten, ohne Folge gebliebenen Ansätzen abgesehen, beginnt die griechisch-christliche Dichtung mit Gregor; man darf ihn ihren Begründer nennen. Gewiß: was er gemacht hat, wird man mit großer klassischer und hellenistischer Dichtung gar nicht erst vergleichen; wohl aber es schätzen als Leistung einer gebildeten, in ihren menschlichen Vorzügen und Schwächen liebenswerten Poetennatur. Wo er sein Bestes gibt, spüren wir sogar etwas von dichterischer Kraft, aber selbst dann ist er kaum je völlig frei von den Kennzeichen des Epigonentums. Man könnte sich denken, daß aus dem christlichen Lebensgefühl eine ihrem Wesen nach neuartige christliche Dichtung erwachsen wäre: Gregor hat sie nicht geschaffen. Die einzelnen Gattungen, der sprachliche Ausdruck, die metrischen Formen sind durchaus die in der paganen Poesie vorgegebenen, und auch »hellenische Gehalte« werden immer wieder übernommen. Von den hexametrischen Gedichten seien hervorgehoben: das sog. »Corpus dogmaticum«, eine Reihe, in der die einzelnen Hypostasen der Trinität, dann die Vorsehung, das Weltall und seine Schöpfung, die Seele behandelt sind; ferner zwei längere »Lehrgedichte« über die Jungfräulichkeit, das eine ihrer Verherrlichung gewidmet, das andere ihrer Abwägung gegenüber dem (wohlwollend gewürdigten) Frauenlos in der Ehe. Auch literaturgeschichtlich beachtenswert sind sieben hexametrische Episteln: darunter ein Lobpreis der Bildung; ein Frauenspiegel; ein eindrücklicher Protrepticus zum Christentum. Besonders geglückt sind die Gedichte, in denen Gregor die Elegie zu neuem Leben erweckt, so jenes, das in unsern Handschriften den Titel »Von der menschlichen Natur« trägt: In sapphischen und theokritischen Farben schildert Gregor den Hain, in den er sich, von peinigenden Gedanken verfolgt, zurückzieht. Dort grübelt er: Was ist der Mensch? Woher kommt er? Wohin geht er? Wie steht es um die Seele? Warum hat sie sich in das Gefängnis des Leibes einkerkern lassen? Aber ist diese

Vorstellung überhaupt richtig? Gibt es Erlösung, Auferstehung? Zweifel, sogar an der biblischen Offenbarung, fechten also den Dichter an. Sein Selbstgespräch endet doch mit dem Bekenntnis zur göttlichen Dreieinigkeit, in der Hoffnung auf das ewige Leben. Doch wie Gregor den Hain verläßt, hebt der Widerstreit in seinem Innern bereits von neuem an. – Man muß schon in die besten Zeiten der alten ionischen und attischen Elegie zurückgehen, um Konfessionen von vergleichbarer Kraft zu finden. Elegien wie die eben erwähnte stehen unserer »subjektiven Lyrik« nahe; ebenso eine stattliche Zahl kurzer und kürzester iambischer Gedichte, in denen Gregor den Regungen seines leidenschaftlichen Herzens Luft macht. In Iamben hat er anderseits umfangreiche popularphilosophische Diatriben (»Moralpredigten«) abgefaßt: über den Zorn, die Habsucht, die Tugend. Und in iambische Form hat er auch das Gedicht »Auf sein Leben« gekleidet. Es ist mit seinen fast zweitausend Trimetern Gregors umfangreichstes, zugleich auch sein wichtigstes poetisches Werk. Diese Autobiographie in Versen reicht von Gregors Geburt bis zu seinem Rücktritt vom Vorsitz des Konzils; das Schwergewicht (der Verszahl nach sind es zwei Drittel des Ganzen) liegt aber deutlich auf dem Wirken in Konstantinopel: damit ist gesagt, daß das Gedicht weithin apologetischen – und auch polemischen – Charakter hat. Die Polemik herrscht vor in einer Fortsetzung von nochmals siebenhundert Trimetern, zur Hauptsache einer Abrechnung mit »den Bischöfen«, denen Gregor das Mißlingen seiner Bemühungen um den Kirchenfrieden zuschreibt. Die literarische Vorgeschichte dieser Selbstdarstellung reicht zurück bis zu dem Rechenschaftsbericht des Isokrates über seine Tätigkeit als Lehrer und Publizist, ja sogar bis zu Solons Rechtfertigung seines Wirkens als Schiedsrichter zwischen Adel und Demos von Athen. Und doch ist Gregors Gedicht eine originale Leistung: es ist nicht Vorbildern nachgeformt, sondern unmittelbar aus dem brennenden Bedürfnis entsprungen, über sein Tun, wie er es auffaßte, der Mit- und Nachwelt die Wahrheit zu sagen. – Gregor hat sich auch als Epigrammatiker betätigt. In dem Sammelwerk der Palatinischen Anthologie lesen wir ein 8. Buch, das ganz aus Epigrammen von ihm besteht: großenteils Grab- und Gedächtnisgedichten auf Angehörige und Freunde. Auch anderer metrischer Formen als der daktylischen und iambischen hat er sich bedient, so etwa der Anakreonteen – natürlich nicht für »anakreontische« Themen, sondern für einen »Hymnos auf Gott« und ein Kurzgedicht »Über die Keuschheit«.

IV

Von Gregors hoher Auffassung der Aufgabe des Priesters zeugt seine 2. Rede, die Rechtfertigung jener Flucht, durch die er sich der für allzu schwer gehaltenen Verpflichtung zu entziehen gesucht hatte. Er nennt das Priesteramt »die Kunst aller Künste und die Wissenschaft aller Wissenschaften« mit einer sonst für die

Philosophie gebrauchten Prägung. Von ihm hat sie Gregor der Große in den Eingang seiner Pastoralschrift übernommen. Wie innig Gregor, in Nazianz und in Konstantinopel, das Leben seiner Gemeinde mitlebte, belegt mancher seiner Briefe. Strenge Ansprüche stellt er an den Geistlichen als Theologen: Es ist nicht immer noch überall statthaft, und es ist nicht jedermanns Sache, über schwierige Glaubensfragen zu reden. Ungebildeten Klerikern, die sich auf das Beispiel der Apostel berufen, hält er, fast ingrimmig, entgegen: Tut erst Wunder wie sie, dann lasse ich eure Ungebildetheit gelten.

In der Exegese scheint sich Gregor nur wenig betätigt zu haben: jedenfalls gehört in ihr Gebiet allein die 37. Rede, über Matthäus 19,1–12. Daraus und aus den unzähligen biblischen Einzelstellen, die er sonstwo anführt und erläutert, ersehen wir immerhin, daß er nicht auf eine einzige Methode festgelegt war: so hält er bald allegorische Deutung für die allein in Betracht fallende, bald spottet er über Erklärer, die sie ausschließlich befolgen.

In ein »System« hat er sein theologisches Denken nicht gefaßt. Die Unmöglichkeit, die göttlichen Geheimnisse in Worten auszudrücken, ließ ihn Zurückhaltung üben und sie andern nahelegen. Allerdings: als falsch, ja als sündhaft wäre es ihm erschienen, den Mut zum »offenen Herausreden« nicht aufzubringen, wo es um den Kampf gegen die arianische Lehre ging, der sich damals der Entscheidung und dem Abschluß näherte. So wurde er nie müde auszusprechen, was er für auch dem Menschen zugängliche Wahrheit über die Trinität, im besondern über die Göttlichkeit des Heiligen Geistes hielt. In Nikaia war 325 nur die Wesenseinheit (»Homousie«) des Sohnes mit dem Vater ausgesprochen worden. Die ausgebaute Trinitätslehre ist das Werk der drei Kappadokier. Wir beschränken uns auf Gregors Beitrag und bitten gleich zu entschuldigen, daß wir darüber – aus Gründen des verfügbaren Raumes – allzu kurz und infolgedessen etwas sehr »vereinfachend« berichten: Vielleicht im Anschluß an Gregor von Nyssa arbeitete der Nazianzener mit der letztlich aristotelischen Unterscheidung von Gattung und Art, von Gemeinsamem und Eigentümlichem: Gemeinsames Wesen, »usia«, ist die Gottheit; Wesensarten sind die drei »Hypostasen« (die »Personen« der Lateiner). Als besondere Wesensart des Vaters bezeichnete Gregor das Ungezeugtsein (»agennesia«), als die des Sohnes das Gezeugtsein (»gennesis«), als jene des Heiligen Geistes – mit einem Begriff, den er in Anlehnung an Johannes 15,26 einführte – das Hervorgehen (»ekporeusis«), eben aus dem Vater. Zugleich lehrte er die volle Gottheit des Geistes und erklärte ihn ausdrücklich für wesenseins (»homousios«) mit dem Vater und dem Sohn, während Basileios, wie Gregor sagt, zwar derselben Ansicht gewesen sein soll, sich aber – wohl aus kirchenpolitischen und psychologischen Erwägungen – nicht habe entschließen können, seine Überzeugung öffentlich auszusprechen.

Die Gottheit des Heiligen Geistes findet Gregor darin begründet, daß, wo es doch letztes Ziel des Menschen ist, Gott zu werden, der Geist, der das bewirkt, »selbst Gott sein muß, um mich zu vergotten«. Dem Einwand, daß die Gottheit des Geistes in der Bibel nirgends bezeugt ist, tritt er entgegen mit einer reichen Sammlung von Textstellen, die nach seiner Auffassung überhaupt nur verständlich sind, wenn darin eben die Göttlichkeit des Geistes vorausgesetzt ist. Und das Schweigen der Schrift erklärt er mit der »oikonomia«, dem über Stufen aufsteigenden Heilsplan der Gottheit: Das Alte Testament kannte Gott den Vater und enthielt Andeutungen auf den Sohn; das Neue verkündete den Sohn in seiner Göttlichkeit und wies voraus auf den Heiligen Geist; jetzt ist die Zeit da, offen zu verkünden, daß auch dieser Gott ist.

Doch hören wir, wenigstens in einer kurzen Probe, Gregor selbst; von der Gedrängtheit und dem Glanz seiner Sprache vermag die Übersetzung freilich kaum etwas zu vermitteln:

[Die Begriffe] »Ungezeugtsein, Gezeugtsein, Hervorgehen bezeichnen den Vater, den Sohn und den Heiligen Geist. Auf diese Weise bleibt die Selbständigkeit der drei Hypostasen innerhalb der einen Natur und der einen Würde der Gottheit gewahrt. Denn der Sohn ist nicht Vater, da es nur einen einzigen Vater gibt; aber er ist, was der Vater [nämlich: Gott]. Und der Geist ist nicht Sohn, da es allein den Eingeborenen gibt; aber er ist, was der Sohn [auch: Gott]. Eines sind die Drei in ihrer Göttlichkeit, und das Eine ist drei in den eigentümlichen Wesensformen.« (31. Rede, 9) »Der Geist ist wahrhaftig Heiliger Geist, denn er geht vom Vater aus – nicht als Sohn, weil nicht durch Zeugung, sondern durch ›Hervorgang‹, wenn denn schon um der Klarheit willen ein neuer Begriff geprägt werden muß.« (39. Rede, 12).

Die Aussetzungen, die gegen Gregors Gedankengänge und Ergebnisse vorgebracht wurden (und vorgebracht werden können), sind hier nicht zu besprechen. Wir halten einfach die dogmengeschichtliche Tatsache fest: zur endgültigen Fassung der Trinitätslehre der Ostkirche hat Gregor wesentlich beigetragen. Dies ist nicht nur seine bekannteste, sondern auch seine wichtigste theologische Leistung.

Zuerst danach wird man wohl seine Stellungnahme zum Apollinarismus nennen. Hatte dessen Begründer die volle Menschlichkeit Christi bestritten, indem er ihm zwar den Menschenleib und die Menschenseele zuerkannte, aber anstatt des Menschengeistes den göttlichen Logos selber setzte, trat Gregor aufs entschiedenste dafür ein, daß in Christus die uneingeschränkte göttliche und die uneingeschränkte menschliche Natur vereinigt waren: nur unter dieser Voraussetzung ist nach ihm die Erlösung des Menschen überhaupt möglich. Diese Lehre Gregors wurde in Ephesos (431) und Chalkedon (451) im wesentlichen bestätigt. Als unvereinbar mit der Würde der Gottheit verwarf Gregor jene Auffassung der Erlösung, wonach Christus der für sie von Gott dem Teufel bezahlte Kaufpreis wäre. Schließlich sei erwähnt, daß Gregor zwar nicht als erster, aber lange vor dem Konzil zu Ephesos, Maria »Muttergottes«, »theotókos«, genannt hat.

V

Unter den griechischen Kirchenvätern ist Gregor von Nazianz, so fremd und fern sein rhetorischer Stil uns Heutigen an vielen Stellen erscheint, der Meister der Redekunst, dem einzig Johannes Chrysostomos vielleicht den Rang streitig macht. Die griechisch-christliche Poesie hat er recht eigentlich begründet, und wie immer sein Werk, gemessen an hoher hellenischer Dichtung, beurteilt werden muß: es ist jedenfalls von keinem späteren christlichen Dichter griechischer Zunge übertroffen worden. Den Beinamen des »Theológos«, des »Gott Verkündenden«, verdankt er seinem Beitrag an die Vollendung der orthodoxen Trinitätslehre und ihrer Darlegung in gedanklich wie sprachlich bewundernswerter Form. Am Konzil von 381 blieb ihm der Erfolg als Kirchenpolitiker versagt: das Ziel, das er sich dort gesteckt hatte, würde wohl auch ein anderer nicht erreicht haben. Mit Recht wird er etwa »der Humanist unter den Kirchenvätern« genannt: das Beglückende wie das Schmerzliche, das nun einmal im Miteinander und Gegeneinander von Griechentum und Christentum enthalten ist, kann wohl keine Gestalt der Alten Kirche so eindrücklich vergegenwärtigen wie er.

Werke

J. P. Migne, Patrologia Graeca (griech. Text u. lat. Übersetzung). Bd. 35: Reden 1–26; Bd. 36: Reden 27–45; Bd. 37: Briefe, Testament, Gedichte; Bd. 38: Epigramme; Zweifelhaftes, Unechtes; Auswahl aus byzantin. Kommentaren. Paris 1862–1885.

Neue textkritische Ausgaben:

In den Sources Chrétiennes (SC). Paris (griech./französisch): Discours 1–3, hg. von J. Bernardi. 1978 (SC 247); 20–23 u. 24–26, hg. von J. Mossay – G. Lafontaine. 1980 und 1981 (SC 270 u. 284); 27–31, hg. von P. Gallay – M. Jourjon. 1978 (SC 250).

Lettres théologiques, hg. von P. Gallay – M. Jourjon. 1974 (SC 208).

Die fünf Theologischen Reden (griech./deutsch). Hg. von J. Barbel. Testimonia, Bd. 3., Düsseldorf 1963 (Text im wesentlichen derjenige Migne's).

Lettres (griech./französisch), hg. von P. Gallay. Paris. Les Belles Lettres: Bd. 1, 1964. Bd. 2, 1967.

Briefe (griechisch), hg. von P. Gallay: Griechisch-christliche Schriftsteller. Bd. 53, Berlin 1969.

De vita sua (griech./deutsch), hg. von Ch. Jungck. Heidelberg 1974.

Epigramme: Anthologia Graeca, Griechisch-Deutsch. Hg. von H. Beckby. Bd. 2, Buch 8. 2. Aufl. München 1965–1967.

Übersetzungen ins Deutsche (ohne griech. Text):

Ph. Haeuser: Des hl. Bischofs Gregor von Nazianz Reden aus dem Griechischen übersetzt ... Rede 1–20. Bibliothek der Kirchenväter. 1. Reihe, Bd. 59, München 1928.

Briefe, hg. von M. Wittig. Bibliothek der griech. Literatur. Bd. 13, Stuttgart 1981 (darin: 1–77 über Gregors Leben u. Werke).

Darstellungen

Campenhausen, H. v.: Griechische Kirchenväter. 2. Aufl. Stuttgart 1967, 101–113.
Hauser-Meury, M.-M.: Prosopographie zu den Schriften Gregors von Nazianz. Bonn 1960.
Gallay, P.: La vie de Saint Grégoire de Nazianze. Lyon – Paris 1943 (deutsch v. E. Klein, Stuttgart 1964).
Plagnieux, J.: S. Gregoire de Nazianze théologien. Paris 1952.
Sicherl, M. – Mossay, J. – Lafontaine, G.: Travaux préparatoires à une édition critique de Grégoire de Nazianze. In: Revue d'histoire ecclésiastique 74 (1979), 626–640.
Szymusiak, J. M.: Grzegorz Teolog. Posnán 1965.
Trisoglio, F.: S. Gregorio di Nazianzo scrittore e teologo in un quarantennio di studi (1925–1965). Torino 1974.
Wyß, B.: Gregor von Nazianz, ein griechisch-christlicher Dichter. In: Museum Helveticum 6 (1949), 177–210 (bzw. Libelli 73, Darmstadt 1962).
Wyß, B.: Gregor von Nazianz. In: Reallexikon für Antike und Christentum. Bd. 12 (Stuttgart 1983), 793–863 (mit Bibliographie).

Makrina

Porträt einer Familie

von Frits van der Meer

Als Endvierziger, immer noch unterm Eindruck vom Ableben seiner ältesten Schwester Makrina am 19. Juli 379, verfaßte Gregor von Nyssa ihre Lebensbeschreibung.

Würde diese kleine Schrift – schrieb der erste englische Übersetzer – aus dem vierten vorchristlichen statt aus dem vierten nachchristlichen Jahrhundert stammen, sie würde zur klassischen Weltliteratur gehören. Und wer, von einigen wenigen Historikern und einer Handvoll frommer orthodoxer Christen abgesehen, kennt sie heute? Der nämliche Engländer fragt sich: Hat es in der Geschichte der Kirche je eine so glänzend und gleichmäßig begabte Familie gegeben wie die der Makrina? Die Antwort ist zweifellos: Nein.

Was bedeuten die Arnaulds, die Pascals und sogar die Bachs neben dem Siebengestirn Makrina der Älteren, Emmelia, Makrina der Jüngeren, Basilius dem Großen, Naukratius, Gregor von Nyssa und Petrus von Sebasteia, einer wahren Pléiade: Großmutter, Mutter und fünf Kinder?

Und dann war noch ein Großvater Blutzeuge; zwei Großeltern werden als Bekenner verehrt; Basilius, Gregor und Petrus haben den christologischen Dogmen, nicht weniger auch dem monastischen Leben in der Ostkirche einen unauslöschlichen Stempel aufgedrückt. Und hinter den Brüdern stehen schweigend die Gestalten der weisen Großmutter – Schülerin von Origenes, Jüngerin Gregors des Wundertäters, Bischof von Neocaesarea – und der ältesten Schwester, Makrina, welche ihre Brüder auf den Weg geführt hat, auf dem sie berühmt und heilig geworden sind.

Auf unseren Gymnasien wurden die christlichen Hellenen nicht so sehr vernachlässigt als vielmehr nicht gekannt. Aber Vorsicht! Auch in unserm Mittelalter, als nahezu kein Mensch im Westen Griechisch lesen konnte, kannte man die Brüder lediglich aus übersetzten Auszügen, und Makrina kannte man gar nicht. Und nach der Renaissance? Da kannten sie nur die sachlichen Bollandisten, die gelehrten Mauriner, und ein Mann wie Le Nain de Tillemont, der in seinem genauen, riesigen und von niemandem mehr gelesenen Werk über die Geschichte der Alten Kirche den drei Frauen nebenbei eine etwas matt dahinplätschernde Lebensbeschreibung widmete.

Wir fordern den Leser heraus, nach dem Leben der Makrina ein gleich langes Leben aus Plutarchs Sammlung zu lesen und dann zu entscheiden, nicht was auch die besten Heiden von den christlichen Heiligen trennt noch auch, was die Biographie eines Staatsmannes oder Feldherrn vor der einer Asketin in einer anatolischen Außenprovinz des Römischen Spätreichs voraushat, sondern welches von beiden ihn am meisten getroffen hat, durch Finesse und erhabene Ruhe. Außerdem, wie merkwürdig kontrastiert dieses Juwel zu berühmt gewordenen Werkchen wie des Athanasius Leben des Antonius oder Sulpicius Severus' Leben des hl. Bischofs Martin von Tours oder sogar Gregors des Großen halb legendärer Bericht über Benedictus. Wodurch? Mich dünkt, zuallererst durch eine seltene Eleganz und eine vornehme Zurückhaltung, um nicht zu sagen überlegene Skepsis, etwa Wundern gegenüber.

Das eigentliche Leben nimmt in dieser Biographie, die eher als ein »In Memoriam« angelegt ist, einen scheinbar nur geringen Platz ein. Spricht hieraus nicht die Erkenntnis, daß die jeweilige innere Beschaffenheit einer durch die Gnade Ausgezeichneten durch äußere Geschehnisse kaum verdeutlicht wird? – Ein anderes kommt hinzu. In der kirchlichen Literatur finden sich nur wenig Schriften, in denen sich das Bewußtsein der Clanzugehörigkeit in einer aristokratischen Familie so unbefangen äußert wie in diesem kurzen, naiven (denn nach Aussage des eigenen Bruders Basilius war der Nyssener ein genialer, aber kindlicher und unpraktischer Mann – Bas. ep. 58–60. 215) und dennoch so von Ehrfurcht zeugenden Heiligenleben. Gregor spricht schlicht von »unserem großen Basilius« und »meiner großen Schwester«.

Wir kennen Ambrosius' Leichenrede auf seinen jungverstorbenen, noch nicht getauften Bruder Satyrus (und ihre Familie war der pontischen der Makrina ebenbürtig); wir lesen die Panegyriken anderer Kirchenväter auf ihre Verwandten; nirgends aber wird eine ganze Familie mit einem Blick rund um die Gestalt einer dominanten Persönlichkeit gesehen: der ältesten Schwester, der Erstgeborenen von zehn Kindern. Ihre bewußte Askese wird gerühmt als die unmittelbare Ursache für das eigene und anderer Leute Heil: sie ist der genius dieser christlichen gens.

Das Proömium verrät Gregors perfekte Schulung; plötzlich aber erliegt er dem Stoff und kommt ins Erzählen und zwar mit so großer Treffsicherheit und verhaltener Rührung, daß Possidius (über seinen Hausgenossen Augustinus) und beispielsweise Ruinart (über seinen Hausgenossen Jean Mabillon) daneben verblassen als Chroniken.

Ein Bruder über eine Schwester, das ist selten. Nicht durch Benedictus erhalten wir Aufschluß über Scolastica, sondern durch Papst Gregor, der keinen von beiden kannte. Was Ambrosius über Marcellina berichtet, füllt nur ein kleines Blatt. Aber ein heiliger und berühmter Bruder über eine heiligere und Eltern und Brüder heiligende Schwester, das ist ein Unikum.

Und deshalb darf diese Frau in den meisten Geschichtsbüchern fehlen! Wohl aber steht sie in den beiden christlichen Kalendern, dem orthodoxen und dem katholischen, und auf den Ikonen. Was mehr besagt, sie steht am Anfang jener vergessenen Heldendichtung, der Bekehrung der spätantiken griechischen Aristokratie zum schmalen Weg Christi.

I Der Hintergrund väterlicherseits: Neocaesarea

Makrinas Vater übte eine Anwaltspraxis aus in Neocaesarea (dem heutigen Niksar), einer alten Stadt, der Metropole des Pontus Polemoniacus. Die Stadt liegt malerisch an einem Nebenflüsschen des Lycus (Kelkit), eines Seitenarms des Iris (Yesil Irmak): dieser schlängelt sich abwechselnd durch enge, fruchtbare Täler und wildbewachsene Schluchten, quer durch das Gebirge, welches die Küstenstädtchen am Schwarzen Meer von den Hochebenen Kappadokiens trennt. Nahe Neocaesarea gingen Äcker und Obstgärten plötzlich in düstere Schluchten über, welche die Flüsse einengten und in denen winters das Wasser wild schäumte: eine Landschaft, die der Nyssener treffsicher beschrieben hat. Makrinas Eltern, Basilius und Emmelia, bewohnten ein Haus in der Stadt und eine Villa auf einem mittelgroßen latifundium. Die Großeltern hatten es erlebt, wie die korrupte Stadt (mit dem berüchtigten Men-Tempel, aus dem jedoch nach 320 die Hierodulen verschwunden waren) innerhalb weniger Jahrzehnte zum Glauben an Christus bekehrt worden war: von nur einem Mann, einem Mitbürger, dem Patrizier Theodorus, der fünf Jahre lang dem Origenes zu Füssen saß, in Caesarea Palaestinae, und der nach seiner Taufe Gregor hieß; als er wiederkam, fand er in seiner Stadt siebzehn Christen (um 240); als er dort als Bischof starb (270–275), gab es noch siebzehn Heiden, wie man sich erzählte. Diese wunderbare Christianisierung war keine Idylle gewesen. Während der Verfolgung unter Decius, 250–251, ward die Kirche übel zugerichtet. Es war Gregor, der Makrinas Großeltern und namentlich ihre begabte Großmutter Makrina die Ältere im Glauben und in der Theologie des Origenes unterwiesen hatte. Großmutter Makrina gab ihre gediegenen Kenntnisse an ihre Kinder weiter, unter ihnen der junge Anwalt Basilius. Dieser lebte mit seiner Gattin Emmelia und dem ganzen Hausgesinde unter großen Entbehrungen in der pontischen Wildnis während der letzten Verfolgung unter Galerius und Maximinus Daja, von 304 bis 311.

Die Mutter, Emmelia, war Kappadokierin. Schon in jungen Jahren war sie verwaist. Ihr Vater war ruhmreich als Märtyrer unter Galerius und Maximinus, vor 311, gestorben. Höchstwahrscheinlich bekam die Familie ihren Besitz wieder unter Konstantin dem Großen. So kam es, daß die Kinder sowohl in Pontus als in Kappadokien Grundbesitz und Beziehungen erbten.
Der älteste Sohn, Basilius, studierte 351–355 bei Libanius, einem überzeugten Heiden, in Athen; dort begegnete er einem gleichaltrigen Kappadokier, Sohn des Bischofs von Nazianzus (Menezi, bei Aksaray); er hieß Gregor, genauso wie Basilius' jüngerer Bruder: er wurde sein Jonathan, ihre Freundschaft ist sprichwörtlich geworden. Als Basilius, nach Studienabschluß, nach Hause kam, fand die älteste Schwester, Makrina,

»ihn so überheblich geworden und stolz auf seine Beredsamkeit, daß er sich weit über alle Würdenträger erhaben fühlte ... Nun, sie wußte auch ihn, nach ihrer Mutter, so schnell für das Ideal des vollkommenen Lebens (philosophia) zu gewinnen, daß er dem weltlichen Blendwerk entsagte ... und zu jenem Leben der eigenhändigen Arbeit desertierte und sich durch radikale Besitzlosigkeit den Weg zu einem auf die Tugend gerichteten Leben frei machte.«

Auf Makrinas Initiative wurde das Familiengut Annesi, das nordwestlich von Neocaesarea in einer Talschlucht des Iris lag, eine asketische Gemeinschaft. Die verwitwete Emmelia und ihre älteste Tochter schafften jeden Standesunterschied, jeden Luxus ab und lebten, zusammen mit ihren ehemaligen zahlreichen Sklavinnen und Standesgenossinnen, nach einer Regel und aus demselben Geist der Weltentsagung. – Der zweite Sohn, Naukratius, verzichtete auf seine Karriere als Rhetor und begann auf eigene Faust ein höchst originelles Eremitenleben; zugleich trat er als Ernährer unterstützungsbedürftiger alter Leute auf; mit einem Freund kam er durch einen Jagdunfall ums Leben. – Dann folgen der älteste und jüngste Bruder, Basilius und Petrus: auf dem anderen Ufer des Flusses suchten sie, Mutter und Schwester nachzueifern – nicht ohne daß die Frauen sich über die linkischen vornehmen Burschen lustig machten, die nicht einmal Brot backen oder ein Salatbeet züchten konnten: am Ende mußte Emmelia sie mit Gemüse und Brot versorgen (Greg. Naz. ep. 5). Schon 358 war Basilius nach Palästina und Ägypten gereist, um sich dort die Einsiedler und Zönobiten anzusehen. Selbst begann er das strenge Leben in Annesi, und er hielt durch, bis ihn die Not der Kirchen anderswohin rief. Auch ein Laie wie Sozomenus bezeugt, nicht ohne Erstaunen, Basilius habe unter der passiven, gemächlich dahinlebenden Bevölkerung des Pontus ein mächtiges geistliches Réveil geweckt, das zu zahlreichen asketischen Niederlassungen geführt habe; mit Recht auch gilt Basilius als Gesetzgeber des gesamten orthodoxen Mönchtums. – Er versuchte auch seinen Jonathan, Gregor, in dieses Leben einzuweihen. Er schrieb ihm einen Brief, in dem er Annesi als reizvollen Ort beschreibt: eine kleine Ebene in einer Windung des Iris, der zwar ungestüm dahinströmte, hier aber zwischen zwei engen Schluchten ruhig, klar und heiter durch Äcker und Obstgärten glitt; der winters wohl einmal ausuferte, sommers aber nur Erquickung bot. Immer hörte man Vögel singen; den Ort schützten steile Felswände, von dichten Wäldern gekrönt: dort begegnete einem dann und wann ein Jägersmann, denn es gab viel Rot- und zahmes Kleinwild; nahe einem Felsüberhang lag die Klause (Bas. ep. 14). Der künftige Nazianzener kam, sah, blieb und machte mit. Er hielt's nicht aus. In seinen Briefen von 361 spottet er über die Entbehrungen, die er mit seinem Freund ertragen mußte. – Famos, schreibt er (Greg. Naz. ep. 4.5), dieses dein Paradies! Ein Rattennest auf dem Boden eines Abgrunds, die Sonne siehst du wie von unten durch einen Schornstein; bist du aus den Felsen heraus, steckst du im Dorngestrüpp; nicht einmal ein Kohl kann dort wachsen. Und dieser Fluß, den du mit dem lieblichen Strymon bei Amphipolis (der Struma in Thrakien) vergleichst? Tag und Nacht hörst du ihn toben. – Und, in einem anderen Brief (ebd., 5): kein Dach, kein Herd, keine Tür; Lehmwände, rundum Schlamm, kein Trinkwasser; Brot, so hart, daß die Zähne daran abgleiten. Ist das deine Lotophagenspeise, die Antinousbewirtung, die du mir vorgespiegelt? (vgl. Odyss. 9, 84; 8, 59–61) Und dieses Suppengebräu! Und der Augiasmist, den wir aus dem Haus übers Land streuten! – Über dem Humor war aber aufrichtiges Heimweh unüberhörbar. In einem folgenden Brief (ebd., 6) erinnerte er an das unaufhörliche Psalmodieren, die herrlichen Gespräche über die hl. Schrift und an alle gemeinsam verrichtete Arbeit: Holz schleppen, steinerne Wasserläufe bauen; und »jene von mir gepflanzte Platane! Die steht doch noch da, als Andenken?« – Er kam auch zurück, aber nicht für immer, es war ihm zuviel. – Basilius' jüngster Bruder, Petrus, blieb. Zum Priester geweiht, wurde er Vorsteher des Männerklosters. – Was den dritten, Gregor, betrifft, der dachte nicht daran, mitzumachen.

III Makrinas jüngster Bruder: Der Nyssener

Wie so viele gebildete junge Leute mit guter Stimme ward er schon früh zum Lektor geweiht. Aber während des Annesi-Experiments in der ersten Phase fiel es ihm nicht ein, der Literatur zu entsagen. Er war ein Denker und Ästhet; blieb im Briefwechsel mit Libanius (ebd., 13); heiratete eine Frau gleichen Standes, Theosebeia. Den frommen Neigungen seiner Familie stand er so rebellisch gegenüber, daß er Emmelias Einladung, der Einweihung des Martyrions beizuwohnen, das die Familie unweit Annesi, bei Ibora, auf eigenem Besitz errichtet hatte, zu Ehren der Vierzig Märtyrer von Sebasteia, und das zugleich als Mausoleum »ad sanctos« (Greg. Nyss. orat. III in sanctos XL Martyres; PG 46, 784f.) gedacht war, anfangs nicht annehmen wollte.

Schließlich kam er doch, aber zu spät. Familie und Volk befanden sich schon innerhalb des ummauerten Gartens, in dem der Reliquienschrein für die Vigil aufgestellt war. Er hörte den mächtigen Psalmengesang; er ging nicht hinein, legte sich in einem benachbarten Haus schlafen. Im Traum aber hatte er ein wunderliches Erlebnis (er erzählte es später in einer Predigt): er wollte den Garten betreten, allein vor dem Tor erhob sich eine Kohorte Soldaten, die ihm mit Stöcken drohte: sie hätten ihn gewiß verprügelt, wenn nicht ein sanftmütiger alter Mann sie gebeten hätte, dem jungen Mann seine Lauheit zu verzeihen. Er erwachte und begriff, daß er die Vierzig (die unter Licinius um des Glaubens willen auf einem Gebirgssee Armeniens erfroren waren) geschaut hatte.
Doch auch nach seiner Bekehrung blieb Basilius, der seine delikate Natur nicht verstand, mit ihm unzufrieden. Wegen einer Eselei warf Basilius ihm rundheraus seine Naivität vor; er fängt so an: Wie soll ich dir, Gimpel, auf den Leib rücken (Bas. ep. 58)? – Von seinem leicht tyrannischen Ältesten unfreiwillig zum Bischof geweiht, reiste er nach Nyssa; er hielt die Bevölkerung für gleichgültig und den Ort fand er eine Wüste. Zwei Jahre später, 374, ließ Kaiser Valens ihn auf falsche Anschuldigungen hin verhaften und des Landes verweisen. Die Prüfung hat ihn geläutert. Im Exil schrieb er sein erstes Werk, »Der Stand der Jungfräulichkeit«: ein Stand, dessen er selbst, sagt er, sich nicht mehr rühmen konnte. Nach dem Tod seiner Gattin schrieb ihm Gregor von Nazianzus einen noblen Trostbrief. (Greg. Naz. ep. 197; PG 37, 324) – Als er 378 zurückkehren konnte, wurde er von seiner Herde mit Jubel empfangen und schrieb einem Freund jenen entzückenden Brief über die Heimreise und den Empfang (Greg. Nyss. ep. 6), aus dem seine ganze gefühlvolle und liebenswürdige Persönlichkeit spricht. Als wären wir dabei, erleben wir die Reise von Caesarea nach Nyssa, an den Ufern des kolossalen Halys (Kizil Irmak) entlang, durch die Dörfchen, deren Bewohner in hellen Haufen die Straße säumen, als sein Wägelchen mit den Maultieren durch den Schlamm herangeholpert kommt. Zwei Wolkenbrüche prasseln gerade nieder, als er sich unterstellt; bei Nyssa regnet es so stark, daß keine Seele auf der Straße ist; aber, sagt er, als unser Reisewagen endlich im Trockenen unter den Portikus des Hauptplatzes ratterte, hörte der Schauer auf und kamen wie durch einen Zauberschlag die Pfarrkinder zum Vorschein, und der Andrang wurde so groß, daß er nicht aussteigen konnte. Vor der Basilika war es, »als zöge ein Feuerstrom in die Kirche ein«: das waren die Kerzen zweier Jungfrauenchöre, die in der Dämmerung aufflackerten.
Neujahr 379, nach neun prall gefüllten Jahren eines dramatisch bewegten Episkopats in der kappadokischen Metropole Caesarea (Kayseri), stirbt Basilius, schon überall »der Große« genannt; er ist noch keine fünfzig Jahre alt. Auf einmal ist Gregor ein anderer Mann: der Strauch, bisher von einer allzu nahen und stattlichen Buche überschattet, bekommt Raum und wächst sich zu einem starken Baum aus. Er wagt alles, sogar die Bücher seines Bruders auf eine höhere philosophische Stufe zu heben. Und wunderbarerweise wird er inmitten der

genialen und manchmal allzu subtilen Bücher ein Mann der Tat. Herbst 379, jetzt ein Vierziger, reist er nach Antiochien, zur Synode, die sein Bewunderer Meletius zusammenberufen hat, um in der delikaten und kompromittierten christologischen Problematik Ost und West einander zu nähern. Dort trifft er einen Freund, und das Gespräch kommt auf Makrina.
Der Mann sagt: über sie schreibe, eine solche Frau darf nicht vergessen werden.

IV Makrinas Ableben

Er reist nach Hause, aber, auf eine alarmierende Nachricht hin, entschließt er sich, erst nach Annesi zu gehen und Makrina, die er acht Jahre lang, 372 bis Ende 379, nicht gesehen, endlich aufzusuchen. Er kommt gerade zur rechten Zeit, sie liegt im Sterben.

»Jemand ging mir voran zu der Behausung, wo meine große Schwester wohnte, er öffnete die Tür, und so betrat ich jene heilige Klause. Sie wurde schon arg durch ihre Krankheit gequält und sie ruhte, nicht auf einem Bett oder einer Matratze, sondern auf dem Boden. Ein Brett lag unter ihrem Habit und ein Brettchen unterstützte ihr Haupt und war so bearbeitet, daß es als Kopfkissen dienen konnte: durch ein schräges Profil unterstützte es die Halsmuskeln und hielt den Nacken nach Wunsch hoch. – Als sie sah, daß ich zur Tür hereinkam, richtete sie sich auf den Ellbogen auf: mir entgegenzueilen vermochte sie nicht mehr, das Fieber hatte ihre Kräfte aufgezehrt. Sich mit den Händen auf dem Boden aufstützend und, soweit es ging, sich von ihrem Lager am Boden aufrichtend, erwies sie mir die Ehre der feierlichen Begrüßung –«

wie es sich für einen Bischof geziemte; die ungriechische, iranische Proskynese war auch in den Klöstern üblich und paßte in den Lebensstil des einheimischen Adels.

»Ich eilte hinzu, nahm mit beiden Händen ihr tief zur Erde verneigtes Antlitz, richtete sie auf und legte sie wieder in ihre gewohnte Liegehaltung. Sie hob die Rechte und sagte: ›Auch diesen Wunsch hast Du, o Gott, mir erfüllt und mir nicht versagt, was mein Mund bat (Ps. 20,3), denn Du hast deinen Knecht bewogen, deine Dienstmagd aufzusuchen.‹ Und um mich nicht zu entmutigen, unterdrückte sie ihr Keuchen und versuchte sie, ihre Atemnot zu verbergen. Sie begann sogar ein Gespräch über Dinge, die uns fesselten, und uns bot sie die Anknüpfungspunkte durch die Fragen, die sie stellte ... Als der Name unseres großen Basilius fiel und es mir zuviel wurde, war sie so weit entfernt, sich mit mir durch unser Leid niederdrücken zu lassen, daß sie ... eben dieses Gedenken aufgriff: sie improvisierte so eindrucksvoll über die Wesensart des Menschen und die in Dunkelheit gehüllte göttliche Heilszuteilung enthüllend und auch über das künftige Leben, als würde es ihr eingegeben ... vom heiligen Geist, daß ich das Gefühl bekam, schier außerhalb der menschlichen Natur zu sein. Ich wurde durch ihre Worte mit ihr erhoben, und anläßlich dessen, was sie sagte, wurde ich in das unzugängliche Heiligtum des Himmels versetzt.«

In der Freude des Wiedersehens fand sie die Kraft, ihrem Bruder zu sagen, was sie vom Tode hielt und vom anderen Leben. Das ist jener berühmt gewordene Dialog über »Die Seele und die Auferstehung«, den Gregor sogleich aufzeichnete und später herausgab. Die Schrift, auch »Tà Makrinia« genannt, ist offensichtlich als Gegenstück zu Platos »Phaedo« gemeint, welcher sie zwar nicht in der Form gleichkommt, die sie aber durch den Flug der Gedanken übertrifft, die auf die heilige Schrift zurückgehen, wenn auch gelegentlich in Richtung von Origenes' Auffassung über die endzeitliche Wiederinstandsetzung aller Dinge umgebogen. Die Abhandlung ist für Uneingeweihte und des Griechischen Unkundige auch in der Übersetzung schwer verständlich. Sie erstaunt durch klare Intuition und durch die Weisheit einer Frau, die in ihrer Jugend die Psalmen auswendig konnte, von Emmelia die antiken Dramen nicht lesen durfte, und die sich schon damals an den Weisheitsbüchern der heiligen Schrift weidete.

»Sie wurde durch ihre eigene Darlegung aufgehoben, während sie vor uns Betrachtungen anstellte über die Seele, über die Ursache des Lebens im Fleische, warum und wie der Mensch sterblich sei, woher der Tod komme, worin die Erlösung zum Leben bestehe. – Wie vom Geiste erfüllt ... verfolgte sie bei diesem Fragenkomplex alles einzeln, klar und logisch; dabei strömte ihre Darlegung mit vollkommener Leichtigkeit dahin, wie wenn Wasser aus einem Brunnen quillt und ungehemmt hinabfließt.«

Dann bestand sie darauf, ihr Bruder solle sich von der Reise ausruhen; das tat er, in der Laube eines anstoßenden Gärtchens, unter einer Pergola von Weinranken. Als er wiederkam, frischte sie alte Erinnerungen auf: an den Großvater, den Märtyrer, an das Untertauchen ihrer Eltern, an die Konfiszierung ihres Besitzes und später ihren unvermuteten Wohlstand und großen Ruf, und wie, als ihr Besitz gemäß der Zahl ihrer Kinder in neun Teile aufgeteilt worden war (das zehnte Kind war früh verstorben), eines jeden Erbteil dermaßen zunahm, daß eines jeden Lebensstand den Wohlstand der Eltern übertraf. Von dem, was ihr zugefallen, war nichts verblieben: alles war durch die Hände des Priesters für die Kommunität und die Armen verwendet worden, und sogar in einem harten Winter hatte es nie Mangel gegeben. Als Gregor von seinem Konflikt mit Valens und seinem Exil anfing, sagte sie: »Hör doch endlich auf, in bezug auf alles Gute, das Gott dir gibt, einen solchen Mangel an Einsicht zu zeigen! Wäre es nicht an der Zeit, deine Seele von Undankbarkeit zu heilen? Dein Los mit dem unserer Eltern zu vergleichen?

Dann verglich sie die hohe Geburt und die Bildung ihres Vaters und dessen auf ein Bezirksgericht beschränkten Wirkungskreis und auf den Pontus beschränkten Ruf, mit dem über ihn, Gregor, ausgeschütteten Füllhorn:

»Dein Name dagegen – sagte sie – ist in Städten, Provinzen und bei ganzen Volksstämmen bekannt: dich entsenden die Kirchen, dich rufen sie zum Kampf und zur Reform. Erblickst du darin keine Gnade? Erkennst du nicht die Ursache für soviel Gutes? Daß nämlich die Gebete unserer Eltern dich so hoch erheben, obgleich du von Natur dazu nicht oder in nur geringem Maße zugerüstet bist?«

Wiederum war sie Älteste und die ›Weggeleiterin‹. Zur Stunde »des Anzündens der Lampen« schickte sie ihn in die Kirche, genau wie früher, und sich selbst sonderte sie in Gebet zu Gott ab. So verstrich die Nacht.

Am anderen Tag spürte sie, daß ihr Exodus bevorstand. Nicht mehr zu denen, die an ihrem Lager standen, sondern zu Dem, auf Den sie die Augen unverwandt heftete (denn ihr Bodenlager war gen Osten) sprach sie folgendes Gebet, die Hände in der Haltung einer Flehenden erhoben und kaum hörbar sprechend:

»Du, Herr, hast unsere Todesfurcht zunichte gemacht; das Ende unseres Lebens hier zum Anfang des wahren Lebens gemacht; Du machst unsere Leiber für kurze Zeit im Schlaf ruhen und erweckst sie wieder bei der Posaune des Jüngsten Tags.
Du gibst unserer Erde als Pfand unsere Erde, welche Du eigenhändig modelliert hast; wieder wirst Du hinaufbringen, was Du ihr gabst, nachdem Du das an uns Sterbliche und Formlose in Unsterblichkeit und Schönheit umgeformt. Du hast uns dem Fluch und der Sünde entrissen, der Du selber beides für uns geworden; des Drachen Köpfe hast Du zerschmettert, der mit dem aufgesperrten Maul des Ungehorsams dem Menschen an die Kehle greift;
Du hast uns den Weg zur Auferstehung gebahnt, die Pforten des Totenreichs zertrümmert, ›dem die Macht genommen, der die Gewalt hatte über den Tod (Hebr. 2,14).‹
Du gabst denen, die Dich fürchten, als ein Siegel, die Figur des heiligen Kreuzes, zur Vernichtung des Widersachers und zum Schutz unseres Lebens.
Du, Ewiger, ›dem ich zugewiesen ward vom Mutterschoß an‹ (Ps. 21,11), den meine Seele mit der ganzen Kraft geliebt hat, dem ich mein Fleisch und meinen Geist von Jugend an bis heute gewidmet, Du, stell neben mich den Engel des Lichtes, der mich bei der Hand zum Ort der Erquickung führen wird, wo das durststillende Wasser fließt, bei den Schößen der heiligen Väter.
Du, der Du das flammende Schwert zerspellt hast, und jenen mit Dir Mitgekreuzigten und Beute Deines Erbarmens Gewordenen dem Paradies wiedergegeben, gedenke auch meiner in Deinem Königreich, denn auch ich war mit Dir gekreuzigt, ›mein Fleisch hatte ich angenagelt aus Furcht vor Dir und weil ich mich vor Deinem Gericht fürchtete.‹ (Ps. 118,20)
Nicht möge mich die furchterregende Kluft von Deinen Auserwählten trennen, nicht der Eifersüchtige mir in den Weg treten, nicht meine Sünde Dir vor Augen kommen, sollte ich je, durch die Schwäche unserer Natur irregeführt, durch Wort oder Werk oder Gedanken gesündigt haben:
Du, der Du auf Erden Macht hast, Sünden zu vergeben, vergib mir; damit ich Erquickung finde und, beim Ablegen meines Leibes, vor deinem Antlitz ohne Makel auf der Gestalt meiner Seele befunden werde; möge meine Seele ohne Tadel und ohne Fleck in Deinen Händen angenommen werden ›wie ein Rauchopfer vor Deinem Angesicht.‹ (Ps. 140,2)
Bei diesen Worten drückte sie das Siegel [= das Kreuzeszeichen] auf Augen, Mund und Herz. Einen Augenblick später war ihre Zunge vom Fieber dermaßen versengt, daß diese nicht mehr artikulieren konnte und ihr die Stimme versagte: nur am Öffnen und Schließen der Lippen und am Bewegen der Hände konnten wir sehen, daß sie im Gebet war.
Mittlerweile war der Abend hereingebrochen. Man brachte ein Licht: einigemal öffnete sie weit die Pupillen und, in den Lichtschein schauend, spürte sie offensichtlich das Verlangen, doch noch das Dankgebet beim Anzünden der Lampen auszusprechen ... als sie die Hand zum Siegel, dicht vor ihr Antlitz geführt, und so deutlich das Zeichen gab, daß ihr Gebet zu Ende war, seufzte sie tief auf und beendete zugleich mit ihrem Gebet auch ihr Leben.«

Gregor wollte ihr die Augen schließen, diese aber »waren schon würdig und schön von den Lidern bedeckt, wie im Schlaf; die Lippen fest geschlossen, die Hände voller Grazie auf der Brust zusammengefaltet.«
Dann beschreibt er die Totenklage ihrer Gefährtinnen: ein richtiger kreischender »thrènos«:

»Erloschen ist unserer Augen Lampe
weggenommen unserer Seelen Leitstern
kraftlos geworden unseres Lebens Schutz
genommen der Unversehrtheit Siegel
gelöst der Eintracht Band!
Bei deinem Leben war auch die Nacht wie ein Tag
helleuchtend vor reinem Leben:
nun aber verkehrt sich der Tag in Finsternis!«

Aber, so fährt er fort

»als ich so recht und schlecht meine Seele wie aus einem tiefen Meer wieder beisammen hatte, und, nach einem Blick auf jenes heilige und liebe Haupt, etwas wie einen leisen Vorwurf empfangen hatte wegen des unordentlichen Aufruhrs der Klagefrauen«,

gebot er Stille, sandte die Frauen – darunter viele aus der Nachbarschaft, die Makrina zeitlebens in Hungerwintern gerettet hatte – weg zur Totenmette in der Kirche. Zwei Hausgenossinen wuschen den Körper. Eine von ihnen, Vetiana, grande dame, schlug vor, ihn in ein weißes Leichentuch zu hüllen; die andere, die Diakonin Lampadion, sagte: Hier ist nichts als das Obergewand, der Schleier und zwei abgetretene Sandalen! In den Truhen ist auch nichts! Darauf ließ der Bischof jemanden aus seinem Gefolge ein weißes Totengewand reichen:

»Vetiana, die Hand an den Hals legend, sagte, zu mir emporblickend: ›Sieh doch, welchen Schmuck die Heilige um den Hals trägt!‹ Sie löste die Schließe und zeigte mir ein eisernes Kreuzchen und einen Ring aus demselben Stoff, beide an einer leichten Schnur hängend ... Ich sagte: ›Dies möge ein Besitz sein für uns beide. Behalten Sie das Kreuzphylakterion, mir genügt als Erbstück der Ring, denn in dessen Siegelrund ist das Kreuz eingraviert.‹ Die Frau besah ihn aufmerksam und sagte: Ihre Wahl ... ist eine vortreffliche, denn der Ring hat eine kleine Höhle und darin ist vom Holz des Lebens verborgen.‹

Über das weiße Totengewand wurde der alte Klostermantel der Mutter Emmelia gebreitet. Die Exequien waren solenn; der Bischof erzählt:

»Das zusammengeströmte Volk teilte ich, nach Geschlecht, in zwei Gruppen: die Frauen ließ ich sich dem Jungfrauenchor anschließen, das Männervolk der Schar der Mönche; ich trug Sorge, daß das Psalmodieren beider Gruppen rhythmisch und harmonisch klang ... Während sich der Ort bei der Klause massenweise füllte, stellte sich der örtliche Bischof neben mich, mit der gesamten Priesterschaft: Letztere trugen die sterbliche Hülle – ... auch ich stemmte meine Schulter unter die Bahre ... es ging im langsamen Schritt. –
Es glich einer mystischen Prozession; von den vordersten bis zu den hintersten Reihen ertönte einstimmig (unisono), wie beim Lobgesang der Drei Jünglinge, der Psalmgesang. Sieben bis acht Stadien lang war der Weg von der Klause bis zum Gebethaus der Heiligen Märtyrer, in dem auch die Körper unserer Eltern beigesetzt waren: dennoch kostete es uns fast den ganzen Tag, den Weg dorthin mühsam zurückzulegen – die Menge, die mitging und immer wuchs, ließ es nicht zu, so vorwärts zu kommen, wie wir es gewünscht hätten.«

Als der Deckel vom elterlichen Sarkophag abgehoben wurde, drangen die Monialen darauf, Makrinas Antlitz noch einmal sehen zu dürfen; die Aufschreie unterbrachen die Psalmen, nur mit Mühe wurde die Ruhe wiederhergestellt. Niemand wagte es, auf die Reste der Eltern zu blicken: man schob ein Leinentuch unter den Deckel, dann legte man den Leib der Tochter behutsam neben den ihrer Eltern, wie sie es verlangt hatte. Und, sagt Gregor, erst auf dem Heimweg bedachte ich, welch großes Gut meinem Leben entrissen worden war.

Nach den Exequien reist Gregor eilends zurück nach Nyssa, wo seine Kirche von eingeschleusten Ketzern aus Galatien in Aufregung versetzt worden ist. Danach regelt er die Bischofswahl in Ibora; das gleiche tut er in Sebasteia, wo man ihn selber auf die Kathedra wünscht, aber er will nicht (sie haben einen so bestialischen Akzent, scherzt er); dann weiht er seinen jüngsten Bruder, Petrus, zum Metropoliten jenes ruhmreichen thronós. Er reist nach Bostra in Arabia und nach Babylon in Ägypten; er visitiert den Pontus; 381 ist er, auf dem Zweiten Ökumenischen Konzil am Goldenen Horn, der erste Theologe und seine Interventionen sind entscheidend.

Der Kaiserhof macht ihm den Hof: er muß die Leichenreden halten auf eine Prinzessin und eine Fürstin, genau wie später Bossuet: 385 auf Pulcheria, 386 auf Flaccilla. Von allen Seiten wird an ihn appelliert; bis er, sechzigjährig, stirbt, ist er in den griechischen Kirchen der erste Mann.

Makrina vergißt er nicht, noch auch sein Versprechen an jenen Freund in Antiochien. Er gibt Makrinas Gespräch heraus und schreibt dann ihr Leben. Immer denkt er an sie. In einem Brief an einen gewissen Johannes fügt er, er kann es nicht lassen, ein zweites, kürzeres Leben der Makrina ein. Er fängt so an:

»Wir hatten eine Schwester, welche die Lehrmeisterin unseres Lebens war, Mutter nach unserer Mutter. Sie erfreute sich eines so großen Freimuts im Sprechen mit Gott, daß sie uns eine Burg der Kraft war und eine gottgefällige Waffe, eine ummauerte Feste, und alles, was nur Sicherheit andeutet ...« (Greg. Nyss. ep. 19,6)

Quellen

Gregorii Nysseni Opera. Hg. von Jäger – V. W. Callahan. Bd. 8,1. Leiden 1952.
Gregorii Nysseni Epistolae. Hg. von Pasquali. Leiden 1959.
W. K. Lowther Clarke (Hg.): St. Gregory of Nyssa, The Life of St. Macrina. London 1916 (deutsch von E. Stolz, München 1927).

Darstellungen

Dölger, F. J.: Das Anhängekreuzchen der hl. Makrina und ihr Ring mit der Kreuzpartikel. In: Archives contemporaines 3 (1932), 81–116.
Le Nain de Tillemont: Mémoires pour servir à l'histoire ecclésiastique des six premiers siècles. 16 Bde., Paris 1693–1712.

Aus dem Niederländischen übersetzt von Prof. Drs. Frans Stoks, Nijmegen

Gregor von Nyssa

von Ekkehard Mühlenberg

I

Gregor, Bischof im kappadokischen Nyssa seit 372, erwägt einmal, ob nicht seine eigene Biographie das anschauliche Beispiel für ein Leben in Vollkommenheit abgeben solle (de perfectione; GNO VIII, 1, 173). Denn er war gebeten worden – so sagt er – zu beschreiben, wie man zur Vollendung und Vollkommenheit gelange, zu solcher Gestaltung des Lebens, die die Griechen seit Plato Tugend (Arete) nennen. Und um da überzeugend zu sein, bedürfe es vorbildlicher Taten, die die eigenen Worte bestätigen und ihrer Aufforderung zum gleichen Handeln die Lebendigkeit verleihen. Aber der Gedanke, das eigene Leben literarisch zum Vorbild aufzuwerten, muß eine einleitende Fiktion bleiben, doppeldeutig jedoch, weil es ja durchaus einleuchtet, sich selbst in das mit einzubringen, wovon man überzeugen will; und dennoch ahnt der Leser sofort, daß der Christ Gregor sich selbst nicht zum Vorbild erlangter Vollendung wird machen können. »Da ich bete, es dereinst zu werden, jetzt aber mich noch nicht als einen solchen sehe, daß mein Leben an die Stelle meiner Worte treten könnte, ...« – Deswegen hat er sich ein anderes Vorgehen überlegt: Von Christus ist auszugehen; denn ob reich oder arm oder wie immer die Lebensumstände sich verhalten mögen, nach Christus haben die Christen ihren Namen. Christus ist also das Urbild, die urbildliche Gestalt, die der menschlichen Seele eine Gestaltwerdung ermöglicht und verleiht. Die Bezeichnungen, die Christus im Neuen Testament beigelegt werden, bieten Gregor den Inhalt für seine Ausführungen über die Vollkommenheit des Lebens, wie denn auch der Apostel Paulus es gesagt habe: »ich aber lebe: doch nun nicht ich, sondern Christus lebt in mir« (Gal. 2,20).

In einem anderen Traktat, der dem gleichen Thema gewidmet ist (De virginitate; GNO VIII,1), läßt sich Gregor auf die Regeln der Redekunst ein. Schreiben will er über die Lebensform, die von der Tugend ihren Charakter und ihren Inhalt empfängt. Und seine Einführung hinterläßt den Eindruck, daß jemand zum ersten Mal sich der Öffentlichkeit stellt. Denn es werden die rhetorischen Mittel, deren er sich bedienen muß, alle aufgezählt, angefangen bei der Forderung, das vorgestellte Ziel auch so erscheinen zu lassen, daß der Hörer es zu begehren beginnt. Gregor schränkt die rhetorischen Regeln, auf die er verweist, nicht ein;

er zieht sie auch nicht in dem Sinne heran, daß er einen überraschenden Schluß aus ihnen zieht. Gregor folgt der Redekunst im Aufbau seines Traktates und stützt sich im Inhalt auf Bekanntes. Die Lebensform, die von der Tugend ihre Gestalt empfängt, ist in dem Thema der »Jungfräulichkeit« zusammengefaßt, einem Ideal, das aus älterer christlicher Praxis bekannt ist und nun auf das beginnende klösterliche Gemeinschaftsleben übertragen werden soll. Der Traktat muß also zur Lobrede auf die »Jungfräulichkeit« werden, muß die »Jungfräulichkeit« mit den Mühsalen der Ehe kontrastieren und muß schließlich praktische Ratschläge bieten, wie man sie erlangt und bewahrt. Aber gerade auch den Topos, daß alte Geschichten von früheren Heiligen weniger überzeugen als die Stimme eines Lebenden, unterschlägt Gregor nicht. Das wirksame und überzeugende Beispiel einer lebenden Person ist vom Genus des Traktates gefordert; »unser gottesfürchtiger Bischof und Vater« (GNO VIII, 1, 249) soll deswegen in Erinnerung gerufen werden. Den Namen zu nennen verbietet der Stil, aber daß Gregors älterer Bruder Basilius (seit 370 Bischof des kappadokischen Cäsarea) gemeint ist, wußte der Leser damals sogleich. Er, Basilius, organisierte klösterliches Leben zu einer Form, die der bischöflichen Kirche integriert war, und in seinen Regeln sieht Gregor die Anweisungen (GNO VIII, 1, 333), die es ermöglichen, sich in die »Jungfräulichkeit« hineinzuleben. Obwohl der Stil ein lebendes Beispiel forderte, erfahren wir über das Leben des Basilius nichts; uns dient der Titel Bischof als Anhalt zu einer relativen Datierung. Über sein eigenes Leben sagt Gregor natürlich auch nichts; jedoch läßt er sich an einer Stelle von der Rhetorik treiben, seine eigene Person auch als Faktum durchschimmern zu lassen. Als er nämlich den eigentlichen Lobpreis der »Jungfräulichkeit« absolviert hat, benutzt er als Überleitung zum Topos über die Mühsalen der Ehe sich selbst als Beispiel: Durch einen großen Graben sei er von der preiswürdigen »Jungfräulichkeit« auf immer getrennt; denn wer den Weg weltlichen Lebens einmal betreten habe, könne dieses höchste Gut nur noch wie ein Zuschauer beschreiben, ohne es selbst je zu erlangen (GNO VIII, 1, 256). Gregor dürfte also verheiratet gewesen sein, als er diesen Traktat schrieb; auch diese Mitteilung wird zum Mittel sprachlich geschulter Einkleidung.
Schließlich bezieht Gregor in einem Traktat über die Tugend (De vita Moysis; GNO VII, 1), der dem Anschein nach ein Alterswerk ist, seine eigene Person in das Vorwort nach gewohntem Schema ein. Er war – so sagt er – gebeten worden, über die Tugend und die durch sie zu erreichende Vollendung menschlichen Lebens zu schreiben. Zuerst skizziert er ein Bild, das seit alter Bildungstradition den, der sich um die Tugend bemüht, mit dem Wettkämpfer vergleicht. Im Stadion, wo die Zuschauer von der Erhöhung herab die Wagenrennen verfolgen, wird das Rennen von den Wagenlenkern mit ihren Pferden ausgetragen. Obwohl die Zuschauer in den Wettkampf selbst nicht eingreifen können, sind sie mit ihren Augen wie beteiligt und schreien und gestikulieren, als hielten sie die Pferdepeitsche in der Hand. Aber der Einsatz, der zum Sieg führt, ist nicht der

der Zuschauer; nicht sie erringen oder entscheiden den Sieg. Dem Zuschauer vergleicht sich Gregor, als er dem jungen Freund über die Jagd »nach dem Kleinod der himmlischen Berufung« (Phil. 3,14) schreiben soll. Den Kampf will er mitentscheiden, aber sein Reden muß sich darauf beschränken, anzufeuern. Erwartet wird, daß er das vollkommene Leben darstellt und dann in das eigene Leben übersetzt, damit die Worte durch das lebende Vorbild wirksam werden. Zu beidem erklärt sich Gregor unfähig, sowohl dazu, die Vollkommenheit in Worten zu begreifen, als auch dazu, ihnen eine biographische Lebensfülle zu geben. Die Rhetorik einer Einleitung hat er damit ausgeschöpft. Er beschränkt sie auf das notwendige Minimum; sie ist zur Hinführung auf die Sachaussage reduziert, die dann folgt und im Stil philosophischer Sprache vorgetragen wird, sich vom philosophischen Traktat allerdings darin unterscheidet, daß sie Auslegung und Kommentar der biblischen Geschichte des Mose ist. Vorangestellt ist jedoch die Begründung in der Form einer Begriffserklärung: »Die Vollkommenheit wird bei allem, was mit sinnlicher Wahrnehmung gemessen wird, durch festgelegte Grenzen begriffen ... Hinsichtlich der Tugend aber erfahren wir vom Apostel eine einzige Bestimmung der Vollkommenheit, nämlich daß sie keine begriffliche Bestimmung besitzt« (GNO VII, 1, 3). Des Paulus Worte im Philipperbrief begründen diese These: »immer durch die Tugend laufend machte er niemals Halt, sich streckend zu dem, was da vorne ist« (vgl. Phil. 3,13). Gott selbst ist wahre Tugend, Gott als der Unbegreifliche, das Unendliche. Lieben und begehren soll der Mensch dieses Ziel, in Teilhabe an ihm immer in Bewegung zur Vollkommenheit, die Gott selbst ist. Da das gesuchte Ziel unbegreiflich bleibt, kann die Vollkommenheit als solche nicht mehr dargestellt werden. Aber wie ein Seefahrer sich an den Leuchtzeichen des angestrebten Hafens orientiert, so dienen Heilige der biblischen Geschichte zur Orientierung für die Bestimmung des menschlichen Lebens. Den Traktat über die Vollkommenheit menschlichen Lebens gestaltet Gregor als eine Betrachtung des Lebens von Mose.
Der Abstand zu seinem frühesten Werk »Über die Jungfräulichkeit« ist offensichtlich; denn die enthusiastische Gleichsetzung von Gottes Natur mit der »Jungfräulichkeit« ist einer philosophisch gehaltenen Bestimmung über Gottes Wesen gewichen: »unendlich und unbegrenzt ist die göttliche Natur« (GNO VII, 1, 4). Und die Konkretheit der Beschreibung wird einheitlich der Auslegung von Moses Leben entnommen. Zwischen den beiden Traktaten liegen nicht nur weitere Vertiefung in das Verstehen der Heiligen Schrift und nicht nur die Auseinandersetzung um das orthodoxe Glaubensbekenntnis, sondern auch ständige Reflexion über die geistigen Güter, die die nichtchristliche Bildung ihm angeboten hatte.

II

Gregor gibt die Bezeichnung Lehrer an zwei Personen: oft an seinen älteren Bruder Basilius und auch an seine ältere Schwester Makrina. Seine Eltern hatten neun Kinder; das älteste Kind ist Makrina (geb. vor 329), der älteste Sohn Basilius (geb. 329/30). Gregor selbst ist der dritte Sohn, jünger ist Petrus (geb. ca. 340/5). Die übrigen vier Kinder müssen Mädchen gewesen sein, vielleicht durch Heiraten versorgt. Gregors Geburt könnte bis auf das Jahr 340 herabzusetzen sein. Wir wissen über die Biographie Gregors sehr wenig; er selbst gibt über sich kaum etwas zu erkennen, Zeitgenossen und zeitgenössische Dokumente erwähnen ihn selten. Lehrer muß ihm der ältere Bruder Basilius in doppeltem Sinn gewesen sein. Denn nicht nur ist Basilius Lehrer in der Glaubenslehre, sondern seine profane Bildung, die der Rhetorik, schreibt er auch diesem und nur diesem allein zu. Gregors Vater stammt aus dem Pontus und war Rhetor in Neo-Cäsarea; er starb nach der Geburt des jüngsten Sohnes Petrus. Obwohl die Mutter gebürtige Kappadokierin war, ist das Domizil in Neo-Cäsarea anzunehmen. Nicht lange nach dem Tod des Vaters zog sich die Restfamilie auf das Landgut Annesi in der Nähe Neo-Cäsareas zurück; die älteste Schwester Makrina organisierte dort Klostergemeinschaften. In dieser Umgebung ist Gregor herangewachsen, doch legt seine Kenntnis der Grundschulautoren nahe, daß sein Anfangsunterricht noch in der Stadt stattfand, in Neo-Cäsarea. Sein ältester Bruder Basilius konnte in Konstantinopel und Athen studieren und sich so die »große« Bildung erwerben; nach seiner Rückkehr wird er kurz (355/7) im kappadokischen Cäsarea den Beruf des rhetorischen Lehrers ausgeübt haben. Dort muß Gregor sein Schüler gewesen sein, wenn er 25 Jahre später (380/1) an den berühmten Rhetor Libanius schreibt: sein eigenes Wissen verdanke er Paulus und Johannes und den übrigen Aposteln und Propheten; aber für den Wissensbereich, den Libanius, von allen anerkannt, vertritt, kann sich Gregor keiner großen Lehrer rühmen, sondern nur kurze Zeit war er Schüler seines Bruders Basilius. Das hinwiederum ist ein Lob des Libanius, denn Basilius schwärmte von dem, was er bei ihm gelernt hatte, und Gregor war hingerissen und kann sagen, daß er durch Vermittlung seines Bruders ein wenig Wasser aus dem großen Nil geschöpft habe (ep. 13; GNO VIII, 2, 45 f.). – Gregor ist nach dieser Schulung öfter in der Klostergemeinschaft von Annesi anzutreffen. Dort ist er zum Vorleser in der Kirche ordiniert worden. Basilius und dessen Studienfreund Gregor von Nazianz trafen sich dort; Gregor weist auch auf Makrina hin, die ihn unterrichtet habe, während Basilius die häufigen Besuche des Eustathius von Sebaste, des bewunderten Führers asketischer Ideale, betont. Bibellektüre und Psalmengebet waren tägliche Übung. Sicher wurden auch Bücher der theologischen Tradition gelesen und diskutiert; die Auszüge aus Origenes, die Basilius und Gregor von Nazianz zur »Philokalia« zusammenstellten (Datum: 358/9), können vor Gregor nicht verborgen geblieben sein.

Einmal hat Gregor versucht, aus dem christlichen Ideal der Askese auszubrechen. Gregor von Nazianz (ep. 11) schrieb ihm daraufhin einen vorwurfsvollen Brief. Gerade als Basilius und Gregor von Nazianz begannen, dem asketischen Ideal ihr eigenes Leben zu widmen und Basilius ihm erste feste Formen gab, da wendete sich Gregor zur Welt zurück und stürzte sich – irgendwo – in eine Laufbahn als Rhetor. Möglich, daß in diese Zeit auch seine Verehelichung anzusetzen ist. Christen wie Basilius und Gregor von Nazianz propagierten das klare Bekenntnis zu kirchlich asketischer Laufbahn im Unterschied zu einer weltlichen Karriere im Beruf des Rhetors. Besonders nach der Zeit, als Kaiser Julian (361–363) den Christen das öffentliche Lehramt untersagte, schien die Möglichkeit dieses Berufes in öffentlichen Ehren eine große Anziehungskraft auch für Christen auszuüben. Gregor muß sich bald besonnen haben. Denn er läßt sich 372 nicht nur von seinem Bruder Basilius zum Bischof im kappadokischen Nyssa weihen, sondern seine ethisch-asketischen Traktate verkündigen das Ideal des »philosophischen Lebens«, das in der christlichen Askese verwirklicht werde.
Gregors Bischofsweihe durch Basilius war eine unter mehreren, die, wo immer sich die Gelegenheit bot, Bischöfe der neuen Auslegung des nizänischen Bekenntnisses ins Amt bringen sollte. Denn die Nizäa-Treuen hatten sich nach 358 darauf verständigt, daß das Bekenntnis zum einen Wesen Gottes die Nennung von Vater, Sohn und Heiligem Geist als zu unterscheidenden Hypostasen (Personen) ausdrücklich zulasse, ja sogar fordere. Nicht alle Nizäner hatten diese Wendung mit vollzogen, sondern eine Gruppe beharrte darauf, von der einen Gottheit nur den einen Gott zu nennen. Wir nennen sie Altnizäner, der damalige Sprachgebrauch verwandte die polemische Bezeichnung Markellianer nach dem verurteilten und abgesetzten Bischof von Ankyra. Gregor scheint zu ihnen Fühler ausgestreckt zu haben; denn sein Bruder Basilius (ep. 100) beklagt sich bitter in einem Brief vom Sommer 372 darüber, daß Gregor gegen seinen Willen in Ankyra synodale Verhandlungen geführt habe. In der Stadt Antiochien behaupteten sich die Altnizäner zäh; ihr Bischof Paulinus stützte sich auf die anerkannte Kirchengemeinschaft mit Alexandrien und erhielt auch die Bestätigung seiner Rechtgläubigkeit durch den römischen Bischof. Hier Gregor von Nyssa vermitteln zu lassen, gar noch als Mitglied einer Delegation nach Rom, widersprach der Kirchenpolitik des Basilius für die Rechtgläubigkeit so sehr, daß er Gregor als »vollkommen unerfahren in Kirchenpolitik« hinstellt (375; Basilius, ep. 215). Den Arianern (Homöer) gelingt es schließlich, unter Berufung auf Rechtswidrigkeiten Gregor seines Amtes zu entheben (375/6), so daß er zwei bis drei Jahre im uns unbekannten Exil verbringt. Danach lüftet die Geschichte den dunklen Vorhang ein wenig und läßt uns Gregor für drei Jahre in handelnder Aktivität sehen. Basilius stirbt (1. Januar 379); Gregor ist zugegen. Und dann zeigt sich Gregor für die Lehr- und Bekenntnistradition seines Bruders verantwortlich, ja er ist es, der sie neben seinem Namensvetter Gregor von Nazianz zu

einer für die Kirche verpflichtenden Tradition erhebt. Meletius, nach Antiochien zurückgekehrt, ergreift die kirchenpolitische Initiative; Gregor fällt ein bedeutender Teil der dogmatischen Einigung unter dem Bekenntnis von Nizäa zu. So wird er auf der jungnizänischen Sammlungssynode Herbst 379 in Antiochien mit Einigungsverhandlungen mit den Markellianern, Altnizänern, die eine Unterscheidung zwischen Wesen und Hypostase ablehnen, betraut (ep. 5). Kaum nach Kappadokien zurückgekehrt, reist er ins pontische Annesi, wo er Zeuge des Todes seiner Schwester Makrina wird. Kaum zurück in Nyssa (Anfang 380), ruft man ihn ins pontische Ibora, um eine Bischofswahl zu leiten. Und dort ersucht ihn eine Delegation aus dem armenischen Sebasteia, ebenfalls bei der Wahl eines Bischofs mitzuwirken. Zu Gregors verständlichem Schrecken fällt die Wahl auf ihn selbst (ep. 19). Einige Monate lang bemüht er sich, in der ehemaligen Gemeinde des Eustathius geordnete Verhältnisse zu schaffen. Es bleibt ihm nicht einmal erspart, daß seine ihm aufgetragenen Vermittlungen mit den Markellianern als Anklage, vom orthodoxen Bekenntnis abzuweichen, gegen ihn verwendet werden (vgl. ep. 5). Im Frühling 381 nimmt er dann am Konzil der Meletiuspartei in Konstantinopel teil. Die Totenrede auf Meletius, der während des Konzils stirbt, hält Gregor. Das kaiserliche Konzilsdekret benennt Gregor als einen der Bischöfe, die Maßstab für die Rechtgläubigkeit sein sollen. Er dürfte auf dem Konzil als eine theologische Autorität gegolten haben. Und im Auftrage des Konzils unternimmt Gregor eine Mission nach Arabien, wo er in Bostra für die Anerkennung eines rechtgläubigen Bischofs sorgen soll. Es ist ihm anscheinend nicht gelungen. Die gleiche Reise führte ihn nach Jerusalem, um dort theologische Streitigkeiten zu schlichten; aber er berichtet verärgert, daß man ihn selbst häretischer (apollinaristischer) Lehren verdächtigte (ep. 3). Zu den Synoden 382 und 383 reiste Gregor nach Konstantinopel; auch zu Trostreden beim Tod zweier Mitglieder der kaiserlichen Familie ist er in Konstantinopel (385). Seine Teilnahme an der Synode 394 in Konstantinopel ist das letzte Datum, das wir von ihm besitzen. – Keine großen Taten, eigentlich nur mißglückte Unternehmungen sind überliefert. Und doch hat Gregor von Nyssa durch die Kraft seines Geistes ein unverwechselbares Bild hinterlassen.

III

Gregor lebt in seinen theologischen Schriften und Predigten und biblischen Auslegungen. Seine rhetorische Kunstfertigkeit ordnet er den theologischen Einfällen und Einsichten unter; er bringt Argumente zusammen, die er aus der Tradition aufnimmt, gedanklich durchdringt und so in tieferer Wahrheit weiterführt. Er setzt die Bibelauslegungen seines Bruders Basilius fort (über das Sechstagewerk; über die Erschaffung des Menschen) und schreibt neue (Seligpreisungen, Vater-unser, über den Prediger Salomo, über das Hohelied). Er setzt den Kampf seines Bruders um die Rechtgläubigkeit gegen Arianer (Contra Eunomium), Pneumatomachen und Sabellianer (= Markellianer) fort und nimmt die Abwehr gegen die Apollinaristen (Antirrheticus) auf. Er predigt gegen die Laster seiner Zeit (Zinswucher und Unzucht); er hinterläßt Predigten zu den liturgischen Festen des Kirchenjahres. Gregor befaßt sich mit dem philosophischen Thema der Lebensgestaltung und lehrt es als die Frage nach der Wirklichkeit der Gotteserkenntnis verstehen.

Gegner in der eigenen Zeit gab es viele. Zeitweilig fanden sie sogar in seiner eigenen Gemeinde Gehör. Eindeutig war die Front derer auszumachen, die dem nizänischen Bekenntnis von 325 die Rechtgläubigkeit grundsätzlich bestritten und noch immer überzeugt waren, daß der eine wahre Gott allein das anfangslose und ungezeugte Wesen ist, dem das Wesen des Sohnes unähnlich und untergeordnet ist. Es sind die Neuarianer, die Eunomius wie ein Schulhaupt anführte. Die Neuarianer hatten sich durch ihre Kompromißlosigkeit selbst ins Abseits manövriert und als eine Kirchengruppe von der homöischen Arianermehrheit abgespalten. Als jedoch kurz vor dem Tode des Basilius das kirchenpolitische Klima wechselte, glaubte Eunomius, daß seine Theologie doch noch neue Anhänger finden könnte. Er schrieb eine »Widerlegung« der Widerlegung, die Basilius ihm mehr als ein Dezennium zuvor entgegengesetzt hatte. Während die Neuarianer Versammlungen in Antiochien und sogar bei Konstantinopel organisierten, machte sich Gregor (380/1) an die Arbeit, die widerlegte Widerlegung seines Bruders zu verteidigen. Er konnte auf die lange Geschichte der Auseinandersetzung mit der arianischen Theologie zurückblicken, aber gegen die Logik des Eunomius war ein neues Argument notwendig. Denn Eunomius ließ deutlich werden, daß seine gestufte Seinslehre in der Tradition wissenschaftlicher Theologie seit Origenes stand: Der Allherrscher und Gott der Allmacht ist wesensmäßig vom Weltschöpfer getrennt, und noch einmal diesem untergeordnet ist der Geist göttlicher Geschichtsmächtigkeit. Wie sonst – so hatte Origenes die trinitarischen Unterscheidungen begründet – wie sonst ist die Endlichkeit der Welt und die Freiheit menschlicher Entscheidung denkbar, wo doch Gott immer als der Allmächtige, der sich durchsetzt, geglaubt werden muß? Gott in Selbstbeschränkung, sein Sohn, schafft deswegen die endliche und wandelbare Welt und gründet ihr geschaffenes Sein. Gott in weiterer Selbstbeschränkung, der Heilige Geist, durchwaltet die Geschichte der Menschen, so daß den Menschen die Freiheit zur Wandlung bleibt – Wandlung als Angleichung an Gott, um sich aus dem Zustand sündiger Verfehlung zur Bestimmung der Gottebenbildlichkeit zu erheben.

Diesem Grundgedanken der origenistischen Tradition ist Eunomius verpflichtet. Aber er legt ihn in seiner logischen Umkehrung vor und kann somit sichtbar machen, daß auch die Tradition der philosophischen Metaphysik ihn bestätigt: Aus dem Gewordenen ist wie aus Werken auf die göttliche Wirksamkeit, die zugrunde liegt, zurückzuschließen; deswegen fordert die gestufte Wertigkeit der

Werke, daß entsprechend der zu erschließenden Wirksamkeit auch das Wesen des göttlichen Seins in einander untergeordneten Wesenheiten zu erkennen ist. An oberster Stelle Gott, der ursprungslose Ursprung, dessen Wesen in dem Begriff der Ungezeugtheit erkannt wird; an zweiter Stelle der Weltschöpfer, als Sohn durch Gottes unerforschlichen Willen gezeugt, dessen Wesen das Verursachtsein und die Gezeugtheit ist und dem Schöpferkraft zueigen ist. Der dritte Rang kommt dem Heiligen Geist zu, ein Geschöpf des Sohnes und ein Werkzeug des Sohnes, dessen Wirken sich auf die Heiligung der Menschen beschränkt.
Gregor von Nyssa erkennt wie schon vor ihm sein Bruder Basilius, daß die Argumentation des Eunomius sich an den einen Begriff, das Ungezeugtsein, d. h. erste unverursachte Ursache klammert; denn wenn Ungezeugtheit in diesem Sinne der Begriff für Gottes Wesen ist, dann ist Christus als Sohn von Gott unterschieden und ihm unähnlich, weil ein Sohn seinem Wesen nach eine Verursachung voraussetzt. Basilius versuchte deswegen, die Einseitigkeit des Begriffs Ungezeugtheit aufzuzeigen; einseitig sei dieser Begriff, weil er nur rückwärts auf einen Anfang und Ursprung hinblicke, während von Gott auch mehr zu sagen ist, vor allem seine endlose Ewigkeit im Blick auf die Zukünftigkeit. Eunomius wendete mit Recht ein, daß man nicht zu einer Wesensaussage über Gott gelange, indem man nach rückwärts und nach vorwärts blicke. Gregor von Nyssa hat offensichtlich einen Einfall. Grenzenlos ist die göttliche Ewigkeit, weil keine Zeit sie eingrenzt. Diese Aussage aber kann ins Grundsätzliche erhoben werden: Unendlich und Unendlichkeit ist Gottes Wesen, und das kann Gregor aus der von Eunomius beschworenen philosophischen Tradition ableiten. Denn, so sagt er zu Recht, sein Gegner muß die göttlichen Wesensprädikate »unveränderlich« und »einfach« voraussetzen. Aus diesen Wesensprädikaten göttlichen Seins läßt sich mit logischer Stringenz folgern, daß in Gott kein Gegenteil zu sich selbst und damit zum Guten existiert. Dann aber ist das göttliche Wesen ohne Eingrenzung, die im Begriff zur Erkenntnis werden könnte. Diese Wesensaussage über Gott ist der Begriff der Unendlichkeit, der aber insofern nur ein Grenzbegriff ist, als er sich nicht zu Ende denken läßt. Das Grundprinzip der aristotelischen Logik ist aufgehoben; der Rückschluß aus dem Gewordenen, das wegen seiner Veränderlichkeit in Werden und Vergehen nicht sich selbst Grund und Ursprung ist, auf den ersten und höchsten Ursprung des Seienden ist aufgehoben, weil das rückschließende Denken nicht in einem Begriff des Erkennens zur Ruhe gelangt. Deswegen ist Eunomius widerlegt; denn im göttlichen Sein sind Stufungen nicht denkbar, so daß das eine göttliche Wesen das gleiche unverminderte Gottsein aussagt – als die Unendlichkeit.
Gregor hat die logisch-philosophische Grundlage widerlegt, die Eunomius selbst zur Basis seiner neuarianischen Theologie gemacht hatte. Unmöglich ist es also, den Gottessohn Christus (oder den Heiligen Geist) im göttlichen Seinsbereich zu denken und doch sein Wesen von einem höchsten Gott zu unterscheiden und im Seinsrang niedriger und geringer anzusetzen. Denn das göttliche Wesen –

Die drei Kappadokier: Basilius von Caesarea (links), *Gregor von Nyssa* (Mitte), Gregor von Nazianz (rechts)

als vom geschaffenen Sein unterschieden – ist unterschiedslos die eine Unendlichkeit. Aber Gregor gibt keine Argumente logischer Art, warum das göttliche Wesen in sich noch einmal als Vater und Sohn (und Heiliger Geist) benannt und geglaubt werden soll. Die Heilige Schrift war Zeuge genug für den Glauben an Gott Vater und an Gott Sohn, und in dieser Spätphase des arianischen Streites wurden die Überlegungen, warum Christus als der vom Vater gezeugte Sohn für sich zu glauben und zu denken ist, kaum mehr wiederholt. Man fragt sich, ob sie überhaupt noch verstanden wurden. Bibelstellen hielt man sich gegenseitig vor, und jede Partei bestritt die Auslegung der anderen. Es fällt schwer, in der voluminösen Polemik die Beziehung zur lebendigen Glaubenserfahrung zu erkennen. Sind doch solche Schriften sozusagen beim Lesen entstanden, indem die anstößigen Sätze zitiert oder paraphrasiert wurden und anschließend eine volle Widerlegung diktiert wurde. Gregor bemerkt zunächst, daß die Unsinnigkeit ja offensichtlich sei und nicht erst nachgewiesen werden müsse oder daß er die blasphemischen Folgerungen nicht über seine Lippen bringe. Dann aber führt er den ausführlichen Nachweis, bis kein Satz des Gegners mehr logisch bleibt, öfters sogar kein Wort mehr Wahrheit behält.

Die Unterscheidung zwischen Gott Vater und Gott Sohn war zwischen Gregor und Eunomius nicht strittig, sondern nur das Bekenntnis zum einen göttlichen Wesen, das Vater und Sohn in gleicher Weise Gott sein läßt. In der Auseinandersetzung mit den Pneumatomachen, die sich zur Lehre des nizänischen Konzils bekannten, aber den Heiligen Geist nicht einbezogen und insbesondere an der gottesdienstlichen Doxologie des Heiligen Geistes Anstoß nahmen, wird Gregors theologisches Argumentieren sehr deutlich. Auch in dieser Lehre war der Bruder Basilius vorangegangen. Gregor versucht zu systematisieren, um von der trinitarischen Gotteslehre, die er als dogmatisches Erbe anerkennt, zu überzeugen. Der Taufbefehl Jesu im Evangelium des Matthäus ist unverrückbare Offenbarung über Gott: »im Namen des Vaters und des Sohnes und des Heiligen Geistes« (Mt. 28,19). Der eine Gott, auf den sich der Glaube gründet, wird in drei Namen benannt. Gregor versucht die drei Benennungen als Eigenständigkeiten, als Hypostasen (oder Personen) eines gleichen Wesens im Anschluß an philosophische Kategorienlehren zu erklären; denn drei Götter durfte es im christlichen Monotheismus nicht geben, weil man sich von der Vielgötterei der Heiden unterschied; und einen Gott in drei Wirkungsweisen zu verschiedenen heilsgeschichtlichen Zeiten durfte man auch nicht zugeben, weil in die Häresie des Sabellius kein Christ zurückfallen wollte. Aber die Argumente für das in gleicher Weise anbetungswürdige Gottsein des Heiligen Geistes blieben in der Nähe, sogar im Geruch von Sabellianismus. Einerseits kann Gregor die Bibelstellensammlung, die für den Heiligen Geist eigentümliches Wirken aussagen, übernehmen; es ist vor allem die Aktivität der Heiligung und Vollendung. Andererseits gelingt es Gregor, dieses dem Heiligen Geist eigentümliche Wirken als grundsätzlich göttliches Wirken nachzuweisen, insofern es das eine lebensschaffende Wirken Gottes und dieses immer ist und unzertrennt zu Gott gehört, weil Gottes Gutsein in seiner grenzenlosen Vollkommenheit keine Abstufung denken läßt. Man darf dann aber fragen, ob Gregor sein erklärtes Ziel erreicht hat, nämlich einsichtig zu machen, daß der Heilige Geist für sich in Doxologie und Bekenntnis zu benennen ist. Gregors direkte Antwort ist bibelfest: »Niemand kann Jesum einen Herrn heißen ohne durch den Heiligen Geist« (1. Kor. 12,3). In theologisch-dogmatischer Formulierung sagt Gregor (GNO III, 1, 13), daß Gott Vater durch »das Ebenbild seines Wesens« geschaut wird und daß dazu die Erleuchtung durch den Heiligen Geist befähigt.

Die theologische Fassung des altkirchlichen Trinitätsdogmas ist Gregor zu verdanken. Er systematisiert in polemischer Abwehr, so daß die Schwächen der damaligen Alternativen bloßgestellt werden. Gottes Wesen ist als solches unerkennbar, weil es unendlich ist; Wegweiser für die den Menschen notwendige Gotteserkenntnis ergeben sich aus dem, was göttlicher Wille schafft und wirkt. Die Benennungen und Namen Gottes sind Merkmale seines göttlichen Willens, und keiner von ihnen ist Begriff der Wesenserkenntnis. So sagt es Gregor mit Recht gegen die Eunomianer und ebenfalls gegen die Markellianer, die ihm Tritheismus vorwerfen. Die Markellianer und Pneumatomachen möchte er herüberziehen, indem er Gottes Wirken einmal in Schöpfung und Erlösung sowie zum anderen in Heiligung und Vollendung zusammenzieht, um die drei Hypostasen der Gottheit zu begründen. Aber er verkennt (oder verdrängt?) das berechtigte Interesse seiner arianischen und arianisierenden Gegner an der freien Selbstbeschränkung des göttlichen Wollens im Sohn zur Erklärung der endlichen und veränderlichen Welt und im Heiligen Geist zur Denkbarkeit menschlicher Freiheit. Gregor behauptet, alles göttliche Wirken sei sein freiheitliches Wollen, unterschieden von seinem unerkennbaren Wesen; so ergibt sich ihm die Endlichkeit des Geschaffenen und damit die inhärente Wandlungsmöglichkeit, ohne ihre trinitarische Begründung in der origenistischen Systematisierung festzuhalten. Vielleicht hatte Basilius das früh erkannt, als er Gregor markellianischer Tendenzen bezichtigte.

Den Vorwurf, wie Markell zu lehren, zog sich Gregor auch von ganz anderer Seite zu. Apollinaris, Bischof von Laodicea und theologischer Lehrer in Antiochien (gest. ca. 395), hatte die jungnizänische Bekenntnisgruppe nicht in Frieden gelassen, sondern ihnen neue Fragen über die Menschwerdung Christi gestellt. Apollinaris war für die Jungnizäner ein heikler Fall. Denn er war bekannt als Freund des Athanasius; er war entscheidend an der Entstehung der trinitarischen Auslegung des nizänischen Bekenntnisses beteiligt, und deswegen zögerte Basilius lange, bis er ihm öffentlich die Gemeinschaft aufsagte. Offensichtlich betrachtete Apollinaris die Widerlegung der Arianer schon als abgeschlossen und insistierte darauf, daß das jetzt zu sichernde Fundament der Kircheneinheit in dem Bekenntnis zum rechten Verständnis der Inkarnation des Gottessohnes bestehe. Denn das überzeugende Argument gegen die Arianer war des Athanasius

Formulierung, daß eine geschaffene Wesenheit nicht vom Todesgeschick erlösen kann, weil sie als zum geschaffenen Sein gehörend selbst der Veränderlichkeit und damit dem Vergehen unterliege. Der Neuarianer Eunomius hatte es Basilius und nach ihm Gregor leichtgemacht, das detaillierte Argumentieren mit der Erlösung durch den wahren Gottessohn zu unterlassen. Sie begnügten sich damit, die biblischen Aussagen, die Eunomius zum Beweis des Geschaffenseins und des Gewordenseins des Sohnes anführte, zu bestreiten: Gregor bezog sie auf das Menschsein des menschgewordenen Gottessohnes. Diese Erklärung war mißverständlich; denn in gewitzter Weise hatte Markell diesen Ausweg gewählt, um den Arianern ihre biblischen Belegtexte zu entziehen, aber Markell war dann auch noch so voreilig gewesen, zu sagen: Gottes Sohn mit dem Eigennamen Christus wurde das in Gott verborgene Wort erst bei der Menschwerdung. Gregor aber setzt die Eigenexistenz des Gottessohnes von Ewigkeit her voraus und schließt sich dennoch an die markellianische Auslegung an: Geschaffen und in geschichtlicher Zeit geworden und zum Herrn erhöht (vgl. Apg. 2,36) wurde das Menschsein aus der Jungfrau Maria. Apollinaris sieht darin das Glaubensfundament aufgehoben und fragt, ob denn ein Mensch den Tod, der den Tod entmachtet, gestorben sei; fragt weiter, ob man an zwei Herren, den vorzeitlichen ewigen Herrn und den vom Menschsein erhöhten Herrn, glauben müsse; fragt noch weiter, ob man denn wie die Juden und Griechen leugnen wolle, daß Gott, der mit Gott wesensgleiche Gottessohn, Mensch geworden ist und als die inkarnierte Natur erschien.

Gregor wehrt sich. Er nimmt eine der Schriften des Apollinaris (Apodeixis) vor und beginnt sie mit der ganzen Emphase rhetorischer Kunstfertigkeit zu widerlegen (Antirrheticus; GNO III, 1). Aber er bleibt nicht blind dafür, daß Apollinaris auch mit seiner Wahrheit Übereinstimmendes sagt, weil die gemeinsame Frontstellung gegen die Arianer auch Gemeinsamkeiten geschaffen hatte. Es ist erstaunlich, wie sich innerhalb derselben theologischen Tradition solche Gegensätze wie die zwischen Gregor und Apollinaris auftun konnten. Denn die christologischen Anfragen des Apollinaris kamen aus der Überzeugung, daß die Menschwerdung Gottes Gott offenbar macht, so daß im menschgewordenen Gott die Gotteserkenntnis der sündigen Menschheit zurückgegeben ist. Gregor mußte diesen Ausgangspunkt des Apollinaris verkennen. Denn Apollinaris glaubte, daß das Gottsein in einem beseelten Leib sich die Gestalt eines Menschen gibt und damit in die geschichtliche Sichtbarkeit eintritt. Gregor jedoch sieht alarmiert, daß Apollinaris dann die Gottheit am Kreuz sterben lassen muß, weil keine von der Gottheit unterschiedene menschliche Natur übriggelassen wird. Aber das ist ein fehlgeleiteter Alarm. Vielmehr liegt die Gegnerschaft zu Apollinaris darin, daß Gregor die Menschwerdung und die dabei geschehene Erlösung nicht als das Erscheinen des Gottes, wie er für den Menschen Gott ist, versteht, sondern Menschwerdung und Erlösung mit dem endgültigen Verschwinden alles Bösen zusammendenkt. Gregor gibt nicht zu erkennen, daß er sich die Gründe für den fundamentalen Unterschied zu Apollinaris überlegt hat, ja nicht einmal, ob der Unterschied so fundamental hingestellt werden mußte. Die Gottheit, so entgegnet Gregor, ist unfaßbar und als solche unerkennbar; ihrem Wesen nach kann sie sich nicht in menschlicher Gestalt in der Geschichte offenbar machen, da ihre Unendlichkeit keine Gestalt haben kann, wie ja die Bibel sagt, daß niemand Gott von Angesicht sehen kann. Aber wegen der Begrenztheit menschlichen Erkennens (oder auch wegen des sündigen Verfehlens der Gotteserkenntnis; GNO III, 1, 159; 123) machte sich der ewige Gottessohn klein, paßte sich in Erniedrigung dem menschlichen Begreifen an und wurde Mensch. Dieser Gedanke ist gut origenistisch und verträgt sich nicht mit Athanasius. Die Selbstverkleinerung und Erniedrigung des Gottessohnes besteht für Gregor darin, daß Gott eine ganze menschliche Natur zu sich aufnimmt und sich mit ihr zur Einheit vermischt; diese menschliche Natur wird in die Gottheit hinein verwandelt, endgültig im Geschehen der Auferstehung Christi. Zum Ziel kommt das Erlösungsgeschehen der Menschwerdung, das man besser die Vereinigung der Menschheit mit Gott nennt, dann, wenn das Böse überhaupt verschwunden ist und Gott alles in allem sein wird. Denn die menschliche Natur, die der Gottessohn in der Menschwerdung zur Einheit in sich hineinverwandelt, ist wie ein Unterpfand und Erstling, zum Leib Christi anwachsend und in der Kirche die neue Schöpfung heraufführend und vollendend. Damit macht sich Gregor den origenistischen Gedanken der Apokatastasis zueigen. Gregor stellt sich gegen Apollinaris, weil die Christologie den Gedanken der sich vollendenden Erlösung der ganzen Menschheit umfassen sollte. Das Unterpfand oder der Erstling mußte eine vollständige menschliche Natur sein, die – sich als Leib Christi vermehrend – die ganze Menschheit einbeziehen wird.

Origenes hatte durch seine Trinitätslehre die metaphysischen Voraussetzungen dafür überlegen wollen, daß Freiheit der Selbstentscheidung des Menschen denkbar ist und der Mensch nicht im voraus durch Gottes Allwirken bestimmt ist. Entscheidungsfreiheit des sündigen Menschen ist aber nur möglich, wenn ihm die Gotteserkenntnis als Grundziel eines Wandlungsprozesses neu zugänglich gemacht wird. In diesem Thema findet Gregor seine Aufgabe zur christlichen Verkündigung. Des Menschen Vollkommenheit ist die Angleichung an Gott; sie wird getragen von dem Verlangen nach Einheit mit Gott, die in Erkenntnis Gottes besteht. Nachdem Gregor in der Auseinandersetzung mit Eunomius entdeckt hatte, daß Gottes Wesen die Unendlichkeit ist, verbindet er diesen Gedanken mit dem Streben nach der Schau Gottes. Die logischen Reflexionen gegen Eunomius verwandeln sich zu Beschreibungen des Aufstiegs zu Gott (Homilien zum Hohenlied; GNO VI). Gott zu schauen ist das philosophische Leben, das die christliche Botschaft vermitteln kann. Denn der Heiligen Schrift folgend erschließen sich die Schritte, die dem Eros menschlicher Natur, über seine Vergänglichkeit hinauszugelangen, den Weg weisen. Das Hohelied ist für Gregor einer der Texte, deren auslegender Nachvollzug den Menschen umwandelt. Das Leben des Mose ist ein Vorbild für die Suche nach Gotteserkenntnis. Denn der Heiligen Schrift wohnt nicht nur tiefere Erkenntnis inne, sondern auch eine innere Gesetzmäßigkeit zum Weg nach oben. Stufe um Stufe wird der, der sich auf das Erforschen der Heiligen Schrift einläßt, weitergeführt. Wie die biblischen Verse sich folgen und keiner abschließend die ganze Erkenntnis ist, so wird der Gläubige zu Gott gezogen. Jeder Fortschritt ist eine Stufe, aber jede Stufe ist wieder Ausgangspunkt zum Weitergehen. Stehenbleiben ist der Tod der Seele, weil ihr Wesen der unersättliche Eros ist. Verweilendes Zurückschauen auf das Erreichte ist das Ablassen von der beseelenden Liebe, die zu Gott zieht.

Gregor weiß, daß Origenes ihm vorgearbeitet hat; aber Gregor weiß auch, daß Origenes die Übersättigung für den Ursprung des Abfalls von Gott hielt. Also versucht er, vom menschlichen Eros des Geistes zu zeigen, daß die Unerfüllbarkeit das Pulsen des Lebens ausmacht. Und darin, daß Gott als die Unendlichkeit das nie zu Ende Gedachte, die grenzenlose Herrlichkeit des Guten ist, sieht Gregor die Bestätigung für seine Predigt. Wie Moses Gott nur nachschauen kann, so formt sich der Mensch an der Erkenntnis der Spuren göttlichen Wirkens. Die Namen Gottes sind die Wegweiser und Stufen, damit die Gottebenbildlichkeit in der Verähnlichung mit Gott im Menschen Gestalt gewinnt. Die Heiligen der Bibel sind normative Vorbilder für den Weg des Menschen zu Gott. Die Glaubensführer der Kirche erweisen sich als Glieder des Leibes Christi, wenn sie sich mit den biblischen Heiligen vergleichen lassen. Dieser Vergleich – übrigens ein von der Rhetorik gefordertes Stilmittel – macht sie selbst zu Heiligen, von denen heiligende Kraft ausgeht. Sie erwecken Nachahmung und lassen so den Leib Christi wachsen. Durch sie als die Glieder seines Leibes wirkt das Haupt des Leibes, der menschgewordene Gottessohn, bis die ganze Menschheit in die gleichgestaltende Liebe zu Gott hineingezogen ist und die Erschaffung der Welt sich in der Erscheinung der Kirche vollendet. Gregor gab dem Heiligentypos eine neue Form (Gedächtnisreden auf Basilius und Meletius); seine mystische Vergeistigung der Schöpfung in der Kirche lebt über die Schriftensammlung des Pseudo-Dionysius Areopagita weiter.

Werke

Geerard, M. [Hg.]: Clavis Patrum Graecorum. Brepols-Turnhout 1974. Bd. 2, Nr. 3135–3226.

Jaeger, W. – Langerbeck, H. – Hörner, H. [Hgg.]: Gregorii Nysseni Opera. Leiden 1952 ff. (GNO).

Migne, J.-P. [Hg.]: Patrologia Graeco-Latina. Bde. 44–46. Einzelausgaben:

La vie de Moise (De Vita Moysis). Hg. von J. Daniélou. 3. Aufl. 1968 (SC 1ter).

Traité de la virginité (De virginitate). Hg. von M. Aubineau. 1966 (SC 119).

La vie de sainte Macrine (De vita Macrinae). Hg. von P. Maraval. 1971 (SC 178).

Darstellungen

Altenburger, M. – Dörrie, H. – Schramm, U. [Hgg.]: Gregor von Nyssa und die Philosophie. Leiden 1976.
Canévet, M.: Art. Grégoire de Nysse. In: Dictionnaire de Spiritualité, Bd. 6 (1967), 971–1011.
Daniélou, J.: Platonisme et Theologie mystique. 2. Aufl. Paris 1954.
Harl, M. [Hg.]: Ecriture et Culture philosophique dans la pensée de Grégoire de Nysse. Leiden 1971.
Hübner, R.: Die Einheit des Leibes Christi bei Gregor von Nyssa. Leiden 1974.
Langerbeck, H.: Zur Interpretation Gregors von Nyssa. In: ThLZ 82 (1957), 81–90.
Mühlenberg, E.: Die Unendlichkeit Gottes bei Gregor von Nyssa. Göttingen 1966.
Völker, W.: Gregor von Nyssa als Mystiker. Wiesbaden 1955.

Wulfila

von Gert Haendler

Die älteste und ausführlichste Quelle über Wulfila stammt von Bischof Auxentius von Dorostorum; er bezeichnete sich als Schüler Wulfilas und schrieb unmittelbar nach dessen Tode einen längeren »Brief über Leben und Sterben des Wulfila«. Bischof Maximin, mit dem sich noch Augustin später auseinanderzusetzen hatte, arbeitete diese Lebensbeschreibung Wulfilas in eine größere Kampfschrift ein, die der 381 verbotenen Minderheitskirche homöischen Bekenntnisses ein Lebensrecht ertrotzen sollte. Maximin ging es um die Synode von Aquileja 381, auf der Bischof Ambrosius von Mailand seine Gegner ziemlich rücksichtslos überfahren hatte. Maximin wollte dagegen festhalten, welche Argumente die Gegner des Ambrosius vorgebracht hatten. In diesen Zusammenhang stellte er den Brief des Auxentius über Wulfila: Eine ausführliche Lebensbeschreibung, die mit einem Glaubensbekenntnis Wulfilas im Angesicht des Todes endet. Die zweite umfangreichere Quelle über Wulfila ist von einer ähnlichen Position her geschrieben. Philostorgios lehnte in seiner Kirchengeschichte die byzantinische Reichskirche mit dem nicänischen Bekenntnis ab. Über die byzantinischen Herrscher urteilt er mit herber Kritik. Kirche war für ihn die kleine Gruppe der Eunomianer, die ein ausgesprochen arianisierendes Bekenntnis vertrat. Von daher hat Philostorgios Sympathie für Wulfila, den allgemein anerkannten Gotenbischof, der doch das nicänische Bekenntnis nicht angenommen hatte.

Andere Kirchenhistoriker haben Wulfila mehr am Rande genannt: Sokrates schrieb nach 439 in Konstantinopel eine Kirchengeschichte; er vertrat die offizielle Linie der byzantinischen Reichskirche mit Kaiserbriefen und Konzilsbeschlüssen. Wulfila kommt bei Sokrates zweimal vor. Wenig später schrieb Sozomenos eine Kirchengeschichte von einem ähnlichen Standpunkt aus; Wulfila kommt darin nur einmal vor, freilich recht ausführlich (VI,37). Aus derselben Zeit stammt die Kirchengeschichte des Theodoret von Cyros, der Wulfila einmal erwähnt (IV,37). Im Abendland haben bekannte Kirchenväter von den Goten berichtet. Ambrosius, Augustin, Hieronymus, Orosius, Salvian und Gregor von Tours schreiben von den Goten, ohne daß jedoch der Name Wulfila auftaucht. Um 550 kommt Wulfila in der Gotengeschichte des katholischen Goten Jordanes vor, der sich auf eine verlorene Gotengeschichte des gelehrten Cassiodorus

Senator stützen kann. Cassiodor war um 500 einer der nächsten Ratgeber des Ostgotenkönigs Theoderich in Italien und hatte gute Möglichkeiten für die Abfassung einer Gotengeschichte, die Jordanes verwenden konnte. Schließlich ist Bischof Isidor von Sevilla zu nennen, der im 7. Jahrhundert im westgotisch beherrschten Spanien lebte. Inzwischen waren die Westgoten längst katholisch geworden; aus großer innerer und äußerer Distanz berichtet Isidor, daß die Anfänge des Christentums bei den Goten auf einen Bischof Wulfila zurückgehen, der nicht orthodox war. Es liegt auf der Hand, daß bei so verschiedenen Quellen kein einheitliches Bild über Wulfila zu erwarten ist. Auch die beiden Hauptquellen, die Wulfila positiv schildern, stimmen nicht in allen Details überein. Es läßt sich aber doch, vor allem aus den Angaben des Auxentius und Philostorgios, ein einigermaßen deutliches Bild gewinnen über Wulfilas Leben, seine Bedeutung für die Gotenmission und seine Stellung in der theologischen Entwicklung jener Epoche. Über seine Nachwirkungen geben verschiedene Quellen Auskunft, doch wird es über das Ausmaß dieser Nachwirkungen wohl immer verschiedene Meinungen geben.

In der Mitte des 3. Jahrhunderts (vermutlich 264) unternahmen Goten einen Raubzug nach Kleinasien. Sie kamen in Landschaften, in denen das Christentum alt eingewurzelt war: Galatien und Kappadozien. Die Goten nahmen Gefangene mit, darunter christliche Kleriker. Von diesen Gefangenen muß eine beachtliche Ausstrahlungskraft ausgegangen sein. Sie hielten nicht nur an ihrem Glauben fest und gaben ihn an die nächste Generation weiter; sie konnten auch unter den siegreichen Goten Anhänger gewinnen. Unter diesen christlichen Gefangenen waren die Großeltern Wulfilas. Vermutlich war Wulfilas Mutter Christin, Nachkommin der kleinasiatischen Gefangenen, während sein Vater Gote war. Daraus ergab sich Wulfilas Lebensaufgabe: Das christliche Erbe in die gotische Umgebung zu verpflanzen. Dabei stand er nicht allein. Bischof Basilius erinnert an einen illyrischen Bischof Eutyches, der unter den Goten missioniert hatte (Ep. 164). Auf dem Konzil von Nicäa 325 unterschrieb ein Bischof Theophilos aus Gothien. Sehr wahrscheinlich ist unter Gothien die Gegend nördlich der unteren Donau zu verstehen. Sokrates bezeichnet Wulfila als Schüler des Bischofs Theophilos, der in Nicäa unterschrieben hatte (II,41). Nach seinem Bericht war eine Niederlage der Goten durch Kaiser Konstantin 332 ein Anlaß, daß sich Goten der Religion des Christentums zugewendet hätten. In dieser Entwicklung hatte Wulfila seinen Platz. Er predigte in griechischer, lateinischer und gotischer Sprache; er hinterließ viele Traktate und Auslegungen, die jedoch nicht erhalten sind. Schon in jungen Jahren wirkte Wulfila als Lektor in der Gemeinde und muß allgemein unter den Goten ein hohes Ansehen gehabt haben. Jedenfalls gehörte er zu einer gotischen Gesandtschaft, die an den Kaiserhof Konstantins geschickt wurde. Bestimmt war Wulfila durch seine Sprachkenntnisse dafür geeignet, vielleicht wollten die Goten aber auch gerade einen Christen in dieser Gesandtschaft haben, um mit Kaiser Konstantin besser ins Gespräch zu

»Wulfila-Stempel«

kommen. Vielleicht waren aber die Kontakte auch schon enger, als wir es uns vorstellen, so daß nach dem Tode des Bischofs Theophilos die Wahl und Weihe eines neuen Bischofs in Gothien ein wesentlicher Anlaß der Reise gewesen sein könnte. Jedenfalls wurde Wulfila bei dieser Gelegenheit zum Bischof der in Gothien lebenden Christen geweiht von Bischof Euseb (von Nikomedien) und anderen Bischöfen. Von hier aus ergibt sich die Möglichkeit zu folgender Datierung der Ereignisse: Kaiser Konstantin starb 337, spätestens in diesem Jahre müßte also Wulfila zum Bischof geweiht worden sein. Nach Auxentius' Angabe wurde er im Alter von 30 Jahren Bischof, so daß sich als Geburtsjahr Wulfilas 307 ergibt. Nach seiner Bischofsweihe 337 hat Wulfila 7 Jahre lang als Bischof in Gothien gewirkt, d. h. als Bischof einer christlichen Minderheitsgemeinde, während die Westgoten in ihrer Mehrheit Heiden blieben. Danach – also wohl 344 – kam es zu Spannungen, die zu einer größeren Verfolgung der Christen führten. Auxentius gibt darüber folgenden Bericht:
»Aus Neid und Anstiften des Teufels wurde damals von einem religionsfeindlichen und gottlosen Fürsten der Goten durch tyrannischen Terror im Lande der Barbaren eine Verfolgung der Christen hervorgerufen. Der Teufel, der etwas Schlechtes tun wollte, tat gegen seinen Willen etwas Gutes. Diejenigen, die er zu Sündern und Abtrünnigen machen wollte, wurden mit Hilfe und Unterstützung Christi zu Märtyrern und Bekennern. So wurde der Verfolger verstört, und die die Verfolgung erduldeten, wurden gekrönt; vor denen, die er zu besiegen versucht hatte, mußte er als Besiegter erröten, und die versucht worden waren, freuten sich als Sieger. Als nach dem Martyrium vieler Diener und Dienerinnen Christi die Verfolgung besonders bedrohlich wurde und nur sieben Jahre im Bischofsamt erfüllt waren, da wurde der obengenannte heiligste Mann, der selige Wulfila, mit einer großen Schar von Bekennern aus dem Barbarenlande vertrieben und auf dem Boden des römischen Reiches von Kaiser Konstantios seligen Angedenkens ehrenvoll aufgenommen.«
Auch Philostorgios berichtet, daß Wulfila mit einer großen Anhängerschar ins römische Reich gekommen sei; er nennt das einen »Exodus der Frommen«. Wulfila wurde mit Mose verglichen. Wulfila und seine Anhänger bekamen Land zugewiesen in Mösien, also südlich der Donau innerhalb des römischen Reiches (II,5). Die christliche Gemeinde des Wulfila beteiligte sich danach an keiner weiteren Wanderung mehr, während die Ostgoten und Westgoten und andere germanische Völker ihre größten Wanderungen erst noch vor sich hatten. Wulfilas Anhänger werden später Kleingoten (Gothi minores) genannt. Wulfila war offenbar nicht nur ihr Bischof, sondern er hatte weitreichende Befugnisse. Die Gotengeschichte des Jordanes läßt das noch im Abstand von rund 2 Jahrhunderten erkennen: »Es waren da aber auch noch andere Goten, die man Kleingoten nennt, ein zahlreiches Volk. Mit ihnen war ihr Priester Wulfila, der selbst auch Primas war und der ihnen die Buchstaben erfunden haben soll. Heute sind sie Bewohner der Gegend um Nikopolis in Mösien zu Füßen des Emimon-

tus, ein zahlenmäßig großes Volk, jedoch arm und unkriegerisch, an nichts reich außer Herden verschiedener Viehsorten, Weidefläche und Holz aus dem Wald. Das Land ist arm an Weizen, jedoch fruchtbar für andere landwirtschaftliche Erzeugnisse. Weinbau kennen sie nicht, wissen auch nicht, daß es ihn anderswo gibt; aus benachbarten Orten kaufen sie sich Wein, doch trinken sie meistens Milch.« (51,267)

Von dieser Gemeinde Wulfilas ist eine erstaunliche Missionsbewegung ausgegangen. Eine wichtige Voraussetzung dafür war die Übersetzung der Bibel in die gotische Sprache, die Wulfila vornahm. Es ist nicht sicher, ob Wulfila die ganze Bibel übersetzt hat. Nur Teile sind erhalten. Der berühmte Codex argenteus, der in Uppsala aufbewahrt wird, ist Teil einer prächtigen Abschrift, die kurz nach 500 im Ostgotenreich Theoderichs in Italien entstand. Gegen eine vollständige Übersetzung der Bibel spricht eine Bemerkung des Philostorgios, Wulfila habe die Königsbücher nicht übersetzt, weil er den kriegerischen Sinn seiner Goten nicht habe anregen wollen. Das könnte als Entschuldigung dafür verstanden werden, daß das Alte Testament nicht vollständig übersetzt wurde. Andererseits ergibt die Notiz des Philostorgios auch einen guten Sinn, wenn man die damalige Situation des Wulfila im Auge hat: Die Goten waren auf der Völkerwanderung, sie lebten auf dem Balkan, auf dem es reichlich unruhig zuging. Raub, Krieg und Plünderung kamen häufig vor. Nach dem Bericht des Jordanes zeichneten sich aber die Anhänger Wulfilas gerade dadurch aus, daß sie unkriegerisch waren. Die Vermutung liegt nahe, daß Wulfila ein Ziel seiner Bemühungen darin sah, die christlich gewordenen Goten zur Seßhaftigkeit und Friedfertigkeit zu erziehen. Das wäre eine schwere Aufgabe gewesen und könnte leicht ein Grund für jene Spannungen gewesen sein, die Wulfila und seine Gemeinde 344 zur Auswanderung nach dem Süden gezwungen hätten.

Aus Wulfilas Bibelübersetzung seien nur einige Einzelheiten genannt: Das griechische Wort Soter, das Luther mit Heiland übersetzte, hatte Wulfila mit »Nasjands« übersetzt, abgeleitet vom gotischen Verbum ganasjan, genesen. Christus ist also der zur Genesung führende, der Heilende, Helfende. Das zentrale Wort Agape, das mit dem vieldeutigen Wort Liebe nicht deutlich genug wiedergegeben wird, übersetzte Wulfila mit »Friatwa«, das unserem Wort Freundschaft nahesteht. Häufig verwendete Wulfila das Wort Sibja, die Sippe. Wenn Christus Matth. 5,24 fordert »Versöhne dich mit deinem Bruder«, so übersetzte Wulfila »Halte Frieden mit deiner Sippe«. Die wichtige Stelle Gal. 4,5 »Gott sandte seinen Sohn, auf daß wir die Kindschaft empfingen« übersetzte Wulfila so, daß »Sippenzugehörigkeit« für Kindschaft stand. Bei allen Vorbehalten, die geäußert wurden, bleibt doch die Bedeutung dieser Übersetzung Wulfilas bestehen: Zahlreiche germanische Völker bekamen durch diese Übersetzung die Bibel in der eigenen Sprache in die Hand. Nur so ist die Ausstrahlung der Mission von der kleingotischen Gemeinde aus überhaupt verständlich. Neben der gotischen Bibel gab es eine gotische Liturgie; ein liturgischer Kalender in gotischer Sprache taucht im 5. Jahrhundert bei den Vandalen in Nordafrika auf. Auch die Skeireins, Fragmente eines Kommentars zum Johannesevangelium in gotischer Sprache, sind hier zu nennen: Wulfila könnte sie übersetzt haben, der ursprünglich griechische Kommentar geht auf Bischof Theodor von Herakleia zurück.

Nach dem Abzug der gotischen Gemeinde unter Wulfila verblieben offenbar einzelne Christen bei den Westgoten nördlich der Donau. Die Lage dieser Christen war besonders gefährdet. Die Christen Innas, Rhemas und Pinnas erlitten das Martyrium; alle 3 Namen klingen gotisch. Eine genauere Datierung ist leider nicht möglich. Ein Bischof Goddas hat später die Reliquien gesammelt. Vielleicht war Goddas der Nachfolger des Wulfila als Bischof in Gothien nach Wulfilas Abzug 344? Das eindrucksvollste Dokument ist der Bericht über das Martyrium des Sabas. Ein gotischer Fürst wollte die Christen in Gothien zur Teilnahme am heidnischen Opferschmaus zwingen. Betroffen waren vor allem die Priester Sansalas und Sabas. Letzterer hat durch seine Unbeugsamkeit und Härte seine Zeitgenossen beeindruckt und provoziert. Angehörige und Freunde des Sabas wollten ihm helfen und vermittelnde Wege eröffnen, aber Sabas ging nicht darauf ein. Am 12. April 372 wurde Sabas ertränkt.

Diese Vorgänge stehen im Zusammenhang mit innergotischen Auseinandersetzungen. Die Fürsten Athanarich und Fritigern standen sich gegenüber. Athanarich war schroff gegen die Christen, da er in ihnen Verbündete der Römer sah. Demgegenüber hielt Fritigern ein gutes Verhältnis zu den Römern für nötig und wollte keine Verfolgung der Christen. Diese Auseinandersetzungen gewannen noch an Bedeutung, als 375 die Hunnen auf den Balkan vordrangen. Jetzt erwies sich der Kurs des Fritigern als der bessere. Nach fast 2 Jahrhunderten faßt Jordanes die Vorgänge im Rückblick zusammen:

»Die Westgoten wurden durch die Furcht ihrer Stammesverwandten aufgeschreckt und waren unschlüssig, was sie wegen der Hunnen für eine Entscheidung treffen sollten. Nach langem Überlegen schickten sie endlich nach gemeinsamem Beschluß Gesandte in das römische Reich zu Kaiser Valens ..., daß er ihnen einen Teil Traziens oder Mösiens zum Anbau überlassen möchte; sie wollten nach seinen Gesetzen leben und seinen Anordnungen gehorchen. Und um reichlicher Vertrauen zu gewinnen, versprachen sie, Christen zu werden, wenn er ihnen Lehrer ihrer Sprache geben würde. Als Valens dies erfuhr, stimmte er sogleich freudig zu, da er dies seinerseits hatte erstreben wollen. Und er nahm die Goten auf in Teilen Mösiens und machte sie dort seßhaft wie eine Mauer seines Reiches gegen andere Volksstämme. Und weil damals Valens als Kaiser von der Unredlichkeit der Arianer angesteckt war und alle Kirchen unserer Partei geschlossen hatte, so schickte er Anhänger seiner Partei als Prediger zu ihnen. Diese kamen und flößten den Ungebildeten und Ahnungslosen sogleich das Gift des falschen Glaubens ein. So wurden auch die Westgoten von Kaiser Valens mehr zu Arianern als zu Christen gemacht.« (25, 131/32)

Wulfila hat alle diese Vorgänge aus der Nähe mit beobachten können. Sokrates berichtet, daß Wulfila gerade zu dieser Zeit die gotische Schrift erfunden und die Bibel übersetzt habe (IV,33). Sozomenos sagt, daß sich Wulfila für den Gotenfürsten Fritigern am Kaiserhof eingesetzt habe (VI,37). Man muß auch fragen, woher Kaiser Valens die von den Westgoten erbetenen Prediger mit gotischen Sprachkenntnissen so rasch nehmen konnte. Am nächstliegenden ist die Annahme, daß diese aus Wulfilas Gemeinde kamen und mit Wulfilas Bibeltexten ausgerüstet waren. Geographisch kann es sich nicht um große Entfernungen gehandelt haben. So kann man Wulfila durchaus als Missionsbischof bezeichnen. Freilich wurde diese Missionsarbeit 378 gefährdet: Kaiser Valens zog gegen die Goten zu Felde, weil diese ihm zu selbstherrlich geworden waren. Valens verlor die Schlacht (bei Adrianopel) und das Leben. Trotzdem erlitt die Christianisierung der Westgoten keinen erkennbaren Rückschlag. Offenbar war der christliche Glaube bei den Westgoten schon 378 so fest verwurzelt, daß er bestehen blieb, obwohl die politische Hoffnung auf römische Hilfe gegen die Hunnen längst überholt war. Ambrosius von Mailand schreibt in seiner 380 abgeschlossenen Schrift »De fide« bedauernd, »daß das ganze Gebiet von Thrazien über Uferdakien und Mösien bis Valerien und Pannonien ebenso von gotteslästerlicher Rede wie von barbarischem Aufruhr erzittert«. Damit bezeugt auch er indirekt, daß die Goten auf dem Balkan relativ selbständig waren und daß sie sich einer Form des Christentums zugewandt hatten, die er für Ketzerei hielt.
Als die Westgoten 395 unter König Alarich vom Balkan nach Italien zogen und 410 Rom eroberten, waren sie mehrheitlich Christen. Daher schonten sie Kirchen und respektierten sie als Zufluchtsorte für die Bevölkerung, worüber Augustin und andere Zeitgenossen sich wunderten. Alarich wurde von einem Bischof Sigishari begleitet. In Konstantinopel gab es einen Gotenbischof Selenas. Der Gotenbischof Wulfila hatte also durchaus Nachfolger. Wulfilas Bemühungen um eine Christianisierung der Goten waren nicht umsonst gewesen, – auch wenn die Auswanderung der christlichen Minderheit aus Gothien 344 zunächst als ein Scheitern seiner Missionsaufgabe unter den Goten angesehen werden konnte.
Umstritten ist auch die theologische Entwicklung Wulfilas. Wulfila wuchs auf in einer Minderheitsgemeinde; seine Umwelt war das gotische Heidentum. Sein mutmaßlicher Lehrer war Bischof Theophilos aus Gothien, der 325 am Konzil von Nicäa teilgenommen und seine Beschlüsse unterzeichnet hatte. Dort hatte man u. a. beschlossen, daß das Verhältnis zwischen Gott-Vater und dem Sohn Gottes mit dem Stichwort »homousios« beschrieben werden sollte. Als Gegner dieses Stichwortes wurde der alexandrinische Theologe Arius verurteilt. Seine Anhänger tauchen als »Arianer« immer wieder auf. Für den Gotenbischof Theophilos wird diese Spezialfrage kaum größere Bedeutung gehabt haben. Es ist fraglich, ob er in Gothien seinem Schüler Wulfila von dieser Problematik je etwas gesagt hat. Als Wulfila 337 nach Konstantinopel kam, hatte sich die Lage

geändert: Euseb von Nikomedien hatte entscheidenden Einfluß, von ihm bekam Wulfila die Bischofsweihe. Euseb war mit Arius befreundet gewesen, Arius selbst war zuletzt noch von Kaiser Konstantin rehabilitiert worden. In den 7 Jahren in Gothien wird Wulfila dringendere Probleme gehabt haben. Als er dann 344 in das oströmische Reich auswandern mußte, hatte gerade die Synode in Sardica stattgefunden, die die tiefe Verschiedenheit zwischen östlicher und westlicher Theologie zum Ausdruck brachte. Im Abendland hielt man am Nicänum fest; man betonte die Gottheit Christi, seine Wesensgleichheit mit Gott-Vater. In der östlichen Kirche hatte man dagegen Bedenken: Der Ausdruck homousios stand nicht in der Bibel; er konnte auch als »Ein Wesen« interpretiert werden, – und das stand in Spannung mit den vielen Geschichten in den Evangelien, die von dem Menschen Jesus von Nazareth erzählen, der als Bittender vor Gott-Vater stand. In solche Denkweise wuchs Wulfila hinein. Er selbst übersetzte die Bibel und gründete seine Theologie auf die Bibel; es ist verständlich, daß er sich nicht auf Begriffe festlegen lassen wollte, die nicht in der Bibel standen. Die im östlichen Reichsteil vorherrschende theologische Formel beschrieb das Verhältnis zwischen Gott-Vater und Gott-Sohn anders: Christus war seinem Vater ähnlich gemäß der Schrift (homoios kata tas graphas). Es liegt nahe, daß Wulfila diese Formel gut hieß. Er war 360 auf einer byzantinischen Reichssynode dabei, möglicherweise hat er auch an anderen Synoden teilgenommen.

Spannungsvoll wurde es in theologischer Hinsicht für Wulfila bei der Machtübernahme in Konstantinopel durch Kaiser Theodosius 379. Theodosius kam aus abendländischer Tradition und erließ 380 in Thessalonich ein Edikt, in dem es hieß: »Wir wollen in Übereinstimmung mit der Ordnung der Apostel und der Lehre des Evangeliums an die Gottheit des Vaters, des Sohnes und des heiligen Geistes glauben, die zur göttlichen Trinität in gleicher Majestät zusammengeschlossen sind. Wir befehlen, daß wer dieser Satzung nachfolgt, den Namen eines katholischen Christen tragen soll. Die übrigen aber halten wir für wahnsinnige Toren. Sie haben mit ihrem abscheulichen Bekenntnis als Häretiker zu gelten und ihre Verbindung soll nicht den Namen einer Kirche tragen.« Dieses Edikt bedeutete den Befehl zu einer Kehrtwendung für die meisten Theologen des oströmischen Reiches, die nicht durchzusetzen war. Das Konzil zu Konstantinopel 381 brachte zwar ein Bekenntnis zum Nicänum, aber die jungnicänischen Theologen setzten sich durch, die radikalen Altnicäner waren Außenseiter. In dieser Lage hat sich Wulfila noch einmal in das Geschehen eingeschaltet: Er reiste Ende 381 nach Konstantinopel und hat sich dort im Sinne jener Theologen eingesetzt, die Bedenken gegen das nicänische Bekenntnis hatten, insbesondere gegen das Stichwort homousios. Wulfila wurde am Kaiserhof empfangen, ihm wurde ein neues Konzil in Aussicht gestellt (Sokrates V,10 und Sozomenos VII,12). Im Jahre 383 kamen Theologen in Konstantinopel zusammen, auch Wulfila war erneut angereist. Es kam aber nicht mehr zu Verhandlungen. Der

Kaiser forderte von den verschiedenen Parteien schriftliche Glaubensbekenntnisse ein, die überprüft wurden. Danach fällte Kaiser Theodosius sein Urteil: Die nicänische Partei bekam erneut recht, alle anderen Richtungen – also auch die des Wulfila – wurden zurückgewiesen. Kurz danach muß Wulfila gestorben sein. Es ist sehr gut denkbar, daß er hier bei dieser Gelegenheit sein letztes Glaubensbekenntnis aufgesetzt hat, das Auxentius überliefert:
»Ich, Wulfila, Bischof und Bekenner, habe immer so geglaubt und in diesem allein wahren Glauben fahre ich hinüber zu meinem Herrn: Ich glaube, daß ein Gott ist, der Vater, allein ungezeugt und unsichtbar, und an seinen eingeborenen Sohn, unseren Herrn und Gott, Werkmeister und Bildner der gesamten Kreatur, der seinesgleichen nicht hat; also ist einer der Gottvater aller, welcher auch der Gott unseres Gottes ist; und an den heiligen Geist, die erleuchtende und heiligende Kraft, wie Christus nach der Auferstehung zu seinen Aposteln sagte: Siehe, ich sende euch den von meinem Vater Verheißenen, ihr aber bleibet in der Stadt Jerusalem, bis daß ihr angetan werdet mit der Kraft aus der Höhe; desgleichen auch: Ihr sollt eine Kraft empfangen, die über euch kommen wird durch den heiligen Geist – der weder Gott noch Herr ist, sondern der treue Diener Christi, ihm nicht gleich, sondern in allen Dingen dem Sohn untertan und gehorsam; und daß der Sohn in allen Dingen untertan und gehorsam ist seinem Gott, dem Vater ähnlich, so wie Gott alles gezeugt hat durch Christus und geordnet hat durch den Heiligen Geist«.
Ein entscheidendes Anliegen nicänischer Theologie ist in diesem letzten Bekenntnis Wulfilas aufgenommen: Die Gottheit Christi wird bekannt, der Sohn Gottes ist unser Herr und Gott, Christus ist auch an der Schöpfung beteiligt. Die den Arianern immer wieder besonders angelastete christologische Formel »Es gab eine Zeit, wo er nicht war«, findet sich nicht bei Wulfila, der nicht so einfach als Arianer abgestempelt werden kann. Aber Wulfila legt Wert auf die Unterschiede zwischen den drei Personen des Bekenntnisses: Für den Sohn Gottes war Gott-Vater eindeutig übergeordnet; der heilige Geist war nicht Gott, sondern er stand unter Gott-Vater und war ein treuer Diener Christi. Auffällig sind die beiden Bibelstellen, die im dritten Artikel gebracht werden. Friedrich Heiler hat den Kern getroffen mit den Sätzen: »Es war also ein buchstäblicher Biblizismus, aus dem heraus Ulfila und seine Schüler und Nachfolger die kunstvolle philosophische Terminologie des orthodoxen Christusdogmas verwarfen. Aber weil die Bibel das Motiv ihres Widerstandes gegen die christologische Lehre der Großkirche war, weil sie an dem im Neuen Testament verkündeten Glauben der Apostel an die Gottheit Christi unverrückt festzuhalten gewillt waren, können sie nur in terminologischer, nicht aber in religiöser Hinsicht als Häretiker beurteilt werden.«
Es ist vollauf verständlich, daß die 50 Jahre nach Wulfilas Tod schreibenden Kirchenhistoriker Sokrates und Sozomenos an diesem Punkt ihre Probleme hatten. Sie sagen, daß Wulfila von Hause aus ein durchaus orthodoxer Theologe

gewesen war, der im Laufe der Zeit bedauerlicherweise in das Fahrwasser der Häretiker geriet. So mußte es aussehen für Historiker, die von der Entscheidung des Konzils von Konstantinopel 381 als der grundlegenden Voraussetzung ausgingen. Ganz entgegengesetzt sah es für Auxentius aus, der unmittelbar nach Wulfilas Tod seinen Lehrer als Zeugen in Anspruch nimmt für die Verteidigung einer Theologie, die vom Staate 381 verurteilt worden war. Auch für den kritischen Philostorgios, der den ganzen nicänischen und staatskirchlichen Weg für verfehlt hielt, war Wulfila ein Zeuge von hohem Rang.

Die Nachwirkungen Wulfilas sind für den Kirchenhistoriker dadurch so deutlich erkennbar, weil Wulfila der staatskirchlichen Festlegung auf das nicänische Bekenntnis widersprochen hatte. Die von Wulfilas Kleingoten ausgehende Mission war bekenntnismäßig von der Reichskirche getrennt. Die zeitgenössischen Quellen reden immer von »Arianern«, wenn sie die von Wulfila ausgehende Bewegung meinen. Das von Wulfila her vermittelte Christentum bei den Germanen wird üblicherweise mit dem Begriff »Germanischer Arianismus« gekennzeichnet. Der Begriff kann mißverstanden werden, denn Arius und Wulfila haben nicht desselbe gelehrt. Aber der Begriff ist in den Lehrbüchern so fest verwurzelt, daß man ihn kaum wird verändern können. Von einem Arianismus im ursprünglichen Sinne kann nur bei den Vandalen in Nordafrika die Rede sein, deren Bild freilich einseitig durch seine katholischen Gegner Victor von Vita und Fulgentius von Ruspe gezeichnet wurde. Aber dieses Problem besteht überhaupt: Wir haben keinen Historiker, der als Parteigänger Wulfilas die Mission des »germanischen Arianismus« beschrieben hätte. Die Quellen stammen durchweg von Gegnern.

Der Mailänder Bischof Ambrosius spricht voller Verachtung von den Goten, die einen Karren als Kirche benutzen. Ambrosius hört von Priestern, die in gotischer Tracht aufgetreten sind; er hält das für »ein Verbrechen für jeden Christen, denn solcher Aufzug widerspricht den römischen Sitten«. Die von Wulfila angestrebte und vorgelebte Möglichkeit einer christlichen Existenz auch für Goten ist für Ambrosius überhaupt nicht im Blick. Ähnlich scheint es für Augustin zu sein: In seinem Gottesstaat geht er von der Zerstörung Roms 410 aus. Er nennt den Westgotenkönig Alarich. Augustin legt Wert auf die Tatsache, daß die Goten in Rom die Kirchen geschont und als Zufluchtsort respektiert haben. Aber Augustin läßt kaum erahnen, daß die Goten zu einem wesentlichen Teil Christen waren; nach dem Namen Wulfila sucht man bei Augustin vergebens. Ein deutlicheres Bild bietet der gallische Priester Salvian von Marseille, der kurz nach 400 den Durchzug der Goten und Vandalen erleben mußte. Salvian setzt sich mit der Frage auseinander, wieso Gott so etwas zulassen konnte, weshalb die christlichen Römer den Germanen unterlegen waren. Salvian antwortet: »Nicht unverdient sind also wir besiegt worden. Jene wandten sich an bessere Hilfe als die Unsrigen. Wir wollten nämlich mit Waffen und Hilfstruppen überlegen sein, von einem Teil der Feinde aber kam gegen uns das Buch des göttlichen Gesetzes.

Zu dieser Macht besonders flüchtete sich die Furcht und Verwirrung der Vandalen, daß sie uns eine Reihe göttlicher Aussprüche entgegenhielten und den ihnen entgegenziehenden Feinden die Heilige Schrift wie ein Orakel der Gottheit aufschlugen.« (VII,11) Die Vandalen hatten also die Heilige Schrift bei sich, konnten daraus argumentieren und führten sie sogar im Krieg mit. Die Vandalen kamen über Süddeutschland vom Balkan her, wo sie von der Mission der Kleingoten erreicht worden waren. Sie zogen später weiter nach Nordafrika; Augustin ist in seiner Bischofsstadt Hippo gestorben, die von Vandalen belagert wurde. Die Heilige Schrift bei den Vandalen, die Salvian bezeugt, muß die Wulfila-Bibel gewesen sein. Salvian ist noch genauer der theologischen Position der Vandalen nachgegangen: »Häretiker sind sie also, aber ohne daß sie es wissen. Schließlich sind sie bei uns Häretiker, sie selbst halten sich nicht dafür. Sie halten sich so sehr für katholisch, daß sie uns mit dem Namen Häretiker verfolgen. Wofür wir sie halten, dafür halten sie uns. Wir sind sicher, daß sie der göttlichen Zeugung eine Beleidigung zufügen, wenn sie sagen, der Sohn sei geringer als der Vater. Jene aber meinen, wir beleidigten den Vater, weil wir Beide für gleich halten.« (V,2) In der dogmatischen Frage will Salvian das letzte Urteil Gott überlassen. Im praktischen Verhalten stellt er die Goten und Vandalen als Vorbilder hin für seine katholischen Zeitgenossen in Gallien. Wulfila wird von Salvian nicht genannt, aber eine Nachwirkung Wulfilas liegt in Salvians Werk deutlich vor.

Um das Jahr 500 konnte es so aussehen, als sollten sich alle germanischen Stämme auf der Völkerwanderung dem von Wulfilas Kleingoten vermittelten Christentum anschließen. In Italien herrschte König Theoderich mit den Ostgoten, in Spanien und Südfrankreich herrschten die Westgoten, in Nordafrika die Vandalen. Der katholische Gote Jordanes muß widerwillig von jener weiträumigen Missionsbewegung Kenntnis geben, die bei dem Kreis um Wulfila ihren Ursprung hatte: »Sie haben sowohl die Ostgoten wie die Gepiden, ihren Verwandten, aus Liebe das Evangelium verkündet und sie die Pflege dieser falschen Lehre gelehrt. Jedes Volk ihrer Sprache haben sie, wo es auch immer sei, zum Gottesdienst dieser Sekte eingeladen.« (25, 133) Es gab auch Kontakte zu den Franken in Gallien, doch deren König Chlodwig trat zur katholischen Kirche über. Auf lange Sicht sind dann auch die von Wulfilas Kleingoten her bekehrten Germanen in die Geschichte der katholischen Kirche hineingewachsen.

Die Westgoten haben sich nach ihrer Wanderung durch Italien und Südfrankreich schließlich in Spanien niedergelassen. Sie haben bis 589 an jener Theologie festgehalten, die für Wulfila zwei Jahrhunderte vorher entscheidend war. Ein westgotisch-spanischer Bischof kam 580 als Gesandter seines Königs zu den katholischen Franken in Gallien. Der fränkische Geschichtsschreiber, Bischof Gregor von Tours, berichtet darüber in seiner Frankengeschichte: »König Leuvigild schickte als Gesandten zu Chilperich den Agila, einen geistlosen und

ungebildeten Mann, der der katholischen Lehre feindlich gegenüber stand. Als diesen sein Weg nach Tours führte, begann er uns wegen des Glaubensbekenntnisses herauszufordern und die kirchlichen Dogmen zu bekämpfen. Er sagte: Unrichtig war die von früheren Bischöfen vertretene Meinung, welche behauptete, daß der Sohn dem Vater gleich sei; oder auf welche Weise könnte wohl der dem Vater gleich sein an Macht, der sagte: Der Vater ist größer als ich.« (V,43) Hier taucht noch einmal jene Bibelstelle Joh. 14,28 auf, die zur Zeit Wulfilas so oft angeführt worden war. Der fränkische Bischof Gregor von Tours erklärt das Problem von seiner Sicht her und meint abschließend: »Ihr aber denkt nicht recht über die heilige Trinität, und wie unpassend die Verkehrtheit dieser Sekte ist, zeigt deutlich der Tod eures Gründers selbst, des Arius.« Also nicht Wulfila wird genannt, sondern der Vorwurf des katholischen Bischofs geht zurück an Arius. Der Westgote hat – nach dem Bericht Gregors – sich nicht gegen den Vorwurf, die Lehre des Arius zu vertreten, gewehrt. Er gab eine andere Antwort: »Lästere nicht eine Lehre, die du nicht verstehst; wir lästern auch nicht, was ihr glaubt, obwohl wir es nicht glauben. Denn bei uns gilt es nicht als ein Verbrechen, dies und jenes zu verehren. So sagt bei uns der Volksmund, es sei nicht schädlich, zwischen den Altären der Heiden und der Kirche Gottes hindurchgehend beiden Ehrfurcht zu erweisen.«
Noch um 600 erzählt Papst Gregor d. Gr. in seinen Dialogen von einem Arianerbischof bei den Langobarden, bei denen sich der »germanische Arianismus« wohl am längsten hielt. Bei den Westgoten in Spanien ist Bischof Isidor von Sevilla ein aufschlußreicher Zeuge. Er berichtet um 630, daß die Goten einst Christen werden wollten, aber damals herrschte »die Verkehrtheit der arianischen Ketzerei«; daher wurden die Goten zu einer falschen Lehre bekehrt. In diesem Zusammenhang wird Wulfila genannt: »Damals erfand Gulfilas, ihr Bischof, gotische Buchstaben und übersetzte die Schriften des Neuen und Alten Testaments in ihre Sprache. Sobald aber die Goten anfingen, die Buchstaben und das Gesetz zu haben, richteten sie sich Kirchen ihres Bekenntnisses ein und hielten sich nach dem Vorbild des Arius an solche Lehrsätze über die Gottheit selbst, daß sie glaubten, der Sohn sei geringer an Majestät als der Vater, sei jünger als dieser in der Ewigkeit ... Dieses Übel der Gotteslästerung hielten sie fest durch lange Zeit, unter einer ganzen Reihe von Königen, 213 Jahre.« Da die Westgoten 589 katholisch geworden waren, rechnet Isidor mit dem Jahr 376 für die Bekehrung der Westgoten auf dem Balkan. Tatsächlich war dies das entscheidende Jahr für Wulfilas Bemühungen um die Mission der Westgoten.
Man hat Einwirkungen des »germanischen Arianismus« nach Bayern diskutiert, man hat sogar Einflüsse bis nach Sachsen hinauf für möglich gehalten. Heute steht man solchen Hypothesen recht kritisch gegenüber. Trotzdem bleibt Wulfilas Leben und Wirken ein staunenswertes Kapitel in der Geschichte der Kirche.

Quellen

Auxentius, De vita et obitu Wulfilae. Hg. von R. Gryson. In: Sources chrétiennes, Bd. 267. Paris 1980, 236–250.

Philostorgios, Kirchengeschichte. Hg. v. J. Bidez 3. Aufl. von F. Winkelmann), Berlin 1981.

Sokrates, Kirchengeschichte. Hg. von R. Hussey – W. Bright. Oxford 1853.

Sozomenos, Kirchengeschichte. Hg. von J. Bidez – G. C. Hansen. Berlin 1960.

Passio S. Sabae Gothi. Hg. von H. Delehaye. In: Acta Bollandiana 31 (1912), 216ff.

Salvian, De gubernatione Dei. Hg. von G. Lagarrigue. Paris 1975.

Jordanes, De origine actibusque Getarum. Hg. von Th. Mommsen. In: Monumenta Germaniae Historica, Auctores antiquissimi. Bd. V,1. 1882, 53–138.

Lange, W.: Texte zur germanischen Bekehrungsgeschichte. Tübingen 1962.

Streitberg, W.: Die gotische Bibel. 6. Aufl. Darmstadt 1971.

Darstellungen

Haendler, G.: Wulfila und Ambrosius. Berlin 1961.

Haendler, G.: Altkirchliche Konfessionskämpfe und Germanenmission. In: Evang. Missionszeitschrift 23 (1966), 15–24.

Heiler, F.: Altkirchliche Autonomie und päpstlicher Zentralismus. München 1941.

Schäferdiek, K.: Zeit und Umstände der westgotischen Übergänge zum Christentum. In: Historia 28/1 (1979), 90–97.

Schäferdiek, K.: Vom Bischof von Gothien zum Gotenbischof. In: Zeitschrift für Kirchengeschichte 90 (1979), 254–89.

Schäferdiek, K.: Die Fragmente der Skeireins und der Johanneskommentar des Theodor von Herakleia. In: Zs. f. dt. Altertum und deutsche Literatur 110 (1981), 175–193.

Schmidt, K. D.: Die Bekehrung der Germanen zum Christentum I. Göttingen 1939.

Steubing, H.: Miscellen zur gotischen Bibelübersetzung des Ulfilas. In: Zeitschrift für Kirchengeschichte 64 (1952/53), 137–165.

Stockmeier, P.: Bemerkungen zur Christianisierung der Goten im 4. Jahrhundert. In: Zeitschrift für Kirchengeschichte 92 (1981), 315–324.

Stutz, E.: Gotische Literaturdenkmäler. Stuttgart 1966.

Stutz, E.: Das Neue Testament in gotischer Sprache. In: Die alten Übersetzungen des Neuen Testaments. Hg. v. K. Aland. Berlin 1972.

Wolfram, H.: Gotische Studien I–III. In: Mitteilungen des Instituts für österreichische Geschichtsschreibung 83 (1975), 1–32. 289–324; 84 (1976), 239–261.

Theodosius der Große

von Adolf Lippold

Theodosius I., römischer Kaiser von 379–395, spätestens durch die Väter des Konzils von Chalkedon (451) als der »Große« bezeichnet, galt orthodoxen Christen des ausgehenden 4. und des 5. Jahrhunderts wie Ambrosius, Augustinus oder Theodoret als ein rechtgläubiger Herrscher, der sich stets um die Kirche sorgte. Der fromme, demütige und milde Kaiser, bemüht um die Einheit der Kirche und um die Bekämpfung der Feinde des Glaubens, war für sie Vorbild eines von Gott eingesetzten und beschirmten Herrschers. Andere panegyrische Quellen runden dieses positive Bild ab. Vorwiegend düster hingegen ist die Charakterisierung bei dem weitgehend auf Eunapius (um 400) zurückgehenden Heiden Zosimus (um 500): Theodosius, der die Götter und ihre Anhänger bekämpfte, war träge, habgierig, verschwenderisch; in allen Entscheidungen von Eunuchen und anderen Hofleuten gegängelt, war der Kaiser daran schuld, daß das Heer verkam, die Städte verarmten und die Provinzen habgierigen Statthaltern ausgeliefert waren. Immerhin spricht auch Zosimus dem Kaiser militärische Fähigkeiten nicht ab.

Umstritten ist das Bild des Theodosius auch noch heute. Immer wieder wird dem ob seiner Religionspolitik gelobten Kaiser vorgeworfen, auf die religiöse Einheit der Reichsbevölkerung mit zwangsstaatlichen Mitteln hingearbeitet und den Glaubenszwang als Mittel der Politik christlich orientierter und sich auf eine Staatskirche stützender Machthaber eingeführt zu haben. Ein weiterer schon von Zeitgenossen erhobener Vorwurf besteht darin, durch falsche Politik die Überflutung des Reiches durch barbarische Völkermassen entscheidend gefördert zu haben. Schließlich lastet man Theodosius an, bei der Ordnung seiner Nachfolge die Teilung des römischen Reiches gleichsam institutionalisiert zu haben. Versuche, zu einem gültigen Urteil über Theodosius zu gelangen, werden insbesondere dadurch erschwert, daß der Kaiser keine Schriften hinterlassen hat und selbst in seinem Namen ergangene Gesetze nur in begrenztem Maße als persönliche Aussage zu werten sind.

Geboren wurde Flavius Theodosius am 11. 1. 347 zu Cauca (heute Coca) in Nordwestspanien als Sohn des schließlich in den höchsten Generalsrang aufgestiegenen Großgrundbesitzers Theodosius. Wie die Eltern scheinen bereits die Großeltern väterlicherseits Christen gewesen zu sein. Über den Bildungsgang des in seiner Heimat aufgewachsenen Theodosius erfahren wir nichts, doch wie die später sichtbar werdende geistige Aufgeschlossenheit zeigt, dürfte ihm die für die soziale Oberschicht übliche Ausbildung zuteil geworden sein. Von 368 an finden wir Theodosius im Gefolge seines Vaters auf Feldzügen gegen Briten, Alamannen und Sarmaten. 373/74 bewährte er sich als Militärbefehlshaber (dux) in der Moesia I. Als sein Vater des Hochverrates verdächtigt und hingerichtet wurde (Anfang 376), zog sich Theodosius auf seine spanischen Besitzungen zurück und heiratete die aus dem spanischen Provinzialadel stammende Aelia Flacilla (gest. 386). Aus dieser Ehe stammen Arcadius (geb. 377) und Honorius (geb. 384). Schon im Sommer 378 endete das Leben als Privatmann: Nachdem am 9. 8. 378 die Goten und andere Barbaren unter Fritigern die oströmische Armee bei Adrianopel (Edirne/Türkei) vernichtend geschlagen hatten und dabei auch Valens, der Kaiser des Ostens, ums Leben gekommen war, ernannte Kaiser Gratian Theodosius zum magister militum und erhob ihn dann am 19. 1. 379 in Sirmium (Mitrovica, Save) zum Mitregenten.

Als Theodosius die Regierung antrat und ihm als Herrschaftsbezirk die »praefectura Orientis« einschließlich der in den letzten Jahren heimgesuchten Balkanprovinzen zugewiesen wurden, amtierten neben ihm als dienstältere Augusti der erst 19jährige Gratian (seit 367) und dessen 8jähriger Halbbruder Valentinian (seit 375). Ebenso wie man mithin nicht übersehen darf, daß Theodosius bis 388 nur in einem Teil des Reiches die höchste Verantwortung trug, muß man sich vergegenwärtigen, daß Theodosius nicht aus religionspolitischen Erwägungen heraus zum Augustus erhoben wurde, sondern weil man ihm als erfahrenen Soldaten die Säuberung vom Feind überfluteter Provinzen und den Wiederaufbau der Reichsverteidigung im Balkanraum zutraute. So war denn auch Theodosius, ungeachtet der im Zentrum dieses Artikels stehenden religionspolitischen Aktivitäten, zunächst vorwiegend damit beschäftigt, sich mit den Barbaren auseinanderzusetzen und die in ihrer Disziplin stark angeschlagene Armee des Ostens wieder aufzubauen. Mangelnde Wehrbereitschaft und Bindung vieler Bürger an andere Stände, ließen Theodosius bei der Rekrutierung in hohem Maße auf barbarische Überläufer zurückgreifen. Allerdings war die personelle Unterwanderung der Armee durch Fremde, bis hin zur Generalität, bereits 379 sehr weit gediehen. Als Theodosius am 24. November 380 endlich triumphierend in seine Hauptstadt Konstantinopel einziehen konnte, hatte er zwar eine Stabilisierung der Lage erreicht, zugleich aber erkannt, daß es im Augenblick nicht möglich war, die Barbaren wieder aus dem Reichsgebiet zu vertreiben. Es galt, nach Möglichkeiten der Koexistenz zu suchen. Daraus resultiert unter anderem ein im Oktober 382 mit dem Gros der Westgoten abgeschlossener Bündnisvertrag (foedus). Den Goten, die sich zur Waffenhilfe verpflichteten, wurde Siedlungsland zwischen der unteren Donau und dem Balkangebirge zugewiesen. Neuartig war an diesem Vertrag, daß ein in geschlossenem Verband auf Reichsboden angesiedeltes Volk seine Autonomie behielt. Theodosius mochte hoffen, daß die neuen Föderaten ähnlich integriert würden, wie eine seit ca. 350 bei Nicopolis in Mösien siedelnde Gotengruppe unter Bischof Ulfila (Wulfila). Das mit der durchaus berechtigten Erwartung auf Stärkung der römischen Wehrkraft und auf Rekultivierung verödeter Landstriche 382 praktizierte Verfahren wurde unter Theodosius jedoch nicht allgemein üblich. Der Kaiser, unter dessen Regierung das Reich keine Gebietsverluste hinnehmen mußte, ergriff vielmehr energische Maßnahmen gegen das Eindringen weiterer Germanen und wahrte stets den römischen Superioritätsanspruch.

Noch im Herbst 382 zeichnete sich auch eine Lösung des Konfliktes mit Persien um Armenien ab. Mitten freilich in der Phase der Stabilisierung des Ostens und zugleich intensivster Bemühungen um die Einheit des Glaubens der Untertanen (dazu S. 80f.) entstand erneut eine große Gefahr: Anfang 383 hatten die Truppen in Britannien ihren Kommandeur Maximus zum Kaiser erhoben. Gratian mußte vor dem auf das Festland übergesetzten Usurpator fliehen und kam am 28. 8. ums Leben. Wenig später war Maximus Herr über Britannien, Gallien (einschließlich der germanischen Provinzen) und Spanien. Da sich weder der zunächst betroffene Valentinian noch Theodosius stark genug fühlten, mußten sie Maximus anerkennen. Als dieser 387 Valentinian auch noch aus Italien vertrieb, griff Theodosius entschlossen ein und besiegte 388 Maximus rasch. Theodosius, der zwar Valentinian das Gesetzgebungsrecht in der gallischen Praefektur (Britannien, Spanien, Gallien) beließ, war nun de facto Herr des ganzen Reiches. Etwa 3 Jahre blieb er im Westen, residierte meist in Mailand (vgl. S. 81f.), erwies aber auch Rom durch einen längeren Besuch (389) seine Reverenz. 391 nach Konstantinopel zurückgekehrt, mußte Theodosius 394 nochmals einen Bürgerkrieg führen: nach dem Tod (Mord? Selbstmord?) Valentinians II. hatte der von Theodosius für loyal gehaltene Heermeister Arbogast (germ. Herkunft) den Rhetor Eugenius zum Augustus erheben lassen. Als sich der zunächst um Anerkennung des Theodosius bemühte Eugenius auch noch Italiens bemächtigte (393), blieb Theodosius nur noch der Krieg. Beim Aufbruch aus Konstantinopel (Mai 394) vertraute er dem 383 zum Augustus erhobenen Arcadius den Osten an. Maßgeblicher Berater wurde der aus Spanien stammende Praetorianerpraefekt Rufinus. Am 5./6. September schlug Theodosius den Feind am Frigidus unweit der Straße von Emona (Laibach) nach Aquileia.

Der von den Strapazen des Feldzuges erkrankte Kaiser begab sich nach Mailand, präsentierte dort seinen Sohn Honorius als Augustus des Westens. Überraschend starb der schnell genesende Kaiser schon am 17. 1. 395. Theodosius, der auch nach dem Sieg am Frigidus an dem seit über 100 Jahren verankerten Prinzip der Regierung des Reiches durch mehrere Augusti festhielt, vertraute auf dem Sterbelager dem nun zum Generalissimus erhobenen, mit Theodosius' Nichte Serena verheirateten Stilicho die Fürsorge über beide Herrscher an. Aus der bei der Trauerfeier vor Hofstaat und Heer am 25. 2. 395 von Ambrosius gehaltenen Leichenrede geht hervor, daß man die Nachfolge für aufs beste geregelt hielt und es anders als für moderne Betrachter keinen Zweifel am Fortbestand der Einheit des Reiches gab. Ungeachtet der noch 395 zwischen Ost und West ausgebrochenen Streitigkeiten stellte um 420 der wie Theodosius aus Spanien stammende Orosius fest, daß das von den Nachkommen des Theodosius regierte Reich zwar von zwei Regierungssitzen aus gelenkt werde, es aber doch eine Einheit bilde (7,36,1). Wohin man auch komme, bestehe ein Vaterland, ein Gesetz, eine Religion (5,2,1).

Mit den für die Zeit um 420 illusionistisch anmutenden, von Orosius freilich als real betrachteten Gedanken, besitzen wir einen Schlüssel gleichsam für das Verständnis der auch vor dem Hintergrund der soeben skizzierten Entwicklung zu sehenden kaiserlichen Religionspolitik. Theodosius war der erste römische Kaiser, der sich bei seinem Regierungsantritt nicht mehr den Titel eines »pontifex maximus«, des obersten Priesters der altrömischen Staatsreligion, verleihen ließ. Soweit registriert, dürfte dieser Schritt ein Signal gewesen sein für alle »Heiden«, d. h. die immer noch einen erheblichen Teil der Reichsbewohner ausmachenden Anhänger der zahlreichen, untereinander nur wenig in Verbindung stehenden nichtchristlichen Religionsgemeinschaften und Philosophenschulen. Der Annahme, daß Theodosius bewußt auf den Titel des »pontifex maximus« verzichtete, scheint zu widersprechen, daß der Kaiser zunächst nur behutsam gegen die Heiden vorging. 381 erließ er zwar ein (385 erneuertes) Verbot von Opfern zum Zweck der Zukunftsbefragung und brandmarkte er den Rückfall ins Heidentum (Apostasie) als verabscheuungswürdiges Verbrechen, doch finden wir bis etwa 390 etliche Nichtchristen in führenden Positionen am Hof bzw. in der Armee des Theodosius, konnte es noch im Jahre 387 der heidnische Rhetor Libanius aus Antiochia wagen, gegen antiheidnische Ausschreitungen – speziell radikaler Mönche – zu protestieren (or. 30). Wenn Theodosius sich beim Vorgehen gegen Heiden zurückhielt, dann resultierte dies nicht aus religiöser Lauheit, sondern aus Rücksichtnahme auf die mehrheitlich heidnische Armee, aber auch auf die vielen Heiden in der durch ihren Reichtum und ihr soziales Prestige immer noch mächtigen Senatsaristokratie, besonders im Westen.

Ein anderer Aspekt für Theodosius war vermutlich, daß es ihm auch im Blick auf Bekämpfung der Heiden wichtiger schien, zunächst einmal Einheit und Frieden unter den Christen herzustellen. Die nach dem das Bekenntnis für alle Christen des Reiches festlegenden Konzil von Nicaea (325) oft mit Erbitterung ausgetragenen Kämpfe um Bekenntnisformeln, aber auch die Besetzung von Bischofsstühlen und das wankelmütige Verhalten so mancher Bischöfe bildeten mit anderen Übelständen eine schwere Hypothek. Gewiß folgten um 379 die Christen des Westens, mit Ausnahmen hauptsächlich in Nordafrika und Illyricum, weitgehend dem 325 festgelegten Bekenntnis und zeigte sich auf einer, 379 unter dem Ortsbischof Miletius in Antiochia abgehaltenen Synode, daß auch im Osten weithin Bereitschaft bestand, dem Nicaenum zu folgen. Gerade aber im Osten gab es, ungeachtet des Wirkens so großer Theologen wie Athanasius,

Basilius dem Großen, Gregors von Nyssa oder Gregors von Nazianz, immer noch eine Vielzahl vom Nicaenum abweichender Lehrmeinungen. Noch immer existierte ungeachtet gar mancher Versuche, Häresien – Abweichungen vom »rechten« Glauben – zu bekämpfen, keine eindeutige Definition der Häresie.

Wie ernst es Theodosius mit dem christlichen Glauben und dem Bemühen um die Einheit der Christen war, zeigt sein erster spektakulärer Schritt auf dem Feld der Religionspolitik, ein am 27. 2. 380 in Thessalonike erlassenes, an die Bevölkerung von Konstantinopel gerichtetes, aber doch für alle (zumindest die christlichen) Reichsbewohner verbindlich gedachtes Edikt (Codex Theodosianus XVI/1). In dem noch von Kaiser Justinian an die Spitze seiner Gesetzessammlung gestellten und damit weiterhin als richtungsweisend angesehenen Gesetz heißt es: »Alle Völker, welche unserer gnädigen Milde Leitung regiert, sollen, das ist unser Wille, in dem Glaubensbekenntnis verharren, welches der göttliche Apostel Petrus, wie bis heute der von ihm verkündete Glaube dartut, den Römern überliefert hat, und dem sichtbar der Pontifex Damasus folgt und Petrus, der Bischof von Alexandria, ein Mann von apostolischer Heiligkeit; das heißt, daß wir glauben nach der apostolischen Unterweisung und der evangelischen Lehre an des Vaters, des Sohnes und des Heiligen Geistes eine Gottheit in gleichartiger Majestät und in frommer Dreifaltigkeit. Die diesem Gesetz folgen, sollen, so gebieten wir, die Bezeichnung katholische Christen beanspruchen, die anderen aber, nach unserem Urteil Unsinnige und Verrückte, sollen die schimpfliche Ehrenminderung der Häresie erleiden, und ihre Konventikel sollen nicht die Bezeichnung von Kirchen führen. Sie sollen fürs erste durch ein göttliches Gericht, dann aber auch durch Ahndung unseres richterlichen Einschreitens, das wir, gestützt auf des Himmels Ermessen, treffen werden, bestraft werden.«

Das Edikt wurde von Theodosius erlassen vor seiner im Sommer oder Herbst 380 nach schwerer Krankheit durch Bischof Acholius von Thessalonike erfolgten Taufe. Entgegen allen Vermutungen über ihn beratende Bischöfe, wie Acholius oder Meletius v. Antiochia, spricht alles dafür, daß der Kaiser, über dessen theologische Bildung oder kirchliche Beziehungen vor 379 nichts bekannt ist, diese grundsätzliche Entscheidung in Glaubensfragen von sich aus und ohne Konsultation kirchlicher Stellen fällte. Der Kaiser beruft sich zwar auf den Apostel Petrus sowie auf die Bischöfe Damasus von Rom (366–384) und Petrus von Alexandria (373–381) als Autoritäten, jedoch er allein entscheidet, was der apostolischen Unterweisung und der evangelischen Lehre gemäß ist, er definiert, wer als Katholik und wer als Häretiker zu gelten hat. Gewiß hatten schon frühere Kaiser in Fragen des Glaubens ihren Willen durchzusetzen versucht, doch selbst Constantius II. (337–361) hatte sich formal an den Grundsatz gehalten, daß dogmatische Entscheidungen auf einem Konzil zu treffen seien. Mit der Konstitution von 380 war nichts geringeres als das Prinzip des Glaubenszwanges verkündet, und dennoch ist nichts von Protesten dagegen bekannt. Dies wird ohne weiteres verständlich, wenn man sich von modernen Vorstellungen löst

und bedenkt, daß Theodosius für seine Untertanen, einschließlich der christlichen Geistlichkeit, Kaiser von Gottes Gnaden war, er als Stellvertreter Gottes handelte und er den Erlaß des Ediktes im Rahmen seiner Verpflichtung, den wahren Glauben zu schützen, sehen durfte.
Der zunächst durch Maßnahmen zur Reichsverteidigung und Krankheit behinderte Kaiser zeigte sich von seinem Einzug in Konstantinopel (24. 11. 380) an entschlossen, seinen Vorstellungen Nachdruck zu verleihen: Er vertrieb aus der Hauptstadt den arianischen Bischof Demophilos und ließ ihn durch Gregor von Nazianz, das Haupt der Nicaener, ersetzen. Am 11. 1. 381 schärfte Theodosius in einem Edikt gegen die Häretiker, das im Februar 380 verbindlich gemachte, nunmehr ausdrücklich als »Nicaena fides« bezeichnete Bekenntnis ein. Ungefähr gleichzeitig verschickte der Kaiser, der offenbar die Zustimmung möglichst vieler Bischöfe zu seiner 380 getroffenen Entscheidung für wichtig hielt, Einladungen zu einem Konzil nach Konstantinopel. Theodosius, der unseres Wissens auch zu diesem Schritt von keiner Seite gedrängt wurde, hatte sich vielleicht mit seinem Mitkaiser Gratian abgesprochen. Das als Versammlung der Bischöfe des Ostens geplante, seit 451 jedoch als ökumenisch geltende Konzil trat im Mai 381 zusammen. Theologisch folgenreichstes Ergebnis des am 9. 7. 381 feierlich abgeschlossenen Konzils war das in Kanon 1 formulierte Bekenntnis, das zwar nicht im Wortlaut, jedoch dem Sinne nach ganz den kaiserlichen Erlassen vom 27. 2. 380 bzw. 10. 1. 381 entspricht und das heute noch (ungeachtet aller Diskussionen über Herkunft und endgültige Formulierung des Textes) als Symbolum Nicaeno-Constantinopolitanum im Gebrauch der Christenheit ist. Wie die Väter des Konzils im Schlußschreiben an den Kaiser betonen, wurde an dem 325 in Nicaea formulierten Bekenntnis nichts geändert, erhielt lediglich der 3. Artikel, der die Lehre vom heiligen Geist enthält, eine präzisere Fassung. Eine amtliche Bestätigung des Konzilsergebnisses gleichsam ist ein kaiserlicher Erlaß vom 30. 7. 381 (Codex Theodosianus 16,1,3), wonach alle Kirchen den Bischöfen zu übergeben seien, die sich zu der einen Majestät von Gott Vater, Sohn und Heiligem Geist bekennen. Man kann natürlich darüber rechten, inwieweit der an den Konzilsberatungen selbst nicht teilnehmende Kaiser Anteil am Ergebnis des Konzils hat, doch abgesehen davon, daß der Kaiser das Konzil einberufen hat und die theologisch bedeutsamste Entscheidung dem von ihm kundgetanen Willen entspricht, wird noch in Kanon 3 (nur die ersten 4 der überlieferten Kanones sind als echt anzusehen) unterstrichen, wie stark der Kaiser das Konzil lenkte bzw. die Väter seinen Intentionen entsprachen: der Bischof der erstmals als Neues Rom bezeichneten Hauptstadt Konstantinopel sollte künftig den Ehrenrang unmittelbar nach dem Bischof von Rom einnehmen.
Obwohl man besonders wegen des, später oft als eine Wurzel der Kirchenspaltung zwischen West und Ost beurteilten, Kanons 3 im Westen nur kühl reagierte und man auf dem durch Ambrosius von Mailand beherrschten Konzil von Aquileia (September 381) die Beschlüsse von Konstantinopel ignorierte, so

Theodosius,
um 380

Constantinopolis
mit Globus
und Szepter

erhob sich doch kein Widerspruch gegen das dort formulierte Bekenntnis. Vermutlich vom Kaiser dazu angehalten, lehnte eine Versammlung östlicher Bischöfe in Konstantinopel 382 eine Einladung zu einem allgemeinen Konzil nach Rom ab, entsandte aber eine Delegation, die das Bekenntnis von 381 darlegen sollte. Theodosius, dem spätestens 382 klar geworden war, wie schwer die Bekenntniseinheit zu erreichen war, berief zum Juni 383 ein weiteres Konzil nach Konstantinopel, vor allem auch, weil er dem dann vor Konzilsbeginn verstorbenen Gotenbischof Ulfila eine erneute Diskussion über Glaubensfragen versprochen hatte. Als es zu heftigem Streit kam, ließ sich Theodosius die verschiedenen Bekenntnisse vorlegen und erkannte nur das die Formel von 381 bietende Bekenntnis des Nectarius von Konstantinopel sowie das die Wesensgleichheit ebenfalls enthaltende Bekenntnis des Novatianers Agelius an. Alle anderen Formeln wurden als häretisch verurteilt.
Die Bischöfe des Ostens respektierten also auf den Konzilien 381, 382 und 383 die Autorität des Kaisers in Glaubensfragen und ließen sich die Lenkung durch ihn gefallen. Dies gilt auch für die am Edikt von 380 ausgerichtete Gesetzgebung gegen die Häretiker. Die aus der Zeit bis 384 überlieferten Gesetze (Cod. Theod. 16,1,2f.; 5,6ff.) zeigen, daß der Kaiser zwar entschieden vorging, es aber offenbar mit Rücksicht auf Vermeidung übermäßiger Spannungen nicht darauf anlegte, seine Intentionen mit aller Gewalt durchzusetzen. Schwerpunkt der Maßnahmen lag darauf, die Häretiker vom Gottesdienst auszuschließen und ihre eigenen Zusammenkünfte zu verbieten. Konsequent war es dabei nur, den Häretikern Kultgebäude zu nehmen und Neubauten zu verbieten. Wenn dann zwischen dem 21. 1. 384 und dem 10. 3. 388 Gesetze gegen die Häretiker fehlen, so lag dies wohl zum einen daran, daß man die eingeleiteten Maßnahmen für ausreichend hielt und man auf einen allmählichen Zerfall der häretischen Gruppen hoffen durfte, zum anderen aber an der mit der Usurpation des Maximus entstandenen Krise. Leider wissen wir auch bei der antihäretischen Gesetzgebung nicht, wer den Kaiser dabei beriet und welche kaiserliche Behörde (das Amt des Magister officiorum?) dafür besonders zuständig war.
Wie sehr es Theodosius bei seinem Engagement vornehmlich um die Bekenntniseinheit ging, erhellt daraus, daß wir, abgesehen vom Streit um den Bischofsstuhl von Antiochia, wo Theodosius dem seit 381 von ihm begünstigten Flavianus zum Sieg verhalf, nichts von Einmischung des Theodosius in innerkirchliche Fragen erfahren. Umgekehrt sprechen keine Anzeichen dafür, daß Bischöfe oder Kleriker des Ostens in rein politischen Fragen größeren Einfluß auf den Kaiser zu nehmen suchten. Soweit wir dies fassen können, scheint es sich von 388 an im allgemeinen ganz ähnlich auch mit den Beziehungen zwischen Theodosius und den Bischöfen des Westens verhalten zu haben. Mit Blick auf Ambrosius von Mailand wird dies gelegentlich übersehen. Ambrosius, seit 374 Bischof von Mailand, hatte sich nicht nur im kirchlichen Bereich eine überragende Position verschafft, sondern auch umfassenden Einfluß auf die Kaiser Gratian und

Valentinian I. gewonnen. Hatte Theodosius von 381 an zu spüren bekommen, daß Ambrosius nicht gewillt war, kaiserliche Autorität auch in Glaubensfragen hinzunehmen, so mußte Ambrosius zur Kenntnis nehmen, daß der von ihm als fromm anerkannte Kaiser aus anderem Holz als Gratian oder Valentinian geschnitzt war. Zu einem ersten harten Konflikt kam es im Winter 388/89, also bald nach Ankunft des Theodosius im Westen. Er hatte den Bischof von Callinicum am Euphrat und etliche Mönche gemaßregelt, weil sie Bürger von Callinicum zur Zerstörung der Synagoge angetrieben bzw. das Heiligtum einer gnostischen Sekte niedergebrannt hatten. Ambrosius, davon ausgehend, daß er in solchen Fragen als Bischof mitzusprechen habe, forderte vom Kaiser Widerruf der Maßnahmen und weigerte sich, das Meßopfer in Gegenwart des Kaisers darzubringen, bevor ihn dieser anhöre. Da der Kaiser fromm war und er sich gerade jetzt keinen Konflikt mit dem im Westen hoch angesehenen Ambrosius leisten konnte, stellte er das Verfahren gegen Bischof und Mönche ein. Freilich zog der Kaiser nun nicht, wie ihm Ambrosius vorgeschlagen hatte, verstärkt geistliche Berater zur Regierung heran, sondern gebot im Gegenteil, Beschlüsse seines obersten Beratungsgremiums künftig vor Ambrosius geheimzuhalten. Ferner hielt der Kaiser, ungeachtet der Ausbreitung antijüdischer Regungen – die damals außer bei Ambrosius z. B. auch in Predigten des Johannes Chrysostomus (in Antiochia) zum Ausdruck kamen – weiterhin an seiner Schutzpolitik gegenüber den Juden fest.

Widersprüchliche und in ihren Konsequenzen für die Entwicklung des Verhältnisses zwischen Staat und Kirche weitreichende Deutungen erfuhr vor allem der zweite herausragende Konfliktfall zwischen Theodosius und Ambrosius: Nach Verhaftung eines populären Zirkuskutschers gab es 390 in Thessalonike einen Aufruhr, in dessen Verlauf der Militärbefehlshaber von Illyricum, der Gote Butherich, erschlagen wurde. Aufgrund eines brutalen, zu spät widerrufenen kaiserlichen Befehls kam es zu einem Blutbad unter der Bevölkerung von Thessalonike. Ambrosius forderte in einem Brief (ep. 51) den Kaiser alsbald auf, sich von seiner Sünde zu reinigen und teilte ihm zugleich mit, daß er dann wieder das Meßopfer in seiner Gegenwart darbringen könne. Ambrosius, der dem Kaiser in diesem Brief deutlich sagt, daß er sich innerhalb und nicht über der Kirche befände, erkennt aber auch jetzt dem Kaiser eine Sonderstellung zu und lobt ihn als Vorbild der Frömmigkeit. Erst nach längerer Zeit, in der er u. a. Gesetze erließ, in welchen er materielle Interessen des Staates gegenüber dem Klerus zu wahren suchte (vgl. S. 84) und die u. a. auch in Callinicum als Unruhestifter auftretenden Mönche in ihre Einöde verwies, lenkte der selbstbewußte Kaiser ein. Er leistete an Weihnachten 390 in Mailand vor allem Volk in der Kirche Buße und wurde daraufhin von Ambrosius wieder zur Kommunion zugelassen. Man bezeichnete gelegentlich den Bußakt von Mailand als Wendepunkt in der Kirchengeschichte, als Sieg der Kirche über den Staat, das Resultat einer zunehmenden Schwäche der kaiserlichen Gewalt im Westen des Reiches,

als Anfangspunkt einer Entwicklung, die hinführte zum Gang Heinrichs IV. nach Canossa. Überwiegend nimmt man jetzt mit W. Enßlin an, daß das Geschehen von 390 keinen Sieg der Kirche über den Kaiser, sondern der Bußgewalt über den reuigen Sünder darstellte. Ohne die weltliche Autorität geschmälert zu sehen, werteten die Zeitgenossen das Verhalten des Kaisers positiv. Nichts deutete darauf hin, daß Theodosius, der nun, wie sich rasch zeigen sollte, in Ambrosius einen Freund gewonnen hatte, sich durch den Bischof bevormunden ließ. Nicht vom Bußakt des Jahres 390, sondern erst aus der durch die Schwäche der Nachfolger des Theodosius geförderten, schon bei Theodoret vorliegenden Legendenbildung darüber konnten in späteren Jahrhunderten Ansprüche auf die Überordnung der Kirche über die weltliche Gewalt hergeleitet werden.
Das Geschehen von 390 könnte Theodosius mit dazu bestimmt haben, in Konsequenz seiner seit 379 betriebenen Religionspolitik nun auch stärker gegen die Heiden vorzugehen. Nachdem vermutlich Anfang des Jahres 391 der für dieses Jahr zum Consul ernannte Heide Q. Aurelius Symmachus gegenüber Theodosius die 384 in Mailand vorgetragene und vor allem durch Intervention des Ambrosius abgelehnte Bitte des Senates um Wiederaufstellung des Victoriaaltares und Zahlung der Subsidien für die alten Kulte vergeblich wiederholt hatte, erließ Theodosius am 24. 2. 391 von Mailand aus eine Verfügung, wonach der Besuch von Tempeln und Opfer streng verboten sein sollten. Nach weiteren heidenfeindlichen Aktionen verbot dann Theodosius am 8. 11. 392 alle Arten von Götterkult für jedermann und an jedem Ort. Dabei wurden die Behörden der verschiedenen Verwaltungsebenen zur strengen Durchführung des Erlasses ermahnt. Der heidenfeindliche Kurs seit 391 war ausschlaggebend dafür, daß der nach dem Tod Valentinians II. als Marionette des Heermeisters Arbogast (fränkischer Herkunft) fungierende, bei der Machtausdehnung nach Italien selbst von Ambrosius anerkannte Gegenkaiser Eugenius Unterstützung bei der heidnischen Senatsaristokratie fand. So wird es verständlich, wenn der nach der Besetzung Italiens durch Eugenius von Theodosius um die Rückgewinnung des Westens aufgenommene und am 5./6. 9. 394 mit der Schlacht am Frigidus siegreich beendete Kampf schon von den Zeitgenossen als Entscheidungskampf zwischen Christen und Heiden angesehen wurde. Theodosius, der nach der Überlieferung vor dem Aufbruch zum Krieg wie schon 388 den Einsiedler Johannes befragen ließ und sich auf die Entscheidung durch Beten vorbereitet hatte, zeigte nach dem Sieg Milde gegenüber den Gegnern und ergriff keine weiteren Maßnahmen gegen die Heiden. Bei diesem Vorgehen war sicher die Erkenntnis von Bedeutung, daß es in der für das Reich bedrohlichen Situation galt, die im Bürgerkrieg aufgetretenen Gegensätze rasch zu überwinden, aber auch aus Rücksicht auf die Aristokratie, der er sich stets verbunden gezeigt hatte.
Von der religiösen Einstellung des Kaisers her mochten sich kirchliche Kreise alsbald auch neue Privilegien erhoffen. In der Tat gewährte Theodosius unter

Beibehaltung bereits bestehender Vergünstigungen etwa im Jahre 390 (wie schon vorher Gratian) den Klerikern zugleich mit den höheren Beamten und anderen Privilegierten Befreiung von den munera sordida, persönlichen Dienstleistungen für den Staat. Ferner etwa brauchten die Bischöfe nicht mehr als Zeugen vor Gericht zu erscheinen und wurden Presbyter als Zeugen von etwaigen peinlichen Verfahren ausgenommen. 384 schärfte Theodosius einen 382 ergangenen Konzilsbeschluß ein, wonach Streitigkeiten unter Klerikern und Prozesse wegen ihrer kirchlichen Vergehen nicht vor das weltliche, sondern vor das bischöfliche Gericht gehörten. Bei materiellen Zuwendungen an die Geistlichkeit zeigte sich Theodosius, der weder beim Kirchenbau noch bei Stiftungen an die Kirchen besonders hervortrat, allerdings sehr zurückhaltend und bemühte sich hier offenkundig, das Interesse der Allgemeinheit zu wahren: So mußten Ratsherren (Kuriale), die – häufig um den schweren materiellen Belastungen ihres Amtes zu entgehen – in den Klerus eintreten wollten, zugunsten der Gemeinde auf ihr Vermögen verzichten bzw. einen Ersatzmann für den Gemeinderat stellen. Witwen mit Kindern konnten erst im Alter von 60 Jahren Diakonissen werden und mußten den Besitz den Kindern überlassen. Schließlich sei erwähnt, daß Bischöfe und Kleriker, die Steuerschuldnern Asyl gewährten, für die Schuld aufkommen sollten. Mit Energie wandte sich Theodosius auch gegen Versuche von Geistlichen, durch Intervention die Urteilsvollstreckung für schwere Verbrechen zu verhindern. Vom Bestreben, kirchliche Kreise die staatliche Autorität fühlen zu lassen, zeugt etwa auch das Vorgehen gegen die Mönche 388/90 (vgl. S. 82). Vielleicht war der Kaiser auch deswegen gegenüber den Mönchen zurückhaltend, weil er erkannte, daß der mit Ausbreitung des Mönchtums einhergehende Drang zur Weltflucht für Staat und Gesellschaft mancherlei Probleme aufwarf.

Insgesamt, so mochte es scheinen, gingen die Anhänger des Katholischen Glaubens in Ost und West aus der Regierungszeit des Theodosius gestärkt hervor. Doch nur zu bald sollte sich zeigen, wie berechtigt es war, daß sich der fromme Monarch noch im Sterben um die Kirche sorgte. Nicht nur gab es weiterhin Häretiker und Heiden zu bekämpfen oder nur als Mitläufer zu zählende Katholiken im Glauben zu festigen, sondern es bedurfte vor allem im Osten auch einer starken Hand, um Rivalitäten unter den Großen der Orthodoxie, wie den Bischöfen von Konstantinopel, Antiochia, Alexandria und Jerusalem auszuschalten oder doch in einem für den Staat erträglichen Rahmen zu halten. Mehr denn je seit Konstantin war ja mit durch das Wirken des Theodosius die Kirchenpolitik zu einem zentralen Anliegen der Innenpolitik geworden und hing innerer Frieden vom Frieden unter den führenden Kirchenmännern ab. So gesehen könnte man von der Entwicklung des 5. u. 6. Jahrhunderts her sagen, daß Theodosius, wie z. B. in der Politik gegenüber den Germanen oder im sozialen Bereich, auch in der Religionspolitik Ziele verfehlte und Probleme nicht erkannte oder unfähig war, sie zu lösen.

Da nun bereits Augustinus Theodosius als das Musterbild eines christlichen Kaisers hinstellte und sich später Huldreich Zwingli auf Theodosius als Vorbild für die Schöpfung der Staatskirche berief, hat in neuerer Zeit wieder H. Dörries dem Theodosius die Verantwortung vor der Geschichte für die Begründung des unduldsamen Staatskirchentums zugewiesen. Dörries stellt die kritische Toleranz Konstantins und die Intoleranz des Theodosius gegenüber. Nicht seit Konstantin, sondern erst seit Theodosius hätten sich die Bereiche von Staat und Kirche gedeckt. Man wird Dörries zugeben, daß Konstantin zwar die Hinwendung der Untertanen zum christlichen Glauben gewünscht hat, er aber im Gegensatz zu Theodosius »den letzten Schritt, den der Nachhilfe mit staatlicher Macht, vermieden« hat. Meiner Ansicht nach ließ sich Dörries bei seiner Beurteilung zu sehr von modernen Denkvorstellungen leiten und wurde er auch der seit 324 eingetretenen Entwicklung nicht ganz gerecht. Zwischen 324 und 380 liegen u. a. das Konzil von Nicaea, die fast selbstmörderischen Richtungskämpfe innerhalb des Christentums, die Versuche eines Constantius und eines Valens, die Christenheit gewaltsam zu einen, das rasche Fortschreiten des Selbstauflösungsprozesses »heidnischer Religionen« und die ersten Verbote gegen Kultinstitutionen des Heidentums. Erst nach 337 stellte sich auch die Frage, ob es nicht notwendig sei, vom Staat her die Bekenntniseinheit der Christen herbeizuführen, um zu vermeiden, daß das Christentum anstatt eines die Einheit des Reiches fördernden Faktors zum innenpolitischen Spaltpilz wurde.

Da es dem Historiker nicht ansteht, der Frage nachzugehen, ob Konstantin bei veränderter Situation nicht die gleiche Konsequenz aus seiner bisherigen Politik gezogen hätte wie Theodosius, möchte ich abschließend lieber unterstreichen, daß man die in erster Linie vom Geist des ausgehenden 4. Jahrhunderts her zu bewertende Religionspolitik des Theodosius nicht einseitig von dem Edikt der Jahre 380 und 381 her sehen darf: Gewiß hat Theodosius gerade in seinen ersten Jahren autoritäre Entscheidungen in Glaubensfragen getroffen; jedoch er hat selbst im Osten darauf verzichtet, eine straff vom Kaiser her gelenkte und ihm als Machtinstrument dienende Reichskirche einzurichten. Ziel der Kirchen- und Religionspolitik des Theodosius war nicht eine derartige Reichskirche, sondern Einheit zunächst der Christen und dann der gesamten Reichsbevölkerung im Nicänischen Glauben. Theodosius hat sein von seiner Frömmigkeit, aber auch von seinem Willen, die Einheit des Reiches zu stärken und zu mehren, bestimmtes Ziel stets im Auge behalten. Er arbeitete dabei gewiß auch mit dem Mittel der Einschüchterung der Nichtkatholiken, aber er hat die Gegner des Nicaenums weder ständig noch mit allen aus seinen Gesetzen zu ziehenden Konsequenzen verfolgen lassen. Dies ist nicht Ausdruck einer schwächlichen Regierungsautorität, sondern Folge davon, daß der Kaiser mit Blick auf die politische Wirklichkeit bewußt darauf verzichtet hat, das 380 deutlich markierte Ziel auf Biegen und Brechen erreichen zu wollen. Theodosius, der versucht hat, mit seiner Religionspolitik das Zusammengehörigkeitsgefühl der Untertanen zu stärken und die Kirche als staatsbejahenden Partner zu gewinnen, sah im Gegensatz zu manchen Scharfmachern aus den Reihen der Kirche den staatlichen Zwang nur als einen allerletzten Ausweg an. Der so manchmal seine Milde unter Beweis stellende Herrscher hoffte vielmehr, daß die Untertanen mit Hilfe Gottes selbst den Weg zum richtigen Glauben finden würden. Als Leitmotiv für die Religionspolitik wenigstens könnte das Wort gegolten haben, das Ambrosius noch am Sterbelager des Kaisers gehört haben will und als prägend für das gesamte Wirken des Kaisers sah: »dilexi« – ich habe geliebt, gesprochen nach Ambrosius im sicheren Glauben und der damit verbundenen Heilsgewißheit.

Quellen

Ambrosius, De obitu Valentiniani. De ob. Theodosii. Hg. von Faller. Wien 1955 (CSEL 73, Übers. in BKV 17; vgl. ferner ep. 17, 18, 40, 41, 51 u. a.).

Codex Theodosianus. Hg. von Th. Mommsen – Th. Krüger. 12. Aufl. Berlin 1959.

Libanius, Briefe u. Reden. Hg. von F. Förster – E. Richtsteig. Leipzig 1903 ff.

Orosius, Hist. Libri VII adv. Paganos. Hg. von C. Zangemeister. Wien 1882 (CSEL 5). Mit ital. Übers. u. Komm. hg. von A. Lippold. Mailand 1976.

Pacatus, Rede von 389. In: Panegyrici Latini. Hg. von Galletier. Paris 1955.

Ps. Aur. Victor, Epit. de Caesaribus. Hg. von F. Pichlmayr-Gruendel. Leipzig 1961.

Theodoret, Kirchengeschichte. Hg. von Parmentier-Scheidweiler. 2. Aufl. Berlin 1954 (deutsch in BKV 51).

Zosimos, Römische Geschichte (mit franz. Übers. und Kommentar). Hg. von F. Paschoud. Bd. Paris 1971.

Darstellungen

Enßlin, W.: Die Religionspolitik Kaiser Theodosius d. Gr. München 1953.

Holum, K. G.: The Theodosian Empresses. Berkeley 1982.

Jedin, H. (Hg.): Handbuch der Kirchengeschichte. Bd. 2,1, Freiburg 1973.

Jones, A. G. M.: The later Roman Empire. Oxford 1964.

King, N. Q.: The Emperor Theodosius and the Establishment of Christianity. London 1961.

Lippold, A.: Theodosius der Große und seine Zeit. 2. Aufl. München 1980.

Lippold, A.: Art. Theodosius I. In: Paulys Real-Enzyklopädie der classischen Altertumswissenschaft, Suppl. 13 (Stuttgart 1973), 837–961.

Piganiol, A.: L'Empire Chretien. 2. Aufl. Paris 1972.

Stein, E.: Geschichte des spätrömischen Reiches. Wien 1928 (französisch 1959).

Tinnefeld, F.: Die frühbyzantinische Gesellschaft. München 1977.

Volbach, W. F. – Hirmer, H.: Frühchristliche Kunst. München 1958.

Wolfram, H.: Die Geschichte der Goten. München 1979.

Martin von Tours

von Louis Goosen

Martin, einer der populärsten Heiligen des Westens, war Soldat der Reiterei der kaiserlichen Garde, Asket, Mönch, Pastor und Bischof von Tours, Klostergründer und Glaubensverkünder. Er wurde Patron von Kirchen und Abteien, Städten und Dörfern, Gilden, zahlreichen Martins, und seit der Merowingerzeit von ganz Frankreich. Dennoch steht dieser liebenswürdige Wüterich mit seinem Werdegang unserer Meinung nach hier etwas fremd in der Reihe der großen, gelehrten Persönlichkeiten aus der Blütezeit der frühen Kirchengeschichte. Der Mönchsvater Antonius, für seinen Biographen sein Konkurrent, steht ihm noch am nächsten. Mit ihm ist Martin in dieser Gesellschaft sicher der Sonderbarste; zweifellos ist er derjenige, den man am wenigsten zu den Gelehrten zählen kann. Makrina würde er bewundert haben, aber es ist die Frage, ob dieser Soldat Christi sich bei ihr zu Hause gefühlt haben würde. Wohl ist er, wenn man Sulpicius Severus, der seine Lebensgeschichte verfaßte, glauben darf, von allen Zeitgenossen schon während seines Lebens der Heiligste: »Das Kleinste in ihm ist größer als das Größte von Anderen.«

Vieles von dem, was Sulpicius erzählt, liegt im Bereich der frommen Interpretation und der Übertreibung der Legende. Das schließt nicht aus, daß dadurch viel Wertvolles über Person und Charakter des Glaubenshelden mitgeteilt werden könnte. Die bedeutendsten historischen Tatsachen jedoch, deren man auf Grund der Quellen gewiß sein kann, reichen kaum aus, um damit eine Seite zu füllen.

Martin wurde 316/317 in der Garnisonsstadt Sabaria in der Provinz Pannonia Prima (jetzt Szombathély oder Steinamanger in Ungarn) als Sohn nichtchristlicher Eltern geboren; sein Vater war Berufsoffizier im römischen Heer. Er wuchs in Ticinum (Pavia) auf und wurde, als er alt genug war, zu einer militärischen Laufbahn unter den Kaisern Konstantin und Julian gezwungen. Im Alter von achtzehn Jahren wurde er getauft. Sulpicius zufolge, der Martins Dienstzeit auf listige Weise zugunsten des christlichen Ansehens des Asketen stark verkürzt, wurde er zwei Jahre nach seiner Taufe aus dem Heer entlassen. In Wirklichkeit dauerte seine Dienstzeit noch bis zum Jahre 356, Martins vierzigstem Lebensjahr. Danach begegnete er Hilarius von Poitiers, der ihn seinem Klerus anschloß. Es folgte ein Pilgerzug in seine Heimat und nach Italien. Der Grund hierfür ist

vielleicht eine Mission gegen die Arianer gewesen. Im Jahre 360 war er, kurz nach der Rückkehr von Hilarius aus dem Exil, zurück in Poitiers.
Dort wuchs um Martin eine Gemeinschaft von Asketen, das älteste Kloster von Gallien, nicht weit von der Bischofsstadt entfernt (Licotigiacense monasterium, Ligugé). Aufgefallen wegen seiner Qualitäten, wurde er 370 gegen seinen Willen zum Bischof von Tours, dessen Bischofsstuhl vakant war, gewählt und nach wahrscheinlich heftigem Widerstand von einigen gallischen Bischöfen geweiht. Martin blieb auch als Bischof Mönch. Außerhalb von Tours, an einer Krümmung der Loire, gründete er wiederum eine Gemeinschaft von Eremiten (Maius Monasterium, Marmoutier). Dort lebte er mit Gefährten und Schülern nach einer Regel, über die Sulpicius ziemlich detailliert berichtet. Von hier aus leitete und bereiste er sein Bistum und, wenn es nötig war, ganz Gallien, fast immer begleitet von einer Gruppe Gleichgesinnter. Er kämpfte in Städten, aber vor allem unter der Bauernbevölkerung auf dem Lande gegen den alten Glauben, indem er dessen Attribute verwüstete und an deren Stelle christliche Gebäude, Klöster und Kirchen, setzte, die dann natürlich bewohnt blieben und geistlich wirksam wurden. Krankheiten und Dämonen wichen vor seiner Kraft. Sein Lebensweg ist der eines begabten, ziemlich eigensinnigen, aber vor allem unermüdlichen Seelsorgers, der aus einer bewußt fortgesetzten mönchischen Lebensweise heraus handelte.
Nur ein paarmal wird berichtet, daß er sich, wahrscheinlich ungerne und schließlich desillusioniert, auf politische Fragen einließ, wofür er den Hof in Trier besuchte. Es ging vor allem um kirchenpolitische Fragen, die alle im Zusammenhang mit Intrigen von Bischöfen standen, die auf ihren eigenen Nutzen bedacht waren und dabei Asketen als Hindernis erfuhren, und für deren Lebensweise er – wieder Sulpicius zufolge – nur Verachtung aufzubringen vermochte. Während eines Besuchs der Dorfgemeinde von Candes in seinem Bistum, wo er zwischen streitenden Klerikern vermittelte, starb Martin, einundachtzig Jahre alt, am 8. November 397.

Entlang dem roten Faden dieser Ereignisse baute Sulpicius Severus mehr oder weniger tendenziös seine Geschichten über das Leben, Wirken und die Bedeutung des Asketen und Bischofs. Nur selten berührt die bescheidene Tatsachenreihe die Linien der externen Geschichte, so daß eine Verifizierung möglich ist: eine Kriegshandlung von Julian im Jahre 356, die Rückkehr von Hilarius aus dem Exil im Jahre 360 oder die gewaltsame Machtübernahme von Kaiser Maximus 383. Für die Richtigkeit des Überflusses an oft sonderbaren Details ist man dem Gewährsmann Sulpicius ausgeliefert, der eine Biographie nach Geschmack und Regeln seiner Zeit schrieb, und der außerdem mit fast all seinen Mitteilungen auch die Absicht hatte, den Bischof gegen sehr ungefällige Kritiken zu verteidigen. Es besteht jedoch kein Grund, an der Aufrichtigkeit zu zweifeln, mit der er seinen Heiligen bewunderte, und aus der heraus er – wenn es auch nicht immer

objektiv gewesen ist – nicht ohne eigene Erfahrung und Begegnungen mit Martin berichtete. Man hat die überstrenge Kritik, die vor knapp einem Jahrhundert geäußert wurde, entkräftet und den Zweifel an Martins Auftreten und an der Größe seiner Persönlichkeit zu Recht aufgegeben. Aber dennoch kommt bei demjenigen, der die Angaben und Erzählungen über dessen Auftreten studiert, die Frage auf, wer darin nun am meisten repräsentiert wird: der brillant erzählende, aber keineswegs geniale, nicht immer ursprüngliche und ziemlich eitle Autor Sulpicius oder sein Meister der wahrhaftigsten christlichen Askese, den er grenzenlos verehrte. Wie dem auch sei, das Bild Martins wird von dem ersten westlichen Verfasser eines Heiligenlebens entworfen und in die Geschichte eingraviert. Und es ist dieses Bild von Martin, das Generationen lang bewahrt geblieben ist, und aus dem auch manch ein Volksbrauch an und um seinen Festtag, dem 11. November, hervorging, darunter sehr merkwürdige wie der, bei dem herumtobende »Dämonen« gerade den Namen ihres großen Bekämpfers annehmen.
Der Aquitanier Sulpicius Severus (ca. 363–420), fast ein halbes Jahrhundert jünger als Martin, war einer der reichen und beschlagenen Christen der Spätantike, die in der zweiten Hälfte des 4. Jahrhunderts in Gallien und Spanien nach ihrer Taufe zu einer zweiten Bekehrung kamen, ihren Besitz ganz oder zum Teil zugunsten der Armen verkauften und sich auf ein ihnen verbliebenes Landgut zurückzogen, um sich dort, inmitten von Gleichgesinnten und im Schriftwechsel mit asketischen Freunden, in äußerster Einfachheit einem Leben zu widmen, in dem sowohl für das Studium der Schriften, die sie liebten, als auch für religiöse Betrachtung, für die sie vor allem lebten, genügend Raum war. Wer den Geist des Lebens auf Sulpicius' Landgut Primuliacum, an der Straße von Toulouse nach Narbonne, spüren will, der lese seine Dialoge. In einer Art Hausklösterchen vereinten sich gute Sitten, Geschmack und angenehme Unterhaltung mit christlicher Enthaltsamkeit – und viele Asketen und Freunde kamen zu Besuch.
Sulpicius hatte, ebenso wie sein Freund Paulinus, der spätere Dichter-Bischof des italienischen Nola und so wie er begeisterter Anhänger Martins, an der Rhetorikschule in Bordeaux studiert, an der Ausonius, der in seiner Person antiken Geist und neue, unsichere Zeit verband, lehrte. Wahrscheinlich veranlaßte der frühzeitige Tod seiner Frau um 392 den jungen, erfolgreichen Rechtsanwalt Sulpicius kurz nach seinem Studium zum Abbruch einer glänzenden Karriere und zur Bekehrung. Das noch resolutere Beispiel von Paulinus, der mit seiner Frau kurz zuvor alles verließ, und dem er wohl folgen wollte, es aber nicht konnte, und der Ruhm der östlichen Askese, im Westen mit den neuen Übersetzungen von Athanasius' Vita Antonii verkündet, werden zu seinem Entschluß beigetragen haben. Einige Begegnungen mit Martin in dessen letzten Lebensjahren, darunter eine gemeinsame Reise, haben ihn endgültig in den Bann dieser Persönlichkeit gezogen. Fast alles, was Sulpicius danach schrieb, handelte, soweit man weiß, von ihm.

Noch vor Martins Tod vollendete Sulpicius im Winter 396/397 die Vita Martini. Abgesehen davon, daß er die großen Wunder und Tugenden Martins bekannt werden lassen und seinen Helden als ein Vorbild darstellen wollte, dem man aus der Ferne nachzufolgen habe, war es sein Ziel, zu zeigen, daß der Größte aller Heiligen, d. h. Asketen, im Westen dem Ruhm der Athleten Christi in den Einöden des Ostens in nichts nachstand. Außerdem war es seine Absicht, eine klerikale Clique, die zumeist aus Bischöfen bestand, die als Folge der Bewunderung für die Asketen ihren Einfluß beim Kirchenvolk bedroht sahen und sich, wie sich herausstellen sollte, bis zum Äußersten in Rage gegen das Asketentum versetzten, zum Schweigen zu bringen. Sulpicius hört nicht auf, gegen einen von den Asketen verdächtigten Episkopat zu wettern.
Im Anschluß an die Auffassungen über die klassische Biographie war Sulpicius' Vita zunächst eine Lobrede auf die vorzüglichen Eigenschaften und den außergewöhnlichen Charakter seines Lehrmeisters. Die vielen wundersamen Taten, von denen er darin erzählt, heben nicht nur die große Tugendhaftigkeit hervor, die jeder Asket anstrebte, sie sind auch und vor allem Zeichen der göttlichen Kraft, die in ihm wirkt. Der Autor sagt es nirgends ausdrücklich, deutet aber wohl überall an, daß Martin nicht nur größer ist als Antonius; er nähert sich der Größe des Herrn selbst, ein Thema, das seitdem in der christlichen Hagiographie weiterhin anklang, bis hin vor allem zu den Vitae Sancti Francisci von Thomas von Celano. Verhältnismäßig neu für dieses Genre ist es, daß Sulpicius regelmäßig auf eigene Forschung verweist, einen bescheidenen historischen Rahmen benutzt und schließlich sein Interesse für die Psychologie seines Helden allein schon dadurch verrät, daß er zugibt, sein »innerliches Leben ... und seinen immer auf Gott gerichteten Geist nicht mit Worten beschreiben zu können.«
Sulpicius hatte es mit der Veröffentlichung der Vita eilig, die daher auch vor dem Tod Martins aufhört. Sie wurde sofort ein Bestseller: Buchhändler in Rom konnten dem Bedarf an Abschriften nicht nachkommen und im Osten wurde das Buch von Experten auf dem Gebiet der Askese gelesen und gepriesen. Es erreichten den Autor dann auch Bitten um Erläuterungen und Erweiterungen. In drei ziemlich gekünstelten Briefen gab er, worum man ihn bat. Einer reagiert auf die Kritik einer von Martins wichtigster Eigenschaft, seiner Wunderkraft; der zweite erzählt, wie er selbst die Nachricht von dessen Tod erfahren und aufgenommen habe, begleitet von einer Lobrede auf das, was er Martins unblutiges Märtyrertum nennt. Und der dritte enthält einen Bericht für seine Schwiegermutter Bassula, die nach Einzelheiten über Tod und Begräbnis Martins fragte.

Am lebhaftesten ist der Erzähler Sulpicius in den bereits erwähnten Dialogen, die etwa um 404 geschrieben wurden: eine sehr ursprüngliche Reihe realistisch wiedergegebener Gespräche, geführt in Primuliacum von ihm, einigen Freunden und anderen Interessierten. Ihr Freund Postumian, auch Asket und gerade zurück von einer langen Reise zu wichtigen Zentren, großen Klöstern und vielen

Mönchen im Osten, erzählt von seinen dortigen Erlebnissen und von dem Eindruck, den Martins Lebensbericht dort gemacht hat. Er reiht eine starke Mönchsgeschichte an die nächste, Anlaß für Sulpicius, dem noch mehr Wundererzählungen über Martin entgegenzusetzen. Da die Dialoge nur eine Bestätigung der These darstellen, daß es keinen Größeren als Martin gebe, enthalten sie außer einem Bericht über die erste Wirkung von Martins Einfluß nicht viel Neues. Nur am Ende werden wichtige historische Details über seine Rolle in dem Prozeß gegen den spanischen Asketen Priscillian in Trier genannt. Hiervon handeln auch die letzten Kapitel der Chronica, eine Zusammenfassung der Weltgeschichte, die mit der Erwartung einer Katastrophe endet, deren erste Phase bereits in dem gerade erwähnten Prozeß begonnen hat.

Mit den historischen Daten und Sulpicius' Einstellung zu Martin ist das Bild der Hauptfigur der Vita Martini nicht vollständig. Es sind gerade die Erzählungen und die Art und Weise, wie diese aneinandergereiht sind, aus denen der wahre Martin hervortritt, so wie er von Unzähligen, die die Vita lasen und annahmen, Jahrhunderte lang bewundert und vor allem verehrt worden ist. Wer will darüber urteilen, was wichtiger ist: die Geschichte, die jemand schreibt, oder das Bild, das von dem Menschen erhalten bleibt? Für Martin möglicherweise das Zweite.
Wenn die Erzählung der Vita beginnt, hat »der illustre Knabe«, natürlich ein Kind angesehener Eltern, schon einen unvorstellbar hohen Grad der Vollkommenheit erreicht. So wollten es die Gesetze der Biographie. Größe wird hier nicht so sehr als Ergebnis von langer Übung als wohl von geschenkten Begabungen dargestellt. Seit seiner frühesten Jugend ist Martin »heilig«, d. h. ein Asket, der, schon vollkommen, eine noch höhere Vollkommenheit anstrebt. Der Junge ist, obwohl seine Eltern keine Christen sind, voll Verlangen danach, Gott zu dienen, und beschäftigt sich mit nichts anderem als Kirche und Kloster. Mehr noch, mit allen, die aus Liebe zum Herrn das Äußerste gaben, gehört er zur Crème der frühen Christen, den Märtyrern. Sein erstes Martyrium war der Dienst im Heer. Als Knabe von zehn Jahren schloß Martin sich als Katechumene der Kirche an, und als er zwölf war, verspürte er keinen anderen Drang, als den, als Eremit zu leben. Aber sein Vater lieferte ihn aus und er wurde zu dem unter Asketen verrufenen Dienst im Heer gezwungen. Doch zeigte er hier schon vor seiner Taufe alle guten Eigenschaften, die man bei einem Soldaten sicher nicht und von einem Asketen oder Märtyrer gerade wohl erwartet: statt sich bedienen zu lassen, diente er, als sei er der Herr selbst, seinem Untergebenen. So steht Martin von Kindheit an in der Reihe der Allergrößten: »Man würde ihn nicht für einen Soldaten, sondern in diesen Tagen bereits für einen Mönch gehalten haben.«
Ein Ereignis kurz vor seiner Taufe – er muß damals achtzehn Jahre alt gewesen sein – hat den umherziehenden Soldat-Asketen berühmt gemacht, für immer an Gallien gebunden und ihm einen festen Platz in der christlichen Ikonographie

gegeben. Er teilte vor dem Stadttor von Amiens seinen Mantel mit einem Armen, der sich ihm in der Nacht darauf in einem Traum als Christus selbst zeigte, bekleidet mit dem letzten Rest seines bereits verteilten Besitzes: äußerstes Zeichen christlicher Selbstlosigkeit und der Solidarität mit dem Menschen in Not, in denen ihm erst Jahrhunderte später der Arme von Assisi gleichkommen soll, dessen Lebensgeschichte nicht ohne Reminiszenzen an die des Martin ist.
Seine Entlassung aus dem Heer nach einer langen Dienstzeit nahm die Form einer Marter an. Nach einer Dienstverweigerung, die eher eine Veränderung des Kriegsdienstes anstatt für den Kaiser nun für Christus war, wurde Martin von einem aufgebrachten Julian verhört. Das, was die letzte Konsequenz seiner asketischen Überzeugung war, schien Feigheit zu sein: »Ich bin Soldat Christi und darf nicht kämpfen.« Es folgte eine Kerkerhaft, aus der Martin auf wundersame Weise befreit wurde. Die zu bekämpfenden Barbaren zogen sich wider Erwarten zurück, die Schlacht konnte vermieden werden und somit wurde Blutvergießen verhindert: »Wer zweifelt daran, daß dieses wirklich ein Sieg des Heiligen war!«
Der Soldat wurde Schüler des besten und tüchtigsten Bischofs von Gallien, Hilarius von Poitiers, der ihn, um ihn an sich zu binden, zum Diakon weihen wollte. Dieses Amt fand Martin für sich zu hoch; er wollte sich nur mit einem lächerlich niedrigen klerikalen Rang einverstanden erklären: dem des Teufelbeschwörers, ein Zeichen seines Argwohns gegen kirchliche Ämter und möglicherweise auch seines späteren großen Kampfes gegen alle Dämonen seines Landes und seiner Zeit. Die Weihe hielt den Exorzisten nicht von einer großen Wanderung über die Alpen ab, durch den Balkan und Italien, die voller Gefahren und auch reich an Erfahrungen war, vor allem in Bezug auf die praktische Askese. Jede ihrer Formen, die seine Zeit kannte, probierte er aus: die des besitz- und ruhelosen Umherziehens, in Mailand die der Gemeinschaft mit anderen und auf der kleinen Insel Gallinaria vor der Küste Genuas die der vollkommenen, rauhen Einsamkeit. Schließlich brachte jedoch die Freundschaft mit Hilarius ihn nach Gallien zurück, nun für immer.
Für Sulpicius ist Martin dann künftig in erster Linie der Vollstrecker von wundersamen Taten aus Gottes Kraft, die in ihm wirkt, jedoch nicht ohne seinen eigenen Beitrag: Fasten und Beten. Der Biograph stellt sogar die These auf, daß die Wunderkraft vor der Übernahme der Sorgen des Bischofsamtes größer gewesen sei als danach. Der Beweis dafür ist für ihn, daß Martin vorher zwei, danach jedoch nur einen Toten zum Leben hat auferwecken können. Die erste dieser großen Taten folgte kurz nach der Gründung der Mönchsgemeinschaft von Ligugé. Ein noch nicht getaufter junger Bruder, der sich erst seit kurzem der Gemeinschaft angeschlossen hatte, war während der Abwesenheit des schon wieder umherziehenden Abtes gestorben. Sulpicius zufolge durch den Hl. Geist und mit der Methode von Elia (2. Kön 4,31–35), unserer Meinung nach vielleicht durch eine aufgrund seiner Erfahrung lebensrettenden Behandlung, brachte

seine Lebenswärme das, was dem jungen Mönch durch den Tod entnommen schien, zurück. Diese Kraft konnte nicht verborgen bleiben. Sicher nicht nach dem folgenden Wunder, bei dem Martin den Burschen des reichen Mannes – wer denkt nicht an den des Offiziers in Lk. 7? – mit seiner bekannten Behandlung wieder zum Leben erweckte. »Von da an leuchtete der Ruhm des Seligen; und ihn, der für jeden als Heiliger galt, hielt man nun für einen wirklich und wahrhaftig apostolischen Mann.« Eine Wahl zum Bischof war die Folge, auch wenn man Martin dafür aus seiner Hütte zerren mußte. Unter Bewachung, als gehe der Mönch einem neuen Martyrium entgegen, wurde er vom Volk nach Tours geführt. Sich wehrende Bischöfe wurden bei ihrem Versuch, die Weihe zu verhindern, auf wundersame Weise beschämt.

Von nun an war Martin Bischof inmitten von anderen, deren Amt er zwar nicht verachtete, wohl aber dessen unevangelische Ausübung durch habgierige und machthungrige Streber, die eher sich selbst als dem Kirchenvolk dienten. Anders Martin, der Mönch blieb: »Ebenso demütig im Herzen, ebenso einfach in der Kleidung.« Seine erste Aufgabe war die Verkündigung. Den Verwaltungskram überließ er den Klerikern. Seine erste Tat war die Gründung einer neuen Gemeinschaft außerhalb der Stadt, wo er mit ungefähr achtzig Brüdern, Adligen und einfachen Menschen, in Höhlen und kleinen Hütten lebte: arm, gewöhnlich frei zum Gebet, jeder einzeln in seiner Zelle, manchmal beisammen zum Stundengebet, kein anderes Handwerk ausübend (und somit keinen Gewinn erzielend) als das des Abschreibens von Büchern, die dort gelesen wurden. Sulpicius sagt ausdrücklich, daß die Gemeinschaft ein Platz für bessere Kirchenführer nach dem Vorbild Martins wurde.

Bis dahin gibt es ein chronologisches Muster in der Lebensgeschichte und darin einen gewissen Entwicklungsprozeß von dem sehr jugendlichen, aber fest entschlossenen Asketen zum Mönchsbischof. All das Vorhergehende diente dem Autor, der fast auf der Hälfte seines Buches angekommen ist, als Grundlage für den Rest seiner Erzählungen, eine Aneinanderreihung von Anekdoten aus Martins Praxis: »Laßt mich nun zu den übrigen Wundertaten übergehen, die er als Bischof vollbracht hat.« Dabei weiß der Verfasser gut, daß es unmöglich ist, alles mitzuteilen. Er hat bewußt aus der großen Menge das Wichtigste ausgewählt, um das Bild eines liebenswürdigen Mannes zu zeichnen, dessen höchstes Streben dahin ging, für seinen Umgang mit Gott, Christus, Engeln und Heiligen in Ruhe gelassen zu werden. Nur wenn es nötig war – und das war oft der Fall – trat er aus diesem abgeschiedenen Leben hervor, um allen mit seinen großen Gaben zu helfen. Auf einem Gebiet jedoch war der Bischof grenzenlos heftig: Als wahrer Soldat Christi hat er den Kampf aufgenommen gegen Teufel, Geister, Dämonen und den ganzen Clan des Unglaubens, der in Gallien auf dem Lande noch herrschte. Darin kannte er keine Ruhe und kein Pardon. Vielleicht sprach jemand, der über Martins missionarische Methoden urteilte, wohl zu Recht von dessen »Draufgängertum« (Lietzmann).

Nicht immer führte er die gallischen Bauern und Bäuerinnen mit sanfter Hand zur Annahme der Botschaft Christi. Was ihnen lieb war, ihn aber störte, verwarf er. Ein verdächtiger Altar, nicht weit vom Kloster entfernt, erwies sich statt als Märtyrerdenkmal – für das ihn nicht nur das Volk, sondern auch die Bischöfe hielten – nach einer Befragung des am Orte umgehenden Geistes durch Martin als das Grab eines Mörders; Grund genug, ihn augenblicklich zu verwüsten. So rettete seine Wachsamkeit das Volk vor dem Aberglauben, lautet der Kommentar. Anderswo ließ er, als er eine Menschenmenge wegen eines Begräbnisses durch das Land ziehen sah und das für eine Götzenprozession hielt, die Teilnehmenden, anscheinend zum großen Vergnügen des Erzählers, zu Statuen versteinern, bis er seinen Irrtum bemerkte und sie wieder frei ließ. In einem anderen Dorf nahm er, nachdem er zunächst den Tempel verwüstet hatte, unerschrocken auf den Herrn vertrauend, die Herausforderung an, die Berechtigung seines Handelns zu zeigen. Einen heiligen Baum, der gefällt werden sollte, hielt er, selbst in der Fallinie stehend, während des Sturzes mit dem Kreuzzeichen auf und trieb ihn in die Richtung seiner früheren Anbeter – ohne diese jedoch zu treffen. »An diesem Tag war Heil in diese Gegend gekommen.« Daß diese Kampfmethode nicht selten Martins Leben gefährdete, wundert niemanden. Himmlische Mächte erwiesen sich als notwendig und auch bereit, den hitzigen Kämpfer wider den heidnischen Glauben zu beschützen. Übrigens schließt Sulpicius diese Reihe Wundergeschichten mit der Bemerkung ab, daß »Martin, als die Bauern ihm verboten, ihre Heiligtümer zu verwüsten, die heidnischen Gemüter so sehr zu beruhigen wußte, daß sie, als er ihnen das Licht der Wahrheit gezeigt hatte, ihre Tempel mit eigener Hand verwüsteten«.

Erfahrung, Weisheit und Kraft Martins und das Vertrauen vieler darauf führten zu zahlreichen Heilungen. Wenn man die Berichte liest, glaubt man sich in der Zeit Jesu. Bekämpfung von körperlichem Elend war verbunden mit Angriffen auf dämonische Mächte und deren Austreibung. Das Gottesgeschenk, Kranke heilen zu können, vereinte sich bei Martin mit der Kenntnis medizinischer Mittel und äußerster Hingabe an Kranke. Auch dieses war für ihn ein Bestandteil des Kampfes gegen das Böse. »Erst betete er dann – er allein – auf dem Boden ausgestreckt; das waren so seine Waffen in all diesen Fällen«, weiß der Erzähler, der einige Male auch die technischen Mittel und Eingriffe nennt. Das Volk ging in seiner Anerkennung auf bekannte Weise mit diesen heilenden Kräften um. Es sammelte Reliquien des lebenden Märtyrers; Fasern von seiner Kutte, Stroh von seiner Matratze und sogar der Brief von seiner Hand verhalfen zur Genesung.

Im Gegensatz zu vielen seiner bischöflichen Kollegen hütete Martin sich vor Schmeicheleien bei Fürsten und hohen Beamten. Die ersteren verstand er auf ihre Position und Verantwortung hinzuweisen, und er versuchte, sie milde gegenüber all denen zu stimmen, die ihre Macht fürchteten. Die anderen bestrafte er, wenn sie sich schlecht aufführten. Endlich, nach wiederholten Einladungen zum Besuch bei Kaiser Maximus, erwies der frei umherziehende Bischof in seiner ärmlichen Kleidung einem einfachen Priester aus seiner Diözese eine größere Ehrerbietung als jedem anderen der anwesenden Notabeln. Es gab keine weltliche Macht, die ihm nur aufgrund dieser Macht imponierte. Was andere mit Schmeicheleien nicht erreichten, erreichte er, indem er er selbst war; meistens respektierten sogar die Größten ihn und seine Botschaft.

Sulpicius' Bericht besitzt einen gliedernden Aufbau, der mit einer Klimax in den letzten Kapiteln endet. Diese zeigen Martin als den wahren Propheten, den Geistträger, dem gegenüber die Dämonen vollkommen machtlos sind, in welcher Gestalt sie sich ihm auch zeigen. Seine größte Gabe auf diesem Gebiet war es, daß er die Geister erkennen und die Mächte des Guten und die des Bösen sicher unterscheiden konnte. Von letzteren ertrug er ständig Quälereien, Herausforderungen und Angriffe, die ihren Höhepunkt in einem Spiegelbild seines Traumes von der Erscheinung Christi nach dem Liebesdienst von Amiens erreichten. Das Ereignis wird mit einer Parallelgeschichte von dem falschen Verhalten eines Schülermönchs vorbereitet. Der junge Mann gab Scheinerfahrungen vor und rühmte sich, wegen einer besonderen Auserwählung von Gott mit einem weißen Gewand bekleidet werden zu sollen, als Zeichen höchster Vollkommenheit. Als man den Vorschlag machte, das Urteil über den Wert dieses ›Zeichens‹ Martin zu überlassen, stellte sich heraus, daß alles auf einem Schwindel beruhte. Diesem und noch einigen anderen Beispielen von Scheinmystik stellt Sulpicius die unverdächtige und unantastbare Heiligkeit Martins gegenüber. Gerade in diesen Tagen, als falsche Propheten die Zeit des Antichristen nach Sulpicius' Urteil scheinbar nahe brachten, gab es dort Martin als den wahren Propheten. Als dann auch der Teufel es wagte, ihm in der Gestalt des verherrlichten Christus zu erscheinen und ihn aufforderte, an das Vorrecht zu glauben, scheinbar der erste Zeuge dieser außergewöhnlichen Parusie sein zu dürfen, herrschte kurz Ruhe zwischen den beiden Mächtigen. Aber bald folgte die einwandfreie, weil vom Hl. Geist eingegebene Reaktion und damit der Sieg des Heiligen. Kein Theologe, kein Theoretiker, kein spekulativer Geist, sondern der erfahrene Prophet hat die einzig richtige Antwort gegeben, der eine simple Entlarvung des in Gestank verschwindenden Verführers folgt. Martin sagt, den Herrn in keinem anderen Zeichen als in dem der erniedrigten Gestalt des Leidenden annehmen zu wollen oder zu können. Damit reagierte er auf genau dieselbe Weise wie Jesus, als er in der Wüste versucht wurde.

Dieses ist die letzte Erzählung in der Vita über Martin. Danach folgt nur noch die Laudatio, die einige Seiten einnimmt. Sie beginnt mit einer Beschreibung von Sulpicius' Begegnungen mit Martin und einer Aufzählung der bevorzugten Themen aus dessen auf seiner Kenntnis der Bibel beruhenden Unterweisungen und endet mit der Feststellung, daß dieser Lehrer, obwohl nicht geschult, die höchste Weisheit mit der größten Wundermacht verbinde. Und nach einem Katalog von Martins charakteristischsten Tugenden und Eigenschaften, so z. B. sein Umgang mit Gott, seine Loslösung vom Irdischen, Zuverlässigkeit, Menschenliebe und Geduld, zeichnet Sulpicius endgültig mit wenigen Strichen das Bild eines der Größten aus der Menge der Frommen: »Nie gab es in seinem Mund etwas anderes als Christus, nie in seinem Herzen etwas anderes als Gutmütigkeit, Friede und Barmherzigkeit.«

Es war dieser Mann, der – so wie Sulpicius an anderer Stelle und dann nicht als Hagiograph berichtet – eine ehrenvolle Rolle am Ende einer traurigen Affäre in der Kirche seiner Tage gespielt hat, der Hinrichtung eines spanischen Asketenbischofs, Priscillian, und einiger Gleichgesinnter. Martin kommt die Ehre zu, umgeben von nur wenigen anderen Stimmen, am lautesten protestiert und am deutlichsten gehandelt zu haben bei einem offenkundigen Unrecht an diesem traurigen Endpunkt einer Entwicklung in dem Verhältnis zwischen Kirche und Staat seit Konstantin und dem Anfang einer unabsehbaren Reihe von Todesurteilen für diejenigen, die man, ob zu Recht oder Unrecht, für Ketzer hielt.
Ungefähr zur Zeit der Taufe Martins hatten in Spanien Einzelne oder Gruppen, oft begeisterte Laien, sich aus dem Leben in den Gemeinden abgesondert. Sie strebten Einfachheit, das Studium der Schrift, die gegenseitige Ermutigung und ein Aufleben des Elans unter dem Klerus an. Ihre asketischen Bestrebungen wurden als Kritik am Episkopat aufgefaßt. Ein Laie, Priscillian, reich, gelehrt und intelligent, einflußreich und möglicherweise auch stolz, gehörte zu solch einer Gruppe. Auf einer Synode in Saragossa im Jahre 380 wurden Gebräuche, die in die Richtung des Strebens dieser Asketen wiesen, verurteilt. Dabei wurde jedoch kein einziger Name genannt. Es folgte eine Zeit, in der sich die Gegensätze zwischen den Asketen und den Bischöfen verschärften. Tiefpunkte darin waren die provozierende Weihe von Priscillian zum Bischof von Avila und die Tatsache, daß seine schärfsten Gegner, Hydatius von Merida und Ithacius von Ossonoba, sich auf die Staatsgewalt beriefen, indem sie Priscillian am Hof zu Mailand des Versuchs der ungültigen Bischofsweihe und des Manichäismus beschuldigten. Auch wenn das darauf folgende Urteil bald rückgängig gemacht wurde, war Priscillian künftig für seine Feinde ein exkommunizierter Laie und seine Bewegung häretisch. Ein Gegenzug der Asketen mit dem Ziel, eine Verurteilung von Ithacius als Zerstörer der kirchlichen Ordnung zu erreichen, schien anfangs zu gelingen, hatte aber durch die Usurpation von Maximus im Jahre 383 keinen Erfolg.
In Trier, der kaiserlichen Residenz, klagten Hydatius und Ithacius die Priscillianer nun nicht mehr aufgrund der früheren Beschuldigungen, sondern wegen Zauberei an, in der Hoffnung, sie auf diese Weise vor ein weltliches Gericht zu bringen. Maximus wählte aus politischen Gründen eine kirchliche Aburteilung, u. a. um dann bei einer Verurteilung die antiasketisch gesinnten Bischöfe für sich zu gewinnen. Priscillian wurde mit einigen Gefährten gefangen genommen und vor eine Synode in Bordeaux gebracht. Es gibt einen Hinweis des spanischen Chronisten Idacius Lemnicus (gest. nach 468), daß Martin als Synodaler dort

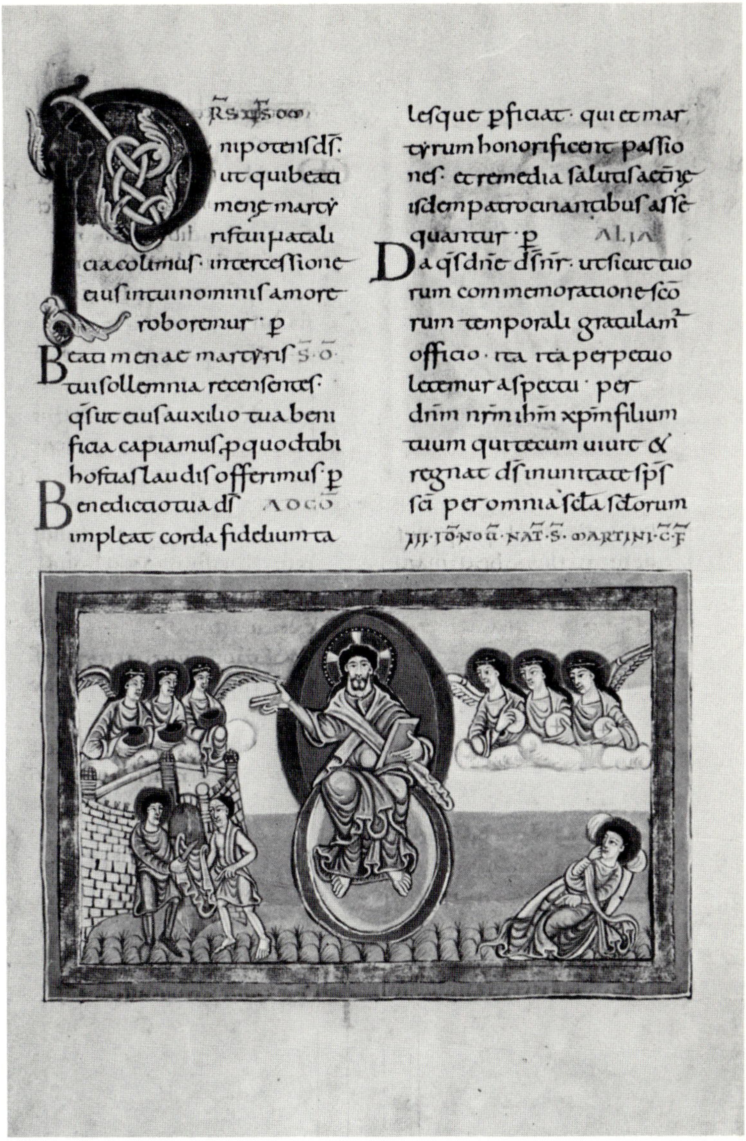

Martin von Tours, Mantelteilung. Miniatur aus dem Fuldaer Sakramentar

teilgenommen haben soll. Unmöglich ist das nicht, aber wohl sehr unwahrscheinlich. Sulpicius verurteilt nämlich das Vorgehen der unentschlossenen Bischöfe, die Instantius nach seinem Geständnis aus dem Amt entließen, Priscillian aber gehen ließen, nachdem dieser, ebenso eine kirchliche Verurteilung fürchtend, an den Kaiser appelliert hatte.

Nach dieser Appellation ging Maximus wohl auf die Anklage von Ithacius ein. In diesem Zusammenhang äußert Sulpicius zwei Vorwürfe gegen den bischöflichen Kläger: zunächst, daß er mit einer grenzenlosen Rachsucht gegen Ketzer auftrete, und weiterhin, daß er in allen frommen Asketen Priscillianer sehe und den Verdacht der Ketzerei sogar auf Martin zu lenken gewagt habe. Damit muß er die Reaktion von Ithacius auf wiederholte Vorstöße Martins meinen, der nach Trier gekommen war, um ihn von seinem Auftreten als Ankläger in einem Zivilprozeß abzubringen und auf dessen Bitten an Maximus, kein Blut zu vergießen und mit der kirchlichen Verurteilung zufrieden zu sein. Eine Folge von Martins Eingreifen war, daß Maximus, der bis dahin den Prozeß geleitet hatte, nun davon absah. Daraufhin verließ Martin Trier, in der Überzeugung, erreicht zu haben, was er wollte: die Verhinderung von Todesstrafen, die bei einer bewiesenen Anklage auf Zauberei standen.

Der Druck der Vertreter der gallischen Bischöfe setzte sich jedoch gegen das Versprechen des Kaisers an Martin durch. Er eröffnete den Prozeß wieder und gab die Angelegenheit nun in die Hände des Kommandanten der Leibwache. Als Ithacius sah, was sich da ereignete, und die Vorwürfe von Ambrosius, einigen spanischen und mindestens einem gallischen Bischof vernahm, zog er sich, nachdem Hydatius dieses schon früher getan hatte, als Ankläger zurück. Maximus setzte an seiner Stelle den höchsten Steuerbeamten ein, möglicherweise im Hinblick auf die nach der Verurteilung zu erwartende Konfiszierung der Güter: eine willkommene Begleiterscheinung, denn die Staatskasse des, so Sulpicius, habgierigen Kaisers war leer!

Nach Folterungen gestand Priscillian. Mit ihm wurden die anderen verurteilt. Das Urteil lautete für einige auf Verbannung, für die meisten, darunter auch eine Frau namens Euchrotia, die Todesstrafe. Die Exekution erfolgte auf Befehl von Maximus. Siricius von Rom und Ambrosius protestierten gegen das, was Martin derzeit hatte verhindern wollen. Auch wenn es juristisch nichts gegen diesen grausamen Rechtsweg einzubringen gegeben haben sollte, selbst wenn die Beschuldigungen in einer überladenen Form in Zusammenhang mit dem gestanden haben, was während der Synode von Saragossa verurteilt wurde, bleibt noch das Unrecht bestehen, daß man es versäumt hat, die Überzeugung und das Verhalten Priscillians und seiner Asketen auf theologischer Ebene zu untersuchen und zu prüfen. Auch Sulpicius muß es bei anfechtbaren Beschuldigungen, Verweisung auf einen fragwürdigen Bericht, an den er selbst nicht glaubt, und unbewiesenen Unklarheiten bewenden lassen. Und in den kleinen Schriften, die uns aus der Hand von Priscillian oder von jemandem aus seiner nächsten

Umgebung erhalten blieben, ist keine Spur von Ketzerei zu finden; eher eine feurige Frömmigkeit, die zwar anders gefärbt, aber der Grundhaltung Martins doch verwandt ist.

Auch in die Nachwirkung des Prozesses gegen Priscillian wurde Martin verwikkelt. Kurz danach kam er nach Trier, um, neben vielen Bitten für Menschen in Not, für das Leben von zwei hohen Beamten einzutreten. Die Bischöfe, aufgrund der zweifelhaften Rolle von Ithacius in dem Prozeß ohnehin schon uneinig, waren zu einer Synode zusammengekommen, um einen neuen Bischof für die Stadt zu wählen. Nach der Verbreitung des Gerüchts von der Ankunft Martins gerieten sie in höchste Verwirrung. Von manchen waren Beschuldigungen gegen Ithacius geäußert worden; unter diesen befand sich auch Bischof Theognitus, auf dessen Seite Martin sich nun stellen könnte. Diese Gefahr war um so größer, als der Kaiser auf ihren Rat hin gerade im Begriff war, Offiziere nach Spanien zu schicken, um weitere Anhänger von Priscillian aufzuspüren, abzuurteilen und zu töten. Dabei war Sulpicius zufolge »das Leben einer großen Schar von Heiligen in Gefahr«. Auch dagegen wollte Martin in Trier protestieren. Man verweigerte ihm jedoch den Zugang zur Stadt. Dadurch, daß er auf seine Friedensmission verwies, die alles mit Christus und wenig mit den Bischöfen zu tun hatte, wurde er hineingelassen und legte dem Kaiser seine Bitten vor. Obwohl dieser von den Bischöfen den sehr dringenden Rat bekam, gegen Martin auf dieselbe Weise wie gegen den umgebrachten Priscillian vorzugehen, da sonst die Gefahr bestehe, alle Ergebnisse, die im ersten Prozeß erreicht worden waren, zunichte zu machen, versuchte Maximus zunächst, Martin in einer diplomatischen Unterredung dazu zu bringen, sich mit den Ithacianern zu versöhnen. Als das mißlang und Maximus als Vergeltung mit der Tötung der zwei Beamten drohte, gab Martin nach, nachdem er erreicht hatte, daß die heillose Expedition nach Spanien nicht stattfinden solle.

Martin handelte so einen Tag gemeinsam mit den Bischöfen, deren Verhalten er verabscheute. Auf diese Weise wurden Menschenleben gerettet. Die Weihe eines neuen Bischofs konnte stattfinden. Ein Teil der Bischöfe wandte sich jedoch gegen ihn und verursachte ein Schisma. Auch Ithacius und Hydatius verloren ihre Anhängerschaft und damit ihre Bistümer. In Spanien, vor allem jedoch in Galizien, steigerte sich die Bewunderung für Priscillian, dessen Körper wie der eines Märtyrers in sein Land überführt wurde, zur Verehrung: Mittelpunkt einer echten Volksbewegung, vor deren Hintergrund allerdings auch der spanische Episkopat jahrelang uneinig blieb. Auch Martin blieb in größter Gewissensnot wegen seiner Konzession an die schuldige Partei zurück. Er verlor eine Zeitlang sein Selbstvertrauen und mied vor allem ängstlich jeden Ort, an dem Bischöfe tagten.

Sulpicius' Erzählungen am Ende der Dialoge zeigen dann einen Bischof, der seine Kräfte wiedererlangt hat und sich in seinem hohen Alter noch in der Lage zeigt, mit Weisheit und Geduld Problemen in Bistum und Kloster die Stirn zu

bieten. Der letzte Brief läßt Martin so sterben, wie er lebte. Obwohl er wußte, daß sein Ende nahe war, wollte er doch noch einen Streit auf Dorfebene beilegen: »denn er fand, es sei die schönste Bekrönung seines arbeitsamen Lebens, wenn er den Frieden in der Kirche wiederhergestellt zurücklassen würde«. Sein letztes Gebet inmitten von vielen Brüdern war das eines treuen Kriegers, der sich nicht weigert, bis zum letzten Augenblick kampfbereit auf dem Schlachtfeld zu bleiben: »unter Deiner Standarte werde ich kämpfen, solange Du es befiehlst«. Seine letzte Nacht war die eines Asketen, bittend und wachend, von allem befreit, auf dem Boden im Staub, nur auf das blickend, wo er bald sein würde. Seine letzten Worte richteten sich gegen den verhängnisvollen Dämon, den er weit von sich und aus Gallien zu treiben versucht hatte.
Das Begräbnis war ein Triumphzug. »Der Hirte trieb seine Herden vor sich her«: eine unvorstellbare Menschenmenge von überall her, fast zweitausend Mönche und eine große Anzahl Nonnen. Es scheint wie ein Bild von den unendlich vielen, die Jahrhunderte lang nach ihm, durch den immer wieder gelesenen, aber nie besser neu geschriebenen Bericht von Sulpicius und die unzähligemal abgebildeten großen Taten nicht aufhörten, sich an Martin zu erinnern. Es schien wie die irdische Befestigung des himmlischen Triumphs, den derselbe Bewunderer ihm im zweiten Brief zuschrieb. Diese Apotheose war das letzte und das beste, was dieser Mann tun konnte, der »die Last, dazu bestimmt zu sein, daß alles, was man über Martin wissen sollte, nun gerade aus seiner Feder bekannt werden mußte«, gerne, aber auch so, wie es sich gehört, – und sicher nicht ohne Ergebnis getragen hat.

Quellen und Darstellungen

Die Schriften des Sulpicius Severus über den heiligen Martinus, Bischof von Tours. Aus dem Lateinischen übersetzt von P. Bihlmeyer. 2. Aufl. München 1914, 1–147.
Fontaine, J. (Hg.): Sulpice Sévère. Vie de Saint Martin. 3 Bde. Paris 1967–1969.
Nigg, W. – Loose, H. N.: Martin von Tours. Leben und Bedeutung des großen Heiligen, des Ritters Christi, wundertätigen Bischofs und mutigen Bekenners. Freiburg–Basel–Wien 1977.

Übersetzt aus dem Niederländischen von Luitgard Köster, Nijmegen.

Ambrosius von Mailand

von Claudio Moreschini

Die Lebensumstände des Heiligen Ambrosius sind uns nicht nur durch ihre Spiegelung in seinen Werken (besonders in den Epistolae, den Briefen) bekannt, sondern auch dank einer regelrechten Biographie (Vita Ambrosii – »Leben des Ambrosius«), nach seinem Tode verfaßt von Paulinus von Mailand. Dieser Biographie eignet beträchtlicher historischer Wert, denn Paulinus war Schreibhand (notarius) und Sekretär des Bischofs Ambrosius in dessen letzten drei Lebensjahren (394–397); dazu war er Kleriker der Mailänder Kirche und stand an des Ambrosius Sterbebett. Die Abfassung der »Vita Ambrosii« fällt in die Zeit, als Paulinus, nach des Bischofs Tod, sich nach Nordafrika begeben hatte, wohl um 422, und ist der Anregung durch Augustinus zuzuschreiben. Für die Glaubwürdigkeit der Angaben, die Paulinus bringt, steht er selbst im Vorwort (Prologus) zu seiner Vita (1,3) ein: er hat sich bei denen erkundigt, die in des Ambrosius Nähe gelebt hatten, ehe er selbst, Paulinus, sein Sekretär wurde, vor allem bei Marcellina, des Ambrosius Schwester; außerdem hat er sich an Leute verschiedener Herkunft und sozialer Stellung gewandt, welche den Bischof aus persönlichem Umgang gekannt hatten; er hat einige an Ambrosius gerichtete Briefe gelesen; wo immer möglich, besonders anläßlich wunderbarer Ereignisse, beruft er sich auf Augenzeugen. So ist Paulinus imstande, von gut fünfzehn Wundern des Ambrosius zu berichten. Und da er seine Erzählung streng chronologisch hält, können wir ihr in den Grundlinien folgen, auch wenn wir sie, wo notwendig, berichtigen.

Ambrosius wurde in Trier geboren, in einer adligen, schon seit langem christlichen Familie; genau feststellbar ist sein Geburtsjahr nicht: entweder 333/334 oder 339/340. Er war Sohn eines hohen Staatsbeamten: sein Vater war »praefectus praetorio« (Oberbefehlshaber der Prätorianer) für die Provinzen Galliens, und eben darum hatte er seinen Wohnsitz in Trier. Des Vaters Familie stammte wohl aus dem Osten: der Name Ambrosius sowie der seines Bruders Satyrus, die beide griechisch sind, lassen darauf schließen; doch lebte die Familie schon seit vielen Generationen in Rom (Vita, 4,1). Gleich am Anfang der Biographie erzählt Paulinus von einem Wunder: als das Kind noch in der Wiege lag und einmal mit offenem Munde schlief, kam plötzlich ein Bienenschwarm angeflogen und bedeckte ihm Gesicht und Mund; alsbald jedoch stieg der Schwarm wieder zu großer Höhe auf und entschwand allen Blicken (3,2–4). Im Altertum wie im Mittelalter wurden den Bienen prophetische Gaben nachgesagt, und so, laut des Paulinus Auslegung, deutete der Schwarm auf des Ambrosius Reden hin, süß wie Honig, gleich den sermones boni (»schöne Reden«) von Sprüche 16,24, und der Bienen Aufsteigen in die Höhe bedeutete das Emporlenken des Menschensinnes von der Erde zum Himmel.

Nach seiner Ausbildung in den liberales disciplinae (»Humanistische Studien«), wurde Ambrosius dem Praetorium des Sextus Petronius Probus zugeordnet (nach 368), der Oberbefehlshaber der Praetorianer für Italien, das Illyricum und Nordafrika war und in Sirmium (in der Nähe des heutigen Belgrad) residierte; danach wurde Ambrosius consularis (Gouverneur) der Provinzen Liguria und Aemilia mit Amtssitz in Mailand. Im 4. Jahrhundert hatte sich Mailand, gleichzeitig mit dem endgültigen Verkümmern Roms, zur wichtigsten Stadt Italiens entwickelt. Dort residierten der Hof und die Verwaltung und zudem war der dortige Bischofssitz von großer Bedeutung. Nach Mailand hatte Kaiser Constantius II., der den Arianern gewogen war, 355 ein Konzil einberufen, um einige Bischöfe Norditaliens zur Anerkennung einer Gleichwertigkeitsformel zu bestimmen, und zur Zeit des Ambrosius politischer Tätigkeit hatte den Mailänder Bischofsstuhl eine der hervorragendsten Persönlichkeiten des westlichen Arianismus inne, Auxentius, gegen den Hilarius von Poitiers vergeblich Streitreden hielt. Gestützt auf die Gunst des Kaisers Valentinianus I., dessen Religionspolitik dahin zielte, die religiöse Lage, die er bei seiner Thronbesteigung im Jahre 364 vorgefunden hatte, nicht zu ändern, war es Auxentius gelungen, bis zu seinem Tode 373/374 Bischof von Mailand zu bleiben. Anläßlich der Ernennung eines Nachfolgers für Auxentius kam es dann zu jenem berühmten Vorfall, von dem Paulinus folgendermaßen berichtet (Vita, 6): »... als nun das Volk sich aufrührerisch zusammenrottete, während der Vorschlag eines Bischofskandidaten beraten wurde, verfügte sich Ambrosius, dem daran gelegen war, den Aufruhr zu besänftigen, damit es nicht schlimm ausginge für die Bevölkerung der Stadt, in die Kirche; und daselbst, während er zu den Leuten sprach, erzählt man, daß in der Versammlung plötzlich die Stimme eines Knaben widerhallte: ›Ambrosius sei Bischof!‹ Dem Klang dieser Stimme wendeten sich die Gesichter aller Leute zu, die nun den Zuruf aufnahmen: ›Ambrosius sei Bischof!‹ Und so geschah es, daß diejenigen, welche zuvor sich aufs ungebärdigste befeindeten, weil ja die Arianer die Ernennung eines Bischofs ihrer Partei begehrten, und desgleichen die Katholiken, und beide Parteien sich wechselseitig auszustechen suchten, nun urplötzlich mit wunderbarer und unglaublicher Einträchtigkeit alle der Wahl des Ambrosius zustimmten.« Wie dazumal viele Christen, die im erwachsenen Alter oder gar erst auf dem Totenbette getauft wurden, war auch Ambrosius erst Katechumene (»Anwärter«) und leistete darum dem Volkswillen entschiedenen Widerstand. Seine Versuche, sich der schweren Aufgabe zu entziehen, fruchteten jedoch nicht: Ambrosius mußte nachgeben und wurde von einem nicänischen Bischof getauft (Vita 9,3); die beiden dafür in Betracht kommenden Daten scheinen der 24. November und der 1. Dezember 373 oder die gleichen Tage des Jahres 374 zu sein. Möchte man hinsichtlich der Wahl des Ambrosius nicht dem Legendenbericht folgen, so mag man an einen zwischen Arianern und Nicänern ausgehandelten Kompromiß denken, allein schon deshalb, weil beide Parteien wohl der Meinung waren, Ambrosius als Staatsbeamter würde sich an die Richtlinien des ja noch lebenden Valentinianus I. halten, welcher, wie schon erwähnt, nicht gewillt war, in die Religionskämpfe einzugreifen. Tatsächlich trat Ambrosius auch zu Beginn seines Bischofsamtes noch nicht mit Entschiedenheit als Verfechter des nicänischen Glaubensbekenntnisses auf, weil er begriff, daß er selbst noch eine gewisse Spanne Zeit der Sammlung und Vorbereitung nötig hatte, ehe er seine eigene Führungslinie abstecken könnte. Doch lange dauerte sein Zuwarten nicht. Ein Jahr nach des Ambrosius Wahl starb Valentinianus I. Ihm folgte sein Sohn Gratianus, dessen Stiefmutter Justina zu den Arianern hinneigte. Da der fürchterliche Goteneinfall von 378 den Hof zwang, aus Sicherheitsgründen von Sirmium nach Mailand überzusiedeln, kam es im Jahr darauf zu einem Zusammenstoß zwischen Ambrosius und Justina und den von ihr begünstigten Arianern: letztere hatten beim Kaiser um die Benutzung einer Basilika nachgesucht, was ihnen dank Justinas Einmischung gewährt wurde. Ambrosius aber kehrte gegenüber dem jungen Gratianus seine Autorität heraus, und die Basilika wurde den Nicänern übergeben (vgl. De Spiritu Sancto I, 1,21). Dieser entschiedene Eingriff des Ambrosius zu Gunsten der nicänischen Orthodoxie gehört schon zu seinem weitgespannten Wirken, das von Jahr zu Jahr einschneidender und selbstsicherer wird. Als 376, im Illyricum, der Arianer-Bischof Germinius stirbt, setzt sich Ambrosius über den Widerstand der Justina und des Hofes hinweg und ernennt den Nicäner Anemius. Wenig später (377/78) ist wohl eine Synode zu datieren, die man ausgerechnet in Sirmium abhielt, im Herzen einer arianischen Provinz. Dabei soll es Ambrosius gelungen sein, über ein Schriftstück abstimmen zu lassen, in welchem, wie die »Dissertatio contra Ambrosium« des Arianers Maximinus polemisch berichtet (cap. 129, PL I, 724), man sich zum Glauben an »drei allmächtige, drei ewige, drei gleiche, drei wahre Götter« bekannte. Unschwer läßt sich die arianische Verzerrung der nicänischen Dreieinigkeitslehre erkennen, die der Dreigötterei beschuldigt wird (daß solche Anschuldigungen gegen Ambrosius gerichtet wurden, entnimmt man auch aus De fide I, 3–4; V, 3; De Spiritu Sancto III, 15).

Im Laufe der Zeit wurde Gratianus dem nicänischen Glaubensbekenntnis immer gewogener. Nach der Niederlage der Römer bei Adrianopel (378) gegen die Goten hatte er ein religiöses Toleranzedikt erlassen, hatte es aber im nächsten Jahr wieder zurückgezogen, unter Androhung besonderer Maßnahmen gegen die Ketzer wie die Beschlagnahmung ihrer Kultstätten. 380 wurden diese Maßnahmen bestätigt. Von solcher philonicänischen Politik des Gratianus in die Enge getrieben, forderten einige zur »Gleichwertigkeit« haltende Bischöfe des

Illyricums, Palladius von Ratiaria und Secundianus von Singidunum, vom Kaiser die Einberufung eines Konzils, welches ihre Stellung klären sollte. Offensichtlich rechneten sie auf Unterstützung durch die Arianer des Ostreichs. Von diesem Konzil wird uns ausführlich berichtet in den offiziellen Akten (den »Gesta Concilii Aquileiensis«, die zusammen mit Briefen des Ambrosius auf uns kamen, PL 16, 955 ff.). Dieses Konzil trat in der wichtigen Stadt Aquileia zusammen, das heißt in einem Landstrich des westlichen Reichsteiles, unter der direkten Kontrolle des Ambrosius und seiner zuverlässigsten Mitarbeiter. Ambrosius mißtraute ja der Rechtgläubigkeit der Bischöfe aus dem Osten, die er, mehr oder weniger zu Recht, der Hinneigung zum Arianismus verdächtigte (ein Verdacht, den der Westen immer gegenüber dem Osten hegte). Deshalb überzeugte Ambrosius unter dem Vorwand, es sei unangebracht, soviele Bischöfe – worunter viele alte Leute waren – von weither kommen zu lassen, um über eine im Grunde engbegrenzte Angelegenheit wie die Rechtgläubigkeit zweier Arianer-Bischöfe zu entscheiden, Kaiser Gratianus, auf den ursprünglichen Plan eines ökumenischen Konzils zu verzichten und ließ nach Aquileia nur wenige Bischöfe von Norditalien, Gallien und Illyricum kommen. Das Konzil begann und beendigte seine Arbeiten im Verlauf eines einzigen Tages, am 3. September 381; es war zusammengesetzt aus treuen Befürwortern des nicänischen Glaubensbekenntnisses und vollzog sich in der von Ambrosius gewünschten Weise. Im wesentlichen wurden Palladius und, in geringerem Maße, Secundianus ins Unrecht gesetzt als Bekenner der Lehre des Arius und weil sie sich weigerten, den Sohn als wahren Gott und wahren Herrn zu bezeichnen, sondern lediglich als Sohn und Herr (Gesta, cap. 19); und weiter, auf des Ambrosius Frage, ob der Sohn »Deus bonus« sei, antwortete Palladius nur, er sei bonus (Gesta, cap. 30). Als dann Palladius, sich gründend auf Johannes 14,28 (»Pater maior me est«) einwendet, folglich sei der Sohn geringer als der Vater, erwidert ihm Ambrosius mit der Bemerkung, daß der Sohn »in forma Dei« (als Gott, vgl. Phil. 2,6–9) dem Vater gleich ist und nur insofern er Gestalt angenommen hat, geringer ist als der Vater. Die volle Verurteilung der beiden Arianer-Bischöfe, die nun von diesem nur auf einen Teil der Bischöfe des Westreichs beschränkten Konzil ausgesprochen wird, bekräftigt jene, die gleichzeitig vom Ökumenischen Konzil von Konstantinopel erlassen wird. Das bedeutet die endgültige Verurteilung des Arianismus.

In die Zeit der Konzilstätigkeit des Ambrosius (vielleicht als Vorbereitung dazu) kann man die Abfassung seines gegen die Ketzer gerichteten Dreierwerkes ansetzen, »De fide«, »De Spiritu Sancto«, »De incarnationis dominicae sacramento« (»Über den Glauben«, »Über den Heiligen Geist«, »Über das Sakrament von der Menschwerdung des Herrn«). Die Schrift »De fide«, in fünf Büchern, ist Kaiser Gratianus gewidmet, in der Absicht, dessen religiöse Erziehung zu festigen, insbesondere in dem Glauben, den das Konzil von Nicäa festgelegt hatte. In dieser Hinsicht war der Kaiser an der Schule des Ausonius höchst mangelhaft unterrichtet worden; zudem bot sich Ambrosius die Gelegenheit, persönlich den christlichen Glauben, die »fides christiana« darzulegen, die orthodoxe Lehre, zu der er sich bekannte. »De fide« kann in zwei Teile zerlegt werden, wie man III, 1–2 entnimmt: ein erster Teil umfaßt die zwei ersten Bücher ausgesprochen dogmatischen Charakters, während ein zweiter Teil, im wesentlichen der Auslegung gewidmet, dem Zweck dient, die richtige Erläuterung jener umkämpften Schriftstellen zu liefern, auf denen die arianische Ketzerei fußte. Die Bücher III bis V wurden einige Monate nach den beiden ersten abgefaßt: nehmen sie doch gewisse Feinde aufs Korn, welche die von Ambrosius in den Büchern I–II vorgelegten Lehren bereits beanstandet hatten. Ambrosius selbst gibt einen Namen an (III, 1,2), den des Palladius von Ratiaria, seines zukünftigen Feindes beim Konzil von Aquileia. Der Angriff des Palladius gehört wohl ins Jahr 379, weshalb des Ambrosius Antwort mit »De fide« III–V für 380 anzusetzen ist. Aufs Ganze gesehen erscheint des Ambrosius Lehre von der Dreieinigkeit, was Themen und theologische Vertiefung betrifft, nicht sonderlich erfinderisch. Weitgehend hängt er von Athanasius ab, wie O. Faller im Apparatus fontium (CSEL LXXVIII, 1962) bemerkt hat, und tritt so eher als ein ausgeglichener und folgerichtiger Verbreiter griechischer Theologiesysteme auf denn als selbständiger Denker. Der Hauptzweck des Werkes ist ja die Verteidigung des nicänischen Symbolums zusammen mit der Ablehnung der Gleichwertigkeitsformel von Rimini (359, vgl. I, 18, 120ff.). Solche Verteidigung wird, trotz der Benutzung Athanasischer Motive, mit beachtlicher Ausgeglichenheit vorgetragen, insofern als Ambrosius die Begriffe Vater und Sohn, Einheit und Dreieinigkeit wechselseitig in Zusammenhang bringt, ohne dabei jeglichen persönlichen Unterschied zwischen Vater und Sohn zu vertuschen in der Absicht, den Sohn, was die Gottesnatur betrifft, als dem Vater vollkommen gleich zu betrachten. Einheit und Dreieinigkeit bedingen sich wechselseitig: »deus autem unus nequaquam deitatem Trinitatis excludit et ideo natura laudatur« (II, 1,18; vgl. IV, 8,88 – »der eine Gott schließt keineswegs die Gottheit der Dreieinigkeit aus, und daher wird seine Natur gepriesen«). Die Einheit der Dreieinigkeit bewahrt die Wesenheit Gottes, weil sie nicht als abstrakter Begriff aufgefaßt werden darf, als Idealeinheit zwischen verschiedenartigen Personen (IV, 8,91). Die substantia stellt die absolute Einheit Gottes dar, das heißt den Einheitspunkt der Drei Personen, und schließt jede Individualität und Trennung aus, insofern sie substantia ist (IV, 8,91: indistincta substantia; V, 3,46: ... quod unius est substantiae separari non potest, etiamsi non sit singularitatis, sed unitatis ... singularitas ad personam pertinet, unitas ad naturam – »Was einheitlich ist nach der Substanz, kann nicht getrennt werden, weil es sich nicht um Einmaligkeit handelt, sondern um Einheit ... Die Einmaligkeit gehört zu einer Person, die Einheit zur Natur«). Substantia entspricht dem Begriff ousia (Sein), das heißt – wie in »De incarnationis dominicae sacramento« (9,100; vgl. Origenes, de orat. 27,9) erklärt wird – dem »was immer ist« (ousa aéi): daher weist die

»Substanz« im wesentlichen auf die Ewigkeit Gottes hin. Nun wurde in der lateinischen Sprache – und das schon seit einigen Jahrhunderten und so auch bei Ambrosius – der Begriff »substantia« parallel zum Begriff »natura« verwendet, weshalb sehr oft die beiden Ausdrücke auswechselbar sind. Einheit und Dreieinigkeit müssen als in ewiger Beziehung stehend betrachtet werden. Weiter erstreckt sich die Wesenseinheit auf eine Reihe anderer Einheiten: des Handelns, des Wollens, des Wissens usw. Ambrosius wird nie müde, die untrennbare Einheit zwischen Vater und Sohn in all ihren möglichen Äußerungen zu unterstreichen. Dagegen benutzt er fast nie den Ausdruck »persona«, weil der ursprüngliche Wortsinn auch den Begriff »Maske« enthält, weswegen der Verdacht des Modalismus oder Sabellianismus aufkommen könnte: dergestalt, daß wenn der Sohn »Persona« Gottes ist, man es auch so verstehen könnte, als wäre der Sohn eine Seinsart des Vaters – wodurch man in die dem Arianismus entgegengesetzte Ketzerei geriete, nämlich in die des Marcellus von Ancyra und des Photin. Daher zieht Ambrosius es vor, den konkreteren Begriff Tres (Drei) oder die bestimmenden Wörter Pater, Filius und Spiritus (Vater, Sohn und Geist) zu verwenden: was bedeutet, daß er sich die Dreieinigkeit im Bereich ganz persönlicher Beziehungen vorstellt, inbegriffen den Geist, der gerade damals zur Diskussion gestellt wurde von seiten der pneumatomachischen (»geistfeindlichen«) Häresie, welche die Göttlichkeit des Geistes leugnete. Nach des Ambrosius Weise werden nun die Drei Personen alle auf die gleiche Ebene gestellt, ohne daß man der Behauptung in Johannes 14,28 (»der Vater ist größer als ich«) echte Bedeutung zumißt. Diese Behauptung wird, wie alle anderen, welche ein »Geringersein« des Sohnes gegenüber dem Vater aussagen, nur als Hinweis auf die Menschwerdung aufgefaßt. Anders kann Ambrosius den Vorrang des Vaters, welcher der Ursprung der göttlichen Natur ist, nicht auffassen: jenen Vorrang, der umgekehrt in der östlichen Theologie so stark unterstrichen wird. Immerhin, mit diesem andauernden Bestehen auf der Gleichheit der Drei Personen gelingt es Ambrosius ein für alle Male, jede Spur von Untergeordnetheit auszuscheiden, welche in der westlichen Theologie seit Tertullian die Regel war. Die Besonderheit (idiótes, ídion in der Theologie der Nicäner) des Vaters ist die des Zeugens: »Pater ... proprium generantis nomen est; ... generatio non in voluntatis possibilitate est, sed in iure quodam et proprietate paterni videtur esse secreti« (IV, 9,103 – »Vater ist der Eigenname des Zeugenden ... Das Zeugen besteht nicht in einer Willensmöglichkeit, sondern scheint zu liegen in einem gewissen Recht und im Besitz des väterlichen Geheimnisses«). Die Eigentümlichkeit des Sohnes ist es, vom Vater gezeugt zu sein: »si genitus non est, nec Filius est (II, prol. 5 – »ist er nicht gezeugt, ist er auch nicht Sohn«). Auf welche Art sich diese Zeugung vollzieht, bleibt, das versteht sich, unserem kleinen Menschensinn verborgen: »scrutari non licet superna mysteria. Licet scire quod natus sit, non licet discutere quem ad modum natus sit (I, 10,65; vgl. auch IV, 8,90ff. – »Es ziemt sich nicht, die höchsten Geheimnisse zu erforschen. Es ziemt sich zu wissen, daß er geboren wurde, es ziemt sich nicht zu erörtern, auf welche Weise er geboren wurde«). Kennzeichen solchen Zeugens ist seine Ewigkeit, sein Außer-der-Zeit-Sein: »cum Filium nominas, etiam Patrem fateris, quia nemo ipse sibi filius est. Semper igitur Pater, semper et Filius (I, 8,55 – »Wenn du den Sohn beim Namen nennst, sprichst du auch vom Vater, da ja niemand sich selbst Sohn ist. Wo immer vom Vater gehandelt wird, gilt es auch immer dem Sohn«; »apostolus ... generationis aeternae proprietatem signavit« I, 14,94 – »Der Apostel ... wies auf die Eigenschaft ewigen Zeugens hin«). Doch rührt die Zeugung des Sohnes nicht von einem Willensakt des Vaters her, der in solchem Fall also früher als der Sohn vorhanden wäre, sondern vielmehr von einer der Natur des Vaters innewohnenden Kraft: der Vater zeugt durch seine Natur, nicht durch seinen Willen (IV, 9,102–116). Was das Problem des »homoúsios« (von gleichem Sein) von Nicäa betrifft, hegt Ambrosius keinen Zweifel, es als völlig rechtgläubig anzusehen. Doch verwendet er bei der Niederschrift diesen Ausdruck nicht oft, auch wenn er ihn im Einzelnen genau erklärt (im III. Buch, 15,126: »homoúsion enim aliud alii, non ipsum est sibi. Recte ergo homoúsion Patri Filium dicimus, quia verbo eo et personarum distinctio et naturae unitas significatur – »Das Gleichseiende ist nämlich etwas anderes, ist nicht sich selber gleich. Richtigerweise also nennen wir den Sohn gleichseiend mit dem Vater, da durch dieses Wort der Unterschied der Personen und die Einheit der Natur gezeigt wird«). Dazu trug vielleicht auch das Beispiel der Quelle bei, an der sich Ambrosius inspirierte, nämlich Athanasius, der lieber den Ausdruck »hómoios« (gleich) gebraucht, obschon in ihm auch die ganze Bedeutung von »homoúsios« inbegriffen ist (und dies mit der Absicht, beim gemäßigteren Flügel der Arianer Aufnahme zu finden). Wie dem auch sei, die lateinische Überlieferung hat stets »hómoios« als Wesensgleichheit aufgefaßt. Die Tatsache, daß Ambrosius beinahe nie den griechischen Ausdruck »homoúsios« gebraucht, daß er ihn vielmehr übersetzt mit »unius substantiae« (»von ein und derselben Substanz«) und »unitas substantiae« (»Einheit der Substanz« – vgl. III, 108; IV, 35; V, 45) beweist das. Auf jeden Fall faßte Ambrosius die Gleichheit des göttlichen Wesens auch im Zahlensinn auf: warnt er doch fortwährend den Leser davor, die Verschiedenheit der göttlichen Personen in einem Sinn zu verstehen, der ihn unvermeidbar zu einem Dreigötterglauben verführen würde. Daher »non discrepans, sed una divinitas, nec confusum quod unum nec multiplex quod indifferens (I, 2,17 – »keine aufgespaltene, sondern *eine* Gottheit, weder vermischt, weil *eine*, noch mehrfach, weil nicht verschieden«). Die Wesensverschiedenheit bringt Mehrzahl hervor, während die Einheit des Wollens und Wirkens zahlenmäßige Menge ausschließt: die Einheit ist ja nicht eine Zahl, sondern der Ursprung aller Zahlen (I, 2,19). Mit Bestimmtheit schließt Ambrosius die Vermutung aus, die Einheit zwischen den göttlichen Personen sei eine allgemein übliche Einheit, wie sie zwischen mehreren Männern des Menschengeschlechtes besteht (vgl. IV, 3,34; V, 3,42–47). Da es in Gott keinen materiellen Anfang gibt

und keine Zusammensetzung, aus welcher Verschiedenheit entstehen könnte, ist die Einheit voll und gänzlich (V, 3,42; vgl. epist. 81,8 = 17 Faller, CSEL LXXXII, 1,125: »Trinitas itaque incompositae naturae rumpi non potest, quia Deus unum et simplex et incompositum est quidquid est – »Die Dreieinigkeit von nichtvermischtem Wesen kann also nicht zerstückt werden, da ja Gott das Eine und Einfache und Unvermischte ist, insofern er ist«).
Obschon die Lehre von Christus nicht »ex professo« den Hauptgegenstand von »De fide« bildet, wird sie doch in diesem Werk ausführlich behandelt. Gerade in der Lehre von Christus sahen ja die Arianer einen überzeugenden Beweis für die Zweitrangigkeit des Sohnes: gestützt auf die für die alexandrische Überlieferung typische Christuslehre gemäß dem Begriff Logos-sarx (»Wort-Fleisch«), der im verkörperten Christus die direkte Vereinigung des göttlichen Wortes mit dem Menschenleib sah, konnten die Arianer unschwer dem Logos alle Schwächen des Leibes zuweisen, von welchem die Evangelien berichten (Geburt, Kreuzigung, Furcht, Freude, Weinen, Schmerz, kurz alle Gefühle, die Christus im Verlauf seines Menschenlebens empfunden hatte). Aber schon bei der Synode von Sirmium 378 hatte Ambrosius eine derartige Christuslehre zurückgewiesen, obschon sie anfänglich auch von Athanasius angenommen worden war. Die Christologie des Arius und der Alexandriner ging mit nur wenig Änderungen in den lateinischen Arianismus über. Beim Konzil von Aquileia, das im Jahr nach dem Abschluß von »De fide« stattfindet, bekräftigt der Arianer Palladius wiederum die bekannte Auffassung, daß Christus Menschenfleisch annahm, und da des Menschen Fleisch nicht von sich aus spricht, war es, wenn Christus sagt »Der Vater ist größer als ich« (Johannes 14,28), nicht das Fleisch, das sprach, sondern der Logos. Darauf erwidert Ambrosius, daß wenn das Fleisch aus sich nicht spricht, derjenige, der da sprach, Gott war, insofern er auch Mensch war (Gesta Conc. Aquil. 40, PL 16, 928; Ambrosii epist. 10,7). Ambrosius also geht einen Schritt weiter, nicht nur hinsichtlich der Stellung seiner Gegner, sondern auch im Vergleich mit Athanasius, indem er die westliche Christuslehre gemäß dem Begriff »Verbum-homo« (»Wort-Mensch«) wieder aufnimmt, welche in Christus das Vorhandensein der beiden Naturen, der göttlichen wie der menschlichen, in ihrer Vollständigkeit sieht. Die Person des inkarnierten Christus stellt folglich die Einheit dar, die über beide Naturen hinausgeht. Beide Wesensarten sind anfänglich getrennt, aber wegen der Einheit, die sich aus ihnen ergibt, kann man behaupten, daß der Sohn nicht des Menschen Fleisch annahm, sondern einen wahren, vollständigen Menschen; der Mensch Christus ist als »Persona« gekennzeichnet gegenüber anderen Menschen. Die Göttlichkeit Christi ist ewig, während sein Menschsein am Wesen der Geschöpfe teilnimmt: beide, Göttlichkeit wie Menschsein, bestehen nebeneinander und gleichzeitig. Oft dringt Ambrosius auf den Unterschied der beiden »Naturen«: »quia idem Deus idem homo, per divinitatem Deus, per susceptionem carnis homo, Iesus Christus, dominus maiestatis dicitur crucifixus, quia consors utriusque naturae, id est

humanae atque divinae, in natura hominis subiit passionem (II, 7,58 – »da Jesus Christus sowohl Gott wie Mensch ist, durch Göttlichkeit Gott, durch Menschwerdung Mensch, wird der Herr der Majestät der Gekreuzigte genannt, da er beider Naturen teilhaftig ist, der menschlichen wie der göttlichen, erlitt er in der Menschennatur die Passion«); servemus distinctionem divinitatis et carnis, unus in utraque loquitur Dei Filius, quia in eodem utraque natura est (II, 9,77 – »behalten wir also den Unterschied zwischen Gottheit und Fleisch bei, da der *eine* Sohn Gottes in beidem spricht, weil in ihm beide Naturen sind«).

Hier nun mag ein Hinweis auf jenes Werk nützlich sein, das Ambrosius zur Christologie im besonderen schrieb und das nur ein Jahr später abgefaßt wurde, nämlich 381: »De incarnationis dominicae sacramento«. In dieser Schrift verneint Ambrosius die Möglichkeit, daß sich die beiden Naturen vermengen lassen (4,23) und unterstreicht die Notwendigkeit ihrer Unterscheidung (2,13). Es ist absolut notwendig, in Christus ein vollständiges Menschsein zu erkennen (2,11). »Non enim alter ex Patre et alter ex virgine, sed idem aliter ex Patre, aliter ex virgine« (5,33 – »Es stammt nämlich nicht einer vom Vater und ein anderer von der Jungfrau, sondern derselbe auf eine Weise vom Vater und auf eine andere Weise von der Jungfrau«): es handelt sich also um eine und dieselbe menschliche Person. Im Einklang mit dem Schema der doppelten Natur Christi formuliert Ambrosius einige Regeln zur Auslegung der Evangelienstellen, welche dazu dienen, die verschiedenen Ereignisse in Christi Leben der einen oder der anderen der beiden Naturen zuzuweisen. Derart kann alles, was demütig und armselig oder auch nur menschlich in Christus erscheint, ihm getrost zugeschrieben werden (dank dem Schema der beiden Naturen), ohne daß es das homoúsios (die Seinsgleichheit) in Frage stellen könnte, wie die Arianer meinten. Eben diese Deutung erlaubt es Ambrosius, das Schema »Logos-sarx« zurückzuweisen und systematisch einige Anregungen seiner Lehrer Athanasius und Basilius wieder aufzunehmen.

»De fide« kann als die letzte der großen antiarianischen Schriften des Westens angesehen werden; auch wenn es sich dabei nicht um die diesbezüglich bedeutendste Betrachtung handelt (solche Auszeichnung gebührt dem Werk des Hilarius, »De Trinitate«), so ist es doch des Ambrosius wichtigstes theologisches Werk. Auch vom Gesichtspunkt der Geschichte des Westens ist »De fide« bedeutsam: ist es doch eng verbunden mit der Person, der es gewidmet ist, mit dem Kaiser Gratianus. Insofern es sich nicht um eine einfache Widmung handelte, sondern um eine Schrift, die beabsichtigte, das nicänische Glaubensbekenntnis zu verankern, bereitete sie jenen Triumph des nicänischen Credos vor, wodurch Ambrosius dann seinen Einfluß und seine ethisch-religiöse Autorität auf des Gratianus Nachfolger, auf Theodosius ausüben wird. Seit damals war der Glaubenskampf endgültig für die Arianer verloren.

In dieselbe Zeitspanne gehören die beiden anderen wichtigen theologischen Werke des Ambrosius, »De Spiritu Sancto« und »De incarnationis dominicae sacramento«. Das erste muß (und schon sein Autor war dieser Meinung) als die natürliche Fortsetzung von »De fide« angesehen werden, dem es auch zeitlich auf dem Fuß folgte (geschrieben 381, kurz vor dem Konzil von Konstantinopel). Auch für dieses Werk zieht Ambrosius die östliche Theologie heran, indem er aus den bekanntesten nicänischen Schriften schöpft, die in jenen Jahren verfaßt wurden – wie die »Epistulae ad Serapionem« des Athanasius und »De Spiritu Sancto« von Basilius; vor allem aber fußt der lateinische Verfasser auf einem einfacheren und zur Verbreitung geeigneteren Traktat, der ihm offensichtlich für sein westliches Publikum passender erschien, nämlich auf »De Spiritu Sancto« des Alexandriners Didymos. Dieser Umstand rief des Hieronymos scharfe Kritik hervor, der im Vorwort zu seiner Übersetzung der Didymos-Schrift sich spitz über des Ambrosius Werk ausläßt (des Hieronymos Meinung über den Bischof von Mailand war, wie man wohl weiß, nie sonderlich freundlich).

»De Spiritu Sancto« ist, was die theologische Reflexion betrifft, viel ärmer als »De fide«, beschränkt sich dieses Werk doch fast ausschließlich auf eine wiederholende Auslegung der als wichtig angesehenen Bibelstellen. Bekanntlich hatte sich in den Jahren zwischen 360 und 380 die Diskussion auf die dritte Person der Dreieinigkeit konzentriert, weil sich zu dem radikalen Leugnen der Göttlichkeit des Geistes von seiten der Arianer ein ebenso entschiedenes Ableugnen von seiten derjenigen gesellte, welche sich sonst durchaus gegen die Arianer stellten und die Göttlichkeit des Sohnes anerkannten. Die Pneumatomachen (»Geistbekämpfer«) sonderten sich – obwohl sie in mancher Hinsicht den Nicänern bei deren Polemik gegen die Arianer nahestanden – in anderen Hinsichten von den Nicänern ab und verweigerten insbesondere strikt die Würde der Gottheit dem Geist, den sie in den Rang der Geschöpfe zurückversetzten. Zudem hatte sich auch die orthodoxe Theologie im Laufe von drei Jahrhunderten nur reichlich ungenügend über dieses Problem geäußert, unfähig, eine eigene Lehre über den Geist auszuarbeiten, so daß sie nun von den Angriffen der Arianer und Pneumatomachen überrumpelt wurde – man denke nur an die unzureichende Darlegung, die Hilarius von Poitiers dem Geist widmet! Ambrosius, östlichen Quellen folgend, besteht vor allem darauf, dem Geist die Eigenschaft des Geschöpfes abzusprechen und dafür die vollkommene Gleichheit der Dritten Person mit den beiden anderen zu vertreten: eine Gleichheit, die auf der Stufe wahrer Göttlichkeit auch für den Geist gilt und als volle Teilnahme des Geistes an den Vorrechten, an der Würde, an den Aufgaben und Tätigkeiten des Vaters wie des Sohnes verstanden werden muß. Wie oben vermerkt besteht des Ambrosius Beitrag zur Definition einer Theologie des Geistes vor allem in der Erörterung der diesen Zweck erhellenden Bibelstellen.

»De incarnationis dominicae sacramento« ist um ein weniges jünger als die beiden anderen Schriften. Das Werk scheint zu einer Zeit verfaßt, als Kaiser Gratianus in Mailand residierte, und zwar genau zwischen Frühjahr 381 und dem 25. August 383, sehr wahrscheinlich im Laufe des Jahres 382. Die Abhandlung

teilt sich in zwei Abschnitte. Der erste geht auf eine Homilie des Ambrosius zurück (auch einige Abschnitte von »De fide« kann man von Homilien herleiten); der Ausgangspunkt ist Gen. 4,7 (»si recte offeras, recte autem non dividas, peccasti« – »wenn du auch richtig opferst, aber nicht richtig teilst, hast du gesündigt«), gedeutet als Hinweis auf die Häretiker, die Gott ein Opfer darbringen, aber dabei nicht richtig unterscheiden. Die Häresie, die Ambrosius hier aufs Korn nimmt, ist der Apollinarismus, auch wenn sich der Verfasser nicht weiter über das Thema verbreitert. Vor allem beschäftigt er sich mit der Frage einer Menschenseele in Christus: es muß eine vernunftbegabte Seele sein, wie diejenige aller Menschen (was Apollinaris gerade leugnet). Wenn er aber eine Menschenseele hat, wie kann er dann sündlos, unfehlbar und allwissend sein? Die grundlegende Antwort darauf lautet, daß Gottes Sohn alles das annehmen mußte, was gerettet werden sollte – und er mußte auch die menschliche Seele retten. Das aber bedeutet, daß in Christus zwei Naturen vorhanden sind.
Diese Frage, die in den folgenden Jahrhunderten im Bereich der Christologie erbittert umstritten wird, taucht in des Ambrosius Zeit erst auf. Er unterscheidet in Christus (7,72–74) ein unerschaffenes, göttliches, vollkommenes und unwandelbares Wissen und ein Menschenwissen, das beschränkt ist und bestimmt, sich zu entwickeln. Im zweiten Teil des Werkes (8,79ff.) nimmt Ambrosius die geläufigen Themen der gegen die Homöer gerichteten Polemik wieder auf (der Sohn ist nicht Geschöpf; Unterschied zwischen Schöpfung und Zeugung; »gezeugt« und »erzeugt« zeigen nicht die Substanz an, doch beziehen sie sich auf die Substanz).

Der Ausblick auf die theologischen Werke des Ambrosius hat uns in seiner Lebensgeschichte vorrücken lassen bis ungefähr zum Jahre 382, weshalb wir nun einen Schritt zurückgehen müssen, in die Jahre nach seiner Ordinierung zum Bischof, wobei wir auch seiner Tätigkeit als Seelenhirt und Literat Rechnung tragen.
In diesen Zusammenhang gehören einige kurze Schriften, denen oft eine Homilie zu Grunde liegt und die alle biblische Argumente behandeln. Ambrosius setzt sich mit der Deutung einiger Beispiele aus dem Alten Testament nach allegorischen oder inhaltlichen Richtlinien auseinander. Aus diesem Grund kam Ambrosius, eben unter Bezug auf diese Kurzschriften (andere wird er später noch verfassen), zum Beinamen »Philo Christianus«: wird doch in diesen Schriften die Bibelerklärung im Einklang mit ähnlichen Arbeiten des Philon von Alexandria betrieben. Zu solcher Beschäftigung mit der Bibel gehört auch des Ambrosius wohl erste Veröffentlichung »De Paradiso« (»Vom Paradies«), ungefähr aus dem Jahre 375: Das Paradies ist ein Abbild der Menschenseele, mit der Tugendübung und den Kämpfen, welche die Tugend bestehen muß. Die vier Flüsse des Paradieses bedeuten die vier Haupttugenden. Wenig später ist »De Cain et Abel« (»Von Kain und Abel«; vgl. De sacrificiis Abelis et Caini von

Philon) anzusetzen, in zwei Büchern, die sich mit der Deutung des von den beiden Brüdern Gott dargebrachten Opfers beschäftigen. Es folgt »De Noe« (auch als »De Noe et arca« zitiert: »Über Noah und die Arche«), worin er Noahs Schiff als dem menschlichen Körper gleichbedeutend auslegt. Wahrscheinlich gehört auch diese kleine Schrift in des Ambrosius Frühzeit, obschon Schenkl sie auf 383–384 ansetzt und Kellner auf Ende 386; aber eher wurde sie doch wohl gleich nach dem Sieg der Goten bei Adrianopel 378 verfaßt. Nach »De Noe« unterbricht Ambrosius einige Jahre seine Bibelerläuterung, um sie erst später wieder aufzunehmen. Neben theologischer Diskussion und Bibelerklärung schlägt der Schriftsteller Ambrosius noch einen anderen Weg ein: den der Moralfragen. Kennzeichnend für das antike Christentum, sei es griechisch oder lateinisch, war die hohe Achtung, die man der Jungfräulichkeit erwies; wie bekannt, waren diesbezügliche Betrachtungen und Ermahnungen, solche Tugend zu üben, seit frühchristlicher Zeit im Umlauf, abgefaßt in der einen wie in der anderen Sprache. Ambrosius reiht sich damit in die westliche Überlieferung ein, an deren Beginn Tertullian steht. So schrieb er 377 drei kurze Bücher »De virginibus« (»Über Jungfrauen«), seiner Schwester Marcellina gewidmet, die ihn darum gebeten hatte. Das erste Buch preist die Tugend der Jungfräulichkeit, das zweite führt mehrere diesbezügliche Beispiele aus; im dritten Buch sind verschiedene Ratschläge zu lesen, die der Bischof an junge Mädchen richtet, die solch schwierige Lebensart wählen. In des Ambrosius Haus wurde solche Erfahrung ja gelebt, insofern als seine Schwester Marcellina sich 353 der Jungfräulichkeit geweiht hatte. So führt Ambrosius die Rede an, mit der sich bei jener Gelegenheit Papst Liberius an sie gewandt hatte. Das Thema der Jungfräulichkeit wird ein Jahr später, 378, weitergesponnen in einem Schriftchen »De virginitate« (»Über die Jungfräulichkeit«), in dem er sich gegen Einwürfe verteidigen muß, die nach der Veröffentlichung von »De virginibus« gegen ihn gerichtet wurden wegen der darin vorgetragenen Ideen über die Askese. Askese wird weiterhin anempfohlen – immer im Rahmen vielseitiger Überlieferung zur Selbstüberwindung – in »De viduis« (»Über den Witwenstand«, 377–378), worin Ambrosius versucht, einer Dame von neuerlicher Vermählung abzuraten: die zweite Ehe ist nicht ratsam, wenn sie auch nicht verboten ist. Der Gegenstand wird durch zahlreiche Betrachtungen erhärtet, die dem Gedankengut des frühen Christentums angehören (man denke nur an Tertullian!) und wahrscheinlich besteht die kleine Schrift aus der Überarbeitung früher gehaltener Predigten.
Interessanter für Leben und literarische Tätigkeit des Ambrosius ist die Leichenrede, die er zum Tode seines Bruders schrieb »De excessu Satyri« (»Über des Satyrus Tod«), vor allem im Blick auf des Verfassers eigenes Leben. Alles, was wir über Satyrus wissen, entnehmen wir dieser Gedächtnisschrift. Wir erfahren, wie eng er mit Ambrosius verbunden war, von dem er sich hatte trennen müssen, als dieser 370 zum Gouverneur der Provinzen Aemilia und Liguria ernannt wurde. Satyrus seinerseits wurde Gouverneur einer Provinz (doch wissen wir

Ambrosius von Mailand

nicht, von welcher). Als er jedoch von der Wahl des Ambrosius zum Bischof von Mailand erfuhr, verzichtete er auf seine eigene Karriere und widmete sich voll und ganz dem Dienst des Bruders, einem Dienst, der jenem wertvoll war. Wenig später aber mußte Satyrus in die Provinz Africa reisen, wo Besitztümer ihrer Familie lagen, um dort nach dem Rechten zu sehen: ein gewisser Prosperus schuldete ihnen große Summen, doch weigerte er sich, sie zu bezahlen. Im Herbst 377 reiste Satyrus nach Nordafrika, regelte dort seine Geschäfte und lernte bei dieser Gelegenheit den dortigen Gouverneur kennen, Quintus Aurelius Symmachos. Auf der Rückreise – wegen eines Sturmes oder weil das Schiff zu alt war – konnten sich die Passagiere nur schwimmend retten. Satyrus kam lebend davon, dank Gottes Hilfe, die ihm ein Hostienbruchstück, das er bei sich trug, gewährt hatte; an sardisches Ufer verschlagen, wollte er die Taufe empfangen, um Gott zu danken; doch als er erfuhr, daß der Bischof, der ihn taufen sollte, ein Ketzer war (ein Gefolgsmann des Luzifer von Calaris), wies er die Taufe zurück und setzte die Reise fort, bis er nach Mailand zu Ambrosius und Marcellina gelangte. Infolge dieser Reisestrapazen aber zog sich Satyrus eine Krankheit zu, die ihm, obwohl es noch ein Wiedersehen in Mailand mit Ambrosius und Marcellina gab, im Februar 378 den Tod brachte. Von gleichzeitigen Ereignissen im den Barbareneinfällen ausgesetzten Reich vernimmt man ebenfalls ein Echo in dieser Trauerrede, die Ambrosius auf den Tod seines Bruders schrieb. Sie wird von zwei voneinander unabhängigen Ansprachen gebildet, die im Abstand von einigen Tagen gehalten wurden. Der zweite Teil ist geordneter und besser gegliedert und enthält ein lehrhaftes Exposé über den Menschen und über den Tod, wovon viele Elemente aus dem Mittelplatonismus des Apuleios stammen. Der erste Teil ist sehr viel weniger geordnet und zeigt unmittelbar des Verfassers Gefühle. Mit »De excessu Satyri« beginnt Ambrosius jene literarische Form der christlichen »consolatio« (»Tröstung«), die er dann in den beiden anderen Leichenreden, die später noch erwähnt werden, fortsetzen wird. Neben Elementen der heidnischen Überlieferung benutzt Ambrosius Ideen und Gefühle, die ihm das Christentum zubrachte. Die Bibel hat ja nicht nur Erinnerungen, Zitate, Ideen und Beispiele geliefert, sondern auch regelrechte literarische Formen. Ambrosius begrub Satyrus neben dem Heiligen Victor, zur Linken des Märtyrergrabes, und brachte eine Grabschrift an (C.I.L. V, 617,5).

Geringer an lehrhafter wie an literarischer Bedeutung ist eine andere kleine Schrift aus derselben Zeit (vor 380): »De Tobia« (»Über Tobias«), bestehend aus zwei Predigten gegen den Wucher. Der Stil der beiden Homilien ist bemerkenswert gefeilt, ja überladen mit rhetorischen Floskeln.

Mit dem Jahr 382, also mit der Abfassung von »De incarnationis dominicae sacramento« kann man die erste Phase der Tätigkeit des Literaten wie des Predigers Ambrosius für abgeschlossen erachten – einer Produktion, die vor allem durch das Problem des Arianismus ausgelöst wurde. Zu den gegen die Ketzer gerichteten Werken gesellen sich andere von geringerem Gewicht, von

denen sich, als Auftakt einer neuen literarischen Spezies, die Gedächtnisrede auf den Tod des Satyrus abhebt. Indessen war seit dem folgenden Jahr die politische Lage in schlimme Wirrnis geraten. Kaiser Gratianus, auf den Ambrosius so großen Einfluß ausgeübt hatte, war ganz unerwartet, am 25. August 383, in Lyon ermordet worden. In jenem Jahr hatte das Heer Britanniens gemeutert; den General Magnus Maximus hatten seine Truppen zum Augustus ausgerufen, worauf er in Gallien einfiel. Doch nach des Gratianus Ermordung sandte Maximus aus Gallien Friedensvorschläge an den Hof in Mailand und lud des Gratianus Sohn, den erst zwölfjährigen Valentinianus II., nach Trier ein. Da begibt sich Ambrosius auf die Reise nach Trier und begegnet in Mainz einer ähnlichen Abordnung, die, von Maximus nach Italien gesandt, Valentinianus nach Trier begleiten soll. In Trier dann erklärt sich Ambrosius mit jeder Bedingung einverstanden, wenn nur der Friede bewahrt bleibt. Doch für den Kaiser entscheiden kann er nicht. Indessen kehrt Victor, der Anführer der von Maximus nach Italien entsandten Delegation, zurück und bringt den Entscheid des Hofes: für Britannien, Gallien und Spanien wird Maximus anerkannt, für Italien, Africa und Illyricum Valentinianus II.
Mit Maximus setzt nochmals eine starke Reaktion des Heidentums ein. Symmachos wird zum praefectus Urbi (Statthalter für Rom) ernannt, Vettius Agorius Praetestatus zum praefectus praetorio (Oberbefehlshaber der Prätorianer). Valentinianus II. erläßt 384 ein Edikt, welches die Rückerstattung des von Privatleuten den öffentlichen Gebäuden – will sagen von Christen den Heidentempeln – entwendeten Baumaterials erlaubt, und im Sommer des gleichen Jahres kommt es zu einem Zusammenstoß zwischen Ambrosius und Symmachos betreffs des Sieges-Altars. Dieser Altar hatte einst in der Kurie des Römischen Senates seinen Platz, war zum erstenmal 357 von Constantius II. entfernt worden und wurde dann von Julianus dort wieder aufgestellt. 382 war er abermals, gemäß einer Entscheidung des Kaisers Gratianus, entfernt worden; und nun sandte Symmachos an den Kaiser ein Gesuch, eine relatio (die dritte, nach der Ausgabe von Seeck), um ihn zu überzeugen, daß er den Altar wiederum in der Kurie aufstellte. Um dieses antike Monument, das einst nach des Kaisers Augustus Willen errichtet und nun für die heidnische Senatorenaristokratie zum Sinnbild der altehrwürdigen Größe Roms und der Treue zu den aus der Vergangenheit überkommenen Werten der Religion und des Bürgersinnes aufgestiegen war, vollzog sich der letzte Kampf des Heidentums. Auf das Gesuch des Symmachos, die Zeugen der Vergangenheit und die angestammten Kulte im Sinn eines religiösen Synkretismus und einer Toleranz, die das Christentum vergessen hatte, zu bewahren, antwortete Ambrosius mit zwei an den Kaiser gerichteten Schreiben; dieser solle die Entscheidung des Gratianus keinesfalls aufheben und den heidnischen Kulten und ihren Anhängern keinerlei Zugeständnisse gewähren. Es sind das die Episteln 17 und 18 der Briefsammlung des Ambrosius. Gegen Ende desselben Jahres 384, im Oktober oder November, wird Ambrosius von

Valentinianus II. gebeten, nochmals nach Trier, an den Hof des Maximus zu reisen. Von dieser Sendung berichtet Ambrosius selbst, in der an Valentinianus II. gerichteten Epistel 24. Zweck der Reise war es, die Überführung des Leichnams des im Vorjahr ermordeten Gratianus nach Mailand zu erwirken. Die Begegnung zwischen Ambrosius, der nicht in Privataudienz empfangen wird, und dem Kaiser ist stürmisch: Maximus beschuldigt Ambrosius, im Verein mit dem Mailänder Hof gegen ihn zu intrigieren. In denselben Wochen rollt in Trier der Prozeß gegen Priscillianus und seine Anhänger ab. Im Sommer von der Synode von Bordeaux verurteilt, war Priscillianus, der Magie angeklagt, abgesetzt und verhaftet worden. Trotz des Ambrosius gegenteiliger Meinung wird Priscillianus dann zusammen mit seinen Gefährten hingerichtet. Wegen dieses grausamen Vorgehens verweigerte Ambrosius jeden weiteren Umgang mit den Bischöfen des Maximus – weshalb er aus Trier ausgewiesen wurde. Bei seiner Rückkehr nach Mailand traf er dort den Arianer-Bischof von Durosturum, Mercurinus Auxentius, an, den Theodosius im Vorjahr abgesetzt hatte. Als einstiger Schüler des Wulfila findet jener Bischof in Mailand viele Sympathien, bei Gotenbarbaren ebenso wie bei zahlreichen Angehörigen des Hofes, unter anderem auch bei der Kaiserin-Mutter Justina, welche ja schon seit Jahren dem Ambrosius wenig wohlgesinnt gewesen war. So kam es in den ersten Monaten des Jahres 385 dahin, daß Ambrosius vom Hof ersucht wurde, den Arianern eine Basilika zu überlassen. Nachdem Ambrosius das abgelehnt hatte, scharte sich eine Menge von Gläubigen und Anhängern des Bischofs zusammen, die die Wachen nicht zu zerstreuen vermochten. Der Hof, eingeschüchtert von der Volksreaktion, mußte nachgeben und auf die Forderung verzichten. Doch erstarkt nun bei Hofe die Opposition gegen des Ambrosius Unbeugsamkeit. Zuerst siedelt der Hof nach Aquileia über, dann im Februar 386 nach Pavia. Im Januar desselben Jahres 386 wird ein Gesetz veröffentlicht, das jenen Kultfreiheit erlaubt, welche sich zum Credo von Rimini, das heißt zur berühmten Gleichwertigkeits-Formel bekennen, die 359 Constantius II. gewünscht hatte, und droht denen, welche solche Kultversammlungen verhindern, die Todesstrafe an. Der Angriff gegen Ambrosius ist offenkundig. Er beruft daraufhin ein Bischofskonzil nach Mailand, um einen Aktionsplan abzusprechen, und schließt sich mit den Gläubigen in der Basilika Portiana ein. Kaum ist der Hof nach Mailand zurückgekehrt, rücken Wachen zur Belagerung der Basilika an. Während der Belagerung geben sich die um Ambrosius versammelten Gläubigen eifrigen Gebetsübungen hin. In dieser Situation ist wohl einer der stärksten Anstöße für die ambrosianische Hymnendichtung zu suchen. Während solcher Bedrängnis hält der in der Basilika eingeschlossene Ambrosius vier Homilien, welche dann ins siebte Buch der »Expositio evangelii secundum Lucam« (»Erklärung des Lukas-Evangeliums«) aufgenommen wurden: »De Jacob et vita beata« (»Über Jakob und das selige Leben«) sowie den »Sermo contra Auxentium« (»Strafpredigt gegen Auxentius«). Die Homilie über Jakob und das selige Leben ist die bedeutsamere der beiden Abhandlungen. Die Frage nach dem »seligen Leben« bildete ein philosophisches Thema, dessen Wurzeln tief in die Vergangenheit zurückreichten. Ambrosius nimmt es wieder auf, wobei er zu christlichen Motiven auch rein philosophische heranzieht, vor allem solche aus dem Neuplatonismus (Plotin, Enn. I, 4), dazu aus Philon von Alexandria und aus dem IV. Buch der Makkabäer. Hiermit stellt sich die Frage nach dem Verhältnis des Ambrosius zur Philosophie, worauf wir, wenn auch kurz, zurückkommen werden in bezug auf andere, in dieser Hinsicht wichtige Werke.

Um wieder an des Ambrosius Lebensgeschichte anzuknüpfen: der Widerstand des Bischofs und seiner Getreuen, die sich mit ihm in der Basilika Portiana eingeschlossen hatten, dauert erbittert an, bis kurz vor Ostern (in den ersten Apriltagen 386) der Hof nachgibt und Valentinianus II. die zu Gunsten der Arianer erlassenen Verordnungen widerruft. Zu des Ambrosius Ruhm werden im selben Jahr die Reliquien der Heiligen Protasius und Gervasius entdeckt: am 17. Juni 386, in der Gräberzone bei Porta Vercellina, ließ Ambrosius eine Grabung ausführen, im Keller vor dem Gitter der Grabkapelle der Heiligen Nabor und Felix. Am Tag darauf wurden die Gebeine der Märtyrer in einer nahen Kapelle, in der Basilika der Heiligen Fausta, aufgebahrt, und am 19. Juni wurden sie in feierlicher Prozession zur eben fertiggestellten Basilika überführt: in die Basilika Ambrosiana, die also mit der Beisetzung dieser Reliquien geweiht wurde. In der Epistola 22 an Marcellina berichtet Ambrosius von der Begeisterung der Gemeinde und von der religiösen Feierlichkeit der Weihe der Basilika.

Wie man sieht, in den Jahren zwischen 382 und 386 ist die literarische Tätigkeit des Ambrosius, der damals bis zum Hals in politischen Schwierigkeiten und Aufgaben stak, ziemlich gering. Wenige sind die damals verfaßten Werke. Man könnte in jener Zeitspanne die zwei Bücher »De paenitentia« (»Über die Buße«) ansetzen (nach der Meinung der Patres Maurini 384 verfaßt), worin Ambrosius gegen den Rigorismus der Anhänger des Novatian zu Felde zieht und des Priesters gutes Recht verteidigt, auch die schwersten Sünden zu verzeihen. Von 383 stammt wohl »De interpellatione Iob et David« (»Über die Anfrage bei Hiob und David«), vier Predigten, die, vom Buche Hiob und den Psalmen 41, 42 und 72 ausgehend, das körperliche und geistige Elend des Menschen zu rechtfertigen und die vollste Rechtfertigung für das Unglück des Gerechten und das Glück des Bösen zu finden suchen. Um 383 könnte auch die »Apologia prophetae David« (»Verteidigung des Propheten David«) entstanden sein, zwei Predigten, welche das Elend Davids darstellen, als er sich des Ehebruches und des Mordes schuldig gemacht hatte; und wie er gerade aufgrund der Aufrichtigkeit seines Geständnisses gerechtfertigt wurde.

Die Lösung der politisch-religiösen Schwierigkeiten der Mailänder Kirche sowie der unleugbare Erfolg des Ambrosius gegenüber dem Hof – der vielleicht auch deshalb nachgegeben hatte, weil von Trier her der Usurpator Maximus sein Eingreifen zu Gunsten der Orthodoxie androhte, um sich die Unterstützung der

Bischöfe von Gallien und Spanien zu verschaffen – gewährte nun dem Bischof ein wenig Muße für seine literarische und homiletische Tätigkeit, die sich seit 382 inmitten der politischen Wirren erheblich vermindert hatte. Jetzt, ab 386, nimmt Theodosius, der Kaiser des Ostreichs, in steigendem Maße Anteil an den Zuständen im Westen, und Ambrosius wird in ihm, einem überzeugten Nicäner, eine viel überragendere Persönlichkeit als die bisherigen Kaiser finden. Ambrosius beschäftigt sich nun wieder mit der Erläuterung der Hauptgestalten des Alten Testaments und schreibt in jenen Jahren (ab 387) »De Abraham« in zwei Büchern, worin der Patriarch das Ideal des christlichen Weisen darstellt (im ersten Buch wird Abrahams Leben bis zu seinem Tode erzählt, im zweiten der Bund Gottes mit Abraham, Gen. 17,21). Es folgt »De Isaac vel anima« (»Von Isaak oder von der Seele«), worin eine beachtliche Auslegung des Hohen Liedes enthalten ist, die, wenn auch ein wenig oberflächlich, an die Begegnung Isaaks mit Rebekka anknüpft (zu solcher Anknüpfung berechtigt die dem antiken Christentum eigene Auslegung, Rebekka mit der Seele oder mit der Kirche zu identifizieren und, gleicherweise, die Braut des Hohen Liedes mit der Seele oder mit der Kirche zu identifizieren, welche beide sich mit dem Bräutigam Christus verbinden). »De bono mortis« (»Über die Wohltat des Todes«), aus zwei Homilien bestehend, ist die direkte Fortsetzung von »De Isaac« und eine Preisung des christlichen Todes. Darauf folgt »De Joseph«, in dem Ambrosius die wichtigsten Momente aus dem Leben des Patriarchen unter die Lupe nimmt und ihn weitgehend, gemäß einer häufigen Einschätzung des antiken Christentums, als Christusfigur darstellt. Weniger wichtig sind zwei andere kleine Schriften, auch sie alttestamentarischen Gestalten gewidmet: »De patriarchis« (»Über die Patriarchen«), worin gehandelt wird vom Segen, den Jakob seinen Söhnen spendet und der von Joseph im messianischen Sinn gedeutet wird (es scheint, daß für die Kennzeichnung der Patriarchen, nämlich der typologischen Vorwegnahme einiger Figuren aus der Zeit Christi – wie der Schriftgelehrten und der Hohenpriester – Ambrosius sich an Hippolyt orientiert), sowie »De Helia et ieiunio« (»Über Elias und das Fasten«), worin Ambrosius, wie aus dem Titel hervorgeht, die Christen im Predigerton zur Einhaltung des Fastens und zum Verzicht auf Vergnügungen ermahnt. Von allen diesen Schriften sind zweifelsohne »De Abraham«, »De Isaac« und »De bono mortis« die wichtigsten. In ihnen hat man einen starken Einfluß des Origenes festgestellt, besonders von dessen »Kommentar zum Hohen Lied«, das Ambrosius eine Form von Geistigkeit nahebringt, die über die Grenzen der bloßen Erläuterung hinausgeht und wofür der Alexandriner berühmt war. Nun konzentriert sich die Ambrosianische Spiritualität auf die enge, persönliche Bindung der Menschenseele an Christus, nicht mehr im Bereich der äußerlichen Regeln und Vorschriften (obschon auch diese zu Recht bestehen), sondern im Bereich mystischer Erfahrungen. Origenes ersetzt ihm nun den dürren und wirren Philon von Alexandria, der für des Ambrosius frühere Auslegungen die Quelle gebildet hatte. Bei den

Abhandlungen zwischen 386 und 389 interessiert zudem die Heranziehung der Philosophie und bestimmter philosophischer Themen. Natürlich ist Ambrosius kein Philosoph, und grundsätzlich ist seine Stellung zur Philosophie polemisch, allein schon, weil sie sich mit dem Heidentum identifizierte und für ihn eine der beispielhaften Äußerungen der heidnischen Irrtümer darstellt. Kein Zweifel also, daß Ambrosius gegenüber der Philosophie äußerst kritisch war. Doch solche Kritik ist nicht neu im antiken Christentum. Sie geht bis auf Tertullian zurück, und man findet sie auch bei Augustinus – was jedoch alle diese christlichen Schriftsteller nicht hinderte, von der Philosophie Gebrauch zu machen. Gewiß, sie trafen eine Auswahl unter den an sich schon beschränkten Themen, die im lateinischen Westen im Umlauf waren, und wählten nur solche, die sich auf diese oder jene Art nützlich, das heißt für christliche Belange anpassungsfähig erwiesen. Andererseits hatte sich Ambrosius gerade damals Origenes genähert, der ja an der griechischen Philosophie und am ihm zeitgenössischen Platonismus besonders interessiert war, so daß eben auf dem Umweg über den Alexandriner Ambrosius zur Lektüre dieses oder jenes heidnischen Philosophen angeregt werden konnte. Solche Lektüre wird sich wohl auf gewisse Schriften der westlichen Neuplatoniker beschränkt haben, die von niemand anderem als von Porphyrius herzuleiten sind, dem Verbreiter des Neuplatonismus (dessen »De regressu animae«, »Über die Rückkehr der Seele«, anscheinend viel gelesen wurde). Dem Neuplatonismus entnahm Ambrosius auch den Begriff von Gott als »summum bonum« (»das höchste Gute«, »De Isaac« 8,78; »De bono mortis« 12,55ff). Aus Cicero und Seneca nahm er einige Themen zur Interpretation des Todes: von den Vorteilen, die der Tod bringt, weil er ja nicht das ist, was das Volk gemeinhin darunter versteht. So kann man sein Interesse an der Physik der heidnischen Philosophen (wenn auch mit allen diesbezüglich für das Christentum üblichen Kritiken) am Anfang seines vielleicht berühmtesten Werkes, dem »Hexameron« (»Die sechs Tage«) feststellen, wo er, bei der Kommentierung der sechs Schöpfungstage, anfangs gewisse heidnische Lehren – wie z. B. die von der gleichen Ewigkeit Gottes und der Materie – bekämpft, weil ja sonst Gott die Welt aus einer vorher bestehenden Materie erschaffen hätte. Auch das »Hexameron« besteht aus einer Reihe von Predigten: sechs Bücher und neun Reden, gehalten während der Karwoche eines zwischen 386 und 390 liegenden Jahres. Bei solcher kanzelrednerischen Behandlung hängt Ambrosius geradlinig von Basilius von Caesarea ab, obschon er sich natürlich in eine lange exegetische Tradition einreiht, zu der im Westen Hippolyt, im Osten der große Origenes (»In Genesim Homiliae«) gehört. Des Ambrosius Abhängigkeit von seiner griechischen Quelle wurde von Hieronymus bitter gerügt, der, schon wegen »De Spiritu Sancto« dem Mailänder Bischof gram, ihn des Plagiats bezichtigte (Epist. 84,7). Das »Hexameron« ist gleichwohl vielleicht des Ambrosius schönstes Werk – auch wenn es nicht sein scharfsinnigstes noch sein gelehrtestes ist. Während des Mittelalters übte es einen ungeheuren Einfluß aus.

Neben den oben erwähnten kurzen Erläuterungsschriften über alttestamentliche Figuren stehen Werke von stärkerer Intensität, die nicht Personen, sondern Bibelstellen zum Gegenstand haben: So zum Beispiel die »Expositio in psalmum 118« (»Auslegung des 118. Psalms«), bestehend aus 22 Predigten, die zwischen 387 und 388 gehalten wurden, sehr wahrscheinlich nach dem Vorbild des Origenes. Noch weiter holt die »Expositio Evangelii secundum Lucam« (»Auslegung des Lukas-Evangeliums«) aus, 389 verfaßt als Überarbeitung zahlreicher Homilien. Die Quelle ist wiederum Origenes, dessen »Homiliae in Lucam« dem Ambrosius besonders für die ersten beiden Bücher dienten (das Werk umfaßt im Ganzen deren zwölf). Wie immer beim Predigerstil wendet sich Ambrosius direkt an das Volk, bezieht sich auf bekannte Begebenheiten und zeitgenössische politische Ereignisse. Er erinnert an die antikatholische Verfolgung (VII, 52–53), an seine eigene, gegen seinen Willen erfolgte Wahl zum Bischof (VIII, 73). Die Weitschweifigkeit des Werkes jedoch, zusammen mit dem Kanzelrednerton, machen einen uneinheitlichen, zuweilen sogar oberflächlichen Eindruck. Es versteht sich, daß auch ihm die Kritik des Hieronymus nicht erspart blieb (Comm. Matth. IV, 27,72; Epist. 121,6,22). Eine von Augustin erwähnte »Expositio Esaiae prophetae« (»Auslegung des Propheten Jesaias«) ging verloren. Sie wurde wohl vor der »Expositio in Lucam« verfaßt, weil der Autor in seiner »Expositio in Lucam« auf diese Schrift über den Propheten Jesaias ausdrücklich hinweist (II, 56). Um den Bericht über des Ambrosius literarische Tätigkeit zwischen 386 und 390 abzuschließen, wäre noch »De mysteriis« (»Über die Mysterien«) zu erwähnen, worin eine Anzahl von Homilien Neugetaufte über die Sakramente der Taufe, der Firmung und des Abendmahls belehrten. Die Echtheit des Textes wurde nicht ohne Grund in Zweifel gezogen; die Patres Maurini setzen seine Abfassung um 387 an. Gleicherweise umstritten ist die Echtheit jener sechs Kanzelreden, welche die »De sacramentis libri sex« bilden. Der Titel bezieht sich nicht auf die Tatsache, daß die Schrift von den christlichen Sakramenten handelt – den gleichen übrigens wie in »De mysteriis« – sondern auf ihre Eingangsworte. Unbekannt ist das Jahr der Abfassung. Das Werk wurde als unecht beurteilt, einmal wegen des eines Ambrosius unwürdigen literarischen Kleides, zum andern wegen der Sprache, die so roh und ungeschliffen nicht dem vierten Jahrhundert, sondern einer späteren Zeit anzugehören scheint. Auf jeden Fall kann es nicht als des Ambrosius Werk angesehen werden, obschon man es ihm im Mittelalter einträchtig zuwies. Wahrscheinlicher ist, daß es sich um eine ungenaue und vom Autor nicht überarbeitete Aufzeichnung von Schnellnachschreibern handelt.

Inzwischen hatte sich die politische Situation weitgehend verändert: in diesen vier Jahren war Theodosius zum Kaiser beider Reichsteile aufgerückt. 387 bedrohten die Barbaren Pannonien. Der Hof siedelte von Mailand nach Aquileia über. Valentinianus II. und seine Ratgeber kommen nun auf den Einfall, der Bedrohung dadurch zu begegnen, daß sie Magnus Maximus in Trier um Hilfe angehen. Maximus nimmt das Hilfegesuch an und ist im Mai 387 in Mailand: die Hilfe hat sich in Besetzung verwandelt. Im September schiffen sich Valentinianus II., die Kaiserinmutter Justina sowie die Schwestern zusammen mit Probus, dem Oberbefehlshaber der Prätorianer, in Aquileia ein. Ihr Ziel ist Thessalonica, das unter der Oberhoheit von Theodosius steht – während in Italien Maximus Herr bleibt. In Thessalonica einigt sich Theodosius mit dem geflüchteten Kaiserhof, um eine Neuordnung einzuleiten. Im Juni des folgendes Jahres rüstet er gegen Maximus; wenig später schon überschreitet Theodosius bei Siscia die Save und besiegt bei Poetovio an der Drave die Truppen des Maximus, der von seinen eigenen Soldaten am 28. August 388 in Aquileia ermordet wird. Anfang Oktober zieht Theodosius in Mailand ein, und zwischen ihm und Ambrosius kommt es zu einem herzlichen Verhältnis. Zum letztenmal liegt die Reichsgewalt in den Händen eines einzigen Herrschers. Theodosius, der bis zum 15. April 391 in Mailand residiert, erläßt nun, auf Anregung des Ambrosius, eine Amnestie für die Anhänger des Maximus. Das Verhältnis zwischen Kaiser und Bischof beruht auf gegenseitiger Achtung, der bekannte Vorfall von Thessalonica bezeugt es: Der Anführer der Barbarentruppen der dortigen Stadtgarnison, der Teutone Butherich, hatte gemäß eines Erlasses von Theodosius einen beim Volk von Thessalonica hochbeliebten Rennreiter zum Tode verurteilt, weil er widernatürlicher Laster schuldig war. Die Menge empörte sich, steinigte Butherich und schleifte seinen Leichnam durch die Stadt. Im Zorn über dieses Verbrechen ließ Theodosius während eines Wettrennens im Zirkus viele Tausende von Thessaloniker Bürgern niedermetzeln. Aufgrund der Nachricht von diesem Greuel verließ Ambrosius Mailand, um dem Kaiser nicht begegnen zu müssen. Er sandte ihm aber einen Brief (Epist. 51), in dem er ihn zu öffentlicher Buße aufforderte. Weihnachten 390 unterzog sich Theodosius solcher Buße.

391 kündigt Theodosius entscheidende Maßnahmen gegen die Heiden an: Jeder sichtbare heidnische Kult ist verboten, ein Gesetz zur Bestrafung abtrünniger Christen vorgesehen. Die Heidentempel werden für den Kult geschlossen, das Serapeion in Alexandria wird zerstört. Im April 391 kehrt Theodosius nach Konstantinopel zurück, während im Westen die politische Lage wiederum in schwere Wirren gerät: Valentinianus II. hatte sich nach Gallien zurückgezogen, unter die Vormundschaft des comes (Provinzgouverneur) Arbogast, eines Befürworters des Heidentums. Nun schickte Valentinianus II., der nicht ganz unschuldig am Sturzgefälle der Ereignisse war, einen dringenden Brief an Ambrosius, er möge sich dafür verwenden, daß zwischen ihm und Arbogast Klarheit geschaffen werde. Nach einigem Zögern – wünschte er doch nicht, sich in eine politische Situation einzumischen, die im Grunde gerade so der Absicht des Theodosius entsprach – brach der Bischof von Mailand auf. Doch während der Reise erfuhr er, daß man am 15. Mai 392 in Vienne Valentinianus erhängt aufgefunden hatte. Der Leichnam des Jünglings wurde nach Mailand überführt, und ihm zu Ehren hielt Ambrosius eine weitere seiner Grabreden, »De obitu

Valentiniani« (»Über des Valentinianus Tod«). Nach diesem Verbrechen ernennt Arbogast in offener Rebellion den römischen Rhetor Eugenius zum Augustus für das Westreich, woraufhin Theodosius am 10. Januar 393 gegen Eugenius seinen kaum neunjährigen Sohn Honorius ernennt. Eugenius ist ein Freund des Ambrosius; doch nun stellt sich auf des Eugenius Seite, aus Opposition gegen Theodosius, der heidnische römische Senat und sendet an Eugenius eine Botschaft mit der Bitte, die antiheidnischen Dekrete außer Kraft zu setzen. Daraufhin bricht Ambrosius jede Beziehung zu Eugenius ab. Arbogast überschreitet die Alpen und besetzt Mailand. Um ihm nicht zu begegnen, verläßt Ambrosius die Stadt und zieht sich nach Bologna zurück. An Eugenius schreibt er (Epist. 57), er betrachte ihn als exkommuniziert wegen seiner Befürwortung des Heidentums. Das alles ereignet sich im Jahre 393. Von Bologna aus begibt sich Ambrosius nach Florenz, in das Haus der Witwe Juliana, um die Laurentianische Basilika zu weihen. Bei dieser Gelegenheit schreibt er die »Exhortatio virginitatis« (»Aufforderung zur Jungfräulichkeit«), ein für das antike Christentum geläufiges Thema. Florenz verläßt er dann in Begleitung des Diakons Paulinus, seines zukünftigen Biographen, und kehrt 394 nach Mailand zurück. Arbogast und Eugenius sind inzwischen von Mailand zum Kampf gegen Theodosius aufgebrochen. Die entscheidende Schlacht wird an den Ufern des Flusses Frigidus (des heutigen Vipacco südl. von Görz) ausgefochten. Der Sieg – dank göttlichen Eingreifens, wie die christliche Geschichtsschreibung zu berichten nicht versäumt – fällt voll und ganz zu Gunsten des Theodosius aus, Eugenius und Arbogast werden getötet. Durch ein Schreiben von Theodosius informiert, reist Ambrosius dem siegreichen Kaiser entgegen und begrüßt ihn in Aquileia. Damals entstehen auch seine letzten Werke. Eines gehört zum erläuternden Zweig, die »Explanatio Psalmorum XII« (»Erklärung der zwölf Psalmen«: 1; 35; 36; 37; 38; 39; 40; 43; 45; 47; 48; 61). Fast alle sind im Predigtton erklärt, wie es ja des Ambrosius Gewohnheit war; doch erscheint die Erläuterung wörtlicher, als es sonst seine Art war. Die Quelle hierfür war, sehr wahrscheinlich, wiederum Origenes. Aus derselben Periode (394, nach den Patres Maurini) stammt die Predigt »De Nabuthe Iezraelita« (»Über den Israeliter Nabuth«), gerichtet gegen die Gier nach Reichtümern, interessant vor allem wegen der Bezugnahme auf die wirtschaftliche Lage der Zeit. Weiterhin sind diesen letzten Jahren der Hirtentätigkeit des Ambrosius die Abhandlung »De officiis ministrorum« (»Über das Priesteramt«) in drei Büchern zuzurechnen, in Nachahmung von Ciceros »De officiis«, zur Unterweisung der Priester bestimmt und um 391 entstanden; ferner »De fuga saeculi« (»Über Weltflucht«, wahrscheinlich auch von 391): eine Aufforderung, die weltlichen Beschäftigungen aufzugeben, ein Aufruf zur Askese und zum kontemplativen Leben; dazu noch »De institutione virginis et Sanctae Mariae virginitate perpetua ad Eusebium« (»Über die Einsetzung der Lehre von der Jungfrau und von der lebenslangen Jungfräulichkeit der heiligen Maria, an Eusebius gerichtet«, Ende 391 oder Anfang 392), wohl anläßlich des

Konzils von Capua 392, wo der Bischof Bonosus von Sardica verurteilt wurde, weil er die andauernde Jungfräulichkeit Mariae geleugnet hatte.
Am 17. Januar 395 stirbt in Mailand Kaiser Theodosius, und vierzig Tage später hält Ambrosius die feierliche Gedächtnisrede: »De obitu Theodosii« (»Über den Tod des Theodosius«), unseres Bischofs letztes Werk. Seine beiden letzten Lebensjahre, unter Honorius und Stilicho, waren nicht heiter. Der Bischof war ungern bei Hof geduldet, und so widmete er sich immer mehr seinem Hirtenamt. Beispielsweise half er dem Literaten Anicius Paulinus und dessen Frau Therasia, sich nach Verteilung all ihres Besitzes an die Armen zu einem Leben der Buße nach Nola zurückzuziehen und ordnete Paulinus, obschon aus der Entfernung, dem Mailänder Klerus zu.
Wenig später starb Ambrosius, am 4. April 397. Sein Leichnam wurde in die Hauptbasilika gebracht, wo er bis zum Ostermorgen aufgebahrt lag, und von dort in die Ambrosianische Basilika überführt. Auf dem Mailänder Bischofsstuhl folgte ihm sein Freund und einstiger Lehrer nach, der gelehrte Simplicianus, »senex sed bonus« (»alt, aber gut«), wie ihn Ambrosius auf dem Sterbebett bezeichnete, um ihn zur Nachfolge vorzuschlagen. Mit Ambrosius stirbt das Vorbild des christlichen Bischofs, eine beispielhafte Figur für die Beziehungen zwischen Staat und Kirche im Mittelalter, ein Mann, der, wie der Biograph Paulinus von ihm sagt (Vita 47,3), »gleich Elias es nicht scheute, aus Gottesfurcht zu Königen und Mächtigen jeden Ranges zu sprechen«.
Außer den angeführten Werken werden Ambrosius noch zugeschrieben: »Hegesippus sive de bello Iudaico«, das heißt eine in der Jugend verfertigte Übersetzung des »De bello Iudaico« (»Über den jüdischen Krieg«) des Josephus Flavius; eine »Expositio fidei« (»Erläuterung des Glaubens«), die uns in der griechischen Übersetzung des Theodoret von Kyros (PG 16, 847–850) erhalten blieb; eine »Explanatio symboli ad initiandos« (»Erklärung des Symbolum von Nicäa zur Einführung in den Glauben«), eine Predigt, deren Echtheit zweifelhaft ist; »De sacramento regenerationis sive de philosophia« (»Über das Sakrament der Reinigung oder über die Philosophie«), wovon ein polemisches Bruchstück gegen den Platonismus bei Augustin erhalten blieb (vgl. Madec, 249–256); dazu 91 Briefe (mit der Bezugnahme auf zahlreiche andere, die verloren gegangen sind), hochwichtige Quellen für unsere Kenntnis des Lebens des Ambrosius sowie der politischen und religiösen Zustände der Zeit; und, vor allem, die »Hymni«. Dem Ambrosius wurden zahlreiche Hymnen zugeschrieben, doch sind davon nur vier mit Sicherheit echt: »Aeterne rerum conditor« (»Ewiger Begründer der Dinge«); »Deus creator omnium« (»Gott, Schöpfer aller Dinge«); »Iam surgit hora tertia« (»Schon naht die dritte Stunde«); »Intende qui Regis Israel« (»Höre, wer König in Israel«). Das Versmaß ist der akatalektische Jambus aus zweierlei Silbenmaß, in Gruppen zu Viererstrophen, also ein einfaches und rasch erlernbares Versmaß. Wie uns Ambrosius selbst berichtet, nahmen seine Hymnen, die wenig oder nichts mit der kümmerlichen Hymnenproduktion von früher zu tun hatten,

Form an, während die Gläubigen die Basilika Portiana besetzt hielten und kaiserliche Truppen die Basilika belagerten, was, wie wir erwähnten, 386 geschah. Sie gehören zu den größten Hervorbringungen des Ambrosius, weil in ihnen der Bischof, sicherer Stimmführer der Seelenverfassung sowie des religiösen Eifers, den Christen ein Mittel für Gottes Lob und Dank zu schaffen wußte: ein Mittel, dem auch die literarische Form entsprach. Sie ist einfach und einprägsam zugleich und stellt einen Zusammenklang von biblischer Nachahmung und Verwendung klassischer Traditionen dar. Deshalb muß man von den Hymnen ausgehen, wenn man des Ambrosius Stil kennenlernen möchte. Er entsteht durch die Überschneidung von Prosaton und Hymnenton, das heißt von Prosa und Gedicht. Das springt bei der Lektüre eines jeden der Ambrosianischen Werke in die Augen, auch bei einem »fachmännischen« Text. Man merkt, wie seine Redeweise zu verdichtendem Stil neigt, mit Worten, die so gesetzt sind, daß sie eine rhythmische Reihe bilden, mit plötzlichem Heben des Tones, äußerlich gesehen als Gebet, als Ausruf, als Ermunterung und Ermahnung. Die Wirksamkeit seiner Worte beruht auf der Tatsache, daß Ambrosius es willentlich zuließ, vielleicht sogar beabsichtigte, daß seine Prosaschreibweise mit seinen Versen durchsetzt ist. Die Eigentümlichkeit seiner Prosa besteht eben in der Tatsache, daß sie poetisch ist. Dazu mag nicht zuletzt die sorgsame literarische Schulung beigetragen haben, die Ambrosius in seiner Jugend zuteil geworden ist und die durch häufige Anspielungen auf die klassische Dichtung sowie die Verwendung poetischer Anklänge, vor allem an Vergil, bezeugt wird.

Darstellungen

Cantalamessa, R.: Sant' Ambrogio di fronte ai grandi dibattiti teologici del suo secolo. In: Ambrosius Episcopus. Akten des internationalen Kongresses der Ambrosianischen Studien zur 16. Jahrhundertfeier der Wahl des Heiligen Ambrosius zum Bischof. Studia Patristica Mediolanensia 6 (1976), 483–539.

Courcelle, P.: Recherches sur les Confessions de Saint Augustin. 2. Aufl. Paris 1968.

Dassmann, E.: Die Frömmigkeit des Kirchenvaters Ambrosius von Mailand. Münster 1965.

Fontaine, J.: Prose et poésie. L'interference des genres et des styles dans la création littéraire d'Ambroise. In: Ambrosius Episcopus, 124–170.

Madec, G.: Saint Ambroise et la philosophie. Paris 1974.

Palanque, J. R.: Saint Ambroise et l'Empire Romain. Paris 1933.

Paredi, A.: Sant' Ambrogio e la sua età. 2. Aufl. Mailand 1960.

Pizzolato, L. F.: La dottrina esegetica di Sant' Ambrogio. Mailand 1978.

Übersetzung aus dem Italienischen von Ingeborg Guadagna, Florenz

Johannes Chrysostomus

von Peter Stockmeier

Als Johannes, den man später Goldmund (Chrysostomus) nannte, um 350 in Antiochien, der Metropole des Orients, geboren wurde, hatte nicht nur diese Gründung aus der Seleukidenzeit (300 v. Chr.) schon eine glanzvolle Geschichte hinter sich; auch das Christentum prägte bereits das Erscheinungsbild dieser »dritten Stadt der Erde« (Libanius, or. 20). Frühzeitig, vor allem im Gefolge des Stephanus-Martyriums, waren Gläubige aus Jerusalem ins lebensprühende Zentrum am Orontes ausgewichen; sie erhielten dort von heidnischer Seite den bleibenden Namen »Christen« (Apg. 11,26). Bald darauf kam es hier zu dem wegweisenden Konflikt über die Verbindlichkeit des mosaischen Gesetzes, bei dem sich letztlich der freiheitliche Standpunkt des Apostels Paulus (Apg. 15; Gal. 2,11–14) durchsetzte und so die Voraussetzungen für eine universale Missionstätigkeit schuf. Unterdrückung der christlichen Gemeinden konnte letztlich ihre geistige Regsamkeit nicht hindern; es formte sich bald eine Art Schule, weniger Institution als personorientiert, heraus, die sich dem Worte Gottes in seiner historischen Aussage verpflichtet wußte. Kirchenbauten schmückten zur Zeit des Johannes bereits das Stadtbild, neben der »alten« vor allem die von Kaiser Konstantin begonnene »große Kirche«. Die Translation des Märtyrers Babylas in den Hain von Daphne zeigt freilich, daß die Konkurrenz Apoll's und des synkretistischen Heidentums noch fortbestand und nach der Förderung des Christentums durch Kaiser Konstantin (306–337) sowie seiner Söhne unter Julian (361–363) eine kurzatmige Restauration erfuhr. Der Rhetor Libanios (gest. um 393), einer der berühmtesten Gelehrten seiner Zeit, gehörte zu den glühendsten Anwälten der alten Religion, was ihn nicht hinderte, Sympathisanten des Christentums in seinen Schülerkreis aufzunehmen; als reicher Grundbesitzer in der von Bergen umsäumten Ebene des Hinterlandes zählte er zur kleinen Oberschicht der Stadt, deren Bewohner sich aus Gewerbetreibenden und Händlern, vor allem aber aus einem Heer von Sklaven zusammensetzte. Gut zwanzig Kilometer im Westen lag der Hafen Seleukia-Pieria an der Küste, wo die alte Handelsstraße aus dem Osten endete. Diese geographische Lage machte Antiochien geradezu zu einer Art Etappenstadt, die das Beben der römischen Euphratfront oft unmittelbar erlebte.

Einblick in das Leben des Johannes Chrysostomus bieten in erster Linie seine zahlreichen Schriften, die in der griechischen Ausgabe der Kirchenväter von J. P. Migne nicht weniger als 18 Bände füllen und ihn trotz Echtheitsfragen im einzelnen als fruchtbarsten Schriftsteller der griechischen Kirche ausweisen. Zur Verteidigung seines Freundes schrieb vielleicht schon um 408 Palladius (gest. vor 431) einen »Dialogus de vita S. Johannis Chrysostomi«, der uns vor allem von seiner Tätigkeit als Patriarch in Konstantinopel Auskunft gibt. Weitere Nachrichten zur Ergänzung der Biographie des Johannes Chrysostomus verdanken wir den alten Kirchenhistorikern, so daß trotz einiger Unklarheiten das Leben und Wirken dieses Kirchenvaters historisch zuverlässig gezeichnet werden kann.

I Herkunft und Jugend

In der Weltstadt Antiochien, die Libanios in seinem »Antiochikos« geradezu überschwenglich rühmte, wurde Johannes um die Mitte des 4. Jahrhunderts geboren – das genaue Datum ist nicht bekannt. Seine Eltern hießen nach Auskunft des Kirchenhistorikers Sokrates (Hist. eccl. 6,3) Secundus und Anthusa; der Vater, möglicherweise lateinischer Herkunft, diente als hoher Offizier im syrischen Heer und war wohl christlichen Glaubens, ebenso wie die Mutter. Die Tatsache der späten Taufe des Johannes entsprach dem gängigen Zögern der Zeit angesichts einer rigorosen Bußpraxis, wobei eine Erziehung nach christlichen Grundsätzen keineswegs ausgeschlossen sein mußte. Diese lag freilich weitgehend in der Hand der Mutter, da der Vater schon früh gestorben war. Die junge Witwe verstand es, ihren Kindern ebenso das Vermögen zu erhalten wie Aufgeschlossenheit für den Glauben zu vermitteln; bezeichnenderweise vermochte sich die Mutter immer wieder zwischen die Freundschaften mit Gleichgesinnten zu schieben, und trotzdem spricht er später mit Hochachtung von dieser Frau.
Von der Schulbildung des Johannes ist weniger der genaue Ablauf überliefert als ein allgemeiner Unmut über die geläufige Unterrichtspraxis mit ihren Qualen für die Kinder. Nach dem Erwerb der Elementarkenntnisse und dem Besuch der Grammatikkurse erschloß ihm jedenfalls neben dem wenig bekannten Philosophen Andragathius doch wohl die Begegnung mit dem gefeierten Rhetor Libanius, der seit 354 in Antiochien lehrte, die Kultur seiner Zeit. Der flüssige Umgang mit dem Wort, der ungekünstelte Gebrauch rhetorischer Formen und die Fähigkeit gehaltvoller Gedankenführung trugen Johannes später den Ehrennamen »Goldmund« ein. Untersuchungen zu Sprache und Stil seiner Werke bestätigen, daß er vertraut war mit der klassischen Literatur, aber gegenüber dieser Norm eigentlich immer mehr auf Verständlichkeit zielte. Die von Sokrates (hist. eccl. 8,2) überlieferte Anekdote, der sterbende Libanius hätte sich Johan-

nes zum Nachfolger gewünscht, wenn ihn die Christen nicht gestohlen hätten, spiegelt bereits das Ansehen des Predigers. Wenn er im übrigen bekennt, er sei zeitweilig »von den Begierden der Welt gefesselt« gewesen (de sacerdot. I, 3), dann scheint eine solche Selbstbezichtigung einem asketischen Topos zu entsprechen, der in Heiligen-Viten öfters begegnet. Bei allem Abwägen der eigenen Zukunft bot für den jungen Antiochener die Weltstadt am Orontes letztlich keine Alternative; mit einem Schulfreund namens Basilius nahm er trotz des Einspruchs seiner Mutter die Herausforderung des asketischen Lebens an.

II Hinwendung zum Mönchtum

Den Ausschlag für diesen Schritt gab offensichtlich der angesehene Patriarch Meletius (gest. 381), der sich zwar auf den stärksten Anhang unter den wegen der arianischen Wirren gespaltenen Christen Antiochiens stützte, freilich nicht die Communio Roms besaß, das auf die streng nizänisch ausgerichtete Gemeinde unter Paulinus (gest. um 388) gesetzt hatte. In dieser Zeit des Ringens um den künftigen Lebensweg ließ sich Johannes taufen (wohl um 372), sicher gegen den Trend der Zeit, wonach von den Katechumenen dieser entscheidende Schritt oftmals ins Alter verschoben wurde. In einer Ansprache an Täuflinge schildert der spätere Prediger selbst die unwürdigen Umstände einer Taufe auf dem Sterbebett, und er verlangt stattdessen von ihnen wache Bereitschaft und Einübung in das christliche Leben (Cat. ad illum. 1,1). Der Empfang der Taufe besiegelte das Christsein des Johannes und gliederte ihn voll der Gemeinde ein; gleichzeitig begann er mit dem Studium der »heiligen Wissenschaften« am dortigen Asceterium, dessen Leiter damals Diodor von Tarsus (gest. vor 394) war. Aristotelischer Philosophie und einer am Text orientierten Exegese verpflichtet, belebte er wieder die Tradition der antiochenischen Schule und erschloß dem Neugetauften den Zugang zur Bibel, die für seinen Schüler in der Tat Richtmaß seiner Verkündigung sowie seines Lebens blieb. Zwar beherrschte Johannes Chrysostomus nur seine griechische Muttersprache, trotzdem wird aus seinen Kommentaren und Homilien ersichtlich, wie ihn die philologische Ausbildung seiner Zeit geformt hat und wie der Wortlaut des Textes die Norm seiner Auslegung bildete. Dabei wuchs er zwar nicht in die Rolle eines gelehrten Theologen hinein, so wenig wie er die Probleme der arianischen Diskussion oder der apollinaristischen Christologie aufgriff; die antiochenische Exegese diente ihm aber als grundlegendes Rüstzeug für die Verkündigung. Wenn Johannes drei Jahre nach seiner Taufe zum Anagnosten, das heißt zum Lektor bestellt wurde, dann zeichnet sich für ihn die »Laufbahn« im kirchlichen Dienst ab; einer angeblichen Berufung zum bischöflichen Amt zusammen mit seinem Freund

Basilius wich er in dieser Zeit durch Flucht in die mönchische Einsamkeit aus.
Die Wurzeln der monastischen Bewegung greifen noch in die vorkonstantinische Zeit zurück; im vierten Jahrhundert erfaßte der asketische Zug weite Kreise der Gläubigen, geradezu als eine Variante zum Martyrium, wobei neben dem biblischen Anstoß zur Nachfolge auch zeitgenössische Tendenzen einer Weltflüchtigkeit zum Tragen kamen. Warum Johannes nach einem ersten Anlauf, den seine Mutter abgeblockt hatte, diese Lebensform wählte, ist unbekannt; über alle Spekulationen hinweg wird man über die sogenannten evangelischen Räte hinaus einfach an die Nähe von Mönchskolonien in der Umgebung Antiochiens erinnern müssen, unter deren Einfluß er geraten war, möglicherweise im Zusammenhang seiner theologischen Ausbildung. Nach dem Zeugnis des Palladius weilte Johannes vier Jahre in der Einsamkeit; aber es scheint, daß dabei neben strenger Askese auch die Einübung ins theologische Denken gepflegt wurde. Man lebte also in einer Art Mönchsschule zusammen, einem Asceterium, dem offenbar auch Theodor, der nachmalige Bischof von Mopsuestia (gest. 428), angehörte. Obwohl er diese Lebensform wieder aufgab, läßt sich aus seinen Äußerungen doch erkennen, daß man die aufblühende Bewegung des Mönchstums nicht nur als Reaktion auf eine Verweltlichung der Kirche im Zuge der konstantinischen Religionspolitik betrachtete, sondern als eine Radikalisierung des christlichen Daseins. Der Mönch verwirklicht »Lebensweisheit« schlechthin, und darum gilt er als »Philosoph«; auch wenn weltflüchtige Tendenzen schon durch das Suchen der unwirtlichen Einsamkeit zur Geltung kommen, so begründet doch letztlich nicht Abkehr von der Welt das wahre Mönchsein, sondern die Liebe zu Gott. Bezeichnenderweise hebt Johannes Chrysostomus darum den Mönch auch nicht über den Laien hinaus; beide stehen unter dem gleichen Anspruch der Vollkommenheit, da Paulus »von den Menschen in der Welt die gleiche Liebe gefordert hat wie Christus von seinen Jüngern« (adv. oppugn. 3,14). Die verwandelnde Kraft der asketischen Lebensform oder des »engelgleichen« Lebens drängt also nach ihm nicht von der Welt weg, sondern gestaltet diese im endzeitlichen Vorgriff. Bereits in einigen Schriften der frühen Periode kommt diese Sicht des Mönchtums zum Tragen, das so zur Umgestaltung der gesamten Gesellschaft beiträgt, auch wenn sein »Vergleich zwischen König und Mönch« im Stil einer σύγκρισις noch den individuellen Vorzug der asketischen Lebensform hervorhebt. Ohne Zweifel schwingt in den Aussagen des Johannes Chrysostomus ein optimistischer Ton mit, der sich in einem starken Vertrauen auf Eigenkräfte der menschlichen Natur äußert, ein Befund, der ihm den Vorwurf eingetragen hat, daß er für den Kern der paulinischen Rechtfertigungslehre »ohne Verständnis« gewesen sei (H. von Campenhausen), ein Urteil, das angesichts der Hochschätzung des Völkerapostels und des charismatisch verstandenen Mönchtums zur Auferbauung des »Leibes Christi« doch zu einseitig wirkt.

Johannes Chrysostomus

Vermutlich war es Bischof Meletius, der den begabten jungen Asketen aus dem harten Mönchsdasein in die städtische Gemeinde zurückholte und so vorsorglicherweise seinen Zusammenbruch abwandte. Jedenfalls wurde Johannes noch 381 zum Diakon bestellt, kurz bevor der angesehene Oberhirte sich zum Konzil nach Konstantinopel begab, von dem er nicht mehr heimkehren sollte. Die Turbulenzen dieser Kirchenversammlung schlugen ihre Wellen bis nach Antiochien, auch wenn sie im Schrifttum des Chrysostomus kaum Spuren hinterließen. Als Diakon an der Hauptkirche – ihre Zahl war nach dem Vorbild der Urgemeinde zumeist auf sieben beschränkt – oblag Johannes die Mitwirkung an der Liturgie, sodann die Verwaltung des Kirchenvermögens und die damit verbundene karitative Fürsorge in der Gemeinde. Mehrmals mahnt er in seinen Schriften, die Verantwortung für Kranke und Arme ernst zu nehmen, Hinweise, die seine eigene Haltung kundtun. Mißernten und Notstände riefen zusehends die Kirche über die Reihen der Gläubigen hinaus in Pflicht, zumal die staatlichen Institutionen mehr und mehr versagten.

Es ist bezeichnend, daß der junge Diakon aber nicht im Verwaltungsdienst aufging, sondern sich mit allem Einsatz dem Auftrag der Verkündigung stellte. Der Umgang mit dem Wort ist für ihn prägend und bezeichnend für sein Verständnis des Priestertums, das sich nicht auf sakramentale Funktionen reduzieren läßt. Johannes predigt aus voller Verantwortung und mit rastlosem Eifer. »Keinen Tag kann ich verstreichen lassen, ohne euch aus den Schätzen der heiligen Schrift zu ernähren« (Hom. in Gen. 28,1; 82,2). Dabei ist es charakteristisch, daß sich seine Predigt nicht auf die Auslegung der Schrift beschränkt, sie zielt immer auch auf konkrete Verwirklichung des christlichen Daseins; seine Verkündigung gründet im Worte Gottes und sie stellt darum keine »Rede aus Eigenem« dar. Diese Grundtendenz ermöglicht es ihm trotz unverkennbarer Neigung zum Moralisieren, auch gegen die Häresien seiner Zeit vorzugehen; für ihn kommen die Spaltungen in der Kirche »von den Lehrsätzen, die der Lehre der Apostel entgegenstehen« (Hom. 32,1 in Rom.), und darum gilt es, das Ganze der Offenbarung unverfälscht zu wahren. Aus dieser Verantwortung heraus läßt sich Johannes Chrysostomus gelegentlich sogar zu polemischen Äußerungen hinreißen, insbesondere in seinen Predigten gegen die Juden. Der Versuch Kaiser Julians (361–363), den Tempel in Jerusalem wieder aufzubauen, hatte den antijüdischen Affekt der Christen wieder verschärft, zumal in Antiochien, wo ein starker jüdischer Bevölkerungsteil lebte. Schon Ignatius, als Bischof »zweiter nach Petrus« (gest. um 110), hatte die Neigung der Gläubigen zum ἰουδαΐζειν gerügt (Magn. 10,3), und diese »jüdische Krankheit« (adv. Jud. 1,4) haftete offensichtlich der Gemeinde auch noch zur Zeit des Chrysostomus an. Sein Antisemitismus hat also nichts mit rassischen Motiven zu tun; er war eine Folge der religiösen Distanzierung im Gefolge des Jesusglaubens der Urgemeinde und er steigerte sich gegenüber jenen Juden, »die der Wahrheit in schamloser Weise widerstehen« (in Ps. 8,1). Mit Nachdruck betonte Johannes den Gegensatz des Christentums zum Judentum, wobei ihm der heilsgeschichtliche Zusammenhang durch die Kreuzigung Christi als zerbrochen galt, eine theologische Sicht von folgenschwerer Tragweite. Der unversöhnliche Ton gegenüber den Juden, gefördert durch lokale Querelen, begleitete jedoch kaum die Auseinandersetzung mit den Arianern und sonstigen schismatischen und häretischen Gruppierungen; geradezu in einem werbenden Bemühen, in pastoraler Sorge ging er auf sie ein, um die Zerrissenheit der antiochenischen Glaubensgemeinschaft zu überwinden.

Die Beredsamkeit des Chrysostomus bewährte sich nicht nur in der Gelassenheit des städtischen Alltags, sondern ebenso in tumultuarischen Situationen. Kaiser Theodosius (379–395) hatte eine drückende Steuer ausgeschrieben, eine fiskalische Maßnahme, auf die Antiochiens Bevölkerung mit regelrechtem Aufruhr reagierte und sogar die Standbilder der Kaiserfamilie von ihren Sockeln stieß, ein Vorgehen, das dem Tatbestand der Majestätsbeleidigung gleichkam. Mit harter Hand griff der Stadtpräfekt gegen die Rädelsführer durch und er setzte so die Bevölkerung der Stadt in lähmenden Schrecken, zumal sich eine kaiserliche Strafexpedition ankündigte. In dieser erregten Situation des Jahres 387 bewährte sich die moralische Autorität der Kirche; während sich Patriarch Flavian (gest. 404) aufmachte, um am Hof zu Konstantinopel Gnade für die Bevölkerung zu erbitten, hält Johannes Chrysostomus in kurzen Abständen seine berühmten Säulenreden, in denen er die Gemeinde wieder aufrichtete. Er läßt freilich ihre Entschuldigung nicht rundum gelten, wenn er sagt: »Du hast an der Freveltat nicht teilgenommen? Ich lobe das und erkenne es an! Aber du hast dich dem Unterfangen nicht widersetzt? Das verdient Strafe!« (de stat. 2,4). Der Widerstand gegen das Böse wird geradezu zum allgemeinen Grundsatz erhoben und Mitschuld bereits in der Sünde des Christen statuiert. Durch das Eintreten der Kirchenmänner, nicht zuletzt der Mönche aus den nahen Einsiedeleien, beruhigte sich die Lage in der Stadt und alsbald wurde ihr auch die kaiserliche Begnadigung zuteil, ein Zeichen für die zunehmende Bedeutung des Christentums in der antiken Gesellschaft.

IV Presbyter der Kirche von Antiochien

Schon vor den Tumulten um die Herrscherbilder hatte Johannes im Frühjahr 386 die Priesterweihe aus der Hand des Patriarchen Flavian empfangen, so daß sich hiermit auch sein Aufgabenkreis erweiterte, neben der Mitfeier der Liturgie sein

Verkündigungsamt, das übrigens im lateinisch sprechenden Nordafrika dem Bischof vorbehalten war. In einer Schrift »Über das Priestertum«, die möglicherweise schon im Jahre seiner Weihe entstanden ist, rühmt der Verfasser die Würde dieses Amtes in eindringlichen Worten; er rechnet es zu den »himmlischen Einrichtungen« (ebd. 3,4) und er beschwört die Heiligkeit eines Priesters bei der Feier der Eucharistie, jenem »schaudererregenden Mysterium« (ebd. 6,4). Dieser starken Tendenz zur Sakralisierung des priesterlichen Dienstes korrespondiert freilich die Forderung persönlicher Befähigung, hin bis zum dialektischen Umgang mit dem Wort. Tatsächlich ist nach Chrysostomus das Lehramt auch den Priestern anvertraut (vgl. Hom. 11,1 in 1 Tim.) und aus dieser Verantwortung nimmt er seine Aufgabe wahr; Verkündigung ist nach seinem Verständnis von Apg. 13,2 auch Liturgie (Hom. 27,1 in Act.). Dazu kam ein geradezu leidenschaftliches Bedürfnis zur Rede. »Das Predigen«, so beteuerte er seinen aufmerksamen Hörern, »macht mich gesund. Sobald ich meinen Mund öffne, ist alle Müdigkeit verschwunden; wenn ich zu lehren anfange, ist alle Müdigkeit vorbei« (Hom. post terrae motum). Der geborene Redner hatte sich während seiner Ausbildung das formale Können angeeignet und er vermochte es nun im Dienste des Evangeliums voll einzusetzen; der Beifall, welcher ihm bei seinen Predigten gelegentlich zuteil wurde, lenkte ihn freilich nicht ab von seinem eigentlichen Ziel, das Wort Gottes zur Geltung zu bringen.
Aus der Überlieferung der Texte läßt sich freilich nicht ohne weiteres entscheiden, welche Gelegenheitsreden und Homilien tatsächlich vor der Gemeinde gehalten und von Schnellschreibern mitgeschrieben worden sind, oder welche das Werk der schriftstellerischen Tätigkeit waren. Aus der Fülle seines literarischen Nachlasses bedarf gewiß noch vieles der überlieferungsgeschichtlichen und textkritischen Klärung, aber allein der gesichtete Bestand erweist ihn als einen der fruchtbarsten Kirchenväter. Neben zahlreichen Gelegenheitsansprachen aus liturgischem oder pastoralem Anlaß hat der Presbyter Johannes über Jahre hinweg das Wort der Bibel ausgelegt, so daß regelrechte Kommentare entstanden. Den Anfang bilden 67 Homilien zur Genesis, wohl in den Fastenzeiten verschiedener Jahre entstanden. Seine Erklärungen zu ausgewählten Psalmen, von denen 58 erhalten sind, bieten vielfach Motive seiner üblichen Paränese, wobei auffällt, daß er sich auch auf Lesarten »anderer«, eben Symmachus, Aquila und Theodotion beruft. Im übrigen betonte gerade Chrysostomus die Einheit beider Testamente, auch wenn er das eigentümliche Gefälle von Altem und Neuen Bund keineswegs einebnete. In die Zeit seiner antiochenischen Tätigkeit gehört die Auslegung des Matthäus-Evangeliums, wobei der vorliegende Text nur wenig konkrete Züge aufweist gegenüber seinem sonstigen Predigtstil. Daran schließen sich die Johannespredigten, vermutlich um das Jahr 391 gehalten; in ihnen geht er besonders auf die Gestalt Christi ein und interpretiert die Niedrigkeits-Aussagen gegenüber den Arianern im Sinne der Anpassung an den Menschen (συγκατάβασις), einem Prinzip übrigens, dem der

Prediger in seiner eigenen Verkündigung folgt. Einen breiten Platz in der Auslegung nahm für Johannes Chrysostomus das paulinische Schrifttum ein. Die Gestalt des Völkerapostels beeindruckte offenbar den Presbyter aus Antiochien so sehr, daß er nicht nur einmal seinetwegen vom vorgegebenen Thema abschweifte, sondern eigens sieben Lobreden auf ihn hielt. In seinem Kommentar zum Römerbrief, vermutlich begonnen nach Abschluß der Arbeiten am Johannes-Evangelium, bekennt er: »So oft ich die Briefe des heiligen Paulus lesen höre, jede Woche zweimal, oft auch drei- und viermal, wenn wir gerade die Gedenktage heiliger Märtyrer feiern, so freue ich mich jedesmal über diese geistliche Posaune und ich frohlocke und entbrenne von heiligem Verlangen, wenn ich die Stimme höre, die mir so lieb und vertraut ist, dann meine ich, ihn beinahe lebendig vor mir zu schauen und ihn reden zu hören. Das aber schmerzt und betrübt mich, daß nicht alle diesen Mann kennen, wie sie ihn kennen sollten, ja daß manche von ihm nur wenig wissen, daß sie nicht einmal imstande sind, die Zahl seiner Briefe genau anzugeben« (Hom. 1,1 in Rom.). Die Gestalt des Apostels Paulus übte auf Johannes Chrysostomus eine außerordentliche Faszination aus, und wie schon angedeutet war es weniger dessen theologische Aussage über Gnade und Gerechtigkeit, sondern der verzehrende Eifer des Völkerapostels für die Sache Christi, die den Prediger anstachelte; aus solcher Hochschätzung rückt Paulus auch dem Petrus ebenbürtig zur Seite, jene Säulen der Kirche, die den Glanz des alten Rom erneuerten (Hom. 33,2 in Rom.). Bezeichnenderweise finden sich im Werk des Johannes Chrysostomus aber keine Äußerungen, die dem Nachfolger des Apostels Petrus in Rom einen primatialen Vorrang zusprechen. Das Bewußtsein der Ortskirchen, die miteinander in Gemeinschaft stehen, prägt die Strukturen seiner Ekklesiologie. Im übrigen fällt auf, daß die Erörterungen von Glaubensfragen in den Kommentaren zu paulinischen Schriften zurücktreten, während sich die verschiedenen paränetischen Motive wie Fäden durch die Auslegung weben. Gewiß kam der Verfasser öfters auf die Wechselbeziehungen von Glaube und Vernunft zu sprechen oder auf Auferstehung des Leibes und Unsterblichkeit der Seele; doch das Pochen auf sittliche Verhaltensweisen hin bis zu ihrer gesellschaftlichen Relevanz – erinnert sei nur an die häufigen Appelle zum Almosengeben – übertönt die theologischen Themen. Gelegentlich stempelte man Johannes deshalb zu einem Vertreter des Kommunismus, und fraglos ging er oft auf das soziale Gefälle unter den Menschen ein, sei es nun das Verhältnis von arm und reich, oder Freier und Sklave. Der Anblick armer und gebrechlicher Menschen konnte ihn so sehr bewegen, daß er auf dem Weg zur Predigt sein Thema entsprechend änderte (vgl. sermo de eleemosyna), aber eine grundsätzliche Wende vermochten weder er noch die Kirche insgesamt herbeizuführen, obwohl ihr Armendienst ein Stachel für die spätantike Gesellschaft war. Wie breit die Interessen des Johannes Chrysostomus im übrigen gefächert waren, zeigt seine Abhandlung »Über die Hoffart des Lebens und Kindererziehung«, ein Thema, das er schon in seiner

Auseinandersetzung mit den Gegnern des Mönchtums (3,6) anklingen ließ. Zwar begegnen uns schon früher hin und wieder Weisungen zu Erziehung und Bildung, die christliche Grundsätze im Umfeld eines heidnischen Schulwesens zur Geltung bringen. Johannes aber bietet, wohl im Anschluß an Plutarch's Werk über Erziehung, erstmals ein regelrechtes Lehrbuch, welches das pädagogische Anliegen der Christen konkretisierte, das in der Zukunft so großes Gewicht bekommen sollte.

V Bischof und Patriarch von Konstantinopel

Nach dem Tode des Patriarchen Nektarius (gest. 397) von Konstantinopel faßte man als Nachfolger den Presbyter Johannes von Antiochien ins Auge und entführte diesen Wunschkandidaten des Kaisers Arkadius (395–408) im Spätherbst 397 in die Hauptstadt. Unter einem Vorwand vor die Stadt gelockt, bestieg der berühmte Prediger den Wagen des Statthalters, der ihm seine Berufung mitteilte, ein herrscherlicher Akt, dem kaum eine entsprechende Wahl durch Volk und Klerus der Gemeinde von Konstantinopel zugrunde lag. Nach einer beschwerlichen Fahrt durch das Hochland von Kleinasien fand Johannes Chrysostomus bereits eine Reihe geladener Bischöfe in Konstantinopel vor, darunter Theophilus von Alexandrien (gest. 412), der ihm nach dem Scheitern eines eigenen Kandidaten widerwillig die bischöfliche Weihe erteilte, so daß er am 28. Februar 398 inthronisiert werden konnte.

Der neue Patriarch zeigte altem Brauch gemäß seine Erhebung auch Rom an, eine Gelegenheit, dabei zugleich auf eine Beendigung des nun schon Jahre währenden Schismas mit Antiochien hinzuwirken, dessen Bischof Flavian nun auch die Anerkennung des Westens fand. Als Bischof des »Neuen Rom« wurde Johannes Chrysostomus unweigerlich vor Probleme gestellt, die den lokalen Rahmen sprengten. Allein die unmittelbare Nähe des Hofes lud ihm eine erhöhte Verantwortung auf, zumal der junge Kaiser Arkadius stark unter dem Einfluß des allmächtigen Hofeunuchen Eutropius stand, der ihm schon seine Frau Eudoxia, Tochter des Franken Bauto, zugeführt und auch bei der Berufung des Johannes Chrysostomus das entscheidende Wort gesprochen hatte. Der äußere Glanz der Residenzstadt, die von Kaiser Konstantin bewußt ein christliches Gepräge erhalten hatte, war beträchtlich; unter den großen öffentlichen Bauten ragten nach einer frühen Beschreibung Konstantinopels schon 14 Kirchen auf, darunter die Apostelkirche als Grabstätte des Gründer-Kaisers sowie der Vorgängerbau der Hagia Sophia am Augusteion, die eigentliche Bischofskirche. Die Bevölkerung der östlichen Hauptstadt, zusammengewürfelt aus verschiedenen Provinzen, bot nicht das Bild einer geschlossenen Gemeinde, und gewiß waren

die sozialen Unterschiede nicht geringer als in Antiochien; die anhaltenden arianischen Wirren hatten selbst im Klerus zur Verrohung geführt, so daß dem asketisch ausgerichteten Nachfolger des Nektarius ein breites Feld der Betätigung offenstand. Möglichkeit und Grenzen des Eingreifens illustriert freilich die Bemerkung des Historikers Sokrates, wonach in Konstantinopel wegen eines Skandals das geläufige Bußverfahren mit öffentlichem Schuldbekenntnis offenbar abgeändert und empfohlen wurde, »einem jeden zu gestatten, nach seinem eigenen Gewissen an der Eucharistie teilzunehmen« (hist. ecc. 5,19). Der Rigorismus des altkirchlichen Bußverfahrens, ohnedies in seiner Wirksamkeit beschränkt, geriet so unter den Vorbehalt der jeweiligen Gewissensentscheidung, und er verlor so seine pastorale Qualität.
Als Prediger hatte der neue Bischof natürlich ständig Gelegenheit, die Weisungen des Evangeliums zur Geltung zu bringen; er tat dies nach eigenen Worten einmal in der Woche (vgl. Hom. 30,3 in Act.). Abgesehen von seinen Homilien über die Apostelgeschichte läßt sich freilich aus der Thematik im allgemeinen nicht ersehen, ob die jeweilige Predigt aus bischöflicher Verantwortung erwuchs und darum der Zeit in Konstantinopel angehört; mit einiger Wahrscheinlichkeit entstanden in dieser Periode aber noch die 34 Homilien zum Hebräerbrief sowie die drei Homilien zum Philemonbrief, vermutlich als Entwürfe konzipiert. Mit Recht hat man darauf verwiesen, daß ihm die sozialen Mißstände in der Hauptstadt Anlaß boten, an die Reichen zu appellieren, mit ihrem Vermögen die Armen zu unterstützen; da er dies oft ohne viel Umschweife tat, hat er sich unter seinen Zuhörern nicht nur Freunde geschaffen. Zwar war er selbst mit gutem Beispiel vorangegangen, indem er alsbald wertvolles Baumaterial für das aufwendig geplante Bischofshaus veräußerte – ein Vorgang, der ihm später zum Vorwurf gemacht wurde –, aber mit seiner persönlichen Sparsamkeit demonstrierte er offen, daß er nicht willens war, die Rolle eines gefügigen Hofbischofs zu übernehmen. Umso stärker drängte sich das Volk, durchaus begeistert für Zirkus und Theater, um den Bischof, wie Sozomenus berichtet: »Das Volk hing so sehr an ihm und war so unersättlich, seine Predigten zu hören, daß es sich durch Stoßen und Drängen gegenseitig in Gefahr brachte, weil jeder noch näher zu ihm drängte, um ihn aus der Nähe besser zu verstehen. Er saß nämlich bei der Predigt [wie sonst üblich nicht auf dem bischöflichen Thron, sondern] auf dem Ambo des Vorlesers, um so mitten unter dem Volke zu sein« (hist. eccl. 8,5). Lauter Beifall und Händeklatschen unterbrachen nicht selten seine Ausführungen, Sympathiekundgebungen, welche die breite Resonanz seiner Predigten bestätigen.
Die Kennzeichnung der byzantinischen Liturgie nach Johannes Chrysostomus übertreibt gewiß den Anteil dieses Bischofs an der Gestaltung der entsprechenden Texte; dennoch weist die Verknüpfung der Liturgie mit seinem Namen auf Maßnahmen seinerseits zurück, sei es nun die Kürzung überkommener Formulare oder die Einführung neuer Elemente. Dem Zug der Zeit entsprechend suchte

man auch die Kirchen mit Reliquien von Märtyrern zu bereichern; zu einem festlichen Schauspiel wurde die Überführung der Gebeine des pontischen Blutzeugen Phokas, an der sich die Kaiserin Eudoxia selbst mit ihrem Hofstaat beteiligte, während der Bischof in seiner Predigt den Ruhm der Märtyrer pries (De Hieromart. Phoca). Höchst aufschlußreich überschreitet er dabei mit seinem Verständnis von christlicher Glaubensgemeinschaft die Grenzen des Imperium Romanum, indem er betont: »Die Kaiserin [Eudoxia] hat zahlreiche Chöre für uns angeführt, welche die Psalmen auf lateinisch, syrisch, gotisch und griechisch sangen. Wir haben auch verschiedene Völker und verschiedene Chöre gesehen, die nur eine einzige Harfe haben, die Harfe Davids, und durch deren Gebete die Kaiserin gekrönt wird« (Hom. 2 post transl. rel. mart.). Das oft gebrauchte Bild vom Saiteninstrument als Symbol der Einheit dient auch Johannes Chrysostomus zur Beschreibung der vielfältigen, christlichen Glaubensgemeinschaft. Seine Verantwortung für die Gläubigen umgriff alle Schichten und Gruppen der Bevölkerung, auch jene germanischer Herkunft. Gerade unter den Goten, die offensichtlich eine beachtliche Minderheit bildeten, gab es auch Katholiken, denen Chrysostomus eine Kirche zur Verfügung stellte, damit sie in ihrer eigenen Sprache Liturgie feiern konnten; er war offensichtlich von der Tatsache, daß auch die »Barbaren« Christus verehrten, so angetan, daß er selbst nach einer gotischen Predigt das Wort ergriff und von der Berufung der Heiden zum christlichen Glauben sprach (Hom. 8, hab. post. presb. Gotus; PG 63,499–510). Aus seinem Munde kam nicht die bittere Klage über den Zusammenbruch der antiken Weltordnung unter den Stößen der Germanen, wie sie häufig von Kirchenmännern des bedrängten Westens erhoben wurde, obwohl er die Gefahr von außen, die dem römischen Reich ständig drohte, durchaus erkannte. Er erblickte darin eine Herausforderung für den Christen, der durch sein Leben dem Ungläubigen den Zugang zur Botschaft des Evangeliums erschließen sollte; und wie er sich in Konstantinopel der Seelsorge fremdländischer Minderheiten annahm, so war er auf die Mission nichtchristlicher Völker allgemein bedacht. Kirche gilt Johannes Chrysostomus nicht beschränkt auf das römische Reich; er sieht sie universal, denn Gottes Wille soll in der ganzen Welt geschehen (Hom. 19,6 in Mt.).

Die Stellung als Patriarch nötigte Johannes Chrysostomus von Amts wegen zum Handeln, wenn außerhalb seiner Kirche Probleme anstanden. So reiste er selbst nach Ephesus, um die Angelegenheit des der Simonie und anderer Verfehlungen bezichtigten Metropoliten Antonin zu regeln. Zwar entging der Betroffene einem Verfahren durch seinen plötzlichen Tod, aber seine simonistischen Weihen hatten in der Provinz Asia doch zu Wirren geführt und sie ließen sich nur durch Absetzung der Betroffenen und Neuwahlen lösen. Man wird das Eingreifen des Patriarchen von Konstantinopel kaum als rechtliche Anmaßung einschätzen können, auch wenn die Grenzen seiner Jurisdiktion noch ungeklärt waren, ein Umstand, den jedenfalls sein Rivale Theophilus von Alexandrien zum Anlaß nahm, Klage zu erheben. Mißhelligkeiten zeichneten sich alsbald auch in der Hauptstadt selbst ab, zunächst in der Angelegenheit des Bischofs Severian von Gabala (gest. nach 408), der aus Syrien in die Kaiserstadt gekommen war und die Abwesenheit des dortigen Bischofs nützte, sich selbst ins Rampenlicht zu rücken; zahlreiche Predigten von ihm sind unter dem Namen des Chrysostomus überliefert, der nach seiner Rückkehr trotz eines Ausgleichs mit dem Landsmann erkennen mußte, daß seine eigene Situation in der Stadt, namentlich dem Hof gegenüber, schwieriger geworden war. Es ist wahrscheinlich, daß hierzu auch ein Aufstand der Goten unter Gainas im Jahre 399 beigetragen hat, der dem allmächtigen Eutropius letztendlich das Leben kostete, während das Ansehen des Bischofs in diesen Wirren gestärkt wurde; gewissermaßen über den Parteien stehend, vertrat er die Belange der Kirche, auch gegenüber dem arianischen Teil der Goten, und er verkörperte so jene moralische Autorität, die der schwache Kaiser Arkadius in diesem griechisch-germanischen Konflikt nicht besaß.

VI Das Komplott gegen Johannes Chrysostomus

Politische Unsicherheit in Konstantinopel und bischöfliche Rivalitäten machten es Johannes Chrysostomus zusehends schwerer, seine Stellung zu behaupten. Vor allem von Alexandrien und dessen herrischem Patriarchen Theophilus gingen versteckte und offene Vorstöße aus. Als der »neue Pharao« sich mit Mönchen der nitrischen Wüste überworfen und ihnen angebliche Irrlehren des Origenes (gest. 253/54) angelastet hatte, zogen diese, an ihrer Spitze die sogenannten »vier langen Brüder«, über Palästina nach Konstantinopel, um beim dortigen Patriarchen Zuflucht zu suchen. Auf deren Klage hin wurde Theophilus im Sommer 402 sogar nach Konstantinopel vorgeladen, um sich hier zu verantworten. Der aber holte zum Gegenschlag aus, indem er zunächst den Ketzerschnüffler Epiphanios, Bischof von Cypern (gest. 403), in die Hauptstadt lenkte, und zwar mit dem Hinweis, dort sei der Glaube in Gefahr. Als dessen Mission praktisch gescheitert war, kam endlich Patriarch Theophilus selbst in der Hauptstadt an und nützte geschickt jene Stimmung gegen Johannes Chrysostomus, die er am Hof durch seine ungeschminkten Reden über Eitelkeit und Luxus der Frauen entfacht hatte. Der Kaiserin Eudoxia, vom Patriarchen schon früher wegen der Enteignung eines Grundstücks hintergründig als »Jezabel« tituliert, wurden nun gar gefälschte Predigten hinterbracht, in denen er angeblich »die Kaiserin und andere Personen vom Hof« verspottet habe (Palladius, dial. 6). Offensichtlich mit ihrer Rückendeckung gewann der Alexandriner sogar unter dem Klerus des Ortsbischofs Anhang, der es nun seinerseits nicht mehr wagte, den vorgesehenen Prozeß gegen Theophilus zu führen. Im Umschlag der

Stimmung trug man plötzlich Klagepunkte gegen Johannes Chrysostomus zusammen, die in der Tat auf einer Synode »Zur Eiche« (August 403) bei Chalkedon unter dem Vorsitz des Bischofs von Heraklea zur Verhandlung kamen, lächerliche Vorwürfe, welche sein Eingreifen in Ephesus oder den Verkauf von Marmor, die Beleidigung des Hofes oder seinen isolierten Lebensstil »wie ein Zyklop« betrafen. Am Ausgang des Verfahrens konnte unter diesen Umständen kein Zweifel bestehen. Johannes Chrysostomus weigerte sich wegen der Zusammensetzung der ihm feindlichen Synode, vor diesem Gremium zu erscheinen, und wurde prompt in Abwesenheit abgesetzt. Ohne Widerstand, und das trotz Rumorens im Volk, ließ sich der Patriarch in die über ihn verhängte Verbannung abführen. Ein Unglück im Herrscherpalast, vielleicht eine Fehlgeburt der Kaiserin, führte nun freilich binnen eines Tages zu einer Wende, zum Rückruf des eben Verwiesenen, der auf einem Landgut in Bithynien ersten Halt gemacht hatte. Unter Triumph kehrte er in die Hauptstadt zurück, die andererseits sein Widersacher Theophilus fluchtartig verließ. Mit Mäßigung reagierte Johannes auf das ihm widerfahrene Unrecht und eine Versammlung getreuer Bischöfe rehabilitierte ihn vor der Öffentlichkeit.

Der Umschwung zugunsten des Patriarchen von Konstantinopel basierte letztlich auf einem persönlichen Erlebnis der Kaiserin, nicht aber auf einer grundsätzlichen Bereinigung der kirchlichen und politischen Spannungen. So bedurfte es nur eines entsprechenden Anlasses, um das unterbrochene Ränkespiel gegen den Zurückgerufenen weiterzuführen. Die Gelegenheit bot sich, als der Stadtpräfekt zu Ehren der Kaiserin ein Standbild errichten ließ, dessen vom Lärm der Menge begleitete Enthüllung den Gottesdienst in der Kathedrale störte. Vom rhetorischen Schwung mitgerissen, beklagte sich Chrysostomus über diese Rücksichtslosigkeit und fiel bei der Kaiserin erneut in Ungnade, zumal er eine Festpredigt in der Johanneskirche beim kaiserlichen Hebdomon mit den herausfordernden Worten begann: »Wiederum rast die Herodias ..., wiederum verlangt sie nach dem Haupte des Täufers« (PG 59,485). Unweigerlich brach erneut der Zwist auf; der Unterstützung Eudoxias sicher, wandten sich die Gegner an Theophilus und zahlreiche Bischöfe des Ostens, um von dem Kaiser die Absetzung des Chrysostomus zu erreichen. Eine anberaumte Verhandlung am Hof zeitigte allerdings kein Ergebnis, so daß sich erneut zwei Gruppen in der Hauptstadt gegenüberstanden. Als schließlich Ostern des Jahres 404 nahte und die Teilnahme des Hofes am Gottesdienst mit dem Patriarchen anstand, erwirkten die Gegner ein kaiserliches Dekret gegen ihn mit der Aufforderung: Verlaß deine Kirche! Unter Berufung auf die ihm anvertraute Herde weigerte sich der Bischof, diesem Befehl nachzukommen, und trotz solchen Widerstands beließ man ihn im Episkopium.

Zur Verhinderung der Tauffeier an Ostern sperrte man das Baptisterium sowie die Kirchen; da vollzogen chrysostomustreue Priester die Initiation an den 3000 Katechumenen in den Thermen des Constantius, ein Akt, der alsbald von den bischöflichen Gegnern an die staatliche Behörde gemeldet wurde und zur gewaltsamen Sprengung der Feier führte. Dieser Skandal machte die bislang verdeckte Spannung zwischen Patriarchat und Hof allseits deutlich, ja es kam bald zu regelrechten Verfolgungen von Anhängern des Chrysostomus und sogar zu Mordversuchen. In diesem Kesseltreiben erreichten seine Gegner erneut einen Ausweisungsbefehl des nachgiebigen Kaisers, dem sich der Bischof angesichts der drohenden Unruhen in der Stadt schließlich fügte.

VII Verbannung und Tod

Nach dem Abschied von seinen Getreuen in den Nebenräumen der Kathedrale, mit dem er bewußt einen Aufruhr des Volkes vermeiden wollte, begab sich Johannes unter polizeilicher Aufsicht an den Hafen, um von dort nach Kleinasien überzusetzen. Er trat den Weg in die zweite Verbannung wahrscheinlich am 9. Juni 404 an, ein Leidensweg, von dem er nicht mehr zurückkehren sollte. Zwar hatten Chrysostomus und seine Anhänger noch eine bischöfliche Delegation in den Westen gesandt, um Papst Innozenz I. (402–417) sowie die Oberhirten von Mailand und Aquileja über die Vorgänge zu informieren; damit ließen sich zwar die aus Alexandrien eintreffenden Darstellungen korrigieren, aber der Plan einer allgemeinen Synode schwerlich realisieren, zumal im Osten inzwischen eine regelrechte Verfolgung der »Johanniten« eingesetzt hatte. Schon der Brand, welcher am Tage der Ausweisung Kathedrale und Senatsgebäude in Schutt und Asche legte, wurde dem Verbannten bzw. seinen Anhängern angelastet, und die Situation verschärfte sich, als diese sich weigerten, den rasch erhobenen Nachfolger Arsacius (gest. 405) als rechtmäßigen Bischof anzuerkennen. Staatliche Dekrete gegen die Johanniten boten die Handhabe zum Vorgehen; die angesehene Vorsteherin der Diakonissen, Olympias, wurde gerichtlich belangt und nach Nikomedien verbannt, einige Quellen sprechen sogar von Martyrien. Johannes Chrysostomus selbst war inzwischen nach einem mehrwöchigen Aufenthalt in Nizäa über Ankyra an seinen Verbannungsort Kukusus im zweiten Armenien gebracht worden. Auf dem Transport in diese unwirtliche Gegend des isaurischen Berglandes erlebte er gewiß manche Beweise der Anhänglichkeit; aber schon die Strapazen der Reise bildeten für den angegriffenen Gesundheitszustand des Bischofs eine schwere Belastung, und dazu kamen neben äußeren Gefahren auch noch Invektiven von seiten mancher Amtsbrüder. Der Bischof von Cäsarea in Kappadokien hetzte gar eine Horde von Mönchen auf den verbannten Patriarchen, um ihn baldmöglichst zur Weiterreise zu zwingen. In Kukusus angekommen, schrieb er von den Leiden und Beschwerden der mehr als zweimonatigen Reise durch das Hochland Kleinasiens an Olympias:

»Einen vollen Monat und mehr hatte ich mit den schwersten Fiebern zu ringen, und ich mußte in diesem Zustand den langen und schwierigen Weg bis hierher zurücklegen; dazu war ich noch schwer magenkrank. Bedenke nun, was es heißt, wenn man dabei keinen Arzt hat, keine warmen Bäder, keine Pflege, keinerlei Erleichterung. Zu all dem kam die ständige Furcht vor den Isauriern, die uns von allen Seiten bedrohten« (ep. 13). Der Aufenthalt in dem »verlassensten Erdenwinkel« gestaltete sich für den Verbannten zunächst recht erträglich; wohlwollende Persönlichkeiten bis hin zum Präfekten der Provinz boten ihre Hilfe an, und selbst nach Antiochien wurden bald Kontakte geknüpft. Während im Oktober 404 die junge Kaiserin Eudoxia plötzlich starb – ein Tod, der weithin im Volk als göttliches Strafgericht angesehen wurde –, zog über den kilikischen Taurus der Winter herauf mit all seinen Beschwernissen für den kultivierten Bischof aus großstädtischem Milieu. Vor einem Überfall der räuberischen Isaurier mußte er im folgenden Jahr mit der übrigen Bevölkerung sogar den Schutz der nahen Grenzfestung Arabissus aufsuchen. Gleichwohl konnte er in diesen Jahren der Verbannung eine lebhafte Korrespondenz führen, gerichtet an mehr als hundert unterschiedliche Adressaten. Ihre Thematik kreiste nicht nur um sein eigenes Schicksal, vielmehr nahm der Verfasser Anteil an seelsorglichen Fragen und selbst am Fortgang der Mission in Phönizien; gerade diese Initiative zeugt von einem ungebrochenen Verantwortungsbewußtsein für die Glaubensverkündigung, die als gesamtkirchliche Aufgabe das eigene Schicksal in den Hintergrund treten ließ. Aus seiner Heimatstadt häuften sich zudem die Besuche so sehr, daß man nach Palladius meinen konnte, es »wäre die Kirche von Antiochien nach Armenien ausgewandert und als ob von dort die liebliche Predigt des Johannes in Antiochien ertöne« (dial. 11). Der verbannte Patriarch war also nicht verstummt in der Einsamkeit des Taurus; er hielt Verbindung mit Kirchenmännern seiner Zeit und damit die Frage seiner Absetzung offen. Vor allem blieb die Kirche des Westens nicht untätig. Papst Innozenz I. wandte sich sogar an Kaiser Honorius (395–423) mit der Bitte, bei seinem Bruder Arkadius in Konstantinopel zugunsten des verbannten Patriarchen Johannes zu intervenieren. Aber eine Gesandtschaft westlicher Bischöfe in den Osten wurde kurzerhand abgefangen und unter unwürdigen Umständen wieder heimgeschickt, so daß der Plan, auf einem Konzil zu Thessalonich die Angelegenheit endgültig zu klären, für alle Anhänger des abgesetzten Patriarchen eine leere Hoffnung blieb. Das Eintreten des Papstes Innozenz für Johannes Chrysostomus stellt gewiß ein Zeichen gesamtkirchlicher Mitverantwortung dar; wenn ihm kein Erfolg beschieden war, dann lag es wohl an dem Selbstbewußtsein des Ostens, das die bischöflichen Chrysostomus-Gegner bis zum kaiserlichen Hof geschickt zu mobilisieren verstanden.

Der Konzilsplan des Westens verschärfte offensichtlich das Vorgehen wider die Johanniten, und der Verdacht des Palladius (dial. 37), wonach man Chrysostomus am liebsten dem Tode ausgeliefert hätte, entsprach wohl dem Wunsch seiner

Gegner. Jedenfalls erging im Frühjahr 407 ein Befehl des Kaisers, den verbannten Patriarchen an einen anderen Ort zu verlegen, und zwar nach dem entlegenen Pityus, in den Ausläufern des Kaukasus. Das Kommando, das den Befehl ausführte, nahm bewußt keinerlei Rücksicht auf den Zustand des gesundheitlich angeschlagenen Bischofs; der Transport nach Norden im Sommer 407 sollte eine Reise in den Tod werden. Erschöpft von den Strapazen brach der Gefangene bei Komana, im Altertum bekannt durch seinen Anaitis-Kult, zusammen; man schleppte ihn zurück in das nahe gelegene Martyrium des heiligen Basiliscus. Nach altem Brauch legte er weiße Sterbekleider an; ein Presbyter reichte ihm die Eucharistie und mit einem Dankgebet verschied Johannes Chrysostomus: »Gott sei gelobt für alles, Amen!« Als Todestag wird der 14. September 407 verzeichnet.

VIII Bedeutung und Nachleben

Aus dem Werdegang des Johannes Chrysostomus von Antiochien über sein Bischofsamt in Konstantinopel bis zu Exil und Tod wird zunächst eine gesamtkirchliche Bedeutung sichtbar, die für die Kirche in ihrer Verflechtung mit der Welt den Anspruch eines Lebens aus dem Glauben sichtbar macht. Sein Lebensweg verrät nichts von einem Streben nach Karriere, wie sie durch das Zusammenwachsen von Kirche und Staat seit Konstantin möglich und schon frühzeitig beklagt wurde; er fiel offensichtlich jenen Kräften zum Opfer, die aus der Konstellation der Staatskirche unter dem Vorwand des Evangeliums ihren eigenen Nutzen zogen. Das Ineinander der Kompetenzen, angefangen bei der umstrittenen Rangerhöhung des bischöflichen Stuhles von Konstantinopel im Jahr 381, öffnete der Initiative einzelner Kirchenmänner größere Wirkmöglichkeiten und verschärfte dadurch die Rivalitäten. Dem Spiel der Intrigen, in dem es weitgehend um die Einschaltung der staatlichen Macht ging, war der Presbyter aus Antiochien nicht allseits gewachsen, zumal die Herrscher nach dem Vorbild des großen Konstantin sich berechtigt fühlten, auch im kirchlichen Bereich tätig zu werden. Wie bei der Erhebung zum Bischof der Hauptstadt, so war der Hof auch bei seiner Vertreibung beteiligt, und der Betroffene duldete es ohne nennenswerten Widerstand. Inwieweit hier persönliche Haltung oder das grundsätzliche Urteil über den Staat eine Rolle spielt, entzieht sich der Kenntnis; jedenfalls bringt Johannes Chrysostomus den Staat in ursächlichen Zusammenhang mit der Ursünde und ordnet ihn der Lehre von den drei Knechtschaften zu, nämlich der Unterordnung der Frau unter den Mann, des Sklaven unter den Herrn, des Bürgers unter den Staat. Die Kritik im einzelnen führt darum nicht zu einem grundsätzlichen Konflikt oder einer Distanzierung der Kirche vom Staat.

Andererseits sucht Johannes Chrysostomus Welt und Gesellschaft in christlichem Geist zu gestalten. Unter Aufnahme vorchristlicher Ideale gelten ihm die Überwindung von Armut und Sklaverei als reale Möglichkeit. Ausschlaggebend für ihn ist freilich die Überwindung eines jeglichen Heilsindividualismus; weder der einzelne kann als Christ gelten, wenn er nicht Verantwortung am Heil des andern trägt, noch kann sich die Kirche ihrer Aufgabe an der Gesellschaft entziehen. Das Christentum erscheint in dieser Perspektive nicht als weltflüchtig; es ist vielmehr der konkreten Wirklichkeit zugewandt, und der Gläubige leistet durch sein »neues Leben« den entscheidenden Beitrag zur Umwandlung der Gesellschaft. Ansätze zu extremen Formen christlichen Daseins, wie sie im Laufe des vierten Jahrhunderts gelegentlich zutage traten, dämpft Johannes Chrysostomus und versucht statt dessen ihre Einbindung in die Gemeinschaft der Christen allgemein. Insofern wird man auch seine Verhaltenheit gegenüber einer Erbschuld des Menschen, die wegen Verdachts des Pelagianismus schon Augustin zu seiner Verteidigung auf den Plan gerufen hatte, in diese umfassende Sicht der christlichen Heilswirklichkeit einordnen dürfen.
An der zuvorkommenden Heilstat Gottes in Jesus Christus besteht für Johannes Chrysostomus kein Zweifel; aus dem göttlichen Willen zur Rettung des sündigen Menschen resultieren die Inkarnation des Logos sowie dessen Tod am Kreuz. Verhaftet der antiochenischen Theologie, betont er gegen alle Vermischungstendenzen die Eigenständigkeit der Naturen, ohne in angemessener Weise ihre Einheit beschreiben zu können. Bekanntlich fehlte der zeitgenössischen Theologie noch die ausgefeilte Begrifflichkeit zur Erfassung des Mysteriums, und es überrascht darum nicht, wenn sich der Prediger aus Antiochien den christologischen Denkformen seiner »Schule« anschließt, ohne selbst die Weiterentwicklung voranzutreiben. Die Unzulänglichkeit seiner Aussagen kommt etwa in der Darstellung des Todes Christi zum Tragen, insofern die Tendenz vorherrscht, das göttliche Wesen des Logos Gottes nicht mit Niedrigkeitsaussagen zu belasten. So nachdrücklich Chrysostomus die Einheit der Christuswirklichkeit betont, aus der mangelnden Bestimmung des tragenden Subjekts resultiert jene Sicht des Gekreuzigten, der von seiner Göttlichkeit her das schmachvolle Geschehen überstrahlt. Das Skandalon dieses Heilsgeschehens bleibt ihm vom paulinischen Ansatz her voll bewußt, doch sucht er es angesichts der noch keineswegs verstummten Polemik gewissermaßen »von oben« her zu bewältigen. Das Kreuz erscheint dann als Prinzip des Kosmos, als Leitmotiv christlicher Existenz, als Zeichen des Sieges, nicht nur über Sünde und Tod, sondern auch über die gottwidrigen Mächte der Gegenwart. Unweigerlich geriet damit das Zeichen des Kreuzes in den Sog der Volksfrömmigkeit, von deren Erscheinungsformen das Werk unseres Kirchenvaters beredte Auskunft gibt; doch nicht der Bereich religiöser Subkultur prägt letztlich sein Verständnis der Kreuzeswirksamkeit, sondern das Geschehen von Golgotha selbst, das er höchst realistisch in der Feier der Eucharistie vergegenwärtigt sieht. Zwar ist die Meinung bis heute

umstritten, daß diese Auffassung von Vorstellungen der antiken Mysterienkulte gespeist sei; trotzdem kann man die Integration allgemein-religiöser Kategorien in der Verkündigung des Johannes Chrysostomus nicht ausblenden, wenn es sein Verständnis vom Mysterium crucis zu erhellen gilt. Im übrigen deutet er das eucharistische Geschehen in einer Unmittelbarkeit, die Christus selbst als Handelnden einführt und so das Opfer von Golgotha der Gegenwart vermittelt.
Als Prediger und Bischof konfrontiert mit dem Lebensstil der spätantiken Großstadt, enthalten seine Predigten und Homilien gewiß zahlreiche sittliche Appelle; hinter seinen Aufrufen und Klagen, die gelegentlich sogar übertrieben wirken, steht freilich die Überzeugung von der Gegenwärtigkeit Gottes im Wort der Verkündigung. Diese theonome Orientierung seines ganzen Wirkens schärft die seelsorglichen Ansprüche gegenüber den Gläubigen, die sich auch in der Welt als neue Gemeinschaft Gottes versteht.

Der Tod im Exil ließ den Namen des Johannes Chrysostomus nicht aus dem Bewußtsein der Öffentlichkeit schwinden. Die Vorgänge um seine Vertreibung hatten die Kirchen des Ostens und Westens so aufgewühlt, daß der Streit nicht verebbte, als sich die Nachricht vom Ende des verfolgten Bischofs über das ganze Reich verbreitete. Waren schon zu seiner Beisetzung im Martyrion des heiligen Basiliscus zahllose Menschen zusammengekommen, so setzte alsbald ein Bemühen um Rehabilitierung des »Märtyrers« ein, der im Grunde ein Opfer innerkirchlicher Rivalitäten geworden war. Chrysostomus selbst wandelte bereits das Verständnis vom Blutzeugen der Verfolgungszeit auf die Verhältnisse der Reichskirche um, indem er argumentierte: »Nicht bloß dann wird man zum Märtyrer, wenn man einem befiehlt, [den Göttern] zu opfern und er dann lieber stirbt, als daß er ein Opfer darbringt, sondern auch dann, wenn man irgend ein Gebot befolgt, das geeignet ist, den Tod herbeizuführen, ist dies offenkundig ein Martyrium« (Hom. 8,7 adv. Jud.). Seinen Zeitgenossen erschien dann auch weitgehend der Tod auf dem Transport ins verschärfte Exil als ein Zeugnis für den Glauben, und umgekehrt das baldige Ende einzelner Gegner wie ein Strafgericht Gottes, dabei den apologetischen Topos von den »Todesarten der Verfolger« aufgreifend. Jedenfalls fanden sich weite Kreise, vor allem die Kirchen des Westens, nicht mit der Absetzung des Patriarchen von Konstantinopel ab; aber auch im Osten schlug die Stimmung um, so daß Kaiser Theodosius II. (400–450) die sterblichen Überreste des ehemals umstrittenen Bischofs im Jahre 438 erheben und in die Apostelkirche von Konstantinopel überführen ließ. Die Verehrung des Heiligen hatte sich durchgesetzt, vom einfachen Volk bis zum kaiserlichen Hof; ja selbst in Alexandrien war sein Name in die Diptychen aufgenommen worden. Am längsten zögerte die zusammengeschmolzene Schar seiner Anhänger, die »Johanniten«, sich der allgemeinen Versöhnung um Johannes Chrysostomus anzuschließen, und sie demonstrierten so etwas von jener

Unbeweglichkeit der Frommen, die zeitlebens ihrem verehrten Bischof einen Ausgleich mit der Umwelt erschwert hatte.

Das Ansehen des mißhandelten Patriarchen von Konstantinopel stieg in der folgenden Zeit immer mehr. Theodoret von Cyrus (gest. um 466) gibt in einer Lobrede auf ihn davon Kunde: »Die Hände sind erschlafft nach dem Gesetze der Natur, die Leier aber tönt durch den ganzen Erdkreis dank der Gnade« (PG 64,90f.). Schon Cyrill (gest. 444), Neffe und Nachfolger des Theophilus auf dem Stuhl von Alexandrien, berief sich in seiner Auseinandersetzung mit Nestorius auf Chrysostomus als Gewährsmann der rechten Lehre, und unter den Autoritäten, auf die man zusehends in der Theologie Wert legte, nahm er bald einen hohen Rang ein; auf dem VII. ökumenischen Konzil von Nicaea (787) wurde sein Votum zugunsten der Bilderverehrung mit den Worten eingeführt: »Wenn Johannes Chrysostomus sich so über die Bilder äußert, wer wagt noch etwas gegen die Bilder zu sagen?« (Mansi 13,8). Als der große Ausleger der Offenbarung gewann er immer mehr theologisches Gewicht; man zählte ihn alsbald zu den »drei Hierarchen« bzw. zu den großen vier Kirchenlehrern des Ostens. Zahlreiche Übersetzungen seiner Predigten und Homilien, gerade auch in die lateinische Sprache, bestätigen seine Bedeutung für die Gesamtkirche. Als Zeuge des Glaubens überschreitet er den Rahmen der östlichen Christenheit mehr als durch die »Überführung« seiner (angeblichen) Gebeine in die Vatikanische Basilika zu Rom im Zuge des berüchtigten Kreuzzuges vom Jahre 1204, bei dem Konstantinopel von den Venetianern erobert und auch seiner Heiligen beraubt worden ist.

Quellen

B. de Montfaucon: Opera s. Joannis Chrysostomi. 13 Bde. Paris 1718–1738.
J. P. Migne: Patrologia Cursus Completus ... Series Graeca. Bde. 47–64. Paris 1863–1864.
A. M. Malingrey: S. Jean Chrysostome. Lettres à Olympias. Paris 1947.
B. K. Exarchos: Johannes Chrysostomus. Über Hoffart und Kindererziehung. München 1952.
A. Wenger: Jean Chrysostome. Huit Catéchèses baptismales inédites. 2. Aufl. Paris 1970.
A. M. Malingrey: Jean Chrysostome. Sur le sacerdoce (Dialogue et Homélie). Paris 1980.

Darstellungen

Baur, Chr.: Johannes Chrysostomus und seine Zeit. Bd. 1: Antiochien. Bd. 2: Konstantinopel. München 1929/1930.
Brändle, R.: Matth. 25,31–46 im Werk des Johannes Chrysostomos. Ein Beitrag zur Auslegungsgeschichte und zur Erforschung der Ethik der griechischen Kirche um die Wende vom 4. zum 5. Jahrhundert. Tübingen 1979.

Greeley, D.: The Church as »Body of Christ« according to the Teaching of Saint John Chrysostom. Diss. University of Notre Dame 1971.

Kaczynski, R.: Das Wort Gottes in Liturgie und Alltag der Gemeinden des Johannes Chrysostomus. Freiburg–Basel–Wien 1974.

Pasquato, O.: Gli spettacoli in S. Giovanni Crisostomo. Paganesimo e cristianesimo ad Antiochia e Constantinopoli nel 4. secolo. Rom 1976.

Ritter, A. M.: Charisma im Verständnis des Johannes Chrysostomus und seiner Zeit. Ein Beitrag zur Erforschung der griechisch-orientalischen Ekklesiologie in der Frühzeit der Reichskirche. Göttingen 1972.

Stockmeier, P.: Theologie und Kult des Kreuzes bei Johannes Chrysostomus. Ein Beitrag zum Verständnis des Kreuzes im 4. Jahrhundert. Trier 1966.

Stötzel, A.: Die humanisierende Wirkung des Christentums nach den Schriften und Homilien des Johannes Chrysostomus. (erscheint demnächst).

Verosta, St.: Johannes Chrysostomus. Staatsphilosoph und Geschichtstheologe. Graz–Wien–Köln 1960.

Hieronymus

von G. J. M. Bartelink

I

Hieronymus, einer der vier »doctores ecclesiae« der alten lateinischen Kirche, erblickte in Stridon das Licht der Welt, einem in den Wirren der Völkerwanderung völlig verschwundenen Städtchen irgendwo an der Grenze zwischen Dalmatien und Pannonien im heutigen Jugoslawien. Das Geburtsjahr des Hieronymus, der mit vollständigem Namen Eusebius Sophronius Hieronymus hieß, steht nicht einwandfrei fest. Zwei ziemlich weit auseinanderliegende Daten (331 und 347), über die die Fachleute in Zweifel sind, stehen zur Wahl. Die meisten ziehen das letztere Datum vor, aber bis in die jüngste Vergangenheit fehlt es nicht an denjenigen, die der erstgenannten Jahreszahl den Vorzug geben, obwohl in diesem Fall die Biographie des Hieronymus weiße Flecken aufweist und man dann nicht umhin kann, für seinen Studiengang eine extrem lange Zeitspanne anzusetzen. Letzten Endes scheint mir die Wahl des Jahres 347 noch am wenigsten problematisch zu sein.

Hieronymus' Vater, Eusebius, muß ein wohlhabender Mann gewesen sein, der es sich leisten konnte, seinem Sohn eine vorzügliche Ausbildung zukommen zu lassen. So wurde der begabte Junge nach dem Absolvieren des »ludus litterarius« (des Elementarunterrichts) als 11- oder 12jähriger, zusammen mit seinem Freund Bonosus, nach Rom geschickt, wo der berühmte Donatus – der Verfasser einer Grammatik, die bis weit ins Mittelalter hinein in hohem Ansehen stand, und Autor einiger Kommentare zu lateinischen Dichtern – sein wichtigster Lehrer wurde. Von ihm wurde Hieronymus gründlich in die Profanliteratur eingeführt, und in seinen eigenen Schriften sprach er später des öfteren mit unverhohlenem Stolz über seinen ehemaligen Lehrer.

In Rom hat Hieronymus das übliche Curriculum absolviert, wie es Jahrhunderte lang nahezu unverändert im römischen Kaiserreich üblich war. In diesem Lehrplan wurde besonders auf das Erlernen eines korrekten Sprachgebrauchs geachtet, der sich an den Werken der längst klassischen lateinischen Autoren orientierte. Besonderer Wert wurde den Stilregeln der Prosaschriftsteller Cicero und Sallust und der Dichter Terenz und Vergil beigemessen. In diesen Schuljahren dürfte Hieronymus, dem es weder an Talent noch an Fleiß fehlte, die

Grundlage für die stilistische Perfektion, die so manche Schrift seiner Hand in hohem Maße kennzeichnet, gelegt haben. Von den großen griechischen Schriftstellern wurde in der zweiten Hälfte des vierten Jahrhunderts kaum noch etwas zur Kenntnis genommen. Man eignete sich damals in der Schule mit Mühe und Not nicht viel mehr als die Grundzüge des Griechischen an. Auch wenn Hieronymus zu den wenigen Römern jener Zeit gehörte, die während eines langen Aufenthaltes im Osten diese Sprache gut zu gebrauchen lernten, so hat er sich als Christ nie in die profane griechische Literatur vertieft. Wenngleich er, besonders um seinen Argumenten Nachdruck zu verleihen, bisweilen den Eindruck zu vermitteln suchte, als habe er bestimmte profane griechische Schriftsteller gelesen, haben moderne Forscher wie Courcelle ihn in diesem Punkte ohne große Mühe entlarven können: In verschiedenen Fällen stellte Hieronymus Kenntnisse aus zweiter Hand aus lateinischen Übersetzungen zur Schau. So kannte er etwa Plato lediglich über Cicero.
Hieronymus dürfte ungefähr sechzehn Jahre alt gewesen sein, als er sich im Anschluß an den Grammatikunterricht anhand großer literarischer Beispiele der Rhetorik widmete, bei der der Schüler in die literarischen Gattungen eingeführt wurde und sich durch praktische Übungen eine gewisse Eloquenz aneignete. In diesen Jahren lernte er das Metier in all' seinen Schattierungen kennen. In einem Rückblick auf diesen Lebensabschnitt hat er auch den Beifall, den er für die Pflichtdeklamationen von seinen Kommilitonen erntete, erwähnt.
In Rom schloß Hieronymus Freundschaft mit seinem Studiengenossen Rufinus, der sich später – wie er selbst – zum verdienten christlichen Schriftsteller entwickelte. Rufinus erlangte Ruhm durch seine Übersetzungen christlicher Schriften aus dem Griechischen. Eine tiefgehende Kontroverse über die lateinischen Übersetzungen von Werken des Origenes sollte diese Freundschaft jedoch in späteren Jahren stören, was zu einem irreparablen Bruch führte. Gleichfalls knüpfte Hieronymus während seiner Studienzeit ein dauerhaftes Freundschaftsband mit Pammachius, an den er später aus dem Osten noch recht oft geschrieben hat. Sein Studieninteresse führte ihn allmählich dazu, eine umfassende Privatbibliothek aufzubauen. Wir dürfen weiter annehmen, daß er sich während des Studiums in Rom hat taufen lassen, entsprechend einem damals vorherrschenden Brauch, die Taufe bis zum Mannesalter aufzuschieben. Aber eigentlich ist dieser Lebensabschnitt des Hieronymus für uns fast ganz in Dunkelheit gehüllt.
Zusammen mit seinem Freund Bonosus zog er ca. 367 nach Trier, das damals die Residenz von Kaiser Valentinian war. Wahrscheinlich strebten beide anfänglich eine Beamtenlaufbahn an; aber schon bald dürfte in ihnen die Neigung zur Kontemplation und Askese erwacht sein. In diesen Zusammenhang paßt die Mitteilung, daß Hieronymus während seines dortigen Aufenthalts für seinen Freund Rufinus zwei Werke des christlichen Autors Hilarius von Poitiers kopierte.
Bald darauf sagten die beiden Freunde dem hohen Norden Lebewohl. Hierony-

mus machte sich nach einem Aufenthalt in seinem Heimatland und in Norditalien, wo er wahrscheinlich in Aquileia war, da er dort einen großen Bekanntenkreis hatte, zu dem außer Rufinus noch Heliodorus, Evagrius von Antiochien und Eusebius von Vercelli zählten, 372 via Athen auf den Weg nach Antiochien, wo sein Freund, der Priester Evagrius, schon kurz zuvor eingetroffen war. Eine schwere Erkrankung durchkreuzte jedoch sein ursprüngliches Vorhaben, eine Pilgerfahrt nach Jerusalem zu unternehmen. Wahrscheinlich hatte er während dieses Aufenthaltes in Antiochien den bekannten Traum (Mitte der Fastenzeit 374), in dem ihm der Vorwurf gemacht wurde, er sei kein Anhänger Christi, sondern Ciceros. Fünfzehn Jahre später schickte er Eustochium eine lebhafte Beschreibung dieses Ereignisses (Ep. 22): Als er sich trotz seiner Entscheidung, mit der Welt zu brechen, nicht von seinen geliebten klassischen Schriftstellern trennen konnte, während der grobe und ungepflegte Stil der Bibel ihm zuwider war, erfaßte ihn ein heftiges Fieber. Plötzlich erfuhr er, er würde zum Gericht des großen Richters bestellt. Auf die Frage, wer er sei, antwortete er: »Christ«. Doch darauf bekam er zu hören: »Du lügst. Du bist ein Ciceronianer, nicht ein Jünger Christi. Denn wo dein Schatz ist, dort ist auch dein Herz.« Dann ließ der Richter ihn geißeln. Sowohl die Anwesenden wie auch Hieronymus selbst flehten um Gnade, und feierlich schwor er: »Herr, wenn ich noch einmal weltliche Bücher besitze, wenn ich diese noch jemals lesen möchte, so wird das bedeuten, daß ich dich verleugnet habe.« Von dem Moment an, so sein Zeugnis, studierte er die christlichen Schriften mit größerem Eifer als früher die heidnische Literatur. Und seitdem, so schwor er, hätte er nie wieder eine Seite von Cicero, Vergil oder irgendeinem anderen Profanschriftsteller gelesen. Dennoch blieb die Erinnerung an seine frühere Ausbildung unauslöschlich; die profanen Zitate und Anspielungen, ein für allemal in sein Gedächtnis eingeprägt, zierten nach wie vor seine Schriften, und auch die rhetorischen Kunstgriffe verschwanden keineswegs aus seinem Stil, wie mancher virtuos konzipierte Brief beweist. Und später zeigte Hieronymus dann und wann auch eine liberalere Haltung, die gerade den damals in breiten Kreisen vorherrschenden Auffassungen der Christen entspricht. So argumentiert er in Brief 70, der Gebrauch profaner Literatur sei den Christen erlaubt, vorausgesetzt, daß man sich vor schädlichen Elementen hütet.

374 setzte eine neue Periode im Leben des Hieronymus ein, als er in der Chalcidischen Wüste, nicht weit von Antiochien entfernt, das Leben eines Eremiten zu führen begann. Während dieser zwei- bis dreijährigen Zeit, die er dort verbrachte, mag er sich inmitten der überwiegend syrisch sprechenden Mönche einigermaßen isoliert gefühlt haben. Die Einsamkeit wurde jedoch dadurch gemildert, daß er durch die Freundschaft mit Evagrius über einige in der Wüste ungewöhnliche Annehmlichkeiten verfügte: zum Studium fehlten ihm weder Schriftkommentare noch Kopisten. Dadurch konnte er nicht nur seine Kenntnisse des Griechischen perfektionieren, sondern er sollte auch in dieser Zeit des Studiums und der Besinnlichkeit den großen Schritt tun, der ihm in der

Nachwelt den Ehrentitel des »vir trilinguis« eingetragen hat: er entschloß sich, Unterricht im Hebräischen zu nehmen und somit eine Sprache zu erlernen, die, wie er selbst zu bemerken nicht unterlassen hat, weit vom Lateinischen und Griechischen entfernt war. So ist Hieronymus für die Latein sprechenden Christen nicht weniger ein Wegbereiter geworden wie Origenes – in dessen Fußstapfen er in dieser Hinsicht getreten ist – es für die griechische Welt gewesen ist. Auch wenn er später dieses anspruchsvolle Studium für die Außenwelt dem Anschein nach als einen Teil seiner harten Askese ausgab, so hat sein philologisches Interesse ohne Zweifel für ihn den entscheidenden Anstoß gegeben, sich dieser Aufgabe zu widmen.
Vom Zeitpunkt von Hieronymus' Aufbruch aus der Chalcidischen Wüste (376 oder 377) bis zu seinem Aufenthalt in Rom 382 haben wir seine Spur wiederum bis zu einem gewissen Grade verloren, zumal auch Briefe aus dieser Zeit fehlen. Wahrscheinlich hat er zuerst einige Zeit in Antiochien verbracht; in diesen Lebensabschnitt sind auch die Bibelstunden einzuordnen, die er von Apollinarius von Laodicea empfangen hat. Möglicherweise datiert auch aus dieser Zeit die romantisierende Schrift »Vita Pauli« über den legendären Eremiten Paulus von Theben, die ein großer literarischer Erfolg wurde, wie auch die »Altercatio Luciferiani et Orthodoxi«, seine älteste Streitschrift. 379 oder 380 machte Hieronymus sich auf den Weg nach Konstantinopel, wo er insbesondere den theologischen Debatten im griechischen Christentum aus nächster Nähe folgen konnte. Merkwürdigerweise verliert er über das Konzil von 381, das während seines Aufenthalts in der griechischen Metropole stattfand, kein Wort. Wir wissen aber, daß er mit Gregor von Nazianz, einem in diesem Zusammenhang wichtigen Verbindungsmann, und mit mehreren anderen Kirchenleitern aus dem Osten in persönlicher Verbindung gestanden hat. In Konstantinopel begann er ebenfalls mit dem, was einen wichtigen Teil seines Lebenswerkes ausmachte: er übersetzte griechische christliche Schriften und machte sie damit für den Westen zugänglich.
Die Reihe der Übersetzungen wurde mit der Weltchronik von Eusebius von Caesarea eröffnet, die Hieronymus im übrigen mit römischen Daten bereicherte und bis zum Jahr 378 fortsetzte. Darauf folgte die lateinische Übersetzung einer Anzahl Homilien von Origenes (u. a. die zu Jeremia und Hesekiel). Wie Hieronymus in seinen Einleitungen erwähnte, beabsichtigte er, dem einfachen Homilienstil, der für Origenes charakteristisch war, auch in seiner eigenen Wiedergabe gerecht zu werden. Einige im Griechischen erhaltene Jeremiahomilien enthüllen uns jedoch, daß Hieronymus sich nicht gescheut hat, Verbesserungen hinzuzufügen, und daß er wiederholt versucht hat, den Text zugänglicher und verständlicher zu machen.
Im Jahre 382 reiste er nach Rom, wo er sein Licht nicht unter den Scheffel stellte. Durch seine Sprachkenntnisse und seine Einsicht in die kirchenpolitische Lage im Osten kam er recht bald in Kontakt mit Papst Damasus, als dessen Sekretär er

dann arbeitete. Dieser unterstützte ausdrücklich Hieronymus' Initiative, nämlich die Fertigstellung eines lateinischen Bibeltextes: War doch im Laufe der Zeit ein Wildwuchs an lateinischen Bibelübersetzungen entstanden, so daß Hieronymus nicht ohne Übertreibung bemerken konnte, es existierten fast genau so viele Übersetzungen wie Codices. Jene wiesen nicht nur Übersetzungsfehler auf, sondern hatten auch einen in literarischer Hinsicht völlig unzureichenden Sprachgebrauch. Als erstes wollte Hieronymus anhand der besten verfügbaren Manuskripte eine Revision des Textes der vier Evangelien durchführen. Die Tatsache, daß die Gläubigen durch die Vorlesung von Bibelperikopen während der Gottesdienste mit einem bestimmten Wortlaut vertraut geworden waren, zwang ihn, die Änderungen auf ein Minimum zu beschränken und nur dann einzugreifen, wenn das Latein sprachlich schlecht war oder wenn offensichtlich eine fehlerhafte Übersetzung vorlag. Da bei einem derart sakralen Text die Tradition vorherrschend sein mußte, hielten sich des Hieronymus Änderungen in Grenzen. 384 war die Überarbeitung der Evangelien abgeschlossen. Ob Hieronymus ebenfalls an der Revision der anderen Schriften des Neuen Testamentes mitgewirkt hat, ist umstritten. Die altlateinischen Übersetzungen waren hier von einer besseren Qualität, so daß schon eine Überarbeitung von bestimmten Stellen ausreichte. Für die Paulusbriefe hat man wohl Rufinus, den Syrer, oder, anderen Quellen zufolge, Pelagius für den Bearbeiter gehalten.
Während seines Aufenthaltes in Rom hielt Hieronymus auch Unterricht über die Hl. Schrift ab und übernahm die geistliche Führung einiger angesehener römischer Frauen, von denen die Witwen Marcella, Paula und deren Tochter Eustochium die bekanntesten sind. Obwohl sie zum höchsten Stand in Rom gehörten, hatten sie den Entschluß gefaßt, einfach und in schlichter Askese zu leben, wobei sie besonders an der Lektüre und Auslegung der Hl. Schrift interessiert waren. In späteren Jahren hat Hieronymus noch vom Osten aus mit Marcella über schwierige Bibelstellen korrespondiert. Jedoch schon nach nicht sehr langer Zeit wurde seine Stellung in Rom schwierig. Flexibilität war nicht seine Stärke, und er machte sich durch seine Charaktereigenschaften leicht Feinde. Ausschlaggebend für die feindliche Gesinnung gegenüber Hieronymus war seine Förderung einer extremen Askese als der erhabensten Form des Christentums, die in breiten Kreisen auf Widerstand stieß. Dem hielt er das heftige Pamphlet »Adversus Helvidium« entgegen. Aber nach dem bald danach eingetretenen Tod seines mächtigen Befürworters, Papst Damasus (384), war seine Lage in Rom unmöglich geworden. Denn außer der Kritik an seinem Einsatz für eine asketische Lebensgestaltung wurde nunmehr seine Revision der Evangelien von mehreren Seiten heftig kritisiert. Da gegen ihn Stimmung gemacht wurde, sah er sich gezwungen, Rom zu verlassen. Es wurde ein Abschied für immer. Die ganze Bitterkeit, die ihn damals erfüllte, schüttete er in einem Brief an Asella aus (Ep. 45). Diesen Brief schrieb er kurz bevor das Schiff den Anker lichtete. Zusammen mit seinem jüngeren Bruder Paulinianus, seinem Freund Vincentius

und einigen Mönchen zog er fort nach Palästina, wo auch Paula und Eustochium bald darauf eintrafen. Bevor er sich definitiv in Bethlehem niederließ, pilgerte die ganze Gesellschaft zu den heiligen Stätten Palästinas, um von dort aus nach Ägypten, der Wiege des Mönchtums, zu ziehen. Einen Monat blieb Hieronymus in Alexandrien, um dem Unterricht von Didymus dem Blinden, den er bewunderte und der sich als Bibelausleger einen großen Namen gemacht hatte, beizuwohnen. Im Frühsommer 386 reiste die Gesellschaft dann in die Wüste von Nitria, wohin sich seit dem Aufstieg des Anachoretentums zahlreiche Mönche in die Einsamkeit zurückgezogen hatten.

Nach der Rückkehr nach Palästina wurden in Bethlehem ein Männer- und ein Frauenkloster gegründet, das letztere bei der Geburtskirche. Die Gründung war zum größten Teil durch die finanzielle Unterstützung von Paula ermöglicht worden. Soweit seine anderen Beschäftigungen es ihm erlaubten, widmete sich Hieronymus wieder voll und ganz seinen Studien. Der Unterricht eines jüdischen Lehrers machte es ihm möglich, seine Kenntnisse des Hebräischen zu vervollkommnen. Dann und wann reiste er in den Küstenort Caesarea, wo sich damals die größte Bibliothek christlicher Schriften befand und wo er zum Beispiel das einzige existierende Exemplar von Origenes' »Hexapla« (ein in sechs Sprachen parallel wiedergegebener Bibeltext) studieren konnte. Weiter mag er regelmäßig für die Mönche seines Klosters, die teils griechisch, teils Latein sprachen, gepredigt haben. Eine Sammlung von ca. 100 Homilien – vor allem zu den Psalmentexten, offensichtlich stenographisch aufgenommene Improvisationen, die im grellen Gegensatz zu Hieronymus' übrigen, im gepflegten Stil verfaßten Werken stehen – sind seinerzeit von Pater G. Morin als authentisch identifiziert worden. Trotz der mangelhaften Formgebung spürt man bei ihnen unmißverständlich das ganz persönliche Kolorit des Hieronymus.

Von Anfang an wurde Hieronymus' Aufenthalt in Bethlehem – wo er bis zu seinem Tod lebte – durch eine fieberhafte literarische Aktivität gekennzeichnet. Als erstes wurde die Übersetzung von Didymus' »De sancto spiritu«, die er schon in Rom in Angriff genommen hatte, vollendet. Daß wir dieses Werk von Didymus, dessen griechisches Original verloren gegangen ist, überhaupt noch kennen, ist Hieronymus zu verdanken. In einem hinzugefügten Vorwort ließ er sich zu einer bemerkenswerten Tirade verführen, die sich offensichtlich auf Ambrosius bezieht, wenn dieser auch nicht mit Namen genannt wird: »eine Krähe, die sich mit fremden Federn schmückt«. Es bleibt unklar, weshalb Hieronymus sich hier so abwertend über den Bischof von Mailand äußert, zumal er früher einige Male mit einer gewissen Hochachtung über ihn gesprochen hatte.

Allmählich bekam nun des Hieronymus exegetisches Werk, eine bis tief ins Mittelalter immer wieder genutzte Fundgrube, Konturen. Den Anfang der langen Reihe von Kommentaren zu den biblischen Schriften bildeten einige neutestamentliche Briefe (zu Philemon, Galater, Epheser und Titus), wobei er in vielen Details auf seine Vorgänger – die den Gepflogenheiten der Antike entsprechend im übrigen kaum erwähnt wurden – zurückgriff, besonders auf Origenes, wenn er sich auch recht bald und dann immer deutlicher von einigen kompromittierenden Auffassungen des großen Bibelgelehrten zu distanzieren begann. Im Herzen blieb Hieronymus jedoch dem Alexandriner immer verbunden und betrachtete ihn als seinen großen Lehrer, dessen Einfluß sich daher stark auf seine Kommentare ausgewirkt hat. Hieronymus hat mehrere seiner Homilien übersetzt und war daher mit Origenes' Werk bis in die Einzelheiten vertraut (zum Beispiel kam 389/390 die Übersetzung von 39 Homilien des Origenes über das Lukasevangelium zustande).

Je zielstrebiger sich Hieronymus das Hebräische zu eigen machte, desto mehr wuchs sein Selbstvertrauen, und so machte er sich nach diesen Erstlingsschriften an die Erklärung des Alten Testamentes. Der Kommentar zu Ecclesiastes (ca. 389) stellt in diesem Zusammenhang eine Übergangsphase dar, weil er hier noch oft von der Textgestaltung der Septuaginta ausging, aber gleichzeitig in dem Vorwort schon ein kräftiges Plädoyer für die »hebraica veritas« hielt. Sein wachsendes Interesse für das Hebräische, das er, einer herkömmlichen Tradition entsprechend, für die ursprüngliche Sprache der Menschheit hielt, geht auch aus einigen anderen, aus der gleichen Zeit stammenden Arbeiten hervor. Dazu gehört an erster Stelle die Schrift »De nominibus Hebraicis«, eine etymologisierende Erklärung der Bedeutung hebräischer Eigennamen (sie gründet auf des Origenes Bearbeitung von Philos »Onomasticon«), die jahrhundertelang von Bibelauslegern im Westen als Handbuch benützt wurde. Eine ähnliche Funktion war der Bearbeitung von Eusebius' »Onomasticon« vorbehalten, das ebenfalls zur Klärung von Bibeltexten geographische Daten über Palästina enthielt (»De situ et nominibus locorum Hebraicorum«). Um es dem lateinsprachigen Leser zugänglich zu machen, hatte Hieronymus nicht nur den Text nach dem römischen Alphabet geordnet, sondern auch eine Reihe von Notizen bezüglich der römischen Geschichte und der neuerbauten Monumente im Heiligen Land hinzugefügt.

In den »Quaestiones Hebraicae«, in denen er eine Reihe ausgewählter Passagen aus der Genesis kommentierte, hat Hieronymus sich in seinem exegetischen Werk zum ersten Mal auf den hebräischen Urtext bezogen. Ein neues Element war hierbei auch, daß er der zeitgenössischen rabbinischen Exegese Einzelheiten entlieh. Seitdem verlor er den hebräischen Grundtext nie wieder aus dem Auge. Dennoch ging er für seine erste Übersetzung des Alten Testamentes von dem Septuaginta-Text aus, wobei im übrigen das Hebräische in die Textkritik mit einbezogen wurde. Diese Reihe von Übersetzungen wurde durch eine Revision der Vetus-Latina-Fassung des Psalters (der später den Namen »Gallikanischer Psalter« erhielt und in die Vulgata aufgenommen wurde) eröffnet. Auf der Grundlage der Septuaginta folgte dann die Übersetzung mehrerer anderer Bibelbücher, von denen jedoch die meisten verlorengegangen sind. Diese

Periode, die bis ungefähr 390 andauerte, bildete den Auftakt für Hieronymus' spätere Arbeitsweise, als seine Übersetzung der Bibel fast ausschließlich auf dem hebräischen Grundtext basierte. Das anspruchsvolle Unternehmen, bei dem er sich nicht nach der chronologischen Reihenfolge der einzelnen Bibelbücher, sondern nach eigenem Belieben richtete und dabei nicht selten auch auf die speziellen Anfragen seiner Freunde einging, wurde erst 405/6 ganz abgeschlossen. Von Anfang an war sich Hieronymus darüber im klaren, daß er mit der neuen Übersetzung viel Kritik heraufbeschwören würde, da die existierenden Übersetzungen trotz ihrer Mängel und des Durcheinanders unterschiedlicher Versionen nun einmal die Aureole der Tradition besaßen. Entsprechend seiner Angewohnheit, möglichen Kritikern zuvorzukommen, erklärte er daher in den Einleitungen zu den Übersetzungen der einzelnen Bücher nicht nur die von ihm angewandte Methode, sondern wandte sich darin auch wiederholt und im Voraus gegen die von ihm erwartete Kritik.

Es dürfte zu dieser Zeit (ca. 390) gewesen sein, in der Hieronymus zwei kleine Schriften verfaßte, die beim Publikum Erfolg hatten: die romantisierenden und propagandistisch gefärbten Biographien von zwei Einsiedlern (die »Vita Malchi« und die »Vita Hilarionis«). Ähnlich wie die schon erwähnte »Vita Pauli« schließen sie sich in mancher Hinsicht der »Vita Antonii« des Athanasius an und sind durch das wachsende Interesse angeregt worden, das das morgenländische Mönchtum auch im Westen verzeichnen konnte.

Eine erfolgreiche Schrift war »De viris illustribus« (399), eine kurzgefaßte Liste christlicher Schriftsteller samt ihrer wichtigsten Werke, die als älteste christliche Literaturgeschichte bis tief ins Mittelalter gebraucht und wiederholt von anderen Autoren für die späteren Zeitabschnitte ergänzt wurde. Die kleine Schrift, die als ein christliches Gegenstück zu ähnlichen profanen Schriften mit dem gleichen Titel gemeint war, war zum größten Teil Pionierarbeit, so daß man sich nicht zu wundern braucht, daß sie, wie man festgestellt hat, nicht fehlerfrei ist. Was Hieronymus zum Beispiel über die griechischen Schriftsteller aus dem vierten Jahrhundert – wie etwa Basilius, die beiden Gregorii und Johannes Chrysostomus – schreibt, ist sehr unvollständig und unbefriedigend. Dabei fehlt es nicht an tendenziösen Bemerkungen, wie über seinen Zeitgenossen Ambrosius. Trotzdem muß man feststellen, daß Hieronymus es geschafft hat, in 135 ziemlich kurzen Abschnitten einen Schatz an Daten zusammenzutragen und daß sein Werk als ein früher Vorgänger der späteren Patrologien betrachtet werden kann.

Es war ebenfalls Anfang der neunziger Jahre des vierten Jahrhunderts, daß einige Freunde in Rom, mit denen er enge Kontakte pflegte, sich mit der Bitte an ihn wandten, in einer Abhandlung die Lehrauffassungen eines bestimmten Iovinianus über den Zölibat und das Fasten, die damals großen Anklang fanden, zu widerlegen. Diesem entschiedenen Gegner rigoroser Askese zufolge war die Tatsache, ob man verheiratet war oder nicht, hinsichtlich der Vollkommenheit

völlig irrelevant. Wenn man als Christ mit voller Überzeugung die Taufe empfangen hatte, konnte man seiner Auffassung nach nicht mehr der Herrschaft des Bösen verfallen. Durch das Fasten und die Entsagungen wäre man nicht ipso facto über andere erhaben, und nach seiner Auffassung würde es beim jüngsten Gericht für die Christen, die das Siegel der Taufe unbeschädigt bewahrt hatten, keinen Unterschied in der Belohnung geben. Die im polemischen Stil gefaßte Antwort von Hieronymus war besonders sorgfältig formuliert, wobei er des öfteren mit großem Geschick in satirischer und sarkastischer Weise argumentierte. Im ersten Teil brachte er ein Arsenal von Argumenten zusammen um nachzuweisen, daß diejenigen, die in Enthaltsamkeit lebten, den Verheirateten vorzuziehen seien. Hierbei stützte er sich auf den rigorosen Tertullian und bereicherte bisweilen seine Palette auch mit Auszügen aus den Schriften profaner Schriftsteller – wie etwa Seneca. Ebenso wie das Fasten sinnvoll sein könnte, bestand nach Hieronymus die Möglichkeit, daß das Essen schädlich wäre, wie eine Reihe biblischer Erzählungen beweist. War der Sündenfall Adams nicht durch einen Biß in einen Apfel verursacht worden, und hatte Esau nicht wegen eines Tellers Linsensuppe das Recht des Erstgeborenen verspielt? Außerdem wies Hieronymus anhand einer Reihe von Bibelstellen die These zurück, im Himmel sei für jeden die Belohnung gleich. Daß es Abstufungen in der Tugend gäbe, würde durch Paulus' Wort »Ich bin der Geringste der Apostel« sogar für die ersten Glaubenszeugen unter Beweis gestellt.
393 geriet Hieronymus in eine verwickelte Debatte über die theologischen Auffassungen von Origenes. Es wurde an dessen weitgehender Allegorisierung von Bibelstellen Kritik angemeldet, mehr aber noch an einigen von ihm vertretenen Ansichten, wie an der durch den Platonismus inspirierten Auffassung über die Präexistenz der Seelen und besonders an der sog. Apokatastasistheorie, kraft derer der ursprüngliche Paradieszustand schließlich wiederhergestellt werden sollte, sogar der Satan selbst sollte dann Reue empfinden und in seiner früheren Würde wiederhergestellt werden. Unbestritten waren bei dieser Kontroverse, in der Bischof Epiphanius von Salamis und sein Kontrahent Johannes von Jerusalem eine Hauptrolle spielten, auch persönliche Animositäten im Spiel. Während Rufinus sich an die Seite des Bischofs von Jerusalem stellte, folgte Hieronymus der Fahne der Anti-Origenisten. Die Polemik wurde mit einem Brief von Epiphanius eröffnet, in dem dieser vor den Irrtümern des Origenes warnte, den er den geistigen Vater von Arius nannte, und Johannes als Ketzer brandmarkte. Juristische Streitigkeiten, wie die Frage der Priesterweihe von Hieronymus' Bruder Paulinianus durch Epiphanius, verschärften den Konflikt noch zusätzlich. Darüber hinaus trübte die Verbreitung einer nicht zur Veröffentlichung bestimmten, von Hieronymus angefertigten Übersetzung eines Schreibens von Epiphanius die Atmosphäre gänzlich, so daß auch die Vermittlungsaktionen von Theophilus von Alexandrien fehlschlugen. Wie wir aus einem Brief von Hieronymus an Vigilantius erfahren können (Ep. 61), wurde die Auseinandersetzung

allmählich heftiger, und im Laufe der Zeit wurde Hieronymus mehr und mehr persönlich in den Streit verwickelt. Eine Verteidigungsschrift, die er gegen den Bischof von Jerusalem verfaßt hatte (»Adversus Johannem«), veröffentlichte er jedoch zunächst nicht, weil mittlerweile gerade eine Versöhnung zustande gekommen war (397).

Des Hieronymus früherer Freund Rufinus, der nach seiner Rückkehr aus Palästina in den Westen die Übersetzung einiger Schriften griechischer Autoren in Angriff genommen hatte, war die Ursache dafür, daß der Streit von neuem entflammte. Nachdem Rufinus zuerst einen Teil von Pamphilus' »Verteidigung von Origenes« übersetzt und mit einem Vorwort versehen hatte, um dadurch etwaige Zweifel an seiner eigenen Orthodoxie auszuräumen, sowie auch einen Anhang hinzugefügt hatte, in dem er die These vertrat, des Origenes Werke wären im Nachhinein von Ketzern verfälscht worden, machte er sich an eine Übersetzung des großen dogmatischen Werkes des Alexandriners, »De principiis«. Seine Übersetzung war »ad sensum«, nach dem in literarischen Kreisen allgemein anerkannten Prinzip; aber er ließ die Stellen aus, die in seinen Augen unorthodox waren. Daß Hieronymus persönlich in die Probleme bezüglich dieser lateinischen Edition von einem von Origenes' Hauptwerken hineingeriet, kam dadurch zustande, daß es für den klugen Beobachter ohne weiteres klar war, daß Rufinus sich für die Rechtfertigung seiner Methode des Übersetzens auf das Beispiel von Hieronymus berief, auch wenn er ihn nicht mit Namen nannte. Noch vor der offiziellen Veröffentlichung von Rufinus' Übersetzung konnten Hieronymus' Freunde in Rom – wie etwa Pammachius, Marcella und Eusebius von Cremona – einen vorläufigen Text in die Hände bekommen. Unmittelbar danach wurde Hieronymus aktiv: mit einer vollständigen Übersetzung von »De principiis« wollte er zeigen, inwieweit Origenes unorthodox war, um dadurch Rufinus als einen unzuverlässigen Übersetzer zu brandmarken. Durch den Umstand, daß Pammachius, der des Hieronymus Editionen in Rom betreute, sich nicht dafür begeistern konnte, eine derartig unüberprüfte Wiedergabe zu veröffentlichen, ist dieser Text bis auf wenige Fragmente verloren gegangen. In einem der Briefe aus dieser Zeit (Ep. 84) ging Hieronymus näher auf sein Verhältnis zu Origenes ein. Erwartungsgemäß distanzierte er sich ausdrücklich von dem umstrittenen Autor und unterstrich, er hätte schon immer die abweichenden Auffassungen von Origenes kritisiert; und wenn er ihn einmal irgendwo mit Zustimmung erwähnt hätte, so beträfe das lediglich den genialen Schriftausleger, nicht jedoch den Dogmatiker. Nach dieser Selbstverteidigung ging er sofort zum Angriff auf die Origenisten über. Derartigen negativen Aussagen zum Trotz kann aber nicht bestritten werden, daß Hieronymus insgeheim für den großen Schriftsteller, der ihm soviel bedeutet hatte, eine dauerhafte Bewunderung hegte.

Am Ende des vierten Jahrhunderts loderte die Kontroverse um Origenes noch einmal mächtig auf. Als Theophilus von Alexandrien um 400 bei dem neuen

Bischof von Rom, Anastasius I., um Unterstützung im Streit gegen die Origenes-Anhänger nachsuchte, trat in Rom eine Synode zusammen, die den Origenismus verurteilte. Noch einmal ging Hieronymus auf die Probleme ein, als er mit einer »Apologie« des Rufinus Schrift »Apologia contra Hieronymum« erwiderte. Seine eigenen früheren Origenes-Übersetzungen, so Hieronymus, wären in dogmatischer Hinsicht völlig ungefährlich; er hätte Origenes lediglich als Schriftsteller gepriesen, nicht jedoch als Theologen. Dann ging er voll beißender Ironie und mit einer Fülle von satirischen Seitenhieben gnadenlos zum Angriff über. Bis zu dessen Tod im Jahre 411 verfolgte er den ehemaligen Freund mit polemischen Bemerkungen.

Hieronymus' Arbeitskraft zwingt zur Bewunderung. 396 hatte er die Kommentierung von zwei kleinen Propheten, Jona und Obadja, in Angriff genommen. Während er einerseits den Literalsinn der im Buch Jona erzählten Begebenheiten verteidigte, war er andererseits der Meinung, in diesem Bibelbuch gäbe es einen durchgehenden typologischen Sinn, so daß es sinnvoll wäre, bis in die Details Parallelen zwischen der Geschichte Jonas und dem Leben Jesu aufzuspüren. Wieweit er dabei ging, geht daraus hervor, daß er bei der Behandlung von Jonas Flucht vor Gottes Angesicht auf das Herabsteigen von Gottes Sohn aus dem Himmel hinwies. 397 begann er mit seinem Matthäuskommentar, nachdem er zuvor eine buchstabengetreue Auslegung der zehn Visionen Jesajas ausgearbeitet hatte (Is. 13–23). Er hatte dabei die Absicht, von diesem Evangelium, das seiner festen Überzeugung nach ursprünglich hebräisch geschrieben worden war, zunächst eine kurze historische Erklärung zu geben (historica interpretatio), während die geistliche Auslegung größtenteils bis zu einer späteren Gelegenheit liegen bleiben sollte. Diese geistliche Auslegung gehört jedoch zu den von Hieronymus zwar angekündigten, aber letzten Endes nicht verfaßten Werken.

Mit kleineren Unterbrechungen arbeitete Hieronymus an der Fertigstellung seiner lateinischen Übersetzung des Alten Testamentes. Hatte er 391 mit den Büchern Samuel und Könige den Anfang gemacht, so setzte er nunmehr mit den Büchern der Propheten, den Psalmen und Hiob die Arbeit fort. Alsdann kam in der Periode von 394 bis 396 die Übersetzung der Bücher Esra und Nehemia sowie der Chroniken zustande. Nach einer Krankheitsperiode nahm er 398 mit der Wiedergabe der Schriften Salomos die Arbeit wieder auf. Bis 405 dauerte schließlich die Übersetzung des Pentateuchs und der Bücher Josua, Richter, Ruth, Esther, Tobias und Judith (die beiden Letzteren nicht aus dem Hebräischen). Unübersetzt blieben die Bücher Baruch, 1. und 2. Makkabäer, Jesus Sirach und die Weisheit, höchstwahrscheinlich aufgrund ihrer umstrittenen Stellung im Kanon der alttestamentlichen Schriften. Trotz der unterschiedlichen Intensität, mit der Hieronymus die Bearbeitung durchführte, kann diese Übersetzung (oder wenn man so will: Revision) als eine eindrucksvolle Leistung gelten, die von jemandem, der mit der Bibel bestens vertraut war, zustande gebracht wurde – von jemandem, der im Land der Bibel wohnte und durch seine

Sprachbeherrschung der oft diffizilen Aufgabe gewachsen war. Auch wenn des Hieronymus Bibelübersetzung bei den Zeitgenossen mehr Widerspruch als Anerkennung fand, wurden doch seit dem 7. Jahrhundert die herkömmlichen Übersetzungen bald durch die Version von Hieronymus – die später, im Spätmittelalter, mit dem Prädikat Vulgata (»der allgemein Verbreiteten«) ausgezeichnet wurde – fast vollständig verdrängt. Lediglich das sogenannte »Psalterium Gallicanum« war schon so sehr eingebürgert, daß die neue Version aus dem Hebräischen es nicht mehr verdrängen konnte. Die von Hieronymus nicht übersetzten deuterokanonischen Bücher wurden in ihrer alten Textform in die Vulgata hineingenommen.

Der kurz vor dem Abschluß der Bibelübersetzung verstorbenen Paula widmete er einen ausführlichen Nachruf (Ep. 108, »Epitaphium Paulae«). Obwohl sich seine Gesundheit verschlechterte, ließ seine Aktivität nicht nach. Wieder einmal führte der Sarkasmus ihm die Feder, nunmehr, um Vigilantius die Leviten zu lesen, der die überallhin sich ausweitende Reliquienverehrung sowie die Sitte, auf den Gräbern der Märtyrer Lämpchen anzuzünden, bekämpfte. In seinem »Contra Vigilantium« ging Hieronymus mit seinen Angriffen auf den Gegner so weit, daß er effekthascherisch sogar dessen Namen lächerlich machte (Vigilantius, der die Vigilien bekämpft, ist »der Wachsame, der schlafen will«). Hieronymus entnahm seine Argumente besonders den biblischen Zeugnissen über die Verehrung der Toten: in seinem Angriff gegen die Heiligen richte sich Vigilantius tatsächlich gegen den Herrn selbst, da die Seelen der Verstorbenen voll und ganz mit Christus verbunden seien.

Von nun an hatte Hieronymus die Hände frei, die unterbrochene Arbeit an der Bibelauslegung wieder aufzunehmen. Im Herbst 406 nahm er die noch ausstehenden Kommentare zu den kleinen Propheten in Angriff. Die Reihe wurde mit den Kommentaren zu den Propheten Maleachi, Hosea, Joel und Amos abgeschlossen.

Eine kurze, historische Exegese des Buches Daniel (407) läutete dann die Arbeit an den großen Propheten ein. Einen sehr ausführlichen Kommentar in 18 Büchern widmete der Mönch aus Bethlehem dem Buch Jesaja, das er wegen der darin vorkommenden Vorhersagung über Immanuel und dessen Erlösungswerk für den Schlüssel der ganzen menschlichen Heilsgeschichte hielt.

Eine Erschütterung ging durch die damalige Welt, als Rom, die Metropole des einst so mächtigen Imperiums, 410 in die Hände der barbarischen Goten unter Alarich fiel. Der Wiederhall, den dieses nicht unvorhergesehene, aber dennoch unverhoffte Geschehen fand, war sowohl in Augustins wie auch in Hieronymus' Werken zu spüren. Eine Flut von Flüchtlingen schlug Wellen bis nach Palästina, wo Hieronymus alle Hände voll zu tun hatte, um ihnen Ernährung und Unterkunft zu verschaffen. »Meine Stimme versagt«, schrieb er in Ep. 126, »Schluchzer unterbrechen meine Worte, während ich dabei bin, zu diktieren. Sie ist erobert, die Stadt, die einmal die Herrin der ganzen Welt war. Ausgemergelt war sie vor Hunger, bevor sie durch das Schwert erschlagen wurde.« Aber auch der Osten war schon längst nicht mehr sicher. Schon 393 hatte man in Palästina die Bedrohung einer Invasion durch die Hunnen erkannt. In diesen bewegten Zeiten waren die Verteidigungswerke entlang der Grenzen offensichtlich verletzlicher als je zuvor.

Hieronymus fühlte sich nun mehr und mehr einsam, zumal ihm zu dieser Zeit einige seiner besten Freunde, wie Pammachius und Marcella, durch den Tod genommen wurden. So traurig er über deren Tod war, so sarkastisch und boshaft war seine Reaktion auf den Bericht vom Tode seines ehemaligen Jugendfreundes Rufinus: »Der Skorpion liegt zerschmettert auf dem Boden von Sizilien zwischen Enceladus und Porphyrion, die hundertköpfige Schlange hat mit ihrem Zischen gegen uns aufgehört, und da ich von nun an keine arglistigen Angriffe der Ketzerei mehr zu parieren habe, steht mir nunmehr die Zeit zur Verfügung, mich dem Studium der Schrift zu widmen.«

Eine neue Arbeit, nämlich der Kommentar zu Hesekiel, begann dann des Hieronymus Interesse in Anspruch zu nehmen. 414 wurde diese nicht weniger als 14 Bücher umfassende Schrift über »den Dunkelsten der Propheten«, die er unter schwierigen Umständen angefangen hatte, vollendet. Im 8. Buch begegnet uns wieder einmal eine Stelle, an der er sich über das Nachlassen seines Sehvermögens beklagt: »Wo die Außenwelt mich mit Sorgen erfüllt, machen mir darüber hinaus auch noch meine Augen Kummer, die im Laufe der Jahre geschwächt sind und mit Blindheit bedroht werden; das wiederholte Lesen, beim schwachen Licht der Lampe, der hebräischen Buchstaben, die so fein sind, daß sie sogar am hellen Tage schon schwer zu entziffern sind, macht mir zu schaffen.«

Noch einmal bekam seine polemische Natur Gelegenheit, sich zu entfalten, als Pelagius vom Westen her 414 in Jerusalem auftauchte. Hieronymus mischte sich in den Streit gegen dessen Werke, der im Westen schon vorher entflammt war, und gegen die sich besonders Augustin heftig zur Wehr gesetzt hatte. Zuerst verfaßte Hieronymus einen Brief (Ep. 133) zur Bekämpfung von Pelagius' Auffassungen, wonach der Mensch aus eigener Kraft fähig wäre, die Seligkeit zu erwerben, wobei die Bedeutung der Erbsünde merklich abgeschwächt wurde; wenig später versuchte er, Pelagius' Ansichten im einzelnen zu entkräften, in drei Büchern »Dialoge gegen die Pelagianer«, in denen zwei fiktive Personen, der Katholik Atticus und der Pelagianer Critobulus, miteinander diskutierten.

Dem einen legte er seinen eigenen Standpunkt in den Mund: kein Mensch sei ohne Sünden, nur mit Hilfe von Gottes Gnade könne er die Gebote befolgen, und man könne unter Berücksichtigung der Mannigfaltigkeit aller geistlichen Gaben im sittlichen Leben Fortschritte erzielen. Unser Heil verdanken wir nicht der Macht des freien Willens, sondern Gottes Barmherzigkeit. Im Menschen treffen freier Wille und Gottes Macht zusammen. Zwar gelang es Pelagius auf einigen Synoden in Palästina, einer Verurteilung zu entgehen. Aber im Nachhinein wiesen die Synoden von Karthago und Antiochien seine Lehrsätze zurück. Während der Kontroverse griffen Ende 415 pelagianisch gesinnte Mönche das Kloster von Hieronymus in Jerusalem an und setzten das Gebäude in Brand. Es ist deutlich, daß Hieronymus in seiner Haltung zu Pelagius mit Augustins Ansichten über das Thema des freien Willens und der Gnade einverstanden war, und wir stellen fest, daß die Zurückhaltung, die lange Zeit ihren Briefwechsel gekennzeichnet hatte, nun endlich verschwunden war.

Hieronymus' letztes Werk war der Eusebius von Cremona zugeeignete Jeremiakommentar in 6 Büchern, in dem er, wie er es besonders in seinen späteren Werken zu tun pflegte, wiederholt auf den hebräischen Grundtext verwies. In der zweiten Hälfte des Kommentars stellen wir eine beachtliche Zunahme der scharfen Bemerkungen gegen Origenes fest, »den Allegoristen, der vor der Wahrheit die Flucht ergreift«.

Als Hieronymus ein alter Mann geworden war und von Krankheiten gequält wurde, konnte er keine anspruchsvolle Arbeit mehr in Angriff nehmen. Er wollte daher einer Bitte, eine Schrift gegen Julianus von Eclanum zu verfassen, keine Folge leisten: »Wer mich zum Schreiben ansporn, legt eine schwere Last auf ein altes Eselchen. Geistige Regsamkeit und Körperkraft haben mich völlig im Stich gelassen.« Ein harter Schlag war für ihn in seinen letzten Lebensjahren der Tod von Eustochium (Ende 418). Am 30. September 419 schloß auch Hieronymus seine Augen für immer.

II

Für einen Biographen ist Hieronymus eine anziehende Persönlichkeit, sowohl wegen seiner vielfältigen Aktivitäten als auch durch seinen komplexen Charakter, der Licht- und Schattenseiten zeigt. Dazu kommt noch, daß besonders in seinem Briefwechsel allerlei Charakterzüge bis in die kleinsten Einzelheiten sichtbar werden: Zum einen seine zügellose Energie und sein fanatischer Einsatz für die Kirche, seine noblen Impulse und die Anhänglichkeit an seine Freunde; zum anderen auch die weniger sympathischen Charakterzüge und die für einen Choleriker typischen Eigenschaften wie Reizbarkeit und Verletzlichkeit, sein bitterer Sarkasmus und beißender Spott, in dem sich seine Empörung ungehemmt entladen konnte, seine oft unmittelbaren Reaktionen und sich widersprechenden Stimmungen. Durch sein mitreißendes Temperament war er schnell geneigt, den augenblicklichen Eingebungen Folge zu leisten. Sein Argwohn und die Geneigtheit sich zu revanchieren, sind ebenfalls zu den Schattenseiten seines Charakters zu rechnen. Es ist nicht zu bestreiten, daß er in seinen Polemiken bisweilen bis an die Grenze des Anstands gegangen ist – zum Beispiel, als er seine Gegner »bellende Hunde« nennt, »die ihren Geifer auf jedes Wort, ja sogar auf jede Silbe tropfen lassen« – daß er sich mehr als einmal zu einem nach unserer

Meinung ungerechten Urteil hat verführen lassen und in einigen Fällen sich gewaltsam zwingen mußte, die Leistungen anderer ein wenig anzuerkennen. Die nervöse Hyperempfindlichkeit ist ohne Zweifel zum Teil durch seine schwache, durch asketische Übungen und Entsagungen noch zusätzlich angeschlagene Konstitution verursacht worden. Bereits um 381 wurde er regelmäßig von Augenschmerzen gequält. Da sein Sehvermögen im Laufe der Zeit allmählich nachließ, konnte er in seinen letzten Lebenstagen kaum noch selbst die Feder führen und wurde nahezu völlig von Stenografen (notarii) abhängig. Weiter zählte zu seinen körperlichen Beschwerden ein hinderliches Magenleiden, während Fieberanfälle und andere Unannehmlichkeiten ihn dann und wann über längere Zeitabschnitte hinweg arbeitsunfähig machten. Wie viele Leute mit einer empfindlichen Gesundheit konnte er es nicht unterlassen, seine Leser gelegentlich über diese Beschwerden zu unterrichten.

Auf exegetischem Gebiet hat Hieronymus sich sehr verdient gemacht. Aber auch seine Übersetzungstätigkeit ist hoch einzuschätzen, und als Schriftsteller und Stilist sucht er unter den lateinischen christlichen Autoren seinesgleichen.

Seine exegetische Arbeit ist selbstverständlich im Licht der damaligen Zeit zu beurteilen. Die Tatsache, daß er nahezu ausschließlich die damals gebräuchliche Technik handhabte, brachte es unvermeidlich mit sich, daß in seinem Werk allgemeine literarische Analysen und allgemeine Überblicke über die Tendenz und den Sinn eines bestimmten Bibelbuches fast völlig fehlen. Für das kritische Studium der Fragen über den Autor war die Zeit noch nicht reif, und ebensowenig wie seine Zeitgenossen befaßte sich Hieronymus mit der Analyse der Quellen. In den Kommentaren machte er sich die gängige Methode, nach der der zu behandelnde Text Vers für Vers kommentiert wird, zu eigen.

Für gewöhnlich nahm er seine eigene Bibelübersetzung aus dem Hebräischen als Vorlage, um alsdann – allerdings innerhalb bestimmter Grenzen – meist auch auf die Textgestalt der alten lateinischen Übersetzungen seine Aufmerksamkeit zu richten. Seine philologische Schulung ermöglichte es ihm, Textvarianten miteinander zu vergleichen und sie gegeneinander abzuwägen. Der hebräische Text konnte ihm darüber hinaus bei Kontroversen mit Juden als Grundlage dienen, da diese ihm dann nicht vorwerfen konnten, er ginge nicht von einem zuverlässigen authentischen Text der Schrift als Grundlage aus.

Außer der Benutzung des hebräischen Grundtextes war es für die Bibelauslegung ein neues Element, daß Hieronymus in bestimmten Fällen von rabbinischen Erklärungen, die vor allem auf den buchstäblichen Sinn ausgerichtet waren, Gebrauch machte. Er selber hat immer den Literalsinn beibehalten, mit dem er schon während seiner Bibelstudien in Antiochien vertraut geworden war, was im übrigen nicht ausschloß, daß er eine gewisse Anerkennung für den geistlichen Sinn aufzubringen vermochte.

In den exegetischen Werken des Hieronymus ist eine Entwicklung festzustellen, die zum Teil durch sein allmählich geändertes Verhältnis zu Origenes bestimmt

worden ist. Anfänglich hatte er offen zum Ausdruck gebracht, daß er oft den Spuren des großen Meisters folgte, von dem er die philologische Behandlung der Bibeltexte sowie die Methodik gelernt hätte. Noch in »De viris illustribus« hat er Origenes, der auf die wichtigen christlichen Schriftsteller des 4. Jahrhunderts, auf die Kappadozier und im Westen auf Hilarius und Ambrosius solch einen unverkennbaren Einfluß ausgeübt hatte, überschwenglich gepriesen. Als sich aber während der bald darauf ausbrechenden Origeneskontroverse – in einer Zeit, in der die orthodoxen Auffassungen immer deutlicher definiert wurden, – herausstellte, wie anfechtbar die Meinungen des Alexandriners waren, neigte Hieronymus dazu, den stark in Mißkredit geratenen Schriftsteller auf jeden Fall möglichst wenig zu nennen. Dennoch ist er, auch in seinen letzten großen Kommentaren, sein Leben lang von ihm abhängig geblieben. Für Hieronymus blieben jedoch die offiziell durch die Kirche angenommenen Lehrstücke die Richtschnur (die Norm des »sentire cum Ecclesia«), und er versäumte nicht, die zweifelhaften Auffassungen von Origenes zu kritisieren, besonders die Apokatastasistheorie (die Lehre, wonach letztendlich alle freien Geschöpfe der Gnade der Erlösung teilhaftig werden). So lehnte er im Danielkommentar die Interpretation, Nebukadnezar könnte als ein Symbol des Satans betrachtet werden, der sich einmal bekehren sollte, ab (Dan. 3,95, nach der Septuaginta).
Wie intensiv Hieronymus in seinen Bibelkommentaren die Arbeit seiner griechischen Vorgänger benützt hat, ist uns in einer Staunen erregenden Weise durch die Entdeckung des großen Zachariaskommentars von Didymus dem Blinden, der sich unter den 1941 in Toura (Ägypten) gefundenen Papyri befindet, klargeworden. Da sich hier einmal herausgestellt hat, in welchem Ausmaß er hier von diesem Alexandrier abhängig ist, ohne das allerdings seinen Lesern offen darzulegen, ist es sehr wahrscheinlich geworden, daß er auch in anderen Fällen stillschweigend viel aus den existierenden Kommentaren zusammengetragen und in seine eigenen Schriften eingearbeitet hat. Heute erkennen wir deutlich, daß er sich oft bemühte, das Ausmaß der Plünderung seiner Vorgänger zu verheimlichen. Außerdem ist es »luce clarius«, daß die von ihm dann und wann gemachten Äußerungen, er hätte einen Kommentar vor vielen Jahren studiert und hätte nun bei seiner Arbeit an einem ähnlichen Kommentar weder Zeit noch Gelegenheit gehabt, diesen noch einmal zu lesen, aufgrund von buchstabengetreu daraus entlehnten Zitaten unmöglich richtig sein können. Nicht ohne Grund hat man Hieronymus weiterhin zum Vorwurf gemacht, er arbeite unter dem Druck der Umstände oft zu schnell und dadurch zu unsorgfältig. Hieronymus selbst hat darauf hingewiesen, daß ein guter Bibelexeget über breite historische und geographische Kenntnisse verfügen, Einsicht in die Zielsetzungen des biblischen Autors haben und zum kritischen Urteil imstande sein müsse. Es empfiehlt sich, so Hieronymus, daß ein Exeget im Interesse der Urteilsbildung des Lesers den Auffassungen früherer Bibelausleger gerecht zu werden habe, auf jeden Fall jedoch sollte er die gebrauchte Argumentation auf ihren Wert überprüfen. Und

Hieronymus

in Bezug auf die Form eines Kommentars heißt es: da es sich in einer derartigen Schrift zuallererst um den Inhalt handelt, dürfe er in keinem Fall wegen des stilistischen Effekts in puncto Deutlichkeit Abstriche machen.

Gemessen an seiner eigenen Zeit hat Hieronymus diesen von ihm selbst formulierten Forderungen reichlich Genüge getan. Bestimmte Mängel sagen nichts über den Respekt aus, den er der historischen und philologischen Wahrheit entgegenbrachte. Als gebildeter Mann mit weitverzweigten Interessen überblickte er einen wichtigen Teil der damaligen Wissenschaft und kannte viele Aspekte der zeitgenössischen Kultur. Während seiner profanen Ausbildung war er schon durch längere grammatikalische und rhetorische Studien gründlich geschult worden. Nun arbeitete er sich nach und nach in die spezifische christliche Bibelwissenschaft ein. Hier begann er als Autodidakt, wurde aber durch seine energische und gründliche Arbeitsweise – und durch gelegentlichen Unterricht bei einigen griechischen Bibelkennern weiter angeregt – unbestreitbar zu einem der größten damaligen Bibelgelehrten.

In den Bibelkommentaren sammelte Hieronymus die christliche Tradition der vorangegangenen Jahrhunderte, und in dieser Weise wurde sie in der von ihm gegebenen Form den späteren Generationen weitergegeben. Ohne Zweifel ist er sich selbst seiner starken und schwachen Seiten bewußt gewesen. Da er spekulativ und philosophisch nicht sehr begabt war, traute er sich nicht, wie etwa sein Zeitgenosse Augustin, tiefsinnige theologische Spekulationen zu. Sein Leben lang blieb er ein Mann, der zuallererst konkret an die Dinge heranging und sich am liebsten auf Realitäten stützte.

Hieronymus war nicht nur ein großer Bibelausleger, sondern auch ein vorzüglicher Übersetzer. Mehr noch als sein Zeitgenosse und ehemaliger Freund Rufinus war er – da er literarisch veranlagt war, sprachbegabt und vorzüglich ausgebildet, dazu durch den langen Aufenthalt im Osten mit dem Griechischen bestens vertraut – die richtige Person, die christlichen Schriften aus der östlichen Hälfte des Reiches für Interessenten im Westen zu erschließen. Seine Revision und Übersetzung des Bibeltextes ins Lateinische darf als eine großartige Leistung gelten. Sich auf seine Kenntnisse des Griechischen und – hinsichtlich des Alten Testamentes – des hebräischen Grundtextes stützend, war er imstande, die oft mangelhaften lateinischen Übersetzungen von Fehlern und stilistischen Unvollkommenheiten zu säubern.

Hieronymus ging im Anschluß an die bei den lateinischen Schriftstellern überwiegend geltende Auffassung davon aus, daß ein Autor mit literarischen Ansprüchen eine Übersetzung »ad sensum« (nach dem Sinn) zu liefern hatte. Bei zahlreichen Gelegenheiten hat er sich mit dem Problem, die ein so adäquat wie mögliches Übersetzen nun einmal mit sich bringt, auseinandergesetzt. Besonders in der Einführung zu den einzelnen Übersetzungen, in denen er oft in kurzen Zügen über seine Übersetzungsmethode Rechenschaft ablegte und sich im voraus gegen mögliche diesbezügliche Kritiken zur Wehr setzte, begegnet man nicht wenigen Aussagen allgemeiner Art über Fragen zur Ausgangsposition und methodischen Arbeitsweise. – Obwohl Hieronymus im allgemeinen die Methode des buchstabengetreuen Übersetzens (»verbum de verbo«) ausdrücklich abgelehnt hat, stellen für ihn nichtsdestoweniger die sakralen Texte eine Ausnahme dar, bei denen es auf der Hand liegt, möglichst nahe am Original zu bleiben. »Sogar die Reihenfolge der Wörter ist hier ein Geheimnis«, sagt er selbst in Ep. 57,5. Abgesehen von der Bibelübersetzung sind von Hieronymus in einer lateinischen Wiedergabe noch die Chronik des Eusebius erhalten, eine Reihe Homilien von Origenes (14 zu Jeremia, 14 zu Hesekiel, 9 zu Jesaja, 2 zum Hohenlied, 30 zum Lukasevangelium), einige Briefe von Epiphanius und Theophilus sowie asketische Werke von Pachomius, Theodorus und Orsiesi, während die Übersetzung von Origenes' »De principiis« verlorengegangen ist.

Seine erste große Übersetzungsprobe, die Wiedergabe von Eusebius' Chronik, hat Hieronymus mit einer prinzipiellen Rechtfertigung versehen, auf die er sich später wiederholt bezogen hat. Sie verdient es, hier teilweise erwähnt zu werden: »Es ist schwer, nicht irgendwo die Spur zu verlieren, wenn man den von jemandem geschriebenen Sätzen auf dem Fuß folgen möchte. Es ist eine schwere Aufgabe, dafür zu sorgen, daß das in einer anderen Sprache richtig Formulierte in der Übersetzung denselben Glanz behält. Etwas kann zum Beispiel durch ein einziges spezifisches Wort bezeichnet sein. Dann ist es möglich, daß ich meinerseits für die Wiedergabe kein zutreffendes Wort zur Verfügung habe und beim Versuch, die Bedeutung möglichst genau wiederzugeben, über Schlängelpfade mit Mühe einen kurzen Abstand überbrücke. Dazu kommen noch die Serpentinen der Hyperbata, die Unterschiede in den Fällen, die wiederholt begegnende Ungleichheit in Stilfiguren und schließlich das eigene und sozusagen einheimische Kolorit der Sprache. Wenn ich buchstabengetreu übersetze, klingt es fremd; wenn ich zwangsweise dies und jenes in bezug auf die Zusammensetzung oder die Anwendung der Wörter geändert habe, erwecke ich den Eindruck, meiner Pflicht als Übersetzer nicht Genüge getan zu haben.«

In der Praxis stellte sich jedoch heraus, daß Hieronymus' Haltung keineswegs frei von Inkonsequenzen war. In zahlreichen Fällen mußte er tatsächlich zwischen der Scylla der buchstabengetreuen Wiedergabe und Präzision einerseits und der Charybdis der freien Übersetzung und zierlichen Stilisierung andererseits lavieren. Außerdem realisierte Hieronymus sehr gut, daß er bei der Wiedergabe von Origenes' Schriften einem neuen Leserkreis anderthalb Jahrhunderte alte Texte anzubieten hatte und zwar in einer Zeit, in der Verschiebungen in der Bedeutung unterschiedlicher Termini eingetreten waren. Er hat sich nicht gescheut, dann und wann neue Nuancierungen in den Text einzubringen, wobei auch gelegentlich dogmatische Überlegungen von ihm zu beabsichtigten Anpassungen geführt haben. Es spricht aber für Hieronymus, daß er sich im allgemeinen beim Anbringen derartiger Änderungen vorsichtig und zurückhaltend verhielt. Für den idiomatischen Charakter, den jede Sprache auf ihre eigene Art und

Weise besitzt (proprietas linguae), bekam Hieronymus während seiner Übersetzungstätigkeit unverkennbar einen immer schärferen Blick. Recht bald sah er ein, daß das idiomatische Kolorit der hebräischen Bibel die griechische und somit auch die lateinische Bibelübersetzung stark beeinflußt hat. Als »vir trilinguis« gewann er Einsicht in den Hintergrund mancher spezifischer, unlateinisch anmutenden Redewendungen aus der »Vetus Latina«. Beachtenswert ist, was er über die Problematik der Wiedergabe von Metaphern bemerkt, die meist stark an eine bestimmte Sprache gebunden sind, und von Neologismen. Nach seiner Meinung haben die Nichtchristen kein Recht, die Veränderungen im Sprachgebrauch der Christen zu verspotten; hatte doch ihr großes Vorbild Cicero selber in seinen philosophischen Werken ein derartiges Verfahren in reichem Maße durchgeführt.

Bei Hieronymus findet man literarische und wissenschaftliche Qualitäten in einer Person vereinigt. Er war nicht nur Philologe, sondern auch ein gelehrter Literat. Daher konnte es nicht ausbleiben, daß die profane Literatur, mit der er so stark vertraut war, sein Werk auch nach der erschütternden Erfahrung seines berühmten Traums dauerhaft geprägt hat. Während seines Studiums in Rom, an das er später mit Vergnügen zurückdachte, hatte er sich mit der Kenntnis profaner Schriftsteller gleichsam vollgesaugt, und seine Vertrautheit mit der Rhetorik hatte ihn gelehrt, seine Gedanken klar zu formulieren. Auf diese Periode gehen die zahlreichen Anspielungen auf klassische Autoren zurück, die sogar in seinen späteren Werken noch regelmäßig wiederkehren. Wenn er auch nach dem Eid, den er geschworen hatte, nicht mehr wegen des puren Lesevergnügens nach seinen geliebten Schriftstellern gegriffen hat, so waren die bekannten Aussagen doch ein für allemal seinem Gedächtnis eingeprägt. Und er fühlte sich berechtigt, von seinem Eid, sich nicht mehr mit den profanen Schriftstellern zu beschäftigen, das auszunehmen, was die in seinen Werken angewandte Argumentation unterstützen konnte. Humanisten – wie etwa Erasmus, der die Werke des Hieronymus zum ersten Mal in Druck gegeben hat –, haben sein literarisches Gefühl und seinen gepflegten Stil gewürdigt. Tatsächlich ist Hieronymus immer ein Belletrist geblieben; daran ändern seine Bemerkungen überhaupt nichts, ein Schriftsteller solle bei der Auslegung von Bibelbüchern, die ja Schriften ohne literarische Ansprüche seien, selbst zurücktreten und der Verführung widerstehen, sein Schreibtalent herauszustellen.

Hieronymus beherrscht das literarische Metier von Grund auf; ganz gleich, ob es sich um die markige Formulierung von Gedanken oder »sententiae« in Leitsätzen, um die Schilderung lebendiger, karikaturhafter Porträts von Gegnern – wie Helvidius und Vigilantius – oder um den treffsicheren Gebrauch von Metaphern handelt, bei denen außer der Bibel auch der profane Sprachgebrauch mit im Spiel ist. Selten läßt er eine Gelegenheit ungenützt, seinen Sarkasmus auszuspielen. Von der Veranlagung her wenig friedfertig, findet er Gefallen daran, scharfe persönliche Pfeile abzuschießen und erweist er sich als ein glänzender Polemiker.

Schon in seinen »praefationes« sieht er die Schemen möglicher Kontrahenten auftauchen (»die bellenden Hunde der Scylla«, »die immer wieder heranwachsenden Köpfe der Hydra«). Am besten kann man Hieronymus' literarisches Talent aus seinen sorgfältig stilisierten Briefen, von denen wir noch ungefähr 125 besitzen, kennenlernen. Sie offenbaren ihn mit seinen wechselnden Stimmungen in voller Größe. Die Lyrik, in der das asketische Leben verherrlicht wird, wechselt ab mit dem verhaltenen Ton der Trostbriefe und Epitaphia. Bald taucht er seine Feder in Gift, bald ist der Ton in einer didaktischen Darlegung von einer ruhigen Gelassenheit. Er ist sowohl in die wichtigen dogmatischen Streitfragen als auch in die großen historischen Ereignisse seiner Zeit eingebunden. Bisweilen überschreitet er die »briefliche Kürze« erheblich, so daß man eher von einer Abhandlung als von einem Brief sprechen könnte (z. B. Ep. 21 über die Erklärung der Parabel vom verlorenen Sohn, Ep. 53 über das Studium der Hl. Schrift und Ep. 70 über den Gebrauch der profanen Literatur durch die Christen).
In späteren Zeiten, besonders im Mittelalter, haben Hieronymus' Schriften einen tiefgreifenden Einfluß ausgeübt. Die große Wirkungsgeschichte dieses ebenso fruchtbaren wie talentierten Autors ist gleichfalls anhand der zahlreichen Werke, die nachkommende Generationen zu Unrecht mit der Aureole seines Namens geziert haben, festzustellen. Bereits die Mehrzahl der Zeitgenossen bekundeten ihren Respekt vor seiner Gelehrsamkeit. Noch zu den Lebzeiten von Hieronymus übersetzte sein Freund Sophronius (»De viris illustribus«, 134) einige von dessen Werken ins Griechische. Jahrhunderte später wird er eine Zuflucht für viele, die sich mit dem Bibeltext und dessen Exegese befaßten. Neben seiner Bibelübersetzung, die sich im übrigen erst nach langem Streit mit den herkömmlichen »Vetus-Latina«-Übersetzungen als der offizielle Bibeltext der lateinischen Kirche durchsetzen konnte, kannte man vor allem seine Chronik, die Mönchslegenden und »De viris illustribus«. Die Hilfsmittel für die Bibelauslegung, die Hieronymus angefertigt hatte (»De situ et nominibus«, »De nominibus Hebraicis«, »Quaestiones Hebraicae in libro Geneseos«) haben als Handbücher und Nachschlagewerke für das Bibelstudium fungiert, aus denen das Mittelalter die Kenntnisse der Realia auf dem Gebiet der biblischen Geographie und der hebräischen Eigennamen schöpfen konnte. Darüber hinaus hat sein Briefwechsel den Briefstil im Mittelalter und zudem noch in der Renaissance beeinflußt.
In der bildenden Kunst hat – wenn wir die anachronistischen Bilder von Hieronymus mit dem Kardinalshut außer Betracht lassen – eine immer wieder begegnende Darstellung des Klausners aus Bethlehem vorgeherrscht: der gelehrte Schriftsteller sitzt als ein abgemagerter Asket vor einer aufgeschlagenen Bibel an seinem Schreibtisch, manchmal mit einem Stein in der Hand, mit dem er sich zur Kasteiung gegen die Brust geschlagen haben soll. Weiter sind als feste Attribute ein Schädel (Symbol der ununterbrochenen »meditatio mortis«) und ein Löwe an seinen Füßen zu sehen (Erinnerung an den legendären dankbaren Löwen, dem er einmal einen Dorn aus dem Fuß gezogen haben soll).

Werke

Die Werke des Hieronymus liegen in folgenden Ausgaben vor:
J. P. Migne, Patrologia Latina. Bd. 22–30.
Corpus Scriptorum Ecclesiasticorum Latinorum. Bde. 54–56.59.
Corpus Christianorum, Series Latina. Bde. 72–75A.78.
Lettres, texte établi et traduit par J. Labourt. 8 Bde., Paris 1949–1963.
De viris illustribus. Hg. von E. Richardson. Leipzig 1896.
Zur Textüberlieferung:
Lambert, B.: Bibliotheca Hieronymiana manuscripta. La tradition manuscrite des oeuvres de Saint Jérôme 1 A–4 AB. 4 Teile, Steenbrugis 1969–1972.

Darstellungen

Antin, P.: Recueil sur Saint Jérôme. Brüssel 1968.
Bartelink, G. J. M.: Hieronymus. Liber de optimo genere interpretandi (Epistula 57). Ein Kommentar. Leiden 1980.
Bodin, Y.: Saint Jérôme et l'Eglise. Paris 1966.
Cavallera, F.: Saint Jérôme. Sa vie, son oeuvre. Löwen–Paris 1922.
Grützmacher, G.: Hieronymus. Eine biographische Studie. 3 Bde. Berlin 1906–1908 (Nachdr. Aalen 1969).
Hagendahl, H.: Latin Fathers and the Classics. A Study on the Apologists, Jerome and other Christian Writers. Göteborg 1958.
Kelly, J. N. D.: Jerome. His Life, Writings and Controversies. London 1975.
Kloeters, G.: Buch und Schrift bei Hieronymus. Münster 1957.
Meershoek, A.: Le Latin biblique d'après Saint Jérôme. Aspects linguistiques de la rencontre entre la Bible et le monde classique. Nimwegen–Utrecht 1966.
Murphy, F. X. (Hg.): A Monument to St. Jerome. Essays on some Aspects of his Life, Works and Influence. New York 1952.
Opelt, I.: Hieronymus' Streitschriften. Heidelberg 1973.
Steinmann, J.: Saint Jérôme. Paris 1958.
Wiesen, D. S.: St. Jerome as a Satirist. A Study in Christian Latin Thought and Letters. New York 1964.

Aus dem Niederländischen übersetzt von Dr. Marijn de Kroon, Münster

Theodor von Mopsuestia

von Alfred Raddatz

Theodor, um 352 in Antiochien geboren, studierte hier wohl bei dem Rhetor Libanius und schloß sich dem »Asketerion« um den Antiochener Diodor, seit 378 Bischof von Tarsus, an, dem auch der Antiochener Johannes Chrysostomos angehörte, und das anscheinend sowohl dem geistlichen Leben als auch der exegetischen Arbeit diente (Schäublin, 1981, 764). Vielleicht hatte er zwischendurch den Wunsch, die asketische Lebensweise wieder aufzugeben, denn es sind zwei Mahnschreiben des Johannes Chrysostomus »Ad Theodorum lapsum« erhalten, aus denen hervorginge, daß er ein juristisches Studium beginnen und heiraten wollte, diese Absicht dann aber doch fallen ließ. Um 383 wird er von Bischof Flavian in Antiochien zum Presbyter geweiht und 392 Bischof von Mopsuestia in Kilikien. Hier ist er 428 im Frieden der Kirche gestorben.

So dürftig die biographischen Angaben, so zahlreich sind dagegen die Schriften Theodors – hat er doch fast sämtliche Bücher der Bibel kommentiert und muß als der bedeutendste Vertreter der antiochenischen Exegese angesehen werden, ja, gilt er der nestorianischen Kirche später als »der Ausleger« schlechthin. Doch ist dies nur eine Seite seiner schriftstellerischen Tätigkeit. Seine 16 katechetischen Homilien »De sacramentis et de fide« lassen – neben dem Johannes-Kommentar – die »fundamentale« Bedeutung der Taufe für seine Christologie wie für den Christen erkennen, werfen aber auch ein überraschendes Licht auf die Frömmigkeitshaltung seines Umkreises der Eucharistie gegenüber. Die 5. Katechetische Homilie stellt »nahezu eine(r) Summe der christologischen Anschauungen Theodors«, dar (Ritter, 239). Damit wird Theodor bereits als ebenso signifikant für die antiochenische Christologie apostrophiert, zumal die theologische Arbeit Diodors in Folge seiner Verurteilung auf der Synode von Konstantinopel 499 fast völlig ausgelöscht wurde. Doch auch von dem umfangreichen Werke Theodors besitzen wir fast nur Fragmente, denn das Schicksal Diodors ist ihm – dem Lehrer des Nestorius – nicht erspart geblieben. Zwar hatte noch Kyrill von Alexandrien in seinem Brief an Proklus erklärt, man solle die Antiochener in Ruhe lassen, Theodor sei in Ephesus implicite verurteilt. Und an Johannes von Antiochien, der kundgetan hatte, lieber ließen sie sich verbrennen, als Theodor zu verurteilen, schrieb er, man sollte doch die Toten dem Richter über Lebende und Tote überlassen. Dem schloß sich Kaiser Theodosius II. an. Kein Streit über jene, die im Frieden der Kirche verstorben seien (Abramowski, 1955/56, 284f.). Nicht so Justinian! Über hundert Jahre nach Theodors Tode – 544 – verurteilte Kaiser Justinian in dem ersten seines Drei-Kapitel-Edikts Leben und Werk Theodors und das vom Kaiser 553 nach Konstantinopel einberufene V. Ökumenische Konzil folgte ihm darin. Ebenso nötigte er Papst Vigilius zur Zustimmung, was im Westen, etwa in Oberitalien, eine schismatische Situation heraufbeschwor (vgl. Ritter 279). –

I

So sicher die Ungunst der Überlieferung die Schuld daran trägt, daß uns erst in Theodors Werken eine eigentliche »antiochenische« Exegese faßbar wird, so sicher ist auch, daß sie mit seinen Kommentaren ihren Höhepunkt erreicht (Schäublin, 1974, 171). Vollständig erhalten allerdings sind nur sein Kommentar zu den Kleinen Propheten im griechischen Text, der zum Johannes-Evangelium in einer syrischen Übersetzung und in einer lateinischen der Kommentar zu den zehn Kleinen Paulusbriefen. Größere Kommentarfragmente – z. T. aus Katenen gewonnen – liegen wenigstens für die Psalmen, zum Römer-, 1. und 2. Korinther- und Hebräerbrief vor, ohne erhaltene kleinerere zu weiteren Schriften des Alten und Neuen Testaments aufzuführen.
Von den Schriften des Alten Testaments soll jedes Buch aus seiner zu bestimmenden geschichtlichen Situation vom Exegeten verstanden werden – eine alttestamentliche Deutung des Alten Testaments, des Textes aus sich selbst also – was der Exegese eine direkte Deutung auf Christus und seine Kirche verwehrte – und ihr so den Vorwurf des »Judaisierens« eintrug. Dies war für die Exegese der Kleinen Propheten weit weniger ein Problem als etwa für die Psalmen, die sämtlich als von David verfaßt galten. Theodor versteht sie prophetisch, und David wird ihm dadurch zum Hauptpropheten des Alten Testaments. »Der Prophet hatte sich also beispielsweise in die Lage der Juden in Babylon oder der Makkabäer versetzt und gejammert und gejauchzt, wie sie zu ihrer Zeit jammern und jauchzen würden. Unter dieser Annahme ist ... dem Exegeten jegliche Umdeutung des Textes erpart« (Schäublin, 1974, 84f., 149, 172).
Leontius von Byzanz tadelt daher an Theodors Psalmenexegese – Theodor selbst bezeichnet diesen seinen berühmtesten Kommentar als Jugendwerk – daß er alle Psalmen jüdisch auf Serubabel und Hiskia deute und dem Herrn nur drei übrig lasse (Leontius, Adv. incorr. et Nestor. III, 15), und ähnlich wendet sich Theodoret gegen »Einige«, welche die Psalmenüberschriften für falsch hielten (Praef. in Ps.).
Theodor stellt – wie die paganen Grammatiker, ja, wie er denn in der alttestamentlichen Exegese überhaupt »am konsequentesten nach dem Vorbild und im Geiste der paganen Dichterkommentare gestaltet« (Schäublin, 1974, 171) – den

zu kommentierenden Schriften »Hypothesen« voran, in denen er nicht nur die in Frage stehende jeweilige historische Situation Israels zum Verständnis der Schrift oder der einzelnen Psalmen darlegt und den Inhalt angibt, sondern auch philologische Fragen aufwirft. Dabei stützte er sich einerseits auf Flavius Josephus – so z. B. zu Psalm 34,13 – auch eine Geschichte der Perser scheint er gekannt, andererseits wohl auch, etwa bei der Psalmen-Exegese, Lexika herangezogen zu haben, um dem Wortsinn möglichst nahe zu kommen. Dies alles weist zurück auf die »Hypothesen« des Libanius zu den Reden des Demosthenes (Schäublin, 1974, 88f.).

Gegen die alexandrinische Überbewertung der Allegorie verfaßt Theodor fünf Bücher »Adversus Allegoricos«. Das Hohelied ist ihm nüchtern ein Liebeslied. – Des Hebräischen scheint Theodor nicht kundig gewesen zu sein. Um so erstaunlicher ist es, daß er hinter sprachlichen Schwierigkeiten des Textes der Septuaginta Besonderheiten der hebräischen Vorlage vermutet, bis hin zur hebräischen Metrik, etwa im Ps. 34,20 (Schäublin, 1974, 123f.).

Welche Bedeutung hat unter solchen Prämissen das Alte Testament für den Christen? Die Schriften des Alten Testaments bilden eine Einheit, aus den Propheten spricht göttliche Eingebung, sie belehren – die Berichte von Gottes Taten trösten, die Propheten des Alten Testaments wenden sich an die gesamte Menschheit. Damit wird der Unterschied zur paganen Literatur stärker nivelliert, nicht aber der zwischen den beiden Testamenten. Vielmehr werden Geschehnisse des Alten Testaments als »Typus« des Neuen gesehen – so verweist Theodor etwa im Prolog zum Buche Jona auf Mtth. 12,40f. – doch die theologische Interpretation darf nicht die philologisch-historische tangieren. Der »Typus« läßt das Ziel Gottes, die mit Christus beginnende neue Katastase, erkennen, so im Prolog zum Buche Jona (Schäublin, 1974, 160f.).

So ist denn auch seine Exegese des Johannes-Evangeliums ganz von seiner Christologie her bestimmt. »Daß Theodor mit einer selbständig durchdachten, ausgeprägten christologischen Konzeption an die Exegese des Johannesevangeliums herantritt, zeigt sich rein äußerlich daran, daß er im Kommentar auf eine dementsprechende Arbeit, sein Werk ›De incarnatione‹, zurückweisen kann«. »Die Vorstellungen, die hier als theologische Voraussetzungen angesprochen werden, verdienen diese Bezeichnung insofern, als sie das Ergebnis theologischer, und das heißt auch exegetischer Bemühungen sind, die bereits vor der in Angriffnahme des Johanneskommentares zu einem gewissen Abschluß und zu einer systematischen Ordnung gelangt sind (Schäferdiek, 98). Über die Prinzipien des Exegeten gibt Theodor selbst in der Einleitung des Kommentars Auskunft: Die Interpretation hat sich auf den Wortsinn zu beschränken, diesen eindeutig verständlich zu machen und so den darin gegebenen Lehrgehalt vor Mißverstehen zu bewahren. Vor jeder Abschweifung hat sich der Exeget – im Gegensatz zum Homileten – zu hüten. Ausdruck einer solchen selbst auferlegten Beschränkung ist die Paraphrase, die Theodor überall dort gebraucht, wo er glaubt, daß dem Verständnis des Textes nichts im Wege steht, auch nicht die Gefahr häretischer Fehlinterpretation. »Daß er sich mit arianischen und arianisierenden, den Eingeborenen irgendwie dem Vater subordinierenden Meinungen auseinandersetzt, zeigt überdies der erste Teil seiner Behandlung des Prologs deutlich genug. Ebenso deutlich tritt er den Pneumatomachen entgegen. Sein Exkurs über die menschliche Seele Christi dürfte gewiß auch Vorstellungen apollinaristischer Provenienz im Auge haben« (Schäferdiek, 51). Die Exegese des Prologs läßt aber auch erkennen, wie Theodor »mit den ontologischen Kategorien seines theologischen Denkens« den Text interpretiert, so daß er trotz aller Nähe zum Wortlaut, »daß »der Logos ward Fleisch« des Textes nur als ein »der Logos gelangte in einen Menschen« fassen kann«. (Schäferdiek, 98).

Gründe für die Abfassung eines vierten Evangeliums neben den drei synoptischen sieht Theodor – wie Euseb., h. e. III, 24, 6f. – einmal in der Ergänzung der Synoptiker, zum andern in der Richtigstellung der historischen Abfolge. Doch charakteristisch tritt noch ein weiterer hinzu: »Aber die Gläubigen in der Asia hielten den seligen Johannes für glaubwürdiger zur Bezeugung des Evangeliums als die anderen, da er von Anfang an mit dem Herrn zusammen war, auch [schon] vor Matthäus, und wegen seiner Liebe im Genuß größerer Gnade gestanden hatte. Daher brachten sie ihm die Bücher [der Synoptiker], weil sie von ihm erfahren wollten, welche Meinung er über sie hegte. Er lobte wohl die Verfasser wegen ihrer Wahrhaftigkeit, sagte jedoch, sie hätten einerseits zwar Kleinigkeiten – auch solche Wunder, deren Erzählung noch notwendig sei –, andererseits aber auch den Lehrgehalt fast vollständig übergangen. Ferner erklärte er es für notwendig, daß diejenigen, die über die Erscheinung Christi im Fleisch berichteten, nicht den Bericht von seiner Gottheit übergingen, damit nicht im Verlauf der Zeit die Menschen – nur an solche Worte gewöhnt – ihn lediglich für das hielten, als was er erschien. Darauf erhob sich ein Drängen seitens der Brüder, er möge doch das, was er als für die Lehre am notwendigsten erachte, von den anderen aber übergangen sähe, mit Eifer niederschreiben; und er tat es auch.« –

Paulus dagegen ist Theodor Repräsentant christlicher Existenz, der durch Glaube und Taufe gewirkten Existenz zwischen den Äonen. Gerade Paulus, »der aus seinen Leidenschaften sich ins Maß bringende Gottesmensch« (Wickert 1, 1962, 63), der »in keinem Stück sich verwirren ließ von dem, was ihm widerfuhr; vielmehr nahm er, was Ruhe und was Trübsal brachte, mit kluger und nüchterner Einsicht hin« (Theodor zu Phil. 4,11f.), dieser Paulus ist so herausragender Repräsentant christlicher Interimsexistenz in der Zeit zwischen den Äonen, der Situation, in der diese Welt sich noch befindet. Dieser Zustand des »Zwischen« – des »zwar schon – aber noch nicht«, kann in der Existenz des Christen exemplarisch angeschaut werden. Dabei wird entsprechend Theodors vorwiegend logischer Behandlung der Texte, seines Denkens in Gegensätzen, von Zweiheit in Einheit, das Gegeneinander der Äonen zu einem logischen Nacheinander (Wikkert 1, 1962, 63f., 2, 1962, 51f., 57, 61).

So zurückhaltend Theodor etwa zu 1. Kor. 10,2f. – den dort erwähnten Durchzug durch das Rote Meer – urteilt: »Das Meer wurde ›Taufe‹ genannt, obwohl keiner in ihm getauft worden ist: denn eher bestaubt als benetzt ist Israel hindurchgeschritten«, so gewichtig sind ihm die Wunder der apostolischen Zeit, sieht er sie, gewirkt durch den Heiligen Geist, »als hervorragendes Glied in der Kette der »Beweise«, durch welche die Predigt vom Kreuz ihre Überzeugungskraft gewinnt. Der prüfende Geist kann sich durch sie von der Richtigkeit des Verkündigten überzeugen (Wickert, 2, 1962, 49). Paulus wird ihm so insgesamt zu »einem Symbol der geschichtlichen Synthese zwischen Israel und Hellas«, ein »Apostel Gottes mit der Welt« (Wickert 1, 1962, 62); doch zur Spannung zwischen Prädestination und Präszienz – die Willensfreiheit steht für Theodor wie für beinahe sämtliche griechischen Kirchenväter fest – sei seine Exegese zu Titus 1, 1–4, angeführt: »Als Apostel bin ich zu dem Zweck eingesetzt, daß durch mich alle Menschen glauben sollten, die vormals von Gott wegen ihres guten Willens dazu erwählt wurden.« (Wickert 2, 1962, 83; Schäfer 48)

II

»In der Theologengeneration von 381–431 hat sicherlich niemand soviel wie Theodor zum Fortschritt der Christologie beigetragen« (Grillmeier, 144). Worin besteht dieser Fortschritt?

In seiner 5. Katechetischen Homilie wendet sich Theodor gegen die Schüler des Arius und des Eunomius, die Christus zwar einen Leib, aber keine Seele zugestehen wollen und so die göttliche Natur erniedrigen und sie die Aufgabe der Seele übernehmen lassen, so daß er weder Hunger noch Durst, weder Ermüdung noch Bedürfnis nach Nahrung empfand, denn die Gottheit ist übermächtig. Sünde aber geschieht zuerst in der Seele, die dann den Tod des Leibes nach sich zieht. Soll also der Tod des Leibes verhindert, muß die Neigung der Seele zur Sünde verhindert werden, ja sie zunächst, denn sie ist ja Ursache für den Tod des ersteren. Folglich mußte der Logos Leib und Seele annehmen, vielmehr zuerst die Seele und dann um ihretwillen den Leib, der nur über sie gerettet werden konnte (hom. cat. V, 11). Hat die Neigung zur Sünde ihre Ursache im Willen der Seele, ist ihre »Beweglichkeit« Ursache für den Tod des Leibes, galt es, sie »festzumachen«. So war also entscheidend, daß Christus eine Seele annahm und sie durch die Gnade Gottes »befestigte« und damit die Gnade Gottes die Herrschaft über den ganzen Menschen gewann. Christus nahm also nicht nur einen Leib, sondern einen ganzen Menschen mit Leib und Seele an und wirkte durch ihn das Heil. (hom. cat. V, 19)

Wie und wo geschah das? – Die Antwort gibt Theodor in seiner Auslegung zu Joh. 1,14a und 16,14.15 sowie c. Apoll. III, 1.2. Der Heilige Geist bewirkte die »plasmatio« der menschlichen Natur Jesu in Maria. »... hat er [der Logus] unsere

Natur selbst angenommen; er bekleidete sich mit ihr und wohnte in ihr ... mit ihr hat er sich vereint« (hom. cat. VII, 1) und Joh. 16,14.15: »Da es nicht in seiner Natur lag, mit dem Gott-Logos vereinigt zu werden, bedurfte Christus dem Fleische nach notwendigerweise der Vermittlung durch die Gnade des Geistes. So war »die Menschheit Christi zu jedem denkbaren Zeitpunkt ihrer Existenz nicht ohne den Logos« (Abramowski, 1961, 387). Diese Einheit ist eine unlösliche; die menschliche Natur hat so auch teil an der Verherrlichung (de inc. XIV, c. Apoll. III, 16). ... wenn sie [die Schriften] wie von einem aussagen, was einer jeden von ihnen [den Naturen] zukommt, begreifen wir, welch wunderbare und erhabene Verbindung gewirkt worden ist.« (hom. cat. VIII, 10) »So bezog auch unser Herr, als er von seiner Menschheit und von seiner Gottheit sprach, das Fürwort »ich« auf die gemeinsame Person« (Com. in Joh. 8,16). Hierin kommt auf jeden Fall zum Ausdruck, »daß Logos und assumptus für den, der Christus begegnete, als ein Gegenüber in Erscheinung treten« (Schäferdiek 56).

So kann nun auch die menschliche Seele der »gemeinsamen Person« die Passion auf sich nehmen und Theodor ohne Schwierigkeiten die Leidensaussage der Schrift auf sie übertragen, sosehr, daß Camelot (218) urteilt: »Zweifellos handelt es sich hier um das psychologische ›Ich‹ der Menschheit Christi, aber dieses ›Ich‹ wird derartig herausgestrichen, daß nicht gut ersichtlich ist, wie Theodor die metaphysische Einheit der Person aufrecht erhalten kann.«

Welchen Sinn hat nach dieser »Einwohnung« des Logos in der menschlichen Natur Jesu durch den Heiligen Geist (noch) die Taufe, hat doch die menschliche Natur in dieser Verbindung dadurch Teil am Logos, an der zweiten Person der Trinität und so letztlich an der Trinität überhaupt? – In der Taufe Jesu, sagt Theodor nach De incar. VIII, erfolgt durch den Heiligen Geist die Einsetzung auch der menschlichen Natur Jesu in die Sohnschaft Gottes, die der Logos ja von Ewigkeit her hat. »Seine Taufe ›bildet‹ unsere ›voraus‹ ..., denn zum Sohne Gottes erklärt zu werden, ist eine neue Geburt« (Abramowski, 1961, 287). Mit seiner Taufe beginnt die neue, die zweite Katastase, die auf Unsterblichkeit hin ausgerichtet ist. Mit ihr aber beginnt auch das unsterbliche Leben der Christen.

III

In der Taufe Christi wird seine menschliche Natur – unsere Natur also – durch den Heiligen Geist in die Sohnschaft eingesetzt, daher kann Maria nur in übertragenem Sinne »Gottesgebärerin« genannt werden (de inc. XV), allerdings: »Was nämlich zur Natur gehörte, das ist der Tod, den hat er zweifellos auf sich genommen, die Sünde, die nicht ein Werk der Natur, sondern des Willens war, hat er in keiner Weise angenommen. Wäre in der Natur Sünde gewesen ..., hätte er die in der Natur vorhandene Sünde notwendig mitübernommen« (c. defens. pecc. orig. 7)! Ebenso wird der Christ durch die Taufe in die Sohnschaft

eingesetzt. »Christologie und Soteriologie werden durch die Taufe verbunden« (Abramowski, 1961, 286). »Der Mensch, der diese geistige Geburt empfängt, wird unmittelbar im Himmel eingeschrieben und wird Erbe und Teilhaber dieser zukünftigen Gaben« (Mingana, 1932, 120 (20/21)). »Du näherst dich der Gabe der Taufe um zu sterben und aufzuerstehen mit Christus« (Mingana, 1933, 184 (52)). »Wir werden mit ihm in der Taufe begraben und, nachdem wir im Glauben Teilhaber seines Glaubens geworden sind, werden wir auch an der Auferstehung teilhaben« (Mingana 1933, 208 (73)). Durch die Taufe wird der Christ eingeschrieben in die Kirche und somit im Himmel, Teilhaber der himmlischen Güter, adoptiert zum Sohne Gottes und damit Teilhaber der wahren Sohnschaft des Sohnes Gottes, wird er Gottes eigen, soll er aber auch wandeln wie im Himmel. »Es ist diese Zeichnung, mit der du jetzt gezeichnet wirst, ein Zeichen, mit dem du besiegelt wirst als Schaf Christi, als Soldat des himmlischen Königs. ... Der Soldat, der zum Soldatenstand erwählt wird ..., erhält zuerst an seiner Hand ein Siegel, das kundgibt, welchem König er von nun an als Soldat dient. Wenn der Priester an dir dies alles vollzogen hat mit der Zeichnung, mit der er dich an der Stirne zeichnet und mit den Worten, die früher genannt wurden, hat er dich von da von jeglichem Menschen geschieden und dich dazu bestimmt, Soldat dessen zu sein, der wahrhaft König ist, und zum Bürger der himmlischen Stadt« (Mingana, 1933, 177 (46)); »... du bist geboren und ein neuer Mensch geworden« (Mingana, 1933, 67). »Da dies im Symbol und in Zeichen geschieht, sagt er [der Apostel], um zu zeigen, daß wir nicht vergebliche Zeichen gebrauchen, sondern Wirklichkeiten ...« (Mingana, 1933, 184 (52)). »... figura [= typos] ist etwas Wirkliches, Geschichtliches, welches etwas anderes ebenfalls Wirkliches und Geschichtliches darstellt und ankündigt« (Schäublin, 1974, 167). »Der Typus enthält die Wirklichkeit, die er abbildet, indem er an ihr teilhat« (Abramowski, 1961, 274). Man wird von einer eigenen Tauftheologie Theodors sowohl im Hinblick auf die Taufe Christi als auch die des Christen sprechen dürfen.
Was in der Taufe des Christen begonnen hat, wird durch die Eucharistie erhalten. »Wir empfangen die unsterbliche und geistige Nahrung des Leibes und Blutes unseres Herrn« (Mingana, 1933, 242 (103)). Das unsterbliche Leben, das der Christ in der Taufe begonnen hat, wird durch die Gabe des unsterblichen Leibes Christi in der Eucharistie genährt. Das Brot »tut dies nicht durch seine eigene Natur, sondern durch den Geist, der in ihm wohnt« (Mingana, 1933, 212 (77)). »Der Leib unseres Herrn, der unserer Natur ist, war vorher sterblich, aber durch die Auferstehung ist er in eine unsterbliche und unveränderliche Natur verwandelt worden. Wenn also der Priester erklärt, daß die Opfergaben der Leib und das Blut Christi seien, zeigt er klar, daß sie durch die Ankunft des Heiligen Geistes so geworden sind und daß sie unsterblich geworden sind durch ihn« (Mingana, 1933, 243 (104)). In der eucharistischen Liturgie wird die Oikonomia in Christus vergegenwärtigt.
»Wenn nämlich in den heiligen Gefäßen ... das zur Darbringung bestimmte

Opfer herauskommt, so müssen wir denken, daß unser Herr Jesus Christus herauskommt, indem er zum Leiden geführt wird. ... Und wenn sie es herausgebracht haben, legen sie es auf den heiligen Tisch zur vollkommenen Erfüllung des Leidens, so daß wir ihn ansehen, als ob er auf den Tisch wie ins Grab gelegt wäre und sein Leiden nun gelitten hätte. Deshalb liefern diejenigen von den Diakonen, welche Decken über den Tisch breiten, ein Abbild der Leichentücher durch diese Handlung. Sobald dieser nun hingelegt ist, treten sie zu beiden Seiten und schlagen die ganze Luft, die über dem heiligen Leichnam ist, mit Fächern und behüten ihn, daß nichts ihm nahe kommt ... Alle erheben sich auf ein Zeichen, das ihnen der Diakon gibt, und schauen auf das, was da vorgeht. ... Während der Kirchenherold ... vorher ruft ›Blicket auf das Opfer‹, ... beginnt der Priester mit dem Meßopfer.« Vor dem Sanctus »ruft der Kirchenherold: ›Laßt uns alle in großer Furcht und Zittern aufstehen. Wir stehen alle, indem wir den Blick in großer Furcht nach unten neigen. ... Und bringen eben diese Furcht geziemend zum Ausdruck. ... Und das Gedächtnis des Todes des Herrn begehen wir durch diesen furchtbaren Dienst und empfangen die unsterbliche und geistliche Nahrung des Leibes und Blutes unseres Herrn ... und empfangen hiervon die unaussprechliche Nahrung‹. Der Priester bereitet alle, die Gabe unseres Herrn Christi in den [auf dem Altar] liegenden Elementen zu erblicken. Ganz notwendigerweise also bringt der Priester ... Gebet und Flehen Gott dar, daß das Kommen des Heiligen Geistes geschehe und die Gnade von dort komme auf das Brot und den Wein, die da liegen, daß sie erscheinen wahrhaftig als Leib und Blut unseres Herrn Christi, was das Gedächtnis der Unsterblichkeit ist« (Liturgie des Theodor von Mopsuestia, Lietzmann, 916f.).
»Der Leib unseres Herrn, der unsere Natur ist, war vorher von Natur sterblich, aber durch die Auferstehung ist er in eine unsterbliche und unveränderliche Natur verwandelt worden. Wenn also der Priester erklärt, daß die Opfergaben der Leib und das Blut Christi seien, zeigt er klar, daß sie durch die Ankunft des Heiligen Geistes so geworden sind und daß sie unsterblich geworden sind durch ihn ... In derselben Weise nehmen wir an, daß auch jetzt, wenn der Heilige Geist kommt, das Brot und der Wein ... etwas wie eine Salbung empfangen haben durch die Gnade, die kam; und also glauben wir, daß sie der Leib und das Blut sind und unsterblich und unverweslich und leidensunfähig und von Natur unveränderlich, wie der Leib unseres Herrn war nach der Auferstehung« (Mingana, 1933/44 (104)).
»... Nachdem dies so geschehen ist und die ganze Liturgie ein Ende genommen hat, sind wir alle nunmehr eifrig darauf bedacht, das Opfer zu empfangen, und von dem Tisch, der furchtbar ist ..., bekommen wir die unsterbliche und heilige Speise. ... Die rechte Hand also streckt man aus, um das Opfer, das gespendet wird, zu empfangen, unter sie aber legt man die linke. ... Du aber, nachdem du mit deinen Händen den Leib empfangen hast ..., mit großer und wahrhaftiger Liebe aber drückst du ihn an deine Augen und küßt ihn und bringst ihm nunmehr

deine Gebete dar, wie unserem Herrn Christus, der dir nahe ist. Diese selben [Dinge] geschehen auch beim Empfang des Kelches« (Lietzmann, 924f.). Eine solche Form des Kommunionempfangs, sowohl des Brotes, als auch des Kelches, zeigen zwei Bilder des Codex Rossanensis (6. Jh.).

Die Liturgie ist ein Abbild der himmlischen Liturgie, wie sie Jesaja geschaut hat (Lietzmann, 920), und wo Christus selbst das Opfer vollzieht. Der Priester steht anstelle des Hohenpriesters, das eucharistische Opfer enthält die Wirklichkeit des himmlischen. So spricht Theodor immer erneut in der Liturgie von Schweigen und von Furcht, vom »furchtbaren Geheimnis«, von »großer Furcht und Zittern«, vom »furchtbaren Gottesdienst«, von dem Tisch, der »furchtbar« ist. Eine solche Unterstreichung der göttlichen Majestät Christi, ähnlich etwa bei Johannes Chrysostomus und Narses, scheint aber auch in der Bekämpfung des Arianismus zu wurzeln (Quasten, 1951, 72; Ritter, 238) und führte mit weiter wohl zur Übernahme von Elementen des Hofzeremoniells in die Liturgie, des Cimboriums – des Thronbaldachins für den Altar – und zu dem Bildmotiv der Hetoimasia, des leeren, bereiteten Thrones Christi. –

Das Ganze bietet »eine einheitliche und großartige Vision vom Christentum ..., dessen Elemente alle harmonisch auf ein ... Endziel hingeordnet sind« (Oñotibia, 133). Wenn daher Theodoret im Titel seiner Apologie für Diodor und Theodor von »Soldaten der Gottesfurcht« spricht, apostrophiert er Theodor so zweifach: als Kennmal eines Soldaten des himmlischen Königs bezeichnet Theodor die Salbung vor der Taufe, und »Gottesfurcht« ist ihm das Stichwort für die Haltung des Christen vor dem mysterium tremendum der Eucharistie. Beides verweist bei Theodor letztlich auf eines: die Oikonomia Gottes in Christus.

Werke

Le commentaire de Thédore de Mopsueste sur les psaumes (I–LXXX) Hg. von R. Devreesse. Rom 1939.

Theodori Mopsuesteni commentarius in duodecim Prophetas minores. Nach der Ausgabe von A. Mai. Rom 1854; abgedruckt in PG Bd. 66, 123–632.

Theodori Mopsuesteni commentarius in Evangelium Iohannis Apostoli ad. J.-M. Vosté. Paris 1940, interpretatus est J.-M. Vosté. Löwen 1940.

Theodori Episcopi Mopsuesteni in epistolas B. Pauli commentarii. The Latin Version with The Greek Fragments. With an Introduction, Notes and Indices by H. B. Swete. Bd. 1: Introduction. Galatians – Colossians. Cambridge 1880. Bd. 2: Thessalonians – Philemon. Appendices. Indices. Cambridge 1882.

Les homélies catéchétiques de Théodore de Mopsueste. Reproduction phototypique du ms. Mingana syr. 561. Traduction, Index par Raymond Tonneau en collaboration avec Robert Devreesse. Rom 1949.

Mingana, A.: Commentary of Theodore of Mopsuestia on the Nicene Creed. Cambridge 1932.

Mingana, A.: Commentary of Theodore of Mopsuestia on the Lord's Prayer and on the Sacraments of the Baptism and the Eucharist. Cambridge 1933.
Théodore de Mopsueste, Controverse avec les Macédoniens. Texte syriaque édité et traduit par F. Nau. In: Patrologia orientalis, Bd. 9, 5. Paris 1913, 635–667.
Theodori Mopsuesteni fragmenta syriaca e codicibus Musei Britannici Nitriacis edidit atque in latinum sermonem vertit E. Sachau. Leipzig 1869.
Theodori Mopsuesteni fragmenta dogmatica. In: PG, Bd. 66, 960–1020.
Fragments of the dogmatic Works of Theodore: Appendix A (289–339). In: Theodori Episcopi Mopsuesteni in epistolas B. Pauli commentarii. Hg. von H. B. Swete, Bd. 2,Cambridge 1882.
Tonneau, R. M.: Théodore de Mopsueste. Interprétation (du livre) de la Genèse (Vat. syr. 120, ff. I–V). In: Le Muséon 64 (1953), 45–64.
Reuss: Matthäuskommentare aus der griechischen Kirche, aus Katenenhandschriften gesammelt und herausgegeben von Joseph Reuss. Berlin 1957, 96–135.
Devreesse: Les fragments grecs du commentaire sur le quatrième évangile: Appendice (287–419). In: R. Devreesse, Essai sur Théodore de Mopsueste. Rom 1948.
Pauluskommentare aus der griechischen Kirche, aus Katenenhandschriften gesammelt und herausgegeben von Dr. Karl Staab. Münster 1933, 113–212: Fragmente aus Theodors Kommentaren zu Rm., 1.2. Kor., Hbr.
Sachau, E.: Theodori Mopsuesteni fragmenta Syriaca. Leipzig 1879, 1–21.
Mingana, A.: Early Christian Mystics. Cambridge 1934 (95–96: De sacerdotio, 109–110: De perfectione).

Darstellungen

Abramowski, L.: Das Konzil von Chalkedon in der Homilie des Narses über die drei nestorianischen Lehrer. In: Zeitschrift für Kirchengeschichte 66 (1954/55), 140–143.
Abramowski, L.: Der Streit um Diodor und Theodor zwischen den beiden ephesinischen Konzilien. In: Zeitschrift für Kirchengeschichte 67 (1955/56), 252–287.
Abramowski, L.: Zur Theologie Theodors von Mopsuestia. In: Zeitschrift für Kirchengeschichte 72 (1961), 263–293.
Camelot, Th.: De Nestorius à Eutychès. L'opposition de deux christologies. In: Das Konzil von Chalkedon, hrsg. von A. Grillmeier u. H. Bacht. Bd. 1, Würzburg 1951, 213–242.
Casel, O.: Neue Zeugnisse für das Kultmysterium. In: Jahrbuch für Liturgiewissenschaft 13 (1933), 99–171.
Devreesse, E.: Essai sur Théodore de Mopsueste. Roma 1948.
Galtier, P.: Théodore de Mopsueste: sa vrai pensée sur l'Incarnation. Recherches de science religieuse 45 (1957), 161–186. 338–360.
Grillmeier, A.: Die theologische und sprachliche Vorbereitung der christologischen Formel von Chalkedon. In: Das Konzil von Chalkedon, hrsg. von A. Grillmeier u. H. Bacht. Bd. 1, Würzburg 1952, 5–202.
Gross, J.: Theodor von Mopsuestia, ein Gegner der Erbsündenlehre. In: Zeitschrift für Kirchengeschichte (1953/54), 1–15.
Lietzmann, H.: Die Liturgie des Theodor von Mopsuestia. In: Sitzungsberichte der Preußischen Akademie der Wissenschaften, Phil.-Hist. Klasse. Berlin 1933, 915–936.
McKenzie, J. L.: The commentary of Theodore of Mopsuestia on John 1,46–51. In: Theological Studies 14 (1953), 73–84.
McNamara, K.: Theodore of Mopsuestia and the Nestorian heresy. In: The Irish Theological Quarterly 19 (1952), 254–278; 20 (1953), 172–191.
Nédoncelle, M.: Prosopon et persona dans l'antiquité classique. Essai de bilan linguistique. In: Revue des sciences religieuses 22 (1948), 277–299.

Quasten, J.: Mysterium tremendum. Eucharistische Frömmigkeitsauffassungen des vierten Jahrhunderts. In: Vom christlichen Mysterium. Gesammelte Arbeiten zum Gedächtnis von Odo Casel OSB. Hg. von A. Mayer, J. Quasten, B. Neunheuser. Düsseldorf 1951.

Quasten, J.: Patrology. Utrecht 1960.

Oñatibia, I.: La vida christiana, tipo de las realidades celestes. Un concepto basico de la teologia de Teodoro de Mopsuestia. In: Scriptorium Victoriense 1 (1954), 100–133.

Richard, M.: L'introduction du mot »hypostase« dans la théologie de l'incarnation. In: Mélanges de science religieuse 2 (1945), 5–32. 243–270.

Ritter, A. M.: Dogma und Lehre in der Alten Kirche. In: Handbuch der Dogmengeschichte. Hg. von C. Andresen. Bd. 1: Die Lehrentwicklung im Rahmen der Katholizität. Göttingen 1982, 99–283.

Schäfer, R.: Die Bibelauslegung in der Geschichte der Kirche. Gütersloh 1980.

Schäferdiek, K.: Das Johannesverständnis des Theodor von Mopsuestia. Theol. Diss. Bonn 1958.

Schäublin, Ch.: Untersuchungen zur Methode und Herkunft der antiochenischen Exegese. Köln–Bonn 1974.

Schäublin, Ch.: Art. Diodor von Tarsus. In: TRE 8 (Berlin 1981), 763–767.

Sullivan, F. A.: The Christology of Theodore of Mopsuestia. Rom 1956.

Vosté, J.-M.: Le commentaire de Théodore de Mopsueste sur Saint Jean d'après la version syriaque. In: Revue biblique 32 (1923), 522–548.

Vosté, J.-M.: La chronologie de l'activité litteraire de Théodore de Mopsueste. In: Revue biblique 34 (1925), 54–81.

Vosté, J.-M.: De versione syriaca operum Theodori Mopsuesteni. In: Orientalia Christiana Periodica 8 (1942), 477–481.

Vries, W. de: Der »Nestorianismus« Theodors von Mopsuestia in seiner Sakramentenlehre. In: Orientalia Christiana periodica 7 (Roma 1941), 91–148.

Vries, W. de: Das eschatologische Heil bei Theodor von Mopsuestia. In: Orientalia Christiana periodica 24 (Roma 1958), 309–338.

Wickert, U.: Die Persönlichkeit des Paulus in den Pauluskommentaren Theodors von Mopsuestia. In: Zeitschrift für die neutestamentliche Wissenschaft und die Kunde der Älteren Kirche 53 (1962), 51–66.

Wickert, U.: Studien zu den Pauluskommentaren Theodors von Mopsuestia. Berlin 1962.

Aurelius Augustinus

von Cornelius Mayer

Kein geringerer als der Dogmenhistoriker Adolf von Harnack nannte Augustin den vielleicht größten Schriftsteller des Altertums nach und neben Plato (v. Harnack, 1905, 1096). Andere freilich bestritten Augustins Originalität; seinen Einfluß auf die Nachwelt konnten indessen auch sie nicht leugnen. Und wenngleich in der Forschung der letzten Jahrzehnte die Stimmen derer sich mehren, die dem Gedankengut dieses Kirchenmannes aus der ausgehenden Antike kritisch gegenüberstehen, so beeinträchtigt dies dessen singuläre Stellung in der abendländischen Geistesgeschichte ebenfalls mitnichten. Im Gegenteil, die Literatur um die Person und das Werk Augustins wächst von Jahr zu Jahr um rund hundert Titel. Allein das beinahe ein Dutzend Augustinus-Fachzeitschriften läßt mit seinen regelmäßigen Produktionen die Literatur ins kaum mehr Überschaubare anschwellen. Seit Ostern 1983 gibt es sogar eine mit Hilfe der elektronischen Datenverarbeitung erstellte Wortkonkordanz all seiner Schriften. Wer war dieser Mann, der trotz einer schon mehr als ein anderthalb Jahrtausend anhaltenden Wirkungsgeschichte an Aktualität nichts eingebüßt zu haben scheint? Worüber dachte, redete und schrieb er? Wodurch und womit faszinierte er seine Zeitgenossen, prägte er seine Umgebung und wirkte er so intensiv in die Geschichte hinein, daß am Gespräch mit ihm selbst unsere Gegenwart noch interessiert ist?

I

Im Verhältnis zu den meisten Persönlichkeiten der alten Kirche sind unsere Kenntnisse über Augustinus alles andere als dürftig. Der Grund dafür liegt einfach darin, daß Augustin der Verfasser der »Confessiones« ist. In diesem exzeptionellen Werk der Weltliteratur hatte er seine eigene Biographie von frühester Jugend bis zu seiner Bekehrung zum Christentum deutend verarbeitet. Gewiß, diese seltsame Autobiographie geriet durch das Aufkommen der historisch-kritischen Methode für längere Zeit in das Feuer der Kritik. Heute scheint jedoch – nicht zuletzt aufgrund sorgfältiger, auch die Philologie miteinbeziehender historischer Untersuchungen – das Vertrauen in die Glaubwürdigkeit der

»Confessiones« wiederhergestellt zu sein (Courcelle 1950 und 1963). Selbstverständlich dient auch das übrige Schrifttum Augustins, seine Werke, seine Briefe und seine Predigten, als Quelle für seine Biographie. Von außergewöhnlicher Dichte an biographischen Angaben sind die zwei Bücher umfassenden »Retractationes«. Augustin hat in dieser gegen Ende seines Lebens abgefaßten »schriftstellerischen Beichte« (v. Harnack 1905, 1100) jedes einzelne seiner Werke nochmals durchgesehen, und wo er es für nötig fand, mit Korrekturen auch inhaltlicher Art versehen. Die Leser seiner Werke sollten nämlich sehen, wie er im Laufe seines schriftstellerischen Schaffens Fortschritte (keine Wendungen!) machte (Retractationes, Prologus 3). Dabei fügte er zu vielen Schriften wertvolle Informationen nicht nur über die Zeit, die Dauer und den Ort des Entstehens, sondern auch über den Anlaß zur Abfassung eines Werkes bei. So hat er sich auch durch dieses Spätwerk ein biographisches Denkmal gesetzt.

Neben dieser Fülle an autobiographischem Material ist als literarische Quelle für eine Lebensbeschreibung noch die sogenannte »Vita« des Bischofs Possidius, eines Zeitgenossen und engen Vertrauten Augustins, zu erwähnen. Wenngleich sich diese, bald nach Augustins Tod abgefaßte, weithin auf eigenen Erlebnissen und Beobachtungen beruhende Lebensbeschreibung weder an Form noch an Inhalt mit den »Confessiones« messen kann, so informiert sie doch trotz der ihr anhaftenden Einseitigkeiten und Mängel über Augustin als Mann der Kirche zuverlässig. Nach v. Harnack ist sie überhaupt die beste Biographie, die wir aus dem kirchlichen Altertum besitzen (v. Harnack, 1930, 12).

II

Aurelius Augustinus wurde am 13. November 354 in Thagaste (heute Souk Ahras in Algerien) als Sohn bürgerlicher Eltern geboren. Patricius, sein Vater, ein städtischer Beamter mit bescheidenem Landsitz, war vielleicht Nachkomme eines römischen Veteranen. Als solcher ließ er dem Sohn, dessen überragende Begabung unter seinen übrigen Kindern (Possidius erwähnt in seiner Vita, 26, noch einen Bruder und eine Schwester Augustins) ihm kaum entgangen sein dürfte, eine klassische Ausbildung zuteil werden. Trotzdem blieb der Einfluß des Vaters auf die geistige Entwicklung Augustins unverhältnismäßig geringer als der seiner Mutter Monnica, die, wohl berberischer Abstammung, im Gegensatz zu ihrem Mann gläubige Katholikin war und ihre nicht getauften Kinder sicher christlich erzog.

Den Elementarunterricht erhielt Augustin in seiner Vaterstadt. Allerdings ging er wegen der angewandten Prügelpädagogik nur mit Widerwillen in diese Schule, in der man ihm das Lesen, Schreiben und Rechnen beibrachte (Conf. 1,9). Zur Weiterbildung in Grammatik und Rhetorik wurde er nach Madaura, unweit von Thagaste, gesandt. Dort erwarb er sich, wie er hervorhebt (1,14), nur mäßige

Griechischkenntnisse – ein Mangel, der ihm in seinem späteren Leben noch zu schaffen machte. Das Studienprogramm bewältigte er glänzend, weshalb man ihn auch »einen hoffnungsvollen Knaben« (1,16) nannte. An sprachlicher Gestaltungskraft übertraf er seine Altersgenossen und Mitschüler. Der in den »Confessiones« 1,17 erzählte Wettbewerb, wonach Augustin in der Schule bei der Wiedergabe eines Epos in ungebundener, aber die Emotionen möglichst treu imitierender Rede den Sieg davontrug, wirft ein helles Licht auf die Sprachgewalt des künftigen Rhetors und Predigers.
Nach dem ehrgeizigen Plan der Eltern sollte Augustin sich auf den Staatsdienst vorbereiten. Da jedoch die Mittel zur Durchführung eines Hochschulstudiums fehlten, kehrte Augustin für ein Jahr nach Thagaste zurück. Er stand im 16. Lebensjahr. Die plötzlich auftretende Pubertät und die aus Müßiggang vollführten Jugendstreiche zeichnen die »Confessiones« (2. Buch) in dunklen Farben. Nachdem es Patricius mit Hilfe des sich als Mäzen gebenden Großgrundbesitzers Romanianus gelungen war, die Kosten für das Studium aufzubringen, zog Augustin im Jahre 371 nach Karthago, »in einen Hexenkessel voll schamloser Liebeshändel« (3,1). Sicher wird er die Freiheiten eines sorglosen Studentendaseins in vollen Zügen genossen haben, wenngleich ihn das rowdyhafte Benehmen gewisser Studentenkreise vor einem Mitmachen um jeden Preis abschreckte. Ihn zog es eher ins Theater, wo er sich am Schmerz der Liebenden berauschen konnte. »Lieben und geliebt werden« – lautet sein Motto (3,1). So nimmt er sich in Karthago eine Konkubine, die ihm um sein 19. Lebensjahr einen Sohn schenkt. Er gibt ihm den Namen Adeodatus. Zuvor schon dürfte Patricius gestorben sein. Monnica wird jedoch, unter noch ausgiebigeren Zuwendungen Romanians, für die Kosten des Studiums weiter mitaufgekommen sein. Diese Umstände mögen mit dazu beigetragen haben, daß Augustin auch als Student in Karthago sich bemühte, »in der Rednerschule einer der ersten« zu sein (3,3f.).
Zum integrierenden Bestandteil des Studiums der Rhetorik gehörte die Lektüre der Werke Ciceros. Sie brachte die Wende. Augustin berichtet: »Im Verlauf des Studiengangs kam ich an das Buch eines gewissen Cicero, dessen glänzenden Stil, nicht jedoch seinen Geist, fast jedermann bewundert. Das Buch enthält seine Aufforderung, sich der Philosophie zu widmen; es trägt den Titel ›Hortensius‹. Jenes Buch führte eine Wende in mir herbei« (3,4). Augustin begann also, sich für die Weisheit zu interessieren. Wie sehr er sich dieses neue Lebensprogramm nur unter religiösen Leitbildern vorzustellen vermochte, zeigt seine Reaktion: Er ist enttäuscht, daß er den Namen Christi, »den er schon mit der Muttermilch fromm in sich hineingetrunken hatte und in seinem Innern festhielt« (ebd.), im Werk Ciceros nicht findet und er beschließt darauf, in Sachen Weisheit mit Hilfe der Bibel weiterzukommen. Aber deren niederer Stil schreckt ihn ab. Augustin hatte jedoch auch mit dem Inhalt der Bibel, speziell mit dem Alten Testament, Schwierigkeiten. Außerdem plagte ihn die Frage nach dem Ursprung des Bösen, auf die er sich bei der Lektüre der biblischen Texte von der Schöpfung keinen

Reim machen konnte. Es überrascht deshalb nicht, wenn er bald nach der durch die Hortensius-Lektüre bedingten Wende den Lockungen der Manichäer, die ihm gerade auf die Frage nach der Herkunft des Bösen eine plausible Antwort zu geben versprachen, ins Netz ging (3,6). Der Manichäismus, eine vom Perser Mani im 3. Jahrhundert nach Christus gegründete synkretistische Religionsgemeinschaft, fußt auf einem mythologischen System, das sich weltanschaulich auf einen ontologischen Dualismus zurückführen läßt. Danach stünden das Gute und das Böse – in der Sprache des Mythos: die Mächte des Lichtes und die der Finsternis – sich von Anfang an als einander ausschließende Prinzipien gegenüber. In der irdischen Wirklichkeit entsprächen Geist und Materie, Seele und Leib den genannten Prinzipien. Das gegenwärtige Unheil bestehe in der Vermengung der beiden. Erlösung meine daher letztlich Befreiung und Sammlung des Guten. Bei ihrer missionarischen Verkündigung bedienten sich die Manichäer neben der Exegese ihres Mythos weithin auch christlicher Bilder und Vorstellungen. Ja, Christus selbst, und zwar nicht nur als der die Gnosis bringende, sondern auch als der »leidende Jesus«, spielte in der manichäischen Soteriologie eine dominierende Rolle. Was Augustin neben diesen christologischen Implikationen am Manichäismus noch besonders fasziniert hatte, war der hohe Rationalitätsanspruch der manichäischen Dogmatik, der sich freilich in der konkreten Verkündigung nicht so sehr in der logischen Begründung des eigenen Systems, als vielmehr in der Kritik des biblischen, speziell des alttestamentlichen Schöpfungsglaubens zu bewähren hatte (De utilitate credendi, 1,3). Dennoch vermochte Augustin sich nicht zu entschließen, sich dem Kreis der »Auserwählten« anzuschließen, er blieb während der neun Jahre seiner Mitgliedschaft ein bloßer »Hörer«, wenngleich er in seinem missionarischen Eifer manchen seiner Freunde und Bekannten für den Manichäismus gewann.

Augustin wird als Zwanzigjähriger seine Studien zum Abschluß gebracht haben. Mit den erworbenen Zertifikaten kehrte er nach Thagaste zurück, wo er »erstmals zu lehren begann« (Conf. 4,4). Bei seiner Rückkehr kommt es zu einer Entfremdung zwischen ihm und seiner Mutter, die ihm, dem Manichäer, vorübergehend sogar das Haus verbietet. All ihr Reden, alle ihre Tränen helfen nichts. Augustin erzählt in den »Confessiones« von ihrem Besuch bei einem katholischen Bischof, den sie zu einem Gespräch mit dem abgefallenen Sohn bewegen wollte. Jener Bischof habe das ihm fast impertinente Ersuchen Monnicas mit den für den Augustin der »Confessiones« geradezu visionären Sätzen beendet: »Geh, laß mich in Ruhe! So wahr du lebst, es ist unmöglich, daß ein Sohn solcher Tränen verloren gehe« (3,12).

Während der ersten Lehrtätigkeit Augustins in seiner Vaterstadt verstarb sein damals bester Jugendfreund. Dieser Verlust, über den er in den »Confessiones« seitenlang reflektiert (4,4–12), brachte ihn aus der Fassung. Er floh aus Thagaste und ließ sich in Karthago nieder (4,7). Dort dozierte er von 375 bis 383 Rhetorik. Seine Dozententätigkeit ließ ihm genug Zeit zu intensiven Studien. Er rühmt

sich, daß er bereits in seinem 20. Lebensjahr des Aristoteles Schrift über die Kategorien ohne Anleitung las und verstand (4,16). Jetzt vertieft er sich auch in das Studium der freien Künste und eignet sich ein enzyklopädisches Wissen an. In diesen Jahren, dem 26. und 27. seines Lebens, entsteht sein leider verloren gegangenes Erstlingswerk »De pulchro et apto«, eine Abhandlung über die Ästhetik, in der er, soweit die »Confessiones« darüber berichten, neben pythagoreisierendem auch manichäisches Gedankengut verarbeitet hatte (4,13–15). Diese intensiven wie extensiven Studien ließen zunächst allerlei Zweifel gegenüber der dualistisch-manichäischen Gnosis aufkeimen. Die Manichäer vertrösteten den unermüdlich Fragenden auf eine Begegnung mit ihrem Bischof Faustus von Mileve, der wegen seiner angeblichen Gelehrsamkeit höchstes Ansehen genoß. Die Begegnung jedoch brachte Augustin alles andere als eine Klärung seiner Zweifel. Der von ihm mit so »gespannter Ungeduld« erwartete Geistesriese entpuppte sich in Wirklichkeit als Rhetor mit nur bescheidenem Wissen (5,6). Augustins Ernüchterung nahm zu, wenngleich er den Bruch mit der Sekte noch nicht wagte. Es scheint, daß er seiner beruflichen Karriere wegen auf sie noch angewiesen war. Seine Skepsis indes verfestigte sich zu einer geistigen Einstellung: Er wurde Anhänger der gemäßigteren Akademiker, die zwar nicht an der Wahrheit, wohl aber an deren Erkennbarkeit zweifelten (5,10).
Um diese Zeit der wachsenden Distanz zum Manichäismus verläßt Augustin 383 wieder fluchtartig – diesmal die Mutter täuschend – seine Wirkungsstätte und zieht nach Rom. Als Grund geben die »Confessiones« das lümmelhafte Benehmen der karthagischen Studenten an (5,8). Man darf jedoch annehmen, daß auch die durch die Anwendung der theodosianischen Gesetze bedingte zunehmende Verfolgung der Manichäer in Afrika ihn zum Wechsel motivierte. In Rom gelang es ihm mit Hilfe der manichäischen Glaubensbrüder, seine Lehrtätigkeit bald wieder aufzunehmen. Aber die Studenten dort, die ihm das Honorar vielfach schuldig blieben, enttäuschten ihn nicht weniger als jene in Karthago (5,12). Er war darum froh, als sich seine finanziellen Verhältnisse durch seine Berufung zum Professor der Rhetorik nach Mailand entschieden verbesserten. Dabei leisteten die Manichäer durch ihre Beziehungen zum Statthalter Symmachus, bei dem die Bewerbungen einliefen, abermals Schützenhilfe (5,13). Der Umzug nach Mailand, dem damaligen Sitz des weströmischen Kaiserhofes, erfolgte noch vor dem 30. Geburtstag Augustins. Monnica zog bald mit Verwandten nach (6,1). Auf ihren Einfluß hin entläßt Augustin jetzt, der nunmehr eine standesgemäße Heirat anstrebt, die Mutter seines Sohnes Adeodatus. Da ihm allerdings die sexuelle Enthaltsamkeit zusetzt, verschafft er sich eine andere Konkubine (6,13 und 15).
Augustin begegnete in Mailand das Christentum in einer imponierenden Gestalt. Bei seinen Antrittsbesuchen stellte er sich als Neuankömmling auch dem katholischen Bischof Ambrosius vor, der ihn »satis episcopaliter – echt bischöflich« empfing, und dessen Faszination er sich auf die Dauer nicht entziehen konnte. Er

begann die sonntäglichen Gottesdienste des Bischofs zu besuchen, zunächst freilich nur »um zu prüfen, ob dessen Redekunst mit ihrem Ruf tatsächlich in Einklang stünde« (5,13). Allmählich interessierte er sich auch für den Inhalt, zumal der Predigende mit Hilfe der allegorischen Schriftauslegung gerade jene Stellen des Alten Testamentes zu erklären pflegte, welche die Manichäer zum bevorzugten Gegenstand ihrer Kritik machten, allem voran die anthropomorphe Gottesvorstellung in den biblischen Schöpfungsberichten (5,4). Wie die schon erwähnten neueren historischen und philologischen Untersuchungen zeigen (Courcelle, 1968, 93–138), entnahm Ambrosius das theoretisch-weltanschauliche Gerüst seiner Darlegungen nicht nur der Bibel, sondern auch der neuplatonischen Philosophie, so daß Augustin die biblische Theologie wahrscheinlich schon im Kontext platonischen Denkens kennenlernte. Hinzu kommt, daß er in Mailand Kontakte auch zu einem Kreis christlicher Intellektueller geknüpft hatte. Von einem der dortigen Neuplatoniker wurden ihm die Schriften Plotins und Porphyrius' in der Übersetzung des Marius Victorinus, eines zum Christentum bekehrten Philosophen, in die Hände gespielt (Conf. 7,9 und 8,2).

Augustin verdankt der Lektüre dieser neuplatonischen Schriften die Einsicht in die Immaterialität des geistig Seienden und damit zugleich die Überwindung des manichäischen Dualismus. Er begreift die rein geistige Natur Gottes sowie die ordnende und strukturierende Macht des Geistigen in der materiellen Welt. Mit den Platonikern versteht er die Welt als eine von einem obersten, mit Gott identischen geistigen Prinzip ins Sein gerufene und im Sein gehaltene Wirklichkeit. Das Böse erklärt diese Weltanschauung als eine Abwendung vom Ursprung, als eine Widerspenstigkeit innerhalb der vorgegebenen Ordnung. Nun mag Augustin sich auch die biblische Bestimmung des Menschen als Gottes Gleichnis und Abbild zu verdeutlichen: Die Gottebenbildlichkeit gründet und gipfelt in der geistigen Natur des Menschen. Das sittlich Böse hingegen entstammt nicht der menschlichen Natur, sondern der freien Willensentscheidung (8,9–17).

Hand in Hand mit solchen Klärungen philosophisch-weltanschaulicher Fragen ging eine Annäherung an die christliche Offenbarungslehre. Augustin verglich seine durch den Neuplatonismus gewonnenen Einsichten mit der Bibel, speziell mit dem Prolog des Johannesevangeliums. Er stellte dabei Gemeinsamkeiten – freilich auch Unterschiede – fest (8,9). Er las also den Prolog und die darin beschriebene Rolle des Logos bei der Schöpfung schon in der Optik der Neuplatoniker. Er akzeptierte aber auch über deren Lehre hinaus die dort ebenfalls beschriebene soteriologische Rolle eben dieses Logos, nämlich dessen Menschwerdung und Erlösungswerk. Die festgestellten Gemeinsamkeiten scheinen jedoch hingereicht zu haben, um ihn vom intelligiblen Charakter der christlichen Offenbarungslehre ein für allemal zu überzeugen. Dies wieder hinderte ihn nicht, zuzugestehen, daß der Weg zur Wahrheit der Weg des kirchlichen Glaubens ist. Durch die wechselseitige Lektüre der Bibel und der neuplatonischen Schriften kam somit Augustin nicht nur zur definitiven Loslösung vom Manichäismus, sondern auch zur Überwindung des Skeptizismus. Dennoch, trotz des erzielten kognitiven Fortschrittes war er noch kein Bekehrter.

Nach der Schilderung der »Confessiones« begegnet uns von diesem kognitiven Wandel ab in Mailand ein Augustinus, dem von Tag zu Tag sein gewohntes Leben zur Last wird. Er sucht neue Wege, um im Erkannten bestehen zu können und vorwärts zu kommen. Er greift zu den Schriften des Apostels Paulus (7,21). Diesen Griff nach den Paulinen zeichnet er besonders anschaulich in dem bald nach seiner Bekehrung geschriebenen Dialog »Gegen die Akademiker«. Er berichtet dort von dem Feuer, das die Schriften der Neuplatoniker in ihm entfacht hatten und fährt dann fort: »Eilends kehrte ich ganz und gar zu mir zurück. Dennoch, ich gestehe es, schaute ich mich, gleichsam wie auf einer Wanderung, nach jenem Land um, das uns als Kindern eingepflanzt und ins Mark eingesenkt wurde. In der Tat, dieses Land meiner Kindheit zog mich ohne mein Wissen an. Und siehe, da greife ich bald schwankend, bald eilend, bald wieder zögernd nach dem Apostel Paulus ... Mit größter Aufmerksamkeit und Ehrerbietung las ich ihn ganz durch« (2,2).

Was also die Lektüre des ciceronianischen »Hortensius« vor 12 Jahren nicht vermocht hatte, das vollbrachte jetzt die Lektüre der neuplatonischen Schriften. Augustin konnte in den Briefen des Apostels entdecken, daß ihm Hilfe und Kraft, nach der er sich umsah, von Christus zuteil würde. Hatten ihm die Schriften der Neuplatoniker das Vaterland nur von weitem gezeigt, so fand er in den Paulinen den sicheren Weg dorthin. Denn, so reflektieren die »Confessiones«, »etwas anderes ist es, von einem bewaldeten Gipfel aus die Heimat des Friedens zu schauen, aber den Weg dorthin nicht zu finden und sich vergeblich auf unwegsamen Pfaden herumzuschlagen ... wieder etwas anderes ist es, den gesicherten Weg dorthin einzuhalten« (7,21). Bis in die Eingeweide, so sagt Augustin, habe er die Lehre des Apostels in sich aufgenommen. Nicht mehr das unpersönliche göttliche Prinzip der Neuplatoniker ist fortan Ziel seines Strebens, sondern der Gott des Christentums (8,1).

Waren auf der kognitiven Ebene bereits alle Hindernisse beseitigt, so mußte auf der emotionalen noch einiges in Gang gesetzt werden, denn Augustins Wille war noch »wie in Ketten gebunden« (8,5). Dessen Trägheit überwand er durch Impulse, die er durch den Bericht des Priesters Simplicianus über das Leben des schon erwähnten Marius Victorinus und schließlich durch die Erzählungen seines Landsmannes Ponticianus vom Mönchsvater Antonius sowie von der wunderbaren Bekehrung zweier kaiserlicher Offiziere gerade zur rechten Stunde zu hören bekam. Was das Leben des Marius Victorinus betraf – er kam ca. 340 nach Rom, wurde im Jahre 355 getauft und starb im Jahre 361 –, so mußte Augustinus in dessen Bekehrungsgeschichte gleichsam das Spiegelbild seiner eigenen sehen. Jener war ein gefeierter Rhetor, ein belesener Philosoph, Lehrer, dazu Landsmann, Afrikaner, der durch die Lektüre der Schrift zum Christentum kam. Sicher hatte Simplicianus die Geschichte des Victorinus so dargestellt, daß Augustin nicht lange nach dem Vergleichspunkt suchen mußte (8,2). Von Ponticianus konnte er gleich drei Bekehrungsgeschichten hören: Die des Antonius konfrontierte ihn mit der Existenz des christlichen Mönchtums. Die Idee eines gemeinsamen Lebens mit Gleichgesinnten war im Mailänder Freundeskreis schon vorher des öfteren besprochen worden. Der Plan scheiterte jedoch an der Frage der Teilnahme der Ehefrauen an dieser Lebensform, die jetzt wieder unter einem völlig neuen Blickwinkel auftauchte (6,14). Antonius und die ägyptischen Mönche brachten es fertig, wozu die Bibel riet: den Rückzug aus der Welt. Ponticianus fügte seiner Erzählung über Antonius noch die Bekehrungsgeschichte zweier ihm persönlich bekannter kaiserlicher Offiziere hinzu. Diese fanden auf einem Ausflug bei Trier in einer Mönchszelle die »Vita« des Antonius. Nach deren Lektüre verließen sie ihre Bräute, gaben ihre Karriere auf und wählten für sich die monastische Lebensform (8,6).

Noch während Ponticianus die Geschichte der beiden Offiziere erzählte, schlug für Augustin die Stunde der Bekehrung. Die »Confessiones« schildern sie mit hohem sprachlichen Können. Augustin berichtet nicht einfach über das Geschehene, er deutet dieses vielmehr in der Absicht einer christlichen Protreptik (Feldmann, 103–208), und so ist es nicht leicht, im autobiographischen Teil der »Confessiones« überhaupt und im Bericht über den Hergang der Bekehrung ganz speziell, »Dichtung und Wahrheit« auseinanderzuhalten.

Augustin spricht »von einem großen Aufruhr im Inneren seines Hauses« (Conf. 8,8). Er stürmt auf seinen Freund Alypius zu, der schon seit der Studienzeit in Karthago seine geistige Entwicklung nicht nur mitverfolgte, sondern daran auch teilnahm: »Hast du das gehört? Ungebildete stehen auf und reißen den Himmel an sich, und wir mit unserer Bildung ohne Herz wälzen uns im Fleisch und Blut« (ebd.). In diesem Zustand ging er in den Garten. Als müßte er nochmals die Qualen seiner manichäischen Irrtümer vom doppelten Willen durchleiden, erhob sich nun »ein ungeheuerer Sturm, der ergiebige Tränengüsse mit sich führte«. Er ließ sich dort unter einem Feigenbaum nieder und klagte sich heftig an: »Wie lange noch, wie lange morgen und morgen? Warum nicht jetzt? Warum soll nicht diese Stunde das Ende meiner Schmach sein? Solches sprach ich ... Und siehe, da höre ich eine Stimme aus dem Nachbarhaus, ob es ein Knabe oder ein Mädchen ist, weiß ich nicht, die in singendem Tonfall oftmals wiederholt: ›Nimm und lies, nimm und lies‹! Sofort veränderte sich mein Antlitz und ich begann gespannt nachzudenken, ob Kinder in irgendeinem Spiel derartiges zu leiern pflegen, aber ich erinnerte mich nicht, je irgendwo solches gehört zu haben. So hielt ich den Strom meiner Tränen zurück und erhob mich; denn ich konnte es nicht anders deuten, als daß mir von Gott befohlen werde, ein Buch zu öffnen und dort das erste Kapitel zu lesen, das ich finden würde.« So kehrt er eilends zu Alypius zurück, wo er die Briefe des Apostels liegen gelassen hatte. Er greift danach und liest Röm. 13,13f.: »Nicht in Gelagen und Zechereien, nicht in Schlafkammern und Unzucht, nicht in Hader und Eifersucht, ziehet vielmehr den Herrn Jesus Christus an und pflegt nicht das Fleisch zur Erregung eurer Lüste.« Weiter wollte er nicht lesen; es war auch nicht nötig. Denn Licht erfüllte sein Herz und alle Finsternis war wie zerstoben (8,12).

Nach der Bekehrung Anfang August 386 mußte ein neuer Lebensstil gesucht werden. Da Augustin entschlossen war, sein Amt auf dem »Marktplatz der Geschwätzigkeit« aufzugeben (9,2), führte er zwar seinen Unterricht bis zum Beginn der Herbstferien am 23. August noch durch, zog sich aber dann mit einer kleinen Schar von Verwandten, Freunden und Schülern auf das Landgut Cassiciacum zurück, unweit Mailands, das ihm sein Freund und wahrscheinlich auch Amtskollege Verecundus für einige Zeit zur Verfügung stellte (9,3). Dort verbrachte er den Herbst und auch den Anfang des Winters in philosophischen Gesprächen, mit Vergillektüre, mit Meditation und Gebet. Dort entstanden auch seine ersten uns überlieferten Schriften, die aus den genannten Gesprächen hervorgegangenen Dialoge »Contra Academicos«, »De beata uita« und »De ordine«. Schon in Cassiciacum denkt er über die Frage nach der Beschaffenheit der Seele nach, deren Beantwortung ihn Zeit seines Lebens beschäftigen sollte. Um das Problem der Seele geht es auch in der bekanntesten der in Cassiciacum entstandenen Schriften, den »Soliloquien«. Der darin (1,2) niedergeschriebene Satz: »Gott und die Seele verlange ich zu erkennen ... Nichts sonst«, gehört mit zu den großen Leitmotiven seines schriftstellerischen Schaffens.

Augustin, der inzwischen auch formell seinen Rücktritt vom Lehramt einreichte, kehrte im Winter zur Vorbereitung auf die Taufe, die er zusammen mit seinem Sohn Adeodatus und seinem Freund Alypius in der Osternacht 387 aus den Händen des Bischofs Ambrosius empfing, nach Mailand zurück (9,6). Noch in diese Zeit seines zweiten Mailänder Aufenthaltes fallen die Arbeiten an den ersten eines auf viele Bände geplanten Unterrichtswerkes zu den freien Künsten. Ziel dieser neu konzipierten christlichen Enzyklopädie war eine Reform des gesamten Unterrichtswesens. Die neuen Lehrbücher sollten das pädagogisch-didaktische Anliegen verfolgen: »die Lernenden vom Körperlichen zum Unkörperlichen zu führen« (Retractationes 1,6).

Wie sehr der Neubekehrte von diesem zweifelsohne nicht nur christlichen, sondern weithin auch neuplatonischen Programm des »Aufstiegs – ascensus« fasziniert war, zeigt das Gespräch, das er mit seiner Mutter Monnica kurz vor deren Tod in der Hafenstadt Ostia führte. Gewiß geben die »Confessiones« den Inhalt dieses in eine Ekstase mündenden Gespräches aus verklärter Erinnerung wieder (9,10). Dennoch dürfte der Tenor des Gespräches, dessen beinahe lyrischer Text mit zu den Höhepunkten der »Confessiones« zählt, treffend die Geistesverfassung des in die Heimat Zurückkehrenden spiegeln, der seit seiner Bekehrung nichts Wichtigeres im Sinne hatte als den »Stufengesang« (9,2). Monnica starb im 56. Jahr ihres Lebens. Augustin versuchte zunächst, seinen

Schmerz über den Verlust der Mutter zu unterdrücken, nachdem aber die Trauerfeier zu Ende und er mit seinem Gott allein war, gab er dem Ungestüm seines Empfindens nach. Auch durch die Schilderung dieser seiner Empfindungen setzte er seiner Mutter, der er so viel verdankte, ein würdiges Denkmal: »... und ich ließ meinen Tränen, die ich zurückhielt, freien Lauf, daß sie entströmten, wie sie wollten, und ich bettete mein Herz auf sie: und es fand Ruhe in ihnen ... Und nun, Herr, bekenne ich es dir in geschriebenen Worten. Und mag es lesen, wer will, und mag es deuten, wie er will, und findet er es sündhaft, daß ich den Bruchteil einer Stunde um meine Mutter geweint, die Mutter, die meinen Augen für jetzt gestorben war, die so viele Jahre um mich geweint, daß ich vor deinen Augen zum Leben käme, der lache nicht, es weine vielmehr auch er selber, wenn er reich an Liebe ist, für meine Sünden zu dir, dem Vater aller Brüder deines Christus« (9,12).

Nach einem durch die Wintermonate und politische Wirren erzwungenen einjährigen Aufenthalt in Rom, wo Augustin seine ungemein produktive schriftstellerische Arbeit fortsetzte, kehrte er 388 nach Thagaste zurück. Er verkaufte einen Teil der väterlichen Besitzungen und zog sich mit Gleichgesinnten zu einem gemeinsamen, philosophisch geprägten asketisch-monastischen Leben zurück (Possidius, 3). Hier verfaßte er u. a. den Dialog »De magistro – Der Lehrmeister«, der nach seinen eigenen Worten getreu die Gedanken seines sechzehnjährigen Gesprächspartners Adeodatus wiedergibt. Der außergewöhnlich begabte Sohn, dessen Intelligenz den Vater beängstigte (Conf. 9,6), starb noch vor der Niederschrift dieses Dialogs, dessen erkenntnistheoretisch wichtigen Inhalt Augustin in seinen »Retractationes« kurz und bündig so zusammenfaßte: »Darin wird erörtert, erforscht und gefunden, daß es keinen Lehrer gibt außer Gott, der den Menschen das Wissen lehrt. Dementsprechend steht auch im Evangelium geschrieben: Einer nur ist euer Lehrer, Christus« (1,11).

Der Ruf von Augustins Gelehrsamkeit und Lebenswandel wuchs. In Thagaste stellte man ihm Fragen, so oft man ihn frei von Arbeit sah. Seine Antworten wurden sorgfältig notiert und gesammelt (1,26). Aber Augustin lenkte allmählich auch über seine engere Umgebung hinaus die Aufmerksamkeit auf seine Person. Und so geschah es, daß er, als er eines Tages in der Hafenstadt Hippo Regius weilte und während seines dortigen Aufenthaltes den Gottesdienst besuchte, durch den Willen der Versammelten zum Priester gewählt wurde. Wie sein Biograph Possidius berichtet, hatte Augustin, um seinen Ruf wissend, auf seinen Reisen nur Kirchen besucht, deren Bischofssitz nicht vakant war. Dies war auch bei seinem Besuch in Hippo der Fall. Nur residierte dort Valerius, ein Grieche, der sich mit dem Latein schwer tat. Gerade an dem Tag aber, da Augustin zugegen war, trug der schon greise Bischof seiner Gemeinde den Wunsch nach der Wahl eines jüngeren Priesters, der ihm zur Seite stehen und ihn beim Predigen entlasten sollte, vor. Durch Augustins Gegenwart fiel der Versammlung die Wahl nicht schwer. Als die Akklamation »Augustinus, Augustinus soll

Priester sein« verklang, willigte dieser unter Tränen, widerstrebend, ein (Possidius, 4., auch Sermo 355,2 und Epistula 21,1f.).
Augustin war 37 Jahre alt, als Valerius ihm Anfang 391 die Hände auflegte. Er gab jedoch auch als Priester seine monastische Lebensform nicht ganz auf. Mit Genehmigung seines Bischofs richtete er bald nach seiner Weihe ein Kloster innerhalb des ihm zugewiesenen Kirchengrundstückes ein (Possidius, 5 und Sermo 355,2), aus dem im Laufe der Jahre eine stattliche Reihe von Bischöfen und Klerikern für die Kirche Afrikas hervorgehen sollte. Zugleich ließ Augustin sich zum Beginn seines Presbyterats für einige Wochen beurlauben, um sich durch intensiveres Bibelstudium auf seine kommenden Aufgaben vorzubereiten (Epistula 21). Obgleich das Predigtamt nach der damaligen afrikanischen Gepflogenheit dem Bischof allein zustand, beauftragte Valerius dennoch seinen Presbyter mit der Wahrnehmung auch dieser Aufgabe (Possidius, 5). Augustin sollte dieses Amt nahezu 40 Jahre ausüben. Seine Predigten, mit denen er seine Hörer, Gebildete wie Ungebildete, faszinierte, waren von Anfang an biblisch ausgerichtet. Schon als Priester begann er, die Psalmen systematisch auszulegen. Viele Kanzelreden dienten der Abwehr von Häresien und der Widerlegung der Irrlehren. In der Zeit seines Presbyterates richteten sich die Predigten vor allem gegen die Manichäer. Die Bekämpfung des Manichäismus ist auch das beherrschende Thema seiner Schriften von damals. Am 28. und 29. August 392 fand sogar ein öffentlicher Disput zwischen ihm und Fortunatus, einem Priester der Manichäer, in Hippo statt. Wie die meisten Predigten Augustins wurde auch dieses Streitgespräch stenografiert und unter dem Titel »Akten bzw. Disput gegen den Manichäer Fortunatus« veröffentlicht (Retract. 1,16 und Possidius, 6). Noch als Priester vollendete er das zweite und dritte Buch des bereits in Rom begonnenen Dialogs »Über den freien Willen«, in dem er den manichäischen Determinismus einer gründlichen Kritik unterzog und die Verantwortlichkeit des Menschen im sittlichen Handeln in der Willensfreiheit verankerte. Diesen, in »De libero arbitrio« vertretenen Standpunkt vermochte er allerdings schon ein paar Jahre später – zumindest so ungeschützt – nicht mehr aufrechtzuerhalten. Seine letzten und theologisch bedeutendsten Gegner, die Pelagianer, wurden auch nicht müde, ihm diese seine frühere Auffassung von der Willensfreiheit immer wieder ins Gedächtnis zu rufen.
Valerius hatte es eilig, Augustinus zu seinem Mitbischof zu bestimmen, zumal dieser im Dezember 393 auf einer in Hippo stattgefundenen Synode vor den versammelten Bischöfen das Glaubensbekenntnis auslegte. Vom überragenden theologischen Wissen seines Presbyters konnte sich jeder der anwesenden Bischöfe überzeugen. Valerius befürchtete zurecht, man könnte ihm seinen Presbyter schon bei der nächsten Sedisvakanz irgendwo in Afrika entreißen. Daher ließ er, noch zu seinen Lebzeiten, um 395, im Einvernehmen des Bischofs Aurelius von Karthago, des Primas von Afrika, Augustin zu seinem Mitbischof weihen (Possidius, 8). Als Valerius kurz darauf starb – vielleicht 396 –, über-

nahm Augustin die Leitung der Diözese. Er zog jetzt aus dem Kloster in das Bischofshaus, richtete sich jedoch auch dort so ein, daß er zusammen mit seinem Klerus ein monastisches Leben führen konnte (Possidius, 25 und Sermo 355,2). Denn Augustin, der das Alleinsein nur schwer ertrug, brauchte stets die Umgebung von Gleichgesinnten. In dieser monastischen Umgebung herrschte allerdings weder der Geist exzessiver Askese noch der eines üppigen Aufwandes. Possidius bemüht sich, gerade in bezug auf Augustins Lebensstil als Bischof und Mönch, zu zeigen, wie dieser in all dem, was Wohnung, Kleidung und Nahrung betrifft, »die rechte Mitte einhielt, weder nach rechts noch nach links abweichend« (ebd. 22).

Als Bischof hatte Augustin allem voran der Liturgie vorzustehen, Sakramente zu spenden und zu predigen. Hinzu kam das breite Feld der Seelsorge mit ihrer Vielfalt von Aktivitäten, zu denen damals neben den ausgesprochen pastoralen Aufgaben, wie z. B. der katechetischen Unterweisung der Taufbewerber, den caritativen Werken und der Verwaltung des Kirchenvermögens, auch bestimmte Bereiche in der Rechtsprechung gehörten. Da nämlich die christlichen Bischöfe kraft kaiserlicher Gesetze ermächtigt waren, bei Rechtsstreitigkeiten Schiedssprüche zu fällen, und da sie diese Aufgaben für gewöhnlich schneller und unkomplizierter erledigten als die staatlichen Organe, zogen die Prozessierenden es vor, die Erledigung ihrer Fälle bei ihrem zuständigen Bischof zu erwirken. Das bischöfliche Forum von Hippo war oft vom Morgen bis zum späten Nachmittag belegt (Possidius, 19). Obgleich Augustin nach seinen eigenen Angaben (Epistula 124,1) nicht gerne reiste, verließ er dennoch unzählige Male die Grenzen seines Bistums, um an Synoden und Konzilien in Afrika teilzunehmen (Perler/Meier, 119–405). Oft hielt er sich mehrere Monate lang in Karthago auf, wo er freilich auch regelmäßig predigte und fleißig die gutausgestatteten Bibliotheken frequentierte, um sich allerlei Notizen für seine diversen Publikationsvorhaben zu verschaffen.

III

Gewiß hatte das kirchliche Amt Augustins Arbeitsfeld und Lebensrhythmus verändert. Trotzdem blieb er auch während seines Episkopates allem voran Theologe und Schriftsteller. Seine bleibende Bedeutung gründet letztlich in den großen theologischen Werken, die er erst als Bischof in Angriff nahm und die er darum auch bewußt als eine Dienstleistung an der Kirche verstanden wissen wollte. Dieser Dienstleistungscharakter seines schriftstellerischen Schaffens zeigt sich bis in die Wahl der Themen, und zwar so sehr, daß man innerhalb seiner Werke drei, durch apologetische Zielsetzungen bestimmte Themenbereiche in seinem Schaffen unterscheiden kann: den antimanichäischen, den antidonatistischen und den antipelagianischen. Daneben gibt es freilich auch andere

Themenfelder, die für Augustins geistiges Schaffen nicht weniger signifikant sind. Da die bedeutsameren unter ihnen gesondert zur Sprache kommen sollen, begnügen wir uns hier mit einer knappen Darstellung der großen Werke.

Wie erwähnt, bilden die antimanichäischen Schriften den ersten der drei großen Themenbereiche. Sie beschäftigten Augustin schon in Rom, in Thagaste und während seiner Presbyterzeit in Hippo. Bald nach seiner Bischofsweihe schrieb er noch neben einigen kleineren Abhandlungen seine insgesamt 33 Bücher umfassende Auseinandersetzung mit dem Manichäerbischof Faustus, »Contra Faustum«. Um die Wende zum fünften Jahrhundert verebbte allmählich das antimanichäische Schrifttum, da die Manichäer – freilich auch durch die staatliche Gesetzesanwendung – so gut wie besiegt waren (Decret, 325–336).

Das antidonatistische Schrifttum Augustins, dessen Abfassungszeit sich auf rund 25 Jahre erstreckt, umfaßt in der kritischen Textausgabe der Österreichischen Akademie der Wissenschaften (CSEL, 51–53) nicht weniger als ein Dutzend Titel. Augustin begann seinen literarischen Kampf gegen die Donatisten 394 mit einem in Versen abgefaßten volkstümlichen Gesang, dem er den Titel »Psalm gegen die Donatisten« gab. Dieses Pamphlet war wohl das Schwächste, was aus seiner Feder floß. Als Bischof führte er mehrere Debatten mit den Donatisten. Von diesen Streitgesprächen wurden einige im Wortlaut festgehalten und veröffentlicht. Noch während der antidonatistischen Kontroverse beginnt um 412 die dritte apologetische Periode im schriftstellerischen Schaffen Augustins, die Bekämpfung des die Rolle der Gnade im Rechtfertigungsprozeß hintansetzenden Pelagianismus. Auch dabei erreichte Augustin durch seine unermüdliche Auseinandersetzung mit den Gegnern die Verurteilung der Pelagianer nicht nur seitens der Kirche, sondern auch seitens des Staates. Sein letztes Werk gegen den Pelagianer Julian blieb unvollendet – »Contra Julianum opus imperfectum« –, weil der Tod ihm die Feder aus der Hand nahm.

Augustin setzte sich indes nicht nur mit den Manichäern, Donatisten und Pelagianern (von den beiden letzteren wird noch die Rede sein) auseinander. Er bekämpfte in seinen Schriften auch andere Häresien, wie z. B. die Arianer, die gnostischen Priszillianisten und die Anhänger der Irrlehren des Origenes. Noch zwei Jahre vor seinem Tode verfaßte er auf Drängen des Diakons Quoduultdeus in Karthago ein Handbuch der Häresien – »De haeresibus« –, in dem er nicht weniger als 88 verschiedene Irrlehren beschrieb und beurteilte. Wirft man einen Blick auf die Titel seiner Werke, so kann einem allein schon aufgrund dieser Einsichtnahme die dominierende Rolle des Apologetischen in seinem Schrifttum nicht entgehen. Zweifellos war Augustin einer der größten Apologeten der Kirche, und dennoch erschöpfte sich sein theologisches Interesse nicht in der Apologetik. Es gibt da noch anderes in seinem schriftstellerischen Schaffen.

Zu nennen ist vor allem das exegetische Werk. Augustin war zwar kein Philologe wie Origenes und Hieronymus, dennoch dürfte es kaum einen anderen Schriftsteller in der alten Kirche gegeben haben, der bis in seine sprachliche Diktion

hinein die Bibel so zum Fundament seines Denkens gemacht hat wie er. Schon in Thagaste schrieb er gegen die Manichäer einen Kommentar zu Kap. 1 und 2 der Genesis. Als Priester legte er die Bergpredigt und den Galaterbrief aus. Den Römerbrief behandelte er sporadisch. Ein begonnener Kommentar dazu blieb ein Torso. Kaum zum Bischof geweiht, plante er ein 4 Bücher umfassendes Werk über die christliche Wissenschaft, »De doctrina christiana«. In den ersten 3 Büchern dieser vielleicht als Handbuch für das theologische Studium konzipierten epochalen Schrift entfaltete er die Prinzipien seiner Hermeneutik und auch viele Einzelanweisungen für die Bibelexegese. Teile des 3. und das ganze 4. Buch vollendete er erst vor seinem Tode. Um 400 beschäftigen ihn Fragen zu den Evangelien, »Quaestiones Euangeliorum«, und Probleme der Evangelienharmonie, »De consensu Euangelistarum«. Mit der Auslegung des Schöpfungsberichtes aus der Genesis befaßte er sich insgesamt in 5 Werken. Zu nennen ist vor allem der 12 Bücher umfassende Kommentar »De Genesi ad litteram«, an dem er 13 Jahre lang (400–413) arbeitete. Ebenfalls über ein Jahrzehnt behandelte er in 124 Predigten oder Traktaten das Johannesevangelium und in 10 Traktaten den ersten Johannesbrief. Seine Auslegung des ganzen Psalters – »Enarrationes in psalmos« – erstreckt sich sogar auf beinahe 3 Jahrzehnte (392–420). Zum exegetischen Werk zählen ferner die Notizen zum Buch Hiob, »Adnotationes in Job«, um 399, die Untersuchungen zum Heptateuch, »Locutiones in Heptateuchum«, sowie die »Quaestiones in Heptateuchum«, um 419, und die noch um 427 veröffentlichte Sammlung von Schriftzitaten, »Speculum de scriptura sacra«.
Eine eigene Gattung bilden die sogenannten moraltheologischen Schriften, die – ungefähr ein Dutzend – Augustin während seines Episkopates zu verschiedenen Fragen der Seelsorge (z. B. Enthaltsamkeit, Ehe, Jungfräulichkeit, Totenkult etc.) verfaßt hat. Ebenfalls pastoraltheologische Motive dürften ihn um 400 veranlaßt haben, etwas über die katechetische Unterweisung zu schreiben. Er gab in diesem Büchlein, »De catechizantibus rudibus«, nicht nur Anweisungen über die Methode der Einweisung in die christliche Lehre, sondern auch Beispiele eines katechetischen Unterrichtes. Wie eng überhaupt Augustin die Seelsorge mit der Theologie verband, zeigt das Buch »Über Glaube, Hoffnung und Liebe«, das er um 421–423 auf Verlangen eines gewissen Laurentius verfaßt hat. Dieser, so berichtet Augustin in seinen »Retractationes« (2,63), habe von ihm ein Handbuch, ein »Enchiridion« erbeten (2,63). Wer allerdings meint, Augustin habe darin zu gleichen Teilen jeweils vom Glauben, von der Hoffnung und von der Liebe geschrieben, der sieht sich enttäuscht. Das erbetene Büchlein wurde schlicht ein Kompendium der Dogmatik, in dem die Darlegung der Glaubenswahrheiten den größten Teil ausfüllt. Bei aller Dringlichkeit und Vorrangstellung der Seelsorge, die Augustin als Bischof anerkannte, und um deren Anforderung gerecht zu werden er sich auch ehrlich bemühte, vergaß er mitnichten, daß die Seelsorge ohne die Theologie leer läuft und versandet. Die Verflechtung von Seelsorge und Theologie kennzeichnet sein kirchliches Amts-

verständnis. Dies zeigt neben den 545 Predigten, die uns von ihm überliefert sind (trotz dieser hohen Anzahl dürfte nur etwa ein Zehntel aller Predigten erhalten sein), auch das umfangreiche Korpus seiner Briefe (246 überlieferte, die Gesamtzahl wird auf das 4–8fache geschätzt), durch die er auf die gebildete Welt von damals nicht weniger einwirkte.

Aus dem augustinischen Oeuvre ragen drei Schriften hervor, die »Confessiones« (13 Bücher), »Der Gottesstaat – De ciuitate dei« (22 Bücher) und »Über die Dreieinigkeit – De trinitate« (15 Bücher). Man fragt sich, woher Augustin bei seinen vielseitigen Amtsgeschäften überhaupt noch die Zeit nehmen konnte, so umfangreiche und theologisch tiefsinnige Werke zu schreiben. »Die dreizehn Bücher meiner Bekenntnisse«, so faßt er in seinen »Retractationes« (2,6) Inhalt und Ziel dieser Weltliteratur gewordenen Autobiographie zusammen, »preisen Gott, den Gerechten und Guten um des Bösen und des Guten willen, das ich in mir gefunden, und sie lenken das menschliche Sinnen und Trachten auf ihn hin. Was mich betrifft, so erfuhr ich dies schon beim Schreiben, und ich erfahre es immer noch beim Lesen. Was andere davon halten, das mögen sie selber sehen. Ich weiß jedoch, daß sie vielen Brüdern gefallen haben und immer noch gefallen.« In den ersten 9 Büchern überblickt Augustin seine Jahre von der Kindheit bis zum Tode seiner Mutter. Im 10. Buch reflektiert er über seinen gegenwärtigen Zustand. Die letzten drei Bücher erweitern die Reflexion anhand des biblischen Schöpfungsberichtes ins Theologische und Anthropologische. »Confessio« meint allerdings nicht nur Sündenbekenntnis, sondern auch Bekenntnis des Glaubens und vor allem Lobpreis – Lobpreis der göttlichen Gnade. Es ist für das Verständnis der »Confessiones« nicht unwichtig zu wissen, daß Augustin unmittelbar vor ihrer Abfassung (397–401) in der für seine geistige Entwicklung ungemein wichtigen Schrift »Über verschiedene Fragen an Simplizian« (um 396) sich über die dominierende Rolle der Gnade im Leben des Menschen Klarheit verschafft hatte. Seine dabei gewonnenen neuen Einsichten dürften ihn nicht nur zur Abfassung seiner Bekenntnisse entscheidend motiviert haben, sie prägen die »Confessiones« vom ersten bis zum letzten Satz.

Am 24. August 410 besetzte Alarich mit seinen Westgoten Rom. Da sich auf diese nationale Katastrophe hin der Druck der Heiden, speziell der der Gebildeten, auf das Christentum, dem man die Schuld dafür anlastete, verstärkte, sah Augustin als »der Wortführer und theologische Berater der ganzen Christenheit« (von Campenhausen, 195) sich verpflichtet, seine größte apologetische Schrift, »De ciuitate dei«, in Angriff zu nehmen. »Der Gottesstaat« sollte sein »selbstbewußtestes Buch« werden, »das er je schrieb« (Brown, 264). Das auf 22 Bücher konzipierte »große und überaus schwierige Werk – magnum opus et arduum« (1,8) erschien von 413–427 nach und nach in Abschnitten. Schon beim Erscheinen der ersten Lieferung beeindruckte es die Leser, von denen kein geringerer als Macedonius, Prokonsul in Afrika, sich fragte, was er am Verfasser dieses Werkes mehr bewundern sollte, dessen priesterliche Vollkommenheit oder dessen philo-

sophische Ansichten, die Fülle seines historischen Wissens oder den Reiz seiner Beredsamkeit (Epistula 154,2). Wir werden auf dieses wirkungsgeschichtlich wohl bedeutsamste Werk des Kirchenvaters noch zurückkommen.
Augustin besaß die seltene Fähigkeit genialer Geister, bei wachsender Belastung noch Größeres zu leisten. Für gewöhnlich arbeitete er gleichzeitig an mehreren Themen. So hatte er, als er mit der Abfassung von »De ciuitate dei« begann, sein spekulativstes Werk, »De trinitate« – als würde er von keinen sonstigen Aufgaben abgelenkt! – schon 14 Jahre lang unter seiner Feder. Nach seiner Fertigstellung bemerkte er, er habe es bereits »als junger Mann« begonnen und erst »als Greis« – 20 Jahre später – zum Abschluß gebracht (Epistula 174). Weil er die Lektüre dieses Opus nur einer theologisch und philosophisch vorgebildeten Leserschaft zutraute, wollte er es nicht wie andere seiner umfangreicheren Schriften in Teilen, sondern nach einer endgültigen redaktionellen Bearbeitung als Ganzes herausgeben. Da diese elitäre Leserschaft den Abschluß des Werkes jedoch kaum abwarten konnte, entwendete man ihm einfach die ersten 12 Bücher, ehe die restlichen 3 geschrieben waren (ebd. und Retractationes 2,15). »De trinitate« bildet den Höhepunkt in Augustins theologisch-schriftstellerischem Schaffen. Mit diesem Werk hat er die abendländische Trinitätslehre bis in unsere Zeit herein nicht nur beeinflußt, sondern auch beherrscht.
Augustin war 72 Jahre alt, als er seiner Gemeinde mitteilte, er habe, da er noch alle seine Schriften einer kritischen Revision unterziehen wolle, den Priester Heraklius zu seinem Nachfolger bestimmt (Epistula 213). Er schrieb jedoch auch während dieser Zeit der Revision noch weitere Werke. Aber im Jahre 430 – seine Bischofsstadt war schon seit drei Monaten von den Vandalen umlagert – waren die Kräfte auch dieses Rastlosen erschöpft. Er ahnte wohl den bevorstehenden Untergang Hippos; denn Possidius berichtet, Augustin habe sich trotz eines vielfältigen Engagements zur Rettung der Stadt mit dem Ausspruch eines Weisen (Plotin) getröstet: »Der ist kein Großer, der es für Großes hält, daß Holz und Steine dahinsinken und Sterbliche sterben« (Possidius, 28). Die letzten 10 Tage verbrachte er allein, die Bußpsalmen betend, die er an die Wand heften ließ. So starb er am 28. August in Gegenwart des für ihn betenden Klerus (ebd. 31).

IV

Augustin hinterließ – abgesehen von den Kodices seiner Bibliothek – keine materiellen Werte. Es ist jedoch nicht von ungefähr, wenn Possidius das Anliegen des Verstorbenen um die sorgfältige Bewahrung eben dieser Bibliothek für die Nachwelt so hervorhebt. Lasse sich doch Augustins »Eigenart und Größe in der Kirche« gerade daran erkennen, und könnten ihn auch die Gläubigen nicht zuletzt »in seinen Werken immer noch lebendig finden« (Vita, 31). Gewiß bezieht sich diese von Possidius gerühmte »Lebendigkeit« Augustins zunächst auf die Kirche. Aber Augustins Denken sprengt einfach den kirchlichen Rahmen. Da dessen Folgen für die Entwicklung der abendländischen Kultur und Zivilisation kaum zu überschätzen sind, soll in den folgenden Abschnitten eine Auswahl aus jenen Bereichen seines theologischen und schriftstellerischen Schaffens ausführlicher zur Sprache kommen, durch die er über seine Zeit hinaus auf das Abendland einwirkte. Zu nennen sind: sein auf christlicher Offenbarungslehre aufruhendes Bildungskonzept, seine Ekklesiologie, sein metaphysisches Konzept von den beiden Staaten, seine Gnadenlehre und nicht zuletzt die Theozentrik seines Denkens.

Augustin war von Haus aus Pädagoge, Lehrer. Er blieb dies auch als Bischof. Alle seine Werke verraten etwas von dieser seiner pädagogisch-didaktischen Grundhaltung. Wie schon erwähnt, plante Augustin unmittelbar nach seiner Bekehrung eine Reform des Unterrichtswesens. Dieses erste Reformkonzept, dessen Ziel lautete, Aufstieg vom Körperlichen zum Unkörperlichen mittels der Disziplinen, atmete jedoch noch zu sehr den Geist der neuplatonischen Philosophie. Die einzelnen Disziplinen, Grammatik, Dialektik, Rhetorik, Arithmetik, Musik, Geometrie und Astronomie standen vorzüglich im Dienst der Philosophie (Marrou, 159–327). Die möglichst intensive Beschäftigung mit ihnen sollte den Geist schärfen und die Transparenz des Geistigen in unserer irdischen Welt einsichtig machen. Nun hatte für Augustin die Philosophie nie einen Eigenwert – er kannte kein Philosophieren um des Philosophierens willen. Schon als er bei seiner Hortensiuslektüre der Philosophie zum ersten Mal begegnete, erwartete er von ihr die Beantwortung aller ihn bedrängenden Fragen und darin, im Erwerb philosophischer Weisheit, erhoffte er sich das Glück. Wir sahen ebenfalls, welch keineswegs unbedeutende Rolle die Philosophie bei seiner Bekehrung spielte. In Cassiciacum und in der Zeit danach suchte er das auch in der Begegnung mit der Philosophie gewonnene Glück durch die Beschäftigung mit ihr sowie durch die theoretische Einübung in den »Aufstieg« mittels der Disziplinen zu sichern und zu vertiefen.

Es kann jedoch Augustin nicht entgangen sein, daß dieser Weg und diese Methode der Glückssicherung durch Erkenntnis des Wahren bzw. der Wahrheit, der »ueritas«, nur einem elitären Kreis, den er sowohl in Cassiciacum wie auch in Thagaste um sich scharen konnte, zugänglich blieb. Spätestens bei seinen ersten Kontakten zur Seelsorge mußte die für ihn so zentrale Frage der »Glücksicherung« und des »Aufstiegs durch Bildung« neu durchdacht und beantwortet werden. Inzwischen hatte er ebenso umfassende wie detaillierte Bibelstudien betrieben. Den dadurch bedingten Wandel in bezug auf das Bildungswesen zeigt bereits der Unterschied zwischen den wahrscheinlich noch in Mailand verfaßten ersten fünf und dem erst in Thagaste geschriebenen sechsten Buch »Über die Musik«. Werden in den ersteren vorzüglich heidnische Autoren, Homer, Vergil, Horaz u. a. zitiert, so zeichnet sich das letzte bis in die paulinisch gefärbte Diktion durch eine überraschende Fülle von Bibelzitaten aus. Nicht daß Augustin die tradierte Bildung jetzt negierte! Aber er ordnet sie noch eindeutiger der christlichen Offenbarungslehre unter. In den um 396 abgefaßten Teilen von »De doctrina christiana« ist der geschilderte Wandel abgeschlossen.

Natürlich erfaßte Augustin rasch, daß die biblischen Texte, von der zentralen Botschaft des Evangeliums her gelesen, den Leser oder auch den Hörer dieser Botschaft zu nichts anderem erziehen wollen als zur »caritas«, zur Gottes- und Nächstenliebe. Mit einer Selbstverständlichkeit sondergleichen ging er deshalb daran, Wahrheit und Liebe zusammenzujochen und das Streben nach der »caritas« dem Studium der »ueritas« gleichzustellen. Jetzt ist es nicht mehr Sache des Intellektes allein, mit Hilfe der Disziplinen alles auf Gott hin auszuordnen. Die Liebe muß hinzukommen. Erst kraft der Liebe wird der Gebildete befähigt, das Niedere zu ordnen, heißt es schon im sechsten Buch »Über die Musik« (6,14). Um die Befähigung zu solchem Wissen ging es Augustin in seinem Werk »De doctrina christiana«, das er vielleicht als Handbuch der Bibelauslegung für den afrikanischen Klerus geschrieben hatte (Van der Meer, 473). Jedoch sowohl durch seine kritische Auseinandersetzung mit dem antiken Bildungsgut wie auch durch die Einbeziehung einer alle Disziplinen erfassenden hermeneutischen Reflexion sprengt dieses Werk den Rahmen eines exegetischen Handbuches. Die Prinzipien der darin aufgestellten Fundamentalhermeneutik wie auch der diese Hermeneutik tragende Wissenschaftsbegriff gründen in der Transzendenz Gottes.

Augustin teilt nämlich den gesamten Wissensstoff in »Sachen – res« und in »Zeichen – signa« (1,2). Im Unterricht geht es um die »Sachen«, und von diesen sind die einen zeitlich und vergänglich – Augustin nennt sie, wie dies noch eingehender zu zeigen sein wird, im Anschluß an seine Philosophie »veränderlich« –, die anderen dagegen sind ewig und unvergänglich bzw. »unveränderlich«. In der christlichen Offenbarungslehre bezeichnet nach Augustin »unveränderlich« Gott, den Schöpfer aller Dinge, »veränderlich« dagegen alles von Gott Erschaffene. Nach der Philosophie der Platoniker steht das »Veränderliche« zum »Unveränderlichen« in einer Verweisungsfunktion. D. h. das »Veränderliche« kann und soll hermeneutisch als »Zeichen« für das an und für sich mit den Sinnen nicht wahrnehmbare »Unveränderliche«, auf das es verweist, gedeutet werden. Die Kenntnis des »Unveränderlichen« ist somit das eigentliche Ziel nicht nur des philosophisch-platonischen, sondern auch des christlichen Unterrichtes. Allerdings erweiterte Augustin, wie vor ihm schon die kirchliche Tradition, den aus dem Bereich des »Veränderlichen« gewonnenen Lernstoff durch Einbeziehung der in der Bibel aufgezeichneten Geschichte der Offenbarung in den Unterricht. Die Gotteserkenntnis über die Zeichenhaftigkeit der über sich hinausweisenden Dinge – Wandelbares verweist auf Unwandelbares, das Erschaffene auf den Schöpfer (vgl. Röm. 1,18ff.) –, wird sozusagen durch die Erkenntnis der Zeichenhaftigkeit heils-geschichtlicher Ereignisse angereichert. Im Sinne Augustins heißt das: die Ereignisse, von denen die Bibel

berichtet, gehören zwar zur Geschichte, über die der Lernende reflektiert, diese Ereignisse weisen jedoch nach der Intention der christlichen Offenbarungslehre neben ihrer geschichtlichen Bedingtheit zugleich noch einen Erkenntnisüberschuß auf, der auf die Erkenntnis Gottes, des Urhebers der Heils-Geschichte abzielt. Durch diesen ihren in der Offenbarung Gottes gründenden Erkenntnisüberschuß vermag auch Augustin, wie schon die Väter vor ihm, die einzelnen Teile des heilsgeschichtlichen Stoffes »sacramenta« d. h. »signa sacra – heilige Zeichen« zu nennen, weil diese die Aufmerksamkeit des Bibellesers so auf sich ziehen, daß sie ihn zugleich auf den verweisen, der sie zum Zwecke der Offenbarung seiner selbst gleichsam in Szene setzte. Trotzdem behielt Augustin als platonisches Fundament seines Denkens das Unterscheidenkönnen zwischen den »Sachen«, die bleiben, und den »Sachen«, die vergehen. Die Perfektion in dieser Fähigkeit blieb nach wie vor der Maßstab der Bildung, der »eruditio«.
Das Studium heilsgeschichtlicher Zeichen, das will sagen: das Studium der über die Offenbarung berichtenden biblischen Texte, steht somit im Vordergrund des Bildungsprogrammes, das Augustin mit seiner epochalen Schrift »De doctrina christiana« für die Kirche festlegte. Weil allerdings der biblische Stoff prinzipiell auch Stoff der Geschichte und der Welt ist, für dessen theoretisches Erfassen der in der Antike geltende Wissenschaftszyklus zuständig war, deshalb unterstrich Augustin auch die Notwendigkeit des Studiums eben dieser Wissenschaften mit allen ihm zur Verfügung stehenden Argumenten. Denn mit dieser Schrift bekämpfte Augustin zugleich die bildungsfeindlichen Strömungen auch innerhalb des Christentums, an denen die Kirche Afrikas – und nicht nur diese! – seit Tertullian nicht arm war. Gewisse Charismatiker nämlich, die sich bei der Lektüre der Bibel einer unmittelbaren, gottgeschenkten Erleuchtung rühmten, stellten den Wert des Studiums apodiktisch in Frage. Die Wertschätzung des Intellektes ist für Augustin, der Zeit seines Lebens ein Intellektueller blieb, überhaupt kennzeichnend. Von ihm stammt auch die beherzigenswerte Mahnung, den Verstand hoch einzuschätzen: »intellectum uero ualde ama« (Epistula 120,13). Intelligenz ist erstrebenswert – nicht als Anhäufung von Wissen, sondern als Fähigkeit, alles auf Gott als oberstes Prinzip in Beziehung setzen zu können. Deshalb warnt Augustin zugleich vor einem ziellosen Wissenschaftsbetrieb. Ein Studium, das lediglich Wissen sammelt, nennt er lapidar »Neugierde – curiositas« (Epistula 118). Wo immer ein Gelehrter sich dem Bildungsstoff allein zuwendet, als wäre dieser für sich da, dort gebiert die Wissenschaft Hochmut, der die Menschheit auf die Dauer ins Verderben führt. Augustin kämpfte also mit seinem Bildungskonzept gegen eine doppelte Front: auf der einen Seite war er bestrebt, die dem Christentum feindlich gesinnten Verfechter des heidnisch-antiken Bildungsideals in die Schranken zu weisen; auf der anderen Seite versuchte er, die religiösen Schwärmer und die Parteigänger des Irrationalen zu einem gründlichen Studium der Wissenschaften zu bewegen.
Gewiß hatte das augustinische Bildungskonzept auch seine Schattenseiten.

Wirkungsgeschichtlich wird man nicht umhin können, Augustin die Verkümmerung der Naturwissenschaften während des ganzen Mittelalters als Folge seines biblisch ausgerichteten Bildungskonzeptes mit anzulasten. Dennoch ist seine geistesgeschichtliche Bedeutung gerade im Blick auf sein Bildungsprogramm, selbst wenn man dessen religiösen Charakter nicht akzeptiert, außergewöhnlich hoch. Denn indem Augustin das Wissen seiner Zeit zum besseren Verständnis der Offenbarungslehre in Anspruch nahm, negierte er das antike Bildungssystem nicht; er integrierte es – und rettete es auch auf diese Weise. Man braucht sich lediglich zu fragen, was wohl von der antiken Bildung erhalten geblieben wäre, hätte Augustin nur mit der Autorität Tertullians – und hätte umgekehrt Tertullian mit der Autorität Augustins auf die abendländische Tradition eingewirkt.

V

In Augustins Ekklesiologie dominiert der Gedanke der Kircheneinheit, der »unitas«. Und zwar begründet der Kirchenvater dieses wichtigste ekklesiologische Kennzeichen aus der »caritas«, wie dies vor allem aus seiner theologischen Argumentation gegen die Donatisten hervorgeht. Da der Donatismus sozusagen zum »Background« der augustinischen Ekklesiologie gehört, müssen wir auf seine Geschichte kurz eingehen.

Das donatistische Schisma entstand 312 in Karthago, als Caecilian, der dortige Diakon von Felix von Aptunga, einem angeblichen Verräter (traditor) aus der Zeit der Kirchenverfolgungen, zum Bischof geweiht wurde. Einer Sonderauffassung der nordafrikanischen Theologie zufolge hing nämlich die Gültigkeit eines Sakramentes von der sittlichen Integrität des Spenders, von dessen Gnadenstand ab. Eine Synode von 70 numidischen Bischöfen ersetzte deshalb Caecilian zunächst durch Majorinus und nach dessen baldigem Tod durch Donatus, von dem das Schisma auch seinen Namen erhielt. Schon Kaiser Konstantin, der infolge einer Appellation der Donatisten an ihn mit dem Fall zu tun hatte, war bestrebt, die Kircheneinheit zugunsten der Catholica zu retten. Da seine Bemühungen nicht fruchteten, schien er sich mit der Existenz zweier Kirchen in Nordafrika abgefunden zu haben. So vermochten die Donatisten nicht nur Fuß zu fassen, sondern auch sich in ganz Nordafrika auszubreiten. Und da sie in ihrem religiösen Fanatismus die Auseinandersetzung mit den staatlichen Autoritäten, von denen sie immer wieder unter Druck gesetzt wurden, gelegentlich bis zum Martyrium suchten, bezeichneten sie sich mit Vorliebe als »Kirche der Märtyrer – ecclesia martyrum«. Gegen Ende des 4. Jahrhunderts gab es kaum eine Stadt in Nordafrika, die nicht ihren donatistischen Bischof gehabt hätte.

Als Augustin sein kirchliches Amt antrat, suchte er zunächst das Gespräch mit den Donatisten, den Disput, die öffentliche Auseinandersetzung innerhalb der Grenzen seiner Diözese. Da allerdings seine Kontrahenten es weder an theologischer Bildung noch an dialektisch-rhetorischer Schulung mit ihm aufnehmen konnten, wichen sie den Herausforderungen geflissentlich aus. Augustin gelang es jedoch mit Hilfe seines Amtskollegen Aurelius, des Primas von Karthago, die Donatistenfrage wenigstens im eigenen Lager zu einem Anliegen der gesamten afrikanischen Kirche zu machen und die anstehenden theologischen und kirchenrechtlichen Probleme auf den regelmäßig stattfindenden nordafrikanischen Bischofssynoden zu erörtern (Markus, 127). Auf diesen Synoden hatte er nicht nur Gelegenheit, seine Lehre von der Kirche den versammelten Bischöfen vorzutragen, er verdeutlichte diese in seinen Predigten auch dem Volk. Denn wann immer er sich in einer fremden Stadt aufhielt, wollte man ihn, den gefeierten Rhetor, auch predigen hören.

Im Mittelpunkt der Auseinandersetzungen mit den Donatisten stand die Frage nach der wahren, das Heil vermittelnden Kirche. Es war für Augustin eine Leichtigkeit, anhand der Bibel, speziell der Paulusbriefe, die Einheit und Einzigkeit als Wesensmerkmal der Kirche aufzuzeigen. Die Donatisten leugneten dies auch nicht, sie beanspruchten allerdings dieses wichtige ekklesiologische Kennzeichen ausschließlich für ihre Kirche, wobei sie deren gegenwärtige Gestalt schlicht mit der der endzeitlichen identifizierten. Sie betrachteten sich als die Kirche der Reinen, der Heiligen, der Prädestinierten. Augustin unterschied jedoch scharf zwischen der Kirche, wie sie jetzt ist, und der Kirche, wie sie einst sein wird. Damit wollte er nicht behaupten, es gäbe zeitlich gesehen zwei Kirchen, sondern die eine wahre Kirche ertrage es, daß ihr in ihrem gegenwärtigen Zustand auch Glieder zugezählt würden, die im Blick auf das eschatologische Heil nicht zu ihr gehörten und die deshalb auch entsprechend dem Gleichnis des Evangeliums (Mt. 13,24–30) beim Gericht wie Spreu vom Weizen von ihr getrennt würden (Congar, 85f.).

Woran erkennt man aber die Identität zwischen der eschatologischen Kirche und den Prädestinierten in der noch nicht vollendeten? An der »caritas«, lautet die schlichte Antwort, die Augustin zu wiederholen nicht müde wird. »Caritas« meint allerdings primär nicht affektive Zuneigung. »Caritas« ist ein Prinzip, das die Einheit bewirkt und deren Gegenteil die Trennung verunmöglicht. Sie ist Voraussetzung der Kircheneinheit und deren Garant. Augustin begründet die einheitstiftende Funktion der »caritas« theologisch und christologisch. Theologisch durch den Hinweis auf seine spekulative Trinitätslehre. Danach ist es der mit der Liebe identische Hl. Geist, der im trinitarischen Leben die Einheit Gottes als Band zwischen Vater und Sohn hypostasiert. Als Urheber der Einheit läßt er nicht nur in der Schöpfung, bzw. in den (auch ontologisch) nach Einheit strebenden Geschöpfen seine Spuren zurück, er bewirkt die Einheit vor allem in seiner Kirche, die wie der einzelne Getaufte sein Tempel ist (De baptismo 5,23; Contra epistulam Parmeniani 2,13 und 43). An die Donatisten adressiert folgert Augustin: »Wenn ihr vom Hl. Geist leben wollt, dann achtet auf die Liebe, liebt die Wahrheit und sehnt euch nach der Einheit« (Sermo 268,2).

Nicht weniger eindringlich begründet Augustin die Kircheneinheit mit seiner Lehre vom »ganzen Christus – totus Christus« (E. Franz). Im Anschluß an das Neue Testament und an die kirchliche Tradition unterscheidet er drei Existenzweisen Christi: 1. die des Wortes Gottes vor der Menschwerdung; 2. die des Mensch gewordenen Wortes, das als der »demütige Christus« in der Niedrigkeit unter uns gewohnt hat, und 3. die des von den Toten auferweckten und verherrlichten Christus. Bereits in bezug auf die zweite Existenzweise heißt es von Christus: »Er wurde Mensch, um das Haupt der Kirche zu werden« (Enarrationes in psalmos 148,8). Wenn Augustin Christus schon in seiner irdischen Gestalt als »Haupt der Kirche« bezeichnet, so macht er damit deutlich, daß der Gottmensch gleichsam darauf angelegt ist, mit einem Kollektiv, seinen Gliedern, verbunden zu sein. In der Person Christi ist die Kirche mitgesetzt. Als Haupt der Kirche ist Christus schon in seiner irdischen Gestalt nicht irgendein für sich existierendes Individuum, sondern der Mittler zwischen Gott und Mensch, in dessen Geschick die Geschichte einer Vielheit von Gläubigen aller Zeiten gleichsam vorweggenommen verkörpert und zusammengefaßt ist. Nach Augustin ist Jesus selbst jenes Weizenkorn, das in die Erde fällt, um vervielfältigt zu werden (Jo. 12,24). Durch ihren Heils-Tod empfängt die irdische Existenzweise Christi eine Ausweitung in die Kirche hinein. Der von den Toten Auferweckte, Erhöhte und Verherrlichte setzt zusammen mit den durch ihn Erlösten als der »ganze Christus« seine Wirksamkeit in der Geschichte fort. Weil somit die seit Ostern auch in ihren Gliedern existierende Kirche nur von Christus her, durch Christus und auf Christus hin lebt, vermag Augustin von ihr und von Christus wie von einer einzigen Person, wie von einem einzigen Menschen zu reden (Enarrationes in psalmos 30,2; Sermo 2,4 und 100,3).
Christus als das Haupt der Kirche ist also zugleich der Mittler ihres Heils. Allein durch ihn strömen alle Gaben des Geistes der Kirche zu. Die Donatisten befinden sich darum auch im Irrtum, argumentiert Augustin, wenn sie glauben, die Gnade eines Sakramentes sei von der sittlichen Integrität eines spendenden Kirchengliedes abhängig. Wer immer tauft, ob Petrus, ob Johannes, ob Judas, die zugleich die Kirchengliedschaft gewährende Rechtfertigungsgnade kommt weder von Petrus noch von Johannes noch von Judas, sondern von Christus, dem Haupt. Er ist der eigentliche Spender, »der Urheber – auctor« aller Sakramente (Contra litteras Petiliani 2,24 u. 30; Contra epistulam Parmeniani 2,14). Die von den Donatisten gespendeten Taufen sind zwar gültig, da sie Sakramente Christi sind, es wird ihnen aber die Gnade wieder entzogen, weil die Donatisten sich als Schismatiker von dem durch den Hl. Geist beseelten Leib Christi, der Kirche, getrennt haben. Abgetrennten Gliedern folgt nicht der Hl. Geist, der die Liebe ist, und der als solcher die Einheit bewirkt und nicht die Trennung. Augustin unterscheidet indes auch innerhalb der Catholica zwischen einer durch die Sakramentengemeinschaft (communio sacramentorum) bewirkten äußeren Kirchenzugehörigkeit und einer inneren Heilsgemeinschaft (societas

Aurelius Augustinus

sanctorum). Die äußere Kirchenzugehörigkeit ist zum Heil zwar notwendig, sie sichert dieses aber nicht. Zur inneren Heilsgemeinschaft zählen nur jene, die die »caritas«, damit freilich auch den innerkirchlichen Frieden (pax), die Eintracht (concordia), kurz all das haben, was die Kirche als Leib Christi auszeichnet (Fr. Hofmann, Kirchenbegriff, 233.340).

Selbstverständlich argumentierte Augustin gegen die Donatisten auch historisch, indem er aufgrund sorgfältiger Recherchen der Protokolle und der gerichtlichen Unterlagen vor allem die Unhaltbarkeit ihrer Klagen über die angeblich ungültige Weihe des Caecilianus sowie andere Ungereimtheiten nachzuweisen versuchte. Sein Hauptargument war jedoch auch hierin stets der Hinweis auf den Abfall eines Teiles von der historisch betrachtet älteren und räumlich auch umfassenderen Großkirche (Sermo 46,14; Enarrationes in psalmos 94,10). Gegenüber der Catholica, die den Anspruch auf Universalität erhob, blieben die Donatisten eine mehr oder weniger bewußt auf Afrika beschränkte Sekte. Der Bischof spricht nicht ohne Ironie von der »pars Donati«, der Splitterkirche des Donatus.

Wie schon erwähnt, versuchten die staatlichen Behörden, nicht zuletzt im Blick auf den inneren Frieden im Reich, eine Kirchenspaltung von Anfang an zu unterbinden. Aus diesem Grunde unterstützte auch der kaiserliche Hof zu Ravenna die wiederholten Initiativen der katholischen Bischöfe Afrikas mit Augustin an der Spitze zu Religionsgesprächen mit ihren donatistischen Amtskollegen, die jedoch dank der Winkelzüge und der Verzögerungstaktiken der Donatisten immer wieder scheiterten. Nachdem Kaiser Honorius 405 harte Sanktionen über die Sekte verhängte und ihre zwangsweise Rückführung in die katholische Kirche verfügte, kam es im Jahre 411 in Karthago doch noch zu einem letzten offiziellen Disput vor dem kaiserlichen Kommissar Marcellinus, über dessen Verlauf wir durch den Erhalt des Protokolls bestens informiert sind (Breviculus collationis cum Donatistis). Auf der entscheidenden Sitzung am 8. Juni besiegte Augustin durch seine geschlossene Darstellung der katholischen Lehre sowie seine souveräne Beherrschung der Bibel und Kenntnis der Akten die Donatisten. Noch am gleichen Tag verkündete Marcellinus das Urteil, das ein halbes Jahr später vom Kaiser bestätigt wurde. Nun gab es für die Donatisten keinen Pardon mehr. Ihr Kirchenvermögen wurde konfisziert, Widerspenstige mit erheblichen Geldsummen bestraft, der Klerus, soweit er sich nicht fügte, verbannt. Die Zwangsmaßnahmen führten gelegentlich sogar zu Hinrichtungen.

Augustins Rolle bei dieser Art »Endlösung« des Donatismus ist im Blick auf deren Wirkungsgeschichte eine tragische zu nennen. Einerseits distanzierte er sich von den Gewalttätigkeiten der kaiserlichen Exekutoren. Aufs entschiedenste lehnte er die Todesstrafe ab (Epistula 110,1; 133,1; 134,2; 153). Andererseits festigte sich in ihm aufgrund der Hartnäckigkeiten und des Widerstandes der Donatisten die Überzeugung, der von christlichen Kaisern regierte Staat sei verpflichtet, die schon bestehenden Gesetze zum Schutze der Kirche gegen Häretiker und Schismatiker anzuwenden. Augustin reflektiert sogar über seinen Gesinnungswandel: »Anfangs vertrat ich die Auffassung, niemand dürfe zur Einheit gezwungen werden. Es sollte lediglich mit dem Wort verhandelt, im Disput gestritten und mit dem Argument der Sieg errungen werden ... Aber diese meine Auffassung wurde durch Tatsachen widerlegt« (Epistula 93,17). Nun suchte er zugleich nach einer theologischen Rechtfertigung für die geforderten staatlichen Maßnahmen. Er fand sie in seiner berühmt-berüchtigten Auslegung des Satzes »nötige sie hereinzutreten« aus dem bei Lk. 14 aufgezeichneten Gleichnis vom großen Gastmahl.

Bei der Beurteilung dieser Rechtfertigung von der Inanspruchnahme staatlicher Zwangsmaßnahmen seitens der Kirche, dessen unheilvolle Konsequenzen für die Folgezeit, speziell für die mittelalterlichen Inquisitionspraktiken, nicht heruntergespielt werden sollen, wird man das im Neuen Testament verbriefte religiöse Anliegen Augustins, nämlich seine Sorge als Bischof um die Kircheneinheit, nicht völlig aus dem Blickfeld verlieren dürfen. Trotzdem wurde er indirekt der Vater der Inquisition, die sich gerne auf ihn berief. Tragisch ist Augustins Rolle bei der Unterdrückung des Donatismus noch deshalb, weil der Untergang der afrikanischen Kirche vielleicht schon damit eingeleitet wurde. Der afrikanische Katholizismus, so urteilt der Kirchenhistoriker H. v. Campenhausen, vermochte dem Ansturm der Mohammedaner nicht standzuhalten. »Es scheint, daß die einstigen Donatisten die Araber als Befreier begrüßt haben, und jedenfalls wurde das ›katholische‹ Erbe von ihnen nicht mehr ernsthaft verteidigt« (194).

VI

Obgleich Augustin über die Kirche auch in seinem Werk »Über den Gottesstaat« breit reflektiert, so wäre es doch verfehlt, wollte man die darin entfaltete Fülle der Themen lediglich auf die Ekklesiologie hin in den Blick nehmen. Im »Gottesstaat« breitet der Genius des Abendlandes vielmehr den ganzen Reichtum seines Denkens, seiner Ontologie, Erkenntnislehre und Ethik, seiner Anthropologie und Kosmologie, vor allem aber seine Theologie aus.

Die ausgeprägte Theozentrik seines Denkens ist auch das Fundament, auf dem seine in »De ciuitate dei« entwickelte Lehre vom Anfang, vom Ablauf und vom Ziel der Weltgeschichte aufruht. Gewiß nehmen bei der Ausführung der Details die durch die Apologetik bedingte Polemik gegen das Heidentum sowie die Verteidigung der christlichen Religion einen außergewöhnlich breiten Raum ein. Trotzdem läßt der Verfasser seine Leser keinen Augenblick darüber im Zweifel, worauf es ihm ankommt: auf das Verwiesensein des stets auch gesellschaftlich eingebundenen Menschen auf Gott. Aber, – und gerade das ist das Geniale am Grundkonzept von »De ciuitate dei« –, die schier unermeßliche Vielfalt gesellschaftlicher Formen und Formierungen wird auf zwei Grundformen reduziert und darin integriert. Um es deutlich zu sagen: Es ist nach der sonst keineswegs undifferenzierten Gesellschaftslehre Augustins letzten Endes völlig sekundär, in welchem Abschnitt der Geschichte oder in welchem Teil der Welt ein Mensch lebt. Die einzige Frage von Relevanz lautet: ist er den Bürgern des Gottesstaates zuzuzählen oder nicht.

Man darf annehmen, daß Augustin das Thema »Gottesstaat« auch ohne den bekannten Anlaß, die Plünderung Roms, in Angriff genommen hätte – wenn auch nicht in der erwähnten Breite. Verfolgt man dieses Thema durch sein ganzes Werk, so stellt man fest, daß ihn die Vorstellung vom »Reich Gottes« von Anfang an beschäftigt hatte, daß er aber in dieser Vorstellung ursprünglich mehr dem Platonismus als der christlichen Offenbarungslehre verpflichtet war. In seinen Frühschriften identifizierte er das Gottesreich schlicht mit der platonischen Ideenwelt, dem »mundus intelligibilis« (Ritter, 33ff.). Erst aufgrund intensiverer Bibelstudien, speziell der Paulinen, begann er umzudenken und das vorher eher »räumlich« gedachte »Reich Gottes« als künftige eschatologische Größe zu verstehen und zu verdeutlichen.

Dennoch behält Augustin auch in seinem eschatologisch korrigierten ciuitas-dei-Konzept Prinzipielles aus der Philosophie bei, wie die Teilung der Güter in »unveränderliche« und »veränderliche«. Allein im Blick auf diese Teilung wird auch die besagte Reduktion und Integration der Gesellschaft in zwei einander entgegengesetzte Formen verständlich. Obgleich Augustin den Begriff »ciuitas dei« der Sprache der Bibel entnahm (De ciu. dei, praefatio 2,21; 10,7; 11,1), so war ihm der dazugehörige Kontrastbegriff, »ciuitas diaboli – Teufelsstaat«, schon aus seiner manichäischen Zeit bekannt und wohl auch vertraut gewesen. Auf jeden Fall schied bereits der Donatist Tychonius (gest. um 390), den Augustin als gediegenen Theologen sehr geschätzt hatte, die »ciuitas dei« von der »ciuitas diaboli« (Hahn, 25). Den entscheidenden Anstoß zur Zweistaaten-Konzeption dürfte er von Tychonius empfangen haben (Scholz, 79).

Im 1. Hauptteil von »De ciuitate Dei« (Bücher 1–10) unterwirft Augustin die Romidee seiner Zeit einer schonungslosen Kritik. Im 2. Teil (Bücher 11–22) entfaltet er das Wesen der beiden Staaten, und zwar so, daß er sowohl deren Ursprung wie auch deren Fortbestand und Endziel ausführlich beschreibt. Der Ursprung der beiden »ciuitates« leitet er indes wider Erwarten nicht aus den Folgen des Sündenfalles des ersten Menschenpaares ab. Der Konflikt zwischen den beiden Staaten transzendiert die Menschheitsgeschichte. Augustin verlegt ihn in den Anfang der Schöpfung, indem er anhand seiner Exegese zu Gen. 1,4, der Scheidung des Lichtes von der Finsternis, zugleich die Folgen des Falles der Engel (Scheidung der guten von den gefallenen) verdeutlicht. Damit aber zeigt er bereits an, daß er den Gegensatz zwischen den beiden »ciuitates«, zu denen sämtliche vernunft- und willensbegabten Geschöpfe zählen (De ciu. dei 11,9–20), primär nicht empirisch, sondern metaphysisch verstanden wissen will. Wie den Ursprung, so veranschaulicht er auch das Ziel in Irdisches transzendierenden Metaphern und Begriffen. Das eigentliche Ziel aller vernunft- und willensbegabten Geschöpfe sollte der eschatologische Friede, die »pax in uita aeterna« (19,11) sein. Augustin läßt wieder keinen Zweifel darüber aufkommen, daß dieser Friede die Friedensbemühungen aller Geschöpfe schlechthin übersteigt. Denn der Friede des Gottesstaates ist ein endzeitliches Gut. Ihm geht allerdings ein Gericht, die allen manifest werdende Scheidung der beiden »ciuitates« voraus. Die Bürger der beiden unterscheiden sich somit durch das Erreichen bzw. Nicht-Erreichen dieses Zieles, das Augustin als ein »Gottgenießen« und als »ein wechselseitiges sich Genießen in Gott« charakterisiert (11,25; 22,30). Fragt man nach dem letzten Grund dieser so folgenreichen Scheidung, so scheint Augustin keine andere Antwort geben zu können als die seiner Prädestinationslehre. Von den beiden Staaten sagt er nämlich, daß beide »vorherbestimmt sind, der eine, um für immer mit Gott zu herrschen, der andere, um mit dem Satan ein ewiges Strafgericht zu erleiden« (15,1 und 20,15).

Das eigentliche Problem bei der Behandlung der beiden Staaten ist also die Ungewißheit über deren Scheidung schon in dieser unserer gegenwärtigen Geschichte. Die eigentliche Frage dieses Riesenwerkes lautet daher: Gibt es nicht schon während des geschichtlichen Verlaufs der beiden Staaten Kriterien ihres Unterschiedes? Und wenn ja, welche sind es? Darauf gibt der Verfasser von »De ciuitate dei« gezielte und wohl begründete Antworten. Die wichtigste, von der alle anderen ableitbar sind, ist jene schon erwähnte Unterscheidung zwischen »Vergänglichem« und »Unvergänglichem«, die Augustin von der Philosophie übernahm, und die er für sein theologisches Denken adaptierte. Die beiden Staaten bzw. die beiden Gesellschaften – »societates« (15,8.18.20 u. a.) unterscheiden sich allem voran durch die Wahl der Güter, die sie erstreben. Der Inbegriff der Güter für die Bürger des Gottesstaates ist »das Unveränderliche«, Gott selbst. Dagegen bleiben die Bürger des irdischen Staates, der »ciuitas terrena«, am Irdischen haften. Sie erstreben »das Vergängliche« und vergöttern es (15,15–18).

Dieser unterschiedlichen Zielsetzung korrespondiert auch eine gegensätzliche Ausformung des geschöpflichen Liebesvermögens. Jeder der beiden Staaten hat seine ihn kennzeichnende Liebe, der eine die Gottesliebe, der andere die Selbstliebe. Ja, Augustin läßt die beiden Staaten geradezu aus dem Gegensatz der Liebesweisen entspringen, wenn er 15,28 schreibt: »Die beiden Staaten wurden durch zweierlei Liebe begründet, der irdische durch Selbstliebe, die sich bis zur Gottesverachtung steigert, der himmlische durch Gottesliebe, die sich bis zur Selbstverachtung erhebt. Jener rühmt sich seiner selbst, dieser ›rühmt sich des Herren‹ (2 Kor. 10,17). Die Bürger des Gottesstaates leben wie Gott es haben will (secundum deum), die Bürger des irdischen Staates leben nach Menschenart (secundum hominem) (14,9). Letztere lassen sich in ihrem Handeln von Stolz und Ungehorsam bestimmen, während erstere sich durch Demut und Gehorsam

auszeichnen. Wie Demut und Stolz, Gehorsam und Ungehorsam, so lassen sich alle weiteren Differenzierungen, die Augustin in bezug auf die beiden Staaten vornimmt, auf die Gottesliebe und die Selbstliebe zurückführen. In der Tat führt sie Augustin auch immer wieder darauf zurück, und das verleiht seinem Werk bei aller durch seine Apologetik bedingten Diffusion in der Darstellung der Details eine so imponierende Geschlossenheit.
So klar und eindeutig die Bestimmung der beiden Staaten in »De ciuitate dei« auch ist, diese Bücher geben keine Auskunft über die definitive Zugehörigkeit eines konkreten Menschen zu der einen oder der anderen »ciuitas«. Im Gegenteil, Augustin wird nicht müde zu betonen, daß, so lange dieser Äon währt, die beiden Staaten unter- und miteinander in vielfacher Weise verflochten und vermischt sind: »Perplexae sunt istae duae ciuitates in hoc saeculo inuicemque permixtae, donec ultimo iudicio dirimuntur« (1,35; 11,1 und 18,54). Daraus allerdings ergibt sich wieder eine ganze Kette von Problemen, von denen hier nur die beiden wichtigsten, das Verhältnis der »ciuitas dei« zur Kirche und zum Staat in aller Kürze noch erwähnt werden sollen.
Es gibt zwar eine Reihe von Stellen, an denen Augustin den Gottesstaat mit der Kirche zu identifizieren scheint (8,24; 13,16; 16,2 u. a.); sieht man sich jedoch diese Stellen näher an, so können einem die Einschränkungen, die Augustin dabei macht, nicht entgehen. Der Kirchenvater unterscheidet wie auch sonst in seiner Ekklesiologie stets klar zwischen der Kirche, wie sie jetzt ist, und der Kirche, wie sie einst in ihrer Vollendung sein wird (Lamirande, Kap. 3). Zwischen der Kirche »jetzt« und der Kirche »dann« gibt es gerade im Blick auf den Gottesstaat sowohl einen quantitativen, wie auch einen qualitativen Unterschied: Jetzt sind ihr »Gute und Böse beigemischt. Beide sammeln sich sozusagen in dem Netz, von dem man im Evangelium liest, und schwimmen, von seinen Maschen eingeschlossen, unterschiedslos gleichsam im Meere dieser Welt, bis das Ufer erreicht ist, wo die Bösen von den Guten abgesondert werden und Gott in den Guten wie in seinem Tempel alles sein wird in allen« (18,49). Nirgends sagt Augustin, die pilgernde Kirche sei der Gottesstaat. Lediglich unter der Perspektive der Eschatologie werden »ciuitas dei« und »ecclesia« zu Wechselbegriffen, ansonsten gilt in bezug auf die konkrete katholische Kirche die These vom »corpus Christi permixtum – dem vermischten Leib Christi« (20,9).
Augustin konnte im Rahmen seiner Reflexionen über den Gottesstaat am irdischen Staat nicht vorbeigehen. Bei aller Anerkennung der notwendigen Autorität des zur Aufrechterhaltung der gesellschaftlichen Ordnung durchaus legitimierten Staates (Röm. 13,1–7) machte er doch aus seinen Reserven den Staaten, speziell dem Römischen gegenüber, keinen Hehl. So geißelt er die Herrschsucht der Usurpatoren, die »libido dominandi seu imperandi« (3,14; 5,12; 13,2), die Machtausdehnung der Staaten durch Kriege (4,3) und die Politik, nach der Stärke gleich Recht zu sein hatte (15,7). Nichts kennzeichnet seine Reserve dem Staat gegenüber besser als seine Kritik an der herkömmlichen

(ciceronianischen) Staatsauffassung, wonach der Staat die Rechtsgleichheit seiner Bürger zu schützen habe. Augustin weist nach, daß die Menschen weder moralisch noch intellektuell fähig sind, Gerechtigkeit zu üben (19,6). Vor allem aber verweigere der Staat die dem Gott der Offenbarung gebührende Ehre und versage somit angesichts der Forderungen nach einer umfassenderen, auch den Gottesdienst involvierenden wahren Gerechtigkeit (19,21). Weil aber dem Staat diese auch auf Gott zu beziehende Gerechtigkeit, die »ueritas iustitiae« (19,24) mangele, spricht Augustin ihm die Zugehörigkeit zur »ciuitas dei« ab. Dieses Verdikt hinderte ihn jedoch nicht, wie schon gezeigt, den von christlichen Kaisern gelenkten Staat betreffs der Belange des Glaubens in die Pflicht zu nehmen. Augustin hat auch die Friedensbemühungen des Staates, bei allem Wissen um deren Unzulänglichkeit, anerkannt. Freilich sah er im irdischen Frieden nur ein Gleichnis des eschatologisch-himmlischen. Und so konnte er auch sagen: »Solange die zwei Staaten vermischt sind, machen auch wir Gebrauch von dem Frieden Babylons« (19,26). Ein seltsamer Widerspruch. Aber die Wirkungsgeschichte von »De ciuitate dei« im Mittelalter, die ihren Höhepunkt im Streit zwischen Papsttum und Kaisertum fand, gründet letztlich in diesem Widerspruch.

VII

Während Augustin an seinem Mammutwerk »De ciuitate dei« arbeitete, edierte er zugleich jene Schriften, mit denen er aufs nachhaltigste die Theologie des Abendlandes geprägt hatte, seine gegen die Pelagianer geschriebenen Bücher über die Gnade. Nicht umsonst verlieh ihm die Kirche den Titel »doctor gratiae – Lehrmeister der Gnade«. Wer waren die Pelagianer? Welches theologische Anliegen verfochten sie? Warum bekämpfte Augustin sie so intensiv und extensiv – und so verbissen?
Die Pelagianer waren Anhänger des britischen Mönches Pelagius, der noch gegen Ende des 4. Jahrhunderts nach Rom kam und dort eine asketisch-religiöse Reformbewegung in Gang setzte. Man versteht diese Bewegung nur aus ihrem kirchenhistorischen Kontext. Die konstantinische Wende brachte als Folge u. a. auch eine religiöse Verflachung des Christentums mit sich. Zahlreiche Gläubige begnügten sich mit dem bloßen Taufempfang und bemühten sich nicht mehr um eine der neutestamentlichen Botschaft entsprechende Lebensführung. Pelagius verstand es, vor allem in der gesellschaftlichen Oberschicht Roms, gegen diesen ethischen Minimalismus mit Hilfe des Evangeliums anzukämpfen und für eine radikale Erneuerung der christlichen Lebensweise erfolgreich zu werben. Dabei legte er das Neue Testament, speziell die Paulinen, so aus, als käme es bei den einschlägigen Texten über das »neue Leben« hauptsächlich, wenn nicht gar ausschließlich, auf das menschliche Wollen an. Nach der Anthropologie des

Pelagius stattete der Schöpfer den Menschen nicht zuletzt deshalb mit Erkenntnisfähigkeit und Willensfreiheit aus, damit er sozusagen aus eigenem Können zwischen Gut und Böse unterscheide und sittlich verantwortlich handle. So war Adams Sünde seine persönliche Entscheidung und Schuld. Adams Fall hatte keinerlei Wirkung auf die übrigen Menschen, es sei denn die Wirkung eines schlechten Beispiels. Konsequenterweise erblickte Pelagius den Sinn der Menschwerdung Christi in dessen Lehre und Lebensführung, wodurch den Christen ein Anreiz zur Nachfolge, zu sittlichen Hochleistungen gegeben sein sollte. Ebenso folgerichtig interpretierte und reduzierte er auch die Gnade auf das exemplarische Leben Christi. Die Taufe tilgt keine Erbschuld, sondern nur die persönliche Schuld. Damit aber war ihre Heilsnotwendigkeit in Frage gestellt.

Die pelagianische Bewegung blieb nicht auf Rom beschränkt. Anhänger des Pelagius, besonders der aus einer vornehmen Familie stammende Caelestius, brachten die neuen Reformideen über Sizilien auch nach Nordafrika. Caelestius machte mit seinen verwirrenden Thesen über die Kindertaufe die Bischöfe dort auf sich aufmerksam. Er wurde 411 in Karthago angeklagt und verurteilt. Wie sein Lehrer Pelagius, der sich ebenfalls nur für kurze Zeit in Afrika aufhielt, zog er nunmehr nach Osten. Jedoch die Kirche in Afrika verfolgte unter der geistigen Führung Augustins mit zunehmendem Argwohn das Reformwerk der beiden. Augustin, der anfangs ebenfalls unter dem Eindruck des asketischen Ansehens des Pelagius der Bewegung zunächst mehr abwartend gegenüberstand (Epistula 146), verfaßte dennoch sofort (411) eine Schrift zur Verteidigung der Kindertaufe. Er gab ihr den programmatischen Titel: »Strafe und Nachlassung der Sünden und die Taufe der Kinder«. Da er des Pelagius Kommentar zu den Paulinen kannte und in der darin praktizierten eindimensionalen, vorwiegend die ethischen Imperative der paulinischen Paränese bedenkenden, die Gnade hingegen völlig vernachlässigenden Interpretation eine folgenschwere Verkürzung des christlichen Glaubens sah, verfaßte er schon wenige Monate darauf die Schrift »Der Geist und der Buchstabe«. Augustin wies in dieser Schrift im Anschluß an 2 Kor. 3,6 – »der Buchstabe tötet, der Geist aber macht lebendig« – nach, daß nach Paulus die Gnade der Rechtfertigung nicht auf unserem eigenen Tun gründet, sondern auf dem ewigen Gottes (Zumkeller I, 40f.). Das volle Ausmaß der Gefahr erkannte er jedoch erst, als ihm eine Schrift des Pelagius über die menschliche Natur mit der Bitte um Stellungnahme in die Hände gespielt wurde. Augustin antwortete auf diese pelagianische Schrift »Die Natur« mit der Gegenschrift »Die Natur und die Gnade«. Er deckt darin das Tendenziöse im pelagianischen Lob der vom Schöpfer gestalteten Menschennatur, durch welches Lob die Gnade als überflüssig erklärt werden sollte, auf und erörtert seine Auffassung von der zwar ursprünglich heilen, durch die Sünde jedoch geschwächten und verwundeten menschlichen Natur, die bei ihrer Heilung auf die Gnade Christi nicht verzichten könne (ebd., 45f.).

Inzwischen kam es auf Betreiben des Westens auch in Palästina, wohin Pelagius sich begeben hatte, zu einer Überprüfung seiner Lehre. Pelagius mußte sich 415 in Diospolis auf einer Synode rechtfertigen. Dies gelang ihm auch zur Überraschung der Bischöfe im Westen. Augustin ließ daraufhin die Akten von der Synode kommen, und da er darin Unklarheiten in den von Pelagius auf der Synode erteilten Antworten feststellte, verurteilten die afrikanischen Bischöfe 416 auf zwei weiteren Synoden die Lehre der Pelagianer. Sie baten nun auch den Bischof von Rom um Stellungnahme. Während jedoch Papst Innozenz die Lehre des Pelagius mißbilligte, woraufhin Augustin den vielzitierten Satz äußerte »Causa finita est – die Angelegenheit ist erledigt; wäre nur schon auch der Irrtum beseitigt!«, stellte sich sein Nachfolger Zosimus (417–418) zunächst auf die Seite der Pelagianer. Caelestius sollte sogar rehabilitiert werden. Die Afrikaner wandten sich nunmehr an den kaiserlichen Hof zu Ravenna. Dort war man den Pelagianern wegen ihres ethischen Rigorismus nicht wohlgesonnen. Und da der Kaiser Honorius durch weitere Glaubensdiskussionen verursachte Unruhen in Rom befürchten mußte, erließ er am 30. April 418 ein Edikt, das die Verbreitung der pelagianischen Lehre unter Strafe verbot. Die afrikanischen Bischöfe erneuerten im gleichen Jahr auf einer Synode in Karthago ihr Urteil gegen die Pelagianer, nachdem zuvor auch Papst Zosimus sich ihre Auffassung zu eigen gemacht hatte. Dieser verurteilte in einem Schriftstück, der sogenannten »Epistula tractoria«, das von allen italienischen Bischöfen unterzeichnet werden mußte, den Pelagianismus als Häresie.

Für Augustin, der bis 418 die Liste seiner antipelagianischen Schriften um einige wichtige Titel, »Die Vollendung der menschlichen Gerechtigkeit« (415), »Die Verhandlungen mit Pelagius« (417), »Die Gnade Christi und die Erbsünde« (418) erweitert hatte, war der Kampf gegen die Pelagianer noch nicht zu Ende. Im Gegenteil. Unter der Gruppe von 18 italienischen Bischöfen, welche die Unterzeichnung des päpstlichen Schriftstückes verweigert hatten, befand sich der junge Bischof von Aeculanum, Julian, ein scharfsinniger und dialektisch gebildeter Adeliger, der sozusagen in der 2. Phase des Streites (418–430), nachdem Pelagius und Caelestius vom Schauplatz der Auseinandersetzungen abgetreten waren, der führende Kopf des Pelagianismus wurde. Ging es in der ersten Phase um die Grundfragen der Gnadenlehre, um das Wesen der Erbsünde, der Natur und der Gnade, so konzentrierte sich der Streit jetzt mehr auf die Folgeprobleme der von Augustin verteidigten Lehre, und dazu zählte allem voran das Problemfeld menschlicher Konkupiszenz, gleichsam pars pro toto die Geschlechtslust, ferner das Schicksal der ungetauften Kinder und schließlich die Frage nach der Prädestination, der Erwählung.

Julian, der bereits als Verbannter Augustins jüngstes Werk, den ersten Teil von »Ehe und Begierlichkeit« (419) las, verfaßte sogleich eine scharfe Kritik zu dieser Schrift. Nach Augustins Erbsündenlehre besaß Adam vor dem Sündenfall die sogenannte Urstandsgnade. Eines ihrer Wesensmerkmale bestand in der Beherr-

schung der Triebe. Diese Fähigkeit des Menschen bzw. der Geistseele ging zwar durch den Sündenfall nicht völlig verloren, sie wurde jedoch erheblich vermindert. Die unkontrollierte Triebhaftigkeit mit ihrer ausgeprägten Signifikanz auf dem Gebiete der Sexualität wurde von Augustin sozusagen zum Stigma der Erbsünde schlechthin erklärt. Hinzu kam die von ihm im Anschluß an Röm. 5,12 entschieden verfochtene These von der Erlösungsbedürftigkeit aller Adamskinder und als deren Folge seine These von der Heilsnotwendigkeit der Taufe auch für die Kleinkinder. Julian geißelte Augustins Thesen als verkappten Manichäismus: sie leugneten die Willensfreiheit, verurteilten die Ehe und sähen in deren Frucht keine Geschöpfe Gottes, sondern Gebilde des Teufels. Allem voran aber – und darin gipfelte seine Kritik – widerspreche Augustins Gnadenlehre dem Begriff der Gerechtigkeit. Denn ein Gott, der eine Kollektivstrafe für die Sünde eines einzigen verhängt habe und die Neugeborenen deshalb dem ewigen Feuer übergebe, sein kein Gott, sondern ein Monstrum (Opus imperfectum 1,48).
In der Tat, Augustins Gnadenlehre steht und fällt mit seinem Gottesbegriff. Deshalb antwortete er auch Julian, er müsse menschliche Gerechtigkeit von der unerforschlichen Gerechtigkeit Gottes unterscheiden. Gottes Gerechtigkeit sei eben derart, daß sie die Schuld der Väter auch an den Kindern heimsuche (ebd. 1,50; 3,12–15). Das Gottesbild der Pelagianer sei anthropomorph, nicht das der biblischen Offenbarung. Gewiß war Augustins Gnadenlehre eine Frucht intensiver Paulusstudien aus den Jahren nach seiner Priesterweihe. Aber dafür war durch den Neuplatonismus Augustins gewissermaßen bereits der Boden vorbereitet. Denn der gleiche Gott, der durch seine Erleuchtung jegliche Erkenntnis ermöglicht, ermöglicht auch sittliches Handeln (Lorenz, Gnade und Erkenntnis). Was ist Sünde? »Abkehr« von Gott, antwortet Augustin, ganz im Sinne der Neuplatoniker, wobei die Motivation und die Initiative zur Abkehr beim Abkehrenden, in dessen Konkupiszenz, in dessen Lust zum Niederen zu suchen sind. Umgekehrt geht die Motivation zur Umkehr ebenfalls als eine Art Lust, als »delectatio« von Gott aus. Indem Gott sich dem Menschen zuwendet, geschieht diesem Heil. Der Gottesbegriff Augustins ist auch das Fundament, das seine besonders in den Spätwerken entwickelte Prädestinationslehre trägt. Denn es war für Augustin unvorstellbar, daß das Vorauswissen Gottes durch die Freiheit seiner Geschöpfe auch nur irgendwie beeinträchtigt werde. Er legte deshalb seine Auffassung von der Entscheidungsfreiheit des Menschen, an der er in seinen Frühschriften noch festhielt, jetzt so aus, daß der Prädestinierte in einer durch die Gnade bewirkten Befreiung des Willens aus dessen Schwäche erst zu seiner wahren Willensfreiheit geführt werden müsse. Diese Position nahm er vor allem gegen die sogenannten Semipelagianer, gegen nordafrikanische und südgallische Mönchskreise ein, die wenigstens den Anfang des Glaubens der menschlichen Willensfreiheit zuordnen zu müssen glaubten. Gegen sie schrieb Augustin, schon ein Greis, vier Werke: »Gnade und freier Wille« und »Zurechtweisung

und Gnade«, beide um 427, »Die Vorherbestimmung der Heiligen« und »Die Gabe der Beharrlichkeit«, beide 429, ein Jahr vor seinem Tod.
Gewiß hat Augustin bei der Lösung der schwierigen Fragen über das Verhältnis von Gnade und Freiheit die Grenzen menschlicher Erkenntnisfähigkeit gesehen und auch immer wieder darauf hingewiesen. Aber es charakterisiert sein Denken, wenn er umgekehrt, im Streit mit den Pelagianern, die doch bei aller Ehrfurcht vor Gott eher als Sachwalter des Menschen in die Arena der Auseinandersetzung stiegen, bei allem Respekt vor der Würde des Menschen als Gottes Geschöpf, doch als entschiedener Sachwalter Gottes auftrat. »Was hast du, das du nicht empfangen hast.« Dieses Pauluswort (1 Kor. 4,7) durchzieht wie ein roter Faden sein gesamtes antipelagianisches Schrifttum. Augustin muß instinktiv gespürt haben, daß ein Sieg des Pelagianismus das Christentum als Jenseitsreligion zu einem Humanismus umfunktioniert hätte, in welchem dem Herzstück des Glaubens, dem in Christi Menschwerdung, Kreuz und Auferstehung gipfelnden Heilswerk der Liebe Gottes, keine bedeutsamere Rolle mehr zukommen konnte.
In seiner letzten antipelagianischen Schrift, dem »unvollendeten Werk gegen Julian«, weist er auf dieses Fehlen der Mitte des christlichen Offenbarungsglaubens hin: »Du zählst so vieles auf, wodurch Gott uns hilft: durch seine Gebote, seinen Segen, seine Heiligung, seine Züchtigung, seine Aufrüttelung und Erleuchtung, aber du sagst nicht, daß er uns die Liebe gibt« (3,106). Nach Augustin kommt Gottes Liebe dem Menschen stets zuvor; sie erfaßt ihn ganz und macht ihn demütig. Dann aber verlangt sie von ihm alles, und sie gibt dem Demütigen auch alles. Deshalb wurde auch Augustin, der ehemalige Grammatiker, nicht müde, das Wesen der Gnade mit Hilfe der Wortbedeutung zu klären: »Gratia, quia gratis data – Gnade, weil ohne Vorleistung.«

VIII

Augustin war kein Systematiker wie Origenes, der Verfasser der Schrift »Über die Prinzipien«, der ersten christlichen Dogmatik, oder wie Thomas von Aquin, der Schöpfer der »Summa theologica«. Daraus darf man indes nicht folgern, es wäre nutzlos, bei ihm nach Gesichtspunkten zu suchen, unter denen sich sein Denken systematisch darlegen ließe. Wir haben in dieser Darstellung seines Lebens und seines Werkes auf einen solchen Gesichtspunkt bzw. auf einen solchen leitenden Gedanken in seinem Werk schon hin und wieder aufmerksam gemacht. Es ist dies der Gottesgedanke (H. Weinand). Bei aller Fülle der Fragen und Probleme, mit denen Augustin in einem fast ein halbes Jahrhundert dauernden schriftstellerischen Schaffen gerungen hatte, war Gott das große Thema seines Lebens und der eigentliche Gegenstand seines Denkens.
Freilich könnte man sogleich einwendend fragen: Hatte Augustin neben Gott nicht auch noch die Seele zum exklusiven Gegenstand seines Wissenwollens

erklärt (Soliloquia 1,2)? Gibt es darum nicht zwei Pole, »Gott und die Seele«, bzw. »Gott und den Menschen«, zwischen denen sich sein Denken bewegt? Wird durch eine Ausklammerung des letzteren sein Denken nicht um eine entscheidende Dimension, nämlich um die der Anthropologie verkürzt? Augustin hat in der Tat eine Reihe von Schriften verfaßt, in denen er sich mit Fragen über die Seele, über ihre Größe und ihre Unsterblichkeit, über ihre Herkunft und über ihre Natur beschäftigt hatte. Und auf der Höhe seines geistigen Schaffens äußerte er die Auffassung, daß der Mensch letzten Endes ein geistig nicht zu durchdringendes Geheimnis, ein »grande profundum« (Conf. 4,14) sei. Fragt man allerdings nach dem Grund des Rätselcharakters der Seele und des Menschen, so liegt dieser nach Augustin in der Unzulänglichkeit unserer Gotteserkenntnis. Denn Gott ist die Antwort auf alle Fragen des Menschen, und der Bischof war zutiefst davon überzeugt, daß er nur in dem Maße eine Antwort auf die ihn bedrängenden Fragen erhalten werde, als er in der Erkenntnis Gottes Fortschritte mache.

Aus diesem Grunde nimmt es auch nicht wunder, wenn bei Augustin sämtliche Fragen schon in ihrem Ansatz eine theologische Lösung verlangen. War schon die Gottesidee der ihn leitende Gedanke bis zu seiner Bekehrung, und verdeutlichen die »Confessiones« diese Bekehrung als Finden Gottes, so wurde noch viel mehr in der Weltanschauung des Bekehrten der Gottesgedanke der alles beherrschende Grundzug: »Gott war ihm das Glück des Menschen, das letzte Wort der Wissenschaft, das Ziel aller Tugend, der tiefste Grund, aus dem heraus das schwere Problem des Bösen sich löste, die vorbildliche und bewirkende Ursache alles Seins, der natürlichen Ordnung so gut wie der übernatürlichen. Mit einem Wort, Gott war ihm ›alles in allem‹.« (Weinand, 26)

Dieser umfassenden Theozentrik mangelt indes ein gesunder Realitätssinn nicht. Bei Augustin verliert die irdische Wirklichkeit ihre Eigenständigkeit keineswegs. Sein Denken zeichnet sich gegenüber der bei religiösen Persönlichkeiten nicht selten registrierbaren Exzentrik durch eine wohltuende Ausgewogenheit aus. Dies zeigt gerade der zitierte Satz: »Gott und die Seele«. Das »und« ist also charakteristisch. Bei aller Betonung des Vorranges der Gnade im Kampf gegen die Pelagianer übersah z. B. Augustin die Willensfreiheit nicht. Er schrieb darum nicht allein über die Gnade, sondern »Über die Gnade *und* den freien Willen – De gratia *et* de libero arbitrio«. Ähnlich vergaß er bei der Beantwortung der Frage nach den Bedingungen des Heils neben dem Glauben nicht die Werke. Er schrieb »Über den Glauben *und* die Werke – De fide *et* operibus«. Die außergewöhnlich hohe Bedeutung Augustins in der Geistesgeschichte des Abendlandes dürfte nicht zuletzt mit in dieser seiner Fähigkeit beruhen, so anscheinend disparate Begriffe und Sachverhalte wie »Gnade« und »Freiheit«, »Glaube« und »Werke«, »Autorität« und »Vernunft«, »Gott« und »Welt« bzw. »Gott« und »Mensch« einander zuzuordnen.

Es überrascht deshalb auch nicht, wenn sich in der Folgezeit nahezu alle theologischen Schulen in den Prinzipien ihrer Lehrauffassungen auf den Kirchenvater Augustinus beriefen. Allerdings gerieten die Epigonen seiner Theologie häufig in Widerspruch zueinander, weil sie die bei Augustin vorhandenen Spannungen des Denkens nicht mehr aufrechterhielten. Der Kirchenvater war eben ein Denker von Rang, und solche können Paradoxien und Aporien, die zu lösen sie nicht imstande sind, stehen lassen, um sie für neue Wendungen des Denkens fruchtbar werden zu lassen; Epigonen dagegen suchen den Ausgleich. Dieser aber wird in den meisten Fällen dadurch ermöglicht, daß das Paradoxe verschwiegen wird und das Aporetische unausgesprochen bleibt. Das Denken setzt erst auf der Ebene der Alternativen an, wobei freilich jeweils jene gewählt wird, die dem eigenen System entspricht.

Obgleich die Wirkungsgeschichte Augustins sich auch auf die Philosophie, die Psychologie, die Anthropologie und die Ethik – um nur einige der relevanten Wissenschaften zu nennen – erstreckt, und zwar bis zum heutigen Tag, so war sein Einfluß auf die Theologie des Abendlandes am größten. Nichts illustriert seine überragende Bedeutung besser als die Tatsache, daß der mittelalterliche Theologe Petrus Lombardus (gest. 1160), der Verfasser jenes Sentenzenkommentars, der vom 13. bis zum 16. Jahrhundert allgemein als Lehrbuch für die Theologie benützt wurde, in dieser seiner Sammlung von insgesamt ca. 1500 Vätersentenzen Augustin am häufigsten, rund 950mal zitiert. Augustins Autorität blieb selbst dann noch unumstritten, als die Theologen in der Scholastik sich weithin auch von Aristoteles inspirieren ließen, wie dies bei Thomas von Aquin und in der nach ihm benannten theologischen Strömung des Thomismus der Fall war. Dennoch formierte sich unter der Führung der Franziskanertheologen Bonaventura, Duns Scotus, Wilhelm von Ockham und des Augustinertheologen Ägidius Romanus sogleich eine gegen den Thomismus gerichtete Bewegung, die sich zum Wortträger eines erneuerten Augustinismus machte. Unter Berufung auf die strenge Interpretation der Gnadenlehre Augustins nahm schließlich auch der Augustinermönch Martin Luther sich der biblisch-paulinischen Lehre von der Rechtfertigung wieder an.

Die Epochen überdauernde Autorität Augustins wurde nicht erst im Mittelalter oder in der Neuzeit gesehen. Unter einem Fresko im Lateran aus dem 6. Jahrhundert, welches das älteste Bild des Heiligen darstellt, befindet sich eine Inschrift, die in der Form eines Verses von seiner singulären Größe kündet. Danach hätten die verschiedenen Väter Verschiedenes ausgesagt. Allein Augustin habe in Römischer Beredsamkeit alles zur Sprache gebracht, indem er den Gehalt der Mysterien mit donnernder Stimme verkündete: »Diuersi diuversa patres sed hic omnia dixit Romano eloquio, mystica sensa tonans.«

Bibliographische Hilfsmittel

Andresen, C.: Bibliographia Augustiniana. 2. Aufl. Darmstadt 1973.
Schindler, A.: Artikel Augustin, in: TRE IV, 1980, 645ff., bes. 692–698.

Quellen

Migne, J. P. (Hg.): Patrologiae cursus completus (MPL). Bde. 32–47, Paris 1844/49.
Von den kritischen Editionen (CSEL, Wien 1866ff., und CCSL, Turnhout 1954ff.) ist noch keine vollständig.
Deutsche Übersetzungen: Bibliothek der Kirchenväter (12 Bde. in Auswahl). Kempten–München 1911–1935.
Deutsche Augustinusausgabe. Paderborn 1940ff. (unvollständig).
St. Augustinus der Seelsorger. Deutsche Gesamtausgabe seiner moraltheologischen Schriften. Würzburg 1949–75 (abgeschlossen).
St. Augustinus Lehrer der Gnade. Schriften gegen die Pelagianer. Würzburg 1955ff. (unvollständig).
Die Bibliothek der alten Welt. Augustins Werke in Auswahl. Zürich 1950ff.

Darstellungen (hier zitierte)

Brown, P.: Augustinus von Hippo. Eine Biographie. Aus dem Englischen übersetzt von J. Bernard. 2. Aufl. Frankfurt 1982.
Campenhausen, H. von: Augustin. In: Lateinische Kirchenväter. 2. Aufl. Stuttgart 1965, 151–222.
Congar, Y.: Bibliothèque Augustinienne. Oeuvres de Saint Augustin. Bd. 28, Paris 1963: Traités antidonatistes. Introduction générale, 9–133.
Courcelle, P.: Recherches sur les Confessions de saint Augustin. 2. Aufl. Paris 1968.
Decret, F.: Aspects du manichéisme dans l'Afrique Romaine. Paris 1970.
Feldmann, E.: Der Einfluß des Hortensius und des Manichäismus auf das Denken des jungen Augustinus von 373. Münster 1975.
Franz, E.: Totus Christus. Studien über Christus und die Kirche bei Augustin. Diss. Bonn 1959.
Hahn, G.: Tyconiusstudien. Ein Beitrag zur Kirchen- und Dogmengeschichte des 4. Jahrhunderts. Leipzig 1900.
Harnack, A. von: Die Retractationen Augustins. In: Abhandlungen der Preußischen Akademie der Wissenschaften zu Berlin, Phil.-hist. Klasse. Berlin 1905, 2, 1096–1131.
Harnack, A. von: Possidius. Augustins Leben. Eingeleitet und übersetzt. Ebd., Berlin 1930, 1, 1–48.
Hofmann, F.: Der Kirchenbegriff des hl. Augustinus in seinen Grundlagen und in seiner Entwicklung. München 1933.
Lamirande, E.: L'Eglise céleste selon saint Augustin. Paris 1963.
Lorenz, R.: Gnade und Erkenntnis bei Augustin. In: Zeitschrift für Kirchengeschichte 63 (1950/51), 75–132.
Markus, R. A.: Saeculum. History and Society in the Theology of St. Augustine. Cambridge 1970.
Marrou, H.-I.: Augustinus und das Ende der antiken Bildung. Aus dem Französischen übersetzt von L. Wirth-Poelchau, W. Geerlings und J. Götte. Paderborn 1981.

Meer, F. van der: Augustinus der Seelsorger. Aus dem Holländischen übersetzt von N. Greitemann. 3. Aufl. Köln 1958.

Perler, O. – Meier, J.-L.: Les voyages de Saint Augustin. Paris 1969.

Ritter, J.: Mundus intelligibilis. Untersuchungen zur Aufnahme und Umwandlung der neuplatonischen Ontologie bei Augustin. Frankfurt 1937.

Scholz, H.: Glaube und Unglaube in der Weltgeschichte. Ein Kommentar zu Augustins De civitate dei. Leipzig 1911.

Weinand, H.: Die Gottesidee, der Grundzug der Weltanschauung Augustins. Paderborn 1910.

Zumkeller, A.: Augustinus. Schriften gegen die Pelagianer I. Würzburg 1971 (Einführung 19–53).

Nestorius

von G. Podskalsky

Als der als Patriarch von Konstantinopel abgesetzte und verbannte Mönch Nestorius um 451 im oberägyptischen Exil einsam und vergessen starb, hätte er es sicher nicht für möglich gehalten, daß es fast 1500 Jahre dauern würde, bis die kirchenamtliche Verfemung, in der er nur ein grobes Mißverständnis seiner Lehre und die Böswilligkeit seiner unmittelbaren Gegner sehen konnte, in einer tiefgreifenden Diskussion unter Forschern aller Konfessionen erneut verhandelt und – mehr oder minder – zurechtgerückt würde. Wer also ist dieser Nestorius, dessen »Fall« seit nunmehr 80 Jahren mit wachsendem Engagement wieder aufgegriffen wird?

Nach einer syrischen Legende sollen die Vorfahren des Nestorius aus Persien stammen, doch historisch gesicherten Boden (Hauptquellen sind die eigenen Werke, verschiedene Kirchenhistoriker und das Schrifttum über das Konzil von Ephesus) betreten wir erst mit seiner Geburt (nach 381) in Germanicia (Marasch/Syrien). Früh trat er in das Euprepios-Kloster bei Antiochien ein. Über seine Ausbildung (Lektüre) läßt sich nur sagen, daß sie unter dem starken Einfluß der Schulhäupter der antiochenischen Theologie, Diodor von Tarsos und Theodor von Mopsuestia, gestanden haben muß; die Spuren ihrer typischen Trennungslehre (zwischen Himmel und Erde, Gott und Mensch) sind jedenfalls in Nestorius' Werken unverkennbar; denn seine patristische Bildung ist zwar gründlich, aber in ihrem Radius ziemlich eingeschränkt. Ansonsten verschaffte ihm wohl die sich verbreitende Fama seiner schriftnahen, immer auf die Moral seiner Zuhörer abzielenden Predigten die kaiserliche Berufung auf den Bischofsstuhl der Hauptstadt (Weihe 10. April 428). Hinzu kam, daß die dort streitenden Parteien sich auf keinen eigenen Kandidaten hatten einigen können.

Schon in seiner Antrittsrede verschrieb sich der Antiochener dem zielstrebigen Kampf gegen die Häresien, wenn er dem Kaiser, Theodosius II., zurief: »Gib mir, o Kaiser, ein von Häretikern gereinigtes Land, und ich will dir dafür den Himmel geben; vernichte mit mir die Häretiker, und ich werde mit dir die Perser vernichten« (Sokrates, HE VII, 29). Mit großem Eifer ging Nestorius daran, seine Ankündigung wahr zu machen: antinicänische Gruppierungen, wie die Arianer, Novatianer, Quartodecimaner und Makedonianer erlitten verschiedene Verfolgungsmaßnahmen, denen der Kaiser durch ein verschärftes Strafgesetz

(30. Mai 428) noch zusätzlichen Nachdruck verlieh. Dagegen scheint der moralische Rigorismus im Reden und Handeln des neuen Hierarchen die frühzeitige Mißstimmung der Kaiserin Pulcheria bewirkt zu haben. Doch der wirkliche Ernstfall trat erst ein mit dem beginnenden Streit um die Bezeichnung Mariens als »Gottesgebärerin« (θεοτόκος). Nach einer Predigt des mit ihm befreundeten Priesters Anastasius (Ende 428), der um der Glaubwürdigkeit der menschlichen Natur Christi willen den genannten Titel energisch ablehnte, sah sich Nestorius zwei heftig streitenden Parteien gegenüber, wobei die Anhänger des Apollinaris von Laodikeia nachdrücklich die θεοτόκος verteidigten, während die Partei des Photinus von Sirmium (bzw. des Paul von Samosata) ebenso hartnäckig nur eine »Menschengebärerin« (ἀνθρωποτόκος) gelten lassen wollten. Als Vermittlung schlug Nestorius »Christusgebärerin« (χριστοτόκος) vor, während der vor allem liturgisch seit Jahrhunderten eingeführte Titel θεοτόκος nur als abgeleitete Bezeichnung gelten sollte. Doch die Kirche fand damit ihren Frieden nicht zurück; vielmehr wurde Nestorius von dem kaiserlichen Beamten Eusebius (später Bischof von Doryläum) offen des Eintretens für die monarchianistischen (bzw. adoptianistischen) Thesen des Paul von Samosata bezichtigt (428/29); auch der spätere Patriarch Proklos sowie viele Mönche protestierten lautstark. Zweifellos glaubte sich Nestorius völlig im Recht, wenn er mit seinem Vorstoß jener gefährlichen Neigung der Arianer bzw. Apollinaristen entgegentrat, die die Gottheit Christi entweder abzuwerten oder aber überzubewerten trachteten. Aber er erkannte nicht, daß auch seine eigene Lösung – einschließlich kirchlicher Maßnahmen gegen seine Widersacher – mindestens ebenso mißverständlich wie hilfreich war.

Anfang 429 muß ein Heft mit Predigten des Nestorius nach Ägypten gelangt sein. Damit wurde aus der lokalen Streitfrage ein »ökumenischer Skandal« (Cyrill v. Alex., Brief 2). Seit der Verbannung des Johannes Chrysostomus durch den Patriarchen Theophilus von Alexandrien befand sich dieser Patriarchensitz in argwöhnischem Konkurrenzkampf mit Konstantinopel. Dieser kirchenpolitische Gegensatz sowie die traditionell Antiochien entgegengesetzte theologische Schultradition Alexandriens führten dazu, daß Cyrill von Alexandrien, ein Neffe des Theophilus, in einem Brief an seine Mönche (Ostern 429) und später an Nestorius selbst (Herbst 429) energisch die herkömmliche Anerkennung der θεοτόκος verteidigte, dagegen die Christologie des Nestorius als gewagte Leerformel anprangerte. Inzwischen hatte ein ähnliches Heft mit Nestoriushomilien auch Rom erreicht, und Papst Caelestin I. versuchte, sich über deren Bewertung mit dem erstbetroffenen Alexandrien abzustimmen. Etwa um die gleiche Zeit hatte auch Nestorius selbst sich an den Papst gewandt, einmal, um sich über den Hintergrund der römischen Verurteilung einer Gruppe von Pelagianern zu erkundigen, die sich hilfesuchend nach Konstantinopel gewandt hatten, zum anderen, um über den von ihm entfachten Lehrstreit zu informieren. Leider war das Schreiben so unglücklich formuliert, daß Rom den

Konzil von Ephesus. *Nestorius* als Häretiker (unten rechts)

ersten Punkt im Sinne einer Infragestellung der römischen Entscheidung (Epistola tractoria des Papstes Zosimus) verstehen konnte.
Nestorius reagierte nur auf den zweiten Brief Cyrills mit einer kurzen Beteuerung seiner guten Absichten, ohne auf die Sachfrage einzugehen. So schrieb Cyrill den ausschlaggebenden dritten Brief (Februar 430), in dem er zunächst Klagen von abgesetzten Klerikern, die sich über ihn in der Hauptstadt beschwert hatten, zurückwies und dann ausführlich seine Sicht der Einheit Christi (καϑ' ὑπόστασιν) darlegte. Die freundliche Antwort des Nestorius bestand nur in einer Wiederholung seiner früheren These. Cyrill, der sich über den objektiven Tatbestand einer häretischen Verfehlung im klaren war, sah nun den Zeitpunkt gekommen, die Angelegenheit an Papst und Kaiser zur Entscheidung weiterzureichen. Der Diakon Posidonius war ausersehen, alle (übersetzten) Briefe in Sachen Nestorius, ferner eine kurze Zusammenstellung (commonitorium) seiner Irrtümer sowie ein Florileg patristischer Texte und Auszüge aus den Schriften des Nestorius nach Rom (Frühjahr 430) zu bringen.
Aufgrund dieses und schon von anderer Seite erhaltenen Materials erkannte Papst Caelestin sofort seine völlige Übereinstimmung mit der Einschätzung Cyrills. Die römische Synode (August 430) stützte sich jedoch nicht nur auf die Dokumentation Cyrills, sondern auch auf eine Art Gutachten des gallischen Abtes Cassian (De incarnatione Christi, Anfang 430), der in Erinnerung an die – dank der umsichtigen Intervention des Augustinus – gerade gütlich überwundene »Affäre« Leporius, eines geistigen Vorläufers des Nestorius, die zusätzlich verwirrende Parallele zwischen der Lehre des Nestorius und der abgeschlossenen Häresie des Pelagius herstellte (Die schmale Grundlage zu diesem »Gutachten« bildeten vier Predigten des Nestorius, die der genannte Eusebius eingesandt hatte, sowie dessen Brief an den Papst, deren Übersetzung der Diakon Leo, der spätere Papst, übernommen hatte). Doch andererseits geht der Abt von St. Viktor in Marseille, der wegen seines früheren Aufenthalts im Osten als Spezialist für dortige Streitfragen gilt, von einer ähnlichen Einwohnungstheorie Gottes in Christus aus wie Nestorius – nur daß er den Zeitpunkt eindeutig auf die Empfängnis verlegt.
Dennoch geht aus dem Nestorius mitgeteilten Synodendekret hervor, daß – neben den von ihm selbst eingesandten Predigten – Cyrills Unterlagen maßgebend für die Urteilsfindung blieben, denn der Adressat wird aufgefordert, sich dem Glauben Roms und Alexandriens als dem der Universalkirche anzuschließen; die Legitimität der ϑεοτόκος samt der Jungfrauengeburt wird erneut eingeschärft, und eine »Zwei-Söhne-Lehre« strikt abgelehnt. Ähnliche Schreiben ergingen an den Klerus von Konstantinopel und die Patriarchate von Antiochien und Jerusalem, in denen außerdem Cyrill als Stellvertreter des Papstes zur weiteren Behandlung des Falles angekündigt wird. Cyrill selbst erhielt den Auftrag, falls Nestorius nicht innerhalb von zehn Tagen widerrufe, ihn abzusetzen und aus der kirchlichen Gemeinschaft auszuschließen. Doch

vorerst wirkte sein Freund Johannes, Patriarch von Antiochien, auf ihn ein, die Warnung ernstzunehmen und seine Terminologie zu ändern; er machte ihn vor allem darauf aufmerksam, daß mit der Aufgabe des Wortes θεοτόκος der Kern der christlichen Soteriologie bedroht sei. In seinem Antwortbrief zeigt Nestorius sich kompromißbereit, weist aber erneut auf die Gefahren einer arianischen bzw. apollinaristischen Mißdeutung des fraglichen Begriffes hin. Im übrigen deutet er im Bewußtsein, von seinem Klerus unterstützt zu werden, die Möglichkeit eines ökumenischen Konzils an. Zu diesem Zeitpunkt (6. Dezember 430) trafen die Gesandten Cyrills in Konstantinopel ein, die die römischen Schriftstücke, zusammen mit einem eigens durch eine Synode in Alexandrien bestätigten Lehrbrief Cyrills über die orthodoxe Lehre von der Inkarnation zu überbringen hatten. Diesem Lehrbrief, der die Einheit der Person Christi betont heraushob, waren zwölf Anathematismen beigefügt, die die verworfene Lehre genau umschrieben und die Nestorius unterzeichnen sollte, wenn er der Verurteilung entgehen wollte.
Allein, die Gesandtschaft kam zu spät; Nestorius hatte sich zuvor schon an Kaiser Theodosius II. gewandt, um durch ein einzuberufendes Konzil seinen Fall prüfen zu lassen. Da auch die Gegenseite am Ort dieselbe Bitte geäußert hatte, entsprach der Kaiser diesen Wünschen, indem er durch einen Rundbrief (19. November 430) an alle Metropoliten des Reiches ein Konzil für das Pfingstfest des folgenden Jahres einberief. Cyrill von Alexandrien erhielt einen besonders strengen Verweis; infolge der kaiserlichen Unterstützung wiegte sich Nestorius zunächst in Sicherheit, zumal Cyrill in seinem Brief wieder vom Leiden und Sterben »Gottes« sprach und einen Ausdruck (ἕνωσις φυσική) gebrauchte, der scheinbar nach einer Vermischung der Naturen in Christus aussah, was der Einstellung aller antiochenisch Gesinnten widersprach. In einer öffentlichen Predigt (6. Dezember 430) erklärte Nestorius nochmals seine bedingte Zustimmung zum Terminus θεοτόκος sowie seine Sicht der Einheit Christi unter starker Betonung der Verschiedenheit der Naturen. Man fragt sich heute, ob in dieser Klarstellung nicht die Chance zum Ausgleich mit Rom hätte gefunden werden können. Leider erhielt der Papst keine direkte Nachricht darüber.
Was sollte Cyrill in dieser Lage tun? Sollte die Strafsentenz in der angegebenen Frist in Kraft treten, oder sollte Nestorius zuerst auf dem Konzil gehört werden? Caelestin war für Aufschub (Brief an Cyrill, 7. Mai 431); inzwischen sollte alles getan werden, um Nestorius für die Wahrheit zurückzugewinnen. Auch andere Bischöfe, wie Acacius von Beroia und Isidor von Pelusium, riefen Cyrill zur Mäßigung: bei allem Eifer für das Dogma dürfe man die Problematik einer noch ungeklärten Terminologie, die in verschiedenen Formeln denselben Inhalt verbergen könne, nicht übersehen; auf alle Fälle sei der Anschein einer Privatfeindschaft zu vermeiden. An den Kaiser schrieb Caelestin, daß er sich auf dem Konzil durch Legaten (zwei Bischöfe und ein Priester) vertreten lassen wolle. Diese

erhielten die Anweisung, ohne Kontroverse auf eine Anerkennung der römischen Synode hinzuwirken und sich im übrigen ganz auf die Seite Cyrills zu stellen. Bevor es aber dazu kam, riefen dessen Anathematismen den scharfen Einspruch des Patriarchen von Antiochien und anderer Bischöfe hervor: deren Hauptthese über die Einheit Christi schien ihnen die apollinaristische Häresie wiederaufleben zu lassen, indem die menschliche Natur in der göttlichen aufzugehen drohte.

In dieser spannungsgeladenen Lage rückte das vorgesehene Datum der Konzilseröffnung heran (7. Juni 431). Nestorius und Cyrill mit ihrem jeweiligen Anhang waren pünktlich in Ephesus, aber es fehlte noch eine Anzahl von Metropoliten. Nach einigen Tagen wartete man nur noch auf Johannes von Antiochien und die Bischöfe seiner Kirchenprovinz. Inzwischen waren wegen der herrschenden Hitze manche Bischöfe krank geworden, einige sogar gestorben. Als nach vierzehn Tagen sowohl der erbetene Aufschub verstrichen als auch eine ziemlich eindeutige Mahnung der noch Ausstehenden eingetroffen war, nicht länger mit der Konzilseröffnung zu warten, berief Cyrill – trotz des Protestes einiger Bischöfe und des kaiserlichen Vertreters – die erste Sitzung für den 22. Juni ein. Nach einer erneuten Vorstellung des kaiserlichen Statthalters, der vergebens um einen Aufschub von vier Tagen bat, trat die Versammlung, wie vorgesehen, in der Marienkirche zusammen, allerdings ohne Nestorius, der – trotz mehrfacher Aufforderung – nur im Falle der Vollzähligkeit, d. h. aber auch: nicht als Angeklagter bzw. Vorverurteilter, erscheinen wollte. Vorläufig stand er – nach betont unfreundlichem Empfang durch den Ortsbischof, Memnon, einem Freund Cyrills, und dem Verbot, die Kirchen von Ephesus zu betreten – unter kaiserlicher Bewachung, während Cyrill den Vorsitz der Versammlung führte: die Unterschriftenliste der ersten Sitzung zeigt 197 Namen, eine beachtliche Zahl, der aber eine wichtige, sich verweigernde Minderheit entgegenstand. Das eigentliche Verfahren bestand darin, das Glaubensbekenntnis von Nikaia (325) vorzulesen, sozusagen als kanonischen Maßstab. Die versammelten Väter befanden dann den zweiten Brief Cyrills an Nestorius als im Einklang damit stehend, während die Antwort des Nestorius ihm eindeutig widerspreche. Erwartungsgemäß ergab sich daraus die Schlußfolgerung des Anathems über Nestorius und seine Anhänger. Es wurden ferner noch verlesen der Brief des Papstes an Nestorius, der ihm die Entscheidung der römischen Synode mitteilte, sowie der Synodalbrief von Alexandrien mit den zwölf Anathematismen; außerdem wurde die unverändert andauernde Hartnäckigkeit des Betroffenen festgestellt. Eine eigentliche Diskussion der verschiedenen Terminologien bzw. der dahinter stehenden theologischen Ansätze fand nicht statt. Man kann auch bezweifeln, ob das schnelle Vorgehen mit dem Ziel der Bestätigung einer ergangenen Verurteilung den päpstlichen Richtlinien nach einem weiteren Versöhnungsversuch entsprach, zumal die Legaten aus Rom bei Konzilsbeginn auch noch nicht in Ephesus angekommen waren. Doch zunächst lief alles weiter auf der einmal eingeschlagenen Bahn: man verlas eine Menge von Väterzitaten aus Ost und West zur Einheit der Naturen in Christus, denen zwanzig Auszüge aus Nestorius gegenübergestellt wurden. Das Fazit war klar: Absetzung und Kirchenausschluß für Nestorius; eine Abwägung der Authentizität oder Interpretation der Väterlehren sucht man vergebens. Am Abend jubelte das Volk von Ephesus über die getroffene Entscheidung; schließlich war die Stadt *der* Kultort der Gottesmutter.

Als man am nächsten Morgen Nestorius das Ergebnis mitteilte, schickte dieser einen von zehn Bischöfen unterzeichneten Beschwerdebrief an den Kaiser; das gleiche tat der kaiserliche Statthalter Candidian. Auch die Konzilsteilnehmer sandten einen Bericht nach Konstantinopel mit dem Hinweis, daß die beschlossene Sentenz genau der römischen unter Papst Caelestin entspreche. Der Kaiser mißbilligte unzweideutig das bisherige Vorgehen und verlangte eine nochmalige Überprüfung durch alle Bischöfe; bis dahin sollte keiner der Teilnehmer sich entfernen dürfen. Doch als die kaiserliche Gesandtschaft am 6. /7. Juli in Ephesus ankam, hatte sich die Situation schon weiter kompliziert. Denn inzwischen (26. /27. Juni) war Johannes von Antiochien mit mehreren Bischöfen eingetroffen; eine zum Empfang ausgesandte Deputation des Konzils beschied er abweisend, berief vielmehr in seinem Haus unverzüglich eine Gegensynode mit 43 Bischöfen und dem kaiserlichen Vertreter ein, die Cyrill und Memnon als »Arianer und Apollinaristen« ihrerseits absetzte und exkommunizierte (53 Unterschriften). Über Nestorius schwieg man sich aus. Sofort wurden mehrere Briefe nach Konstantinopel ausgefertigt, um diesen Beschluß dort kundzutun. War die Handlungsweise des Cyrill schon von unnötiger Eile gekennzeichnet, so erscheint die seines Amtskollegen völlig unmöglich, zumal die päpstlichen Legaten immer noch ausstanden. Schließlich trafen aber auch diese noch ein, und mit ihrer Billigung berief Cyrill zwei weitere Sitzungen für den 10. und 11. Juli im Hause des Memnon ein. Inhalt der Verhandlungen waren die nochmalige formale Billigung der römischen Synode durch die Konzilsväter sowie der Akten der ersten Sitzung des Konzils (als κανονικῶς) durch die Legaten. Nach öffentlicher Verlesung und mündlicher Zustimmung unterzeichneten letztere die Akten der drei Sitzungen. Man schickte dem Kaiser einen Brief, in dem die einhellige Verurteilung des Nestorius durch Orient und Okzident unterstrichen wurde; gleichzeitig erbat man die Erlaubnis zur Wahl eines neuen Bischofs von Konstantinopel und zur Heimkehr der Konzilsteilnehmer. Am 16./17. Juli legte das Konzil zudem noch Verwahrung gegen die Maßnahmen des Johannes von Antiochien ein: quasi eine Vorstufe zu dessen Exkommunikation. Schließlich wurde am 22. Juli ein in Konstantinopel für die Wiederaufnahme von Häretikern gebräuchliches, stark von antiochenischer Theologie geprägtes Glaubensbekenntnis verurteilt.

Dem Kaiserhof kam es nun zu, nicht nur die Verwirrung, sondern auch die entstandenen Feindschaften wieder zu überwinden. So setzte der neuernannte

kaiserliche Statthalter, Johannes, zunächst einmal alle drei abgesetzten Bischöfe – Nestorius, Cyrill, Memnon – fest. Doch während die beiden letzten nach kurzer Zeit ihren Sitz und damit ihre Freiheit zurückerhielten (Cyrill hatte eine Fluchtmöglichkeit entdeckt und war am 30. Oktober wieder in Alexandrien), erkannte der Kaiser, daß Nestorius nicht mehr zu halten war, und schickte ihn im September in sein Herkunftskloster nach Antiochien zurück; am 25. Oktober wurde sein Nachfolger Maximian geweiht.
Damit waren die Auseinandersetzungen um die Lehrfragen aber nicht beendet. Vor allem die unterlegene Minderheit wollte sich nicht zur Wiederaufnahme der kirchlichen Gemeinschaft mit Cyrill verstehen, solange dieser nicht seine zwölf Anathematismen zurücknehme. Umgekehrt erhielt der Papst weder Kenntnis vom Text dieser Anathematismen – erst 553 auf dem fünften ökumenischen Konzil wurden sie kirchenamtlich gebilligt – noch von dem dadurch entfachten Streit. In den letzten Briefen aus Rom (15. März 432) nach Konstantinopel zeigte sich Caelestin nur erfreut über die Absetzung des Nestorius und forderte dessen Verbannung an einen entfernten, einsamen Ort; doch schon am 27. Juli 432 ereilte ihn der Tod. Endlich zeigten sich die Antiochener kompromißbereit, die Absetzung des Nestorius hinzunehmen, wenn Cyrill sich zugunsten des gemeinsamen Glaubensbekenntnisses von Nikaia von seinen dogmatischen Schreiben distanziere. Es kam dann zu einer Vermittlungsformel (433), mit der Cyrill ohne formalen Widerruf doch auf einige Grundlinien der antiochenischen Theologie einschwenkte. Zuvor hatte er aber schon durch reiche Geschenke an den Kaiserhof gute Stimmung für sich erzeugt. Mit einem berühmt gewordenen Brief (Laetentur caeli, Frühjahr 433) stellte Cyrill dann den wiedergeschenkten Kirchenfrieden zwischen den bedeutenden Zentren des Orients, Antiochien und Alexandrien, heraus. In seinem apologetischen Alterswerk »Liber Heraclidis« wird Nestorius später feststellen, daß er seinerseits ohne Zögern der nachträglichen Kompromißformel zugestimmt hätte; doch diese war schließlich keine Konzilsentscheidung, tadelte auch weder die Texte von 431 noch die Schreiben Cyrills. So blieb in der Hauptsache alles beim alten. Weitere Ereignisse dieser Epoche können wir übergehen, um zu Nestorius selbst zurückzukehren.
Nach dem wiedergefundenen Kirchenfrieden und der damit allgemein akzeptierten Absetzung des Nestorius erließ der Kaiser im Herbst 435 zwei Dekrete, die Nestorius für ewige Zeiten nach Petra (Südpalästina: Wadi Musa) zu verbannen, seine Güter zugunsten der Kirche einzuziehen, seine Schriften zu vernichten und seine Anhänger in Zukunft mit dem Schimpfnamen »Simonianer« (nach dem Häresiarchen Simon Magus) zu benennen befahlen. Nachdem Nestorius in Antiochien vier ruhige Jahre verbracht hatte, blieb er in Petra wenn überhaupt, dann nur kurze Zeit, in der allerdings seine erste Verteidigungsschrift (Tragoedia) entstand; dann (nach 439) finden wir ihn – nach dem Zeugnis des Kirchenhistorikers Sokrates – in der Großen Oase (Oberägypten/westl. von Luxor). Diese Wüstengegend war als Aufenthaltsort für Strafgefangene und in Ungnade gefal-

lene Hofbeamte vorgesehen. Dort erhielt er durch die wenigen Freunde, die ihm noch geblieben waren, die Akten des Konzils von Ephesus sowie des späteren »Räuberkonzils« (449), ferner den dogmatischen Brief Leos I. an Flavian – alle wichtige Meilensteine der Dogmenentwicklung –, unter deren Verwendung er auch seine zweite Apologie, den »Liber Heraclidis« (H. = Pseudonym), abfassen konnte. Darin sieht er – neben der dogmatischen Rechtfertigung – in seinem Schicksal der Vertreibung und Verfemung eine Parallele zu dem Unrecht, das seinen Vorgängern Athanasius von Alexandrien, Johannes Chrysostomus und dem Amtsbruder Flavian von Konstantinopel (gest. 449) angetan wurde.

Die letzten Lebensjahre des Nestorius waren besonders bitter: räuberische Einfälle benachbarter Stämme, Verschleppung, mehrfache Umsiedlung, zuletzt ein vergebliches Gnadengesuch ließen ihn äußerlich und innerlich nicht zur Ruhe kommen. Um 451 ist er vermutlich in der Gegend von Panopolis (Oberägypten) gestorben, einsam und vergessen: die Berichte darüber sind widersprüchlich. Eine angebliche Einladung zum Konzil von Chalkedon (451) ist mehr als unwahrscheinlich. – Es bleibt noch festzuhalten, daß die bis heute in kleiner Zahl (ca. 80 000) bestehende Kirche der Nestorianer, die bis zum 13. Jahrhundert eine große Blütezeit kannte, keine Stiftung des Nestorius ist, sondern erst lange nach seinem Tode aus Resten der antiochenischen Opposition in Persien entstand, wobei sowohl der politische wie der religiöse Gegensatz zum byzantinischen Reich eine Rolle spielten.

Betrachten wir zum Schluß noch einmal die theologische Kernfrage aus damaliger und heutiger Sicht. Wäre eine Revision des 431 ergangenen Urteils möglich? Die emotionale Sprengladung lag zweifellos in der anfänglich offenen, später abgemilderten, aber bis zuletzt aufrechterhaltenen Bestreitung des Titels »Theotokos« (ab dem 3. Jahrhundert nachweisbar) durch Nestorius. Nicht daß er damit etwas völlig Neues gesagt hätte – bei seinem großen Vorbild Theodor von Mopsuestia finden sich fast die gleichen Worte, und dieser war 428 im Frieden mit der Kirche gestorben. (Er soll allerdings – so Johannes von Antiochien – seine anstößigen Äußerungen nach einer Ermahnung zurückgezogen haben; im übrigen wurde man auf Theodor von Mopsuestia erst im Gefolge der Auseinandersetzungen um Nestorius aufmerksam, nämlich nach dem Versöhnungsakt von 433). Aber mit Nestorius wurde das Thema erstmals Gegenstand einer gesamtkirchlichen Diskussion und offenbarte damit gleichzeitig das ungenügende metaphysische Fundament der antiochenischen Theologie. Subjektiv schätzte Nestorius den Wert der Orthodoxie so hoch ein, daß er in seinem Alterswerk in das Opfer seiner Person einwilligte, wenn nur sein sachliches Anliegen damit gerettet würde. Niemand wollte auch je im Ernst bestreiten, daß Nestorius – aus seiner Sicht zum Wohle der Kirche – ein echtes Anliegen hatte, dem im übrigen die Lauterkeit seiner Lebensführung entsprach. Aus entschiedener Gegnerschaft zu Behauptungen der Arianer und Apollinaristen, die aus je andersartigem

Ansatz doch zu dem fast gleichlautenden Schluß gekommen waren, daß in Christus der Logos die Stelle der menschlichen Seele eingenommen habe, und man folglich mit Recht sagen könne: Jesus ist Gott, oder: Gott leidet und stirbt, kam Nestorius zu seiner Erkenntnis, daß in Christus Menschheit und Gottheit streng getrennt betrachtet werden müssen und die Einheit beider keinesfalls im Bereich der Natur – nach dem Vorbild: Leib–Seele – gesucht werden dürfe. »Gott ist mit dem gekreuzigten Fleische vereinigt worden, aber er hat nicht mit ihm gelitten« (Loofs, 262). Um die Integrität beider Naturen auch nach der Menschwerdung zu retten, teilt er beiden den Charakter eines πρόσωπον zu, wobei die Personeinheit durch ein weiteres πρόσωπον der Vereinigung (συνάφεια) in willentlicher (ἕνωσις κατ' εὐδοκίαν), d. h. nicht naturnotwendiger Setzung gewährleistet sein soll. Nestorius hat niemals gelehrt – wie seine Gegner es ihm ständig unterschieben –, daß wir in Christus einen bloßen Menschen (ψιλὸς ἄνθρωπος) oder zwei unverbundene Söhne Gottes zu sehen hätten. Doch wie er das Ungenügen seines πρόσωπον-Begriffes nicht einzusehen vermochte, ebensowenig wurde ihm klar, daß der zunächst zweideutige Begriff der ἕνωσις φυσική(bzw. καθ' ὑπόστασιν) seines Gegenspielers Cyrill – trotz eines anderen Ausgangspunktes – eben auch eine *Person*einheit meinte. Hier liegt die eigentliche Tragödie des gegenseitigen Mißverständnisses, das immer nur verschärft, aber nie aufgearbeitet wurde. Man darf bei einer Beurteilung aus heutiger Sicht nie vergessen, daß vor Chalkedon (451) die Begriffe φύσις, ὑπόστασις, πρόσωπον noch teils synonym, teils jeweils mehrdeutig gebraucht wurden. Was die Schulen von Antiochien und Alexandrien unterschied, war der je verschiedene Grundansatz zu dem »Wie« der Einheit in Christus. Während die erste – allergisch gegen jede Art der Vermischung – die bleibende Integrität und Verschiedenheit der beiden Naturen in dem einen Christus betonte und deshalb zwangsläufig den Akzent auf die Menschheit Christi legen mußte, unterstreicht die zweite die Einheit der Naturen unter Führung des Logos, der im Extremfall (Apollinaris, z. T. auch Cyrill) die Rolle der menschlichen Seele übernimmt und landet darum ebenso folgerichtig bei einem Vorrang der Gottheit. Beide Schulen bergen ihre Gefahren der Einseitigkeit (Verschiedenheit – Einheit), beide haben aber auch unleugbare Verdienste.

Untersucht man Nestorius theologiegeschichtlich, so muß man sagen, daß er die klassische christologische Formel von Chalkedon mitvorbereitete (im »Liber Heraclidis« glaubt er sich mit Leos Brief an Flavian wie auch mit der Konzilsdefinition selbst durchaus konform). Auf der Suche nach der ontologischen Einheit Christi kam er von allen Antiochenern am weitesten, obwohl an ihr der Anschein des nur Äußerlichen haften blieb. Er erkannte richtig, daß Einheit und Verschiedenheit in Christus auf unterschiedlichen Ebenen zu suchen sind. Doch es fehlt ihm die Einsicht in den Vorrang des Logossubjekts; Logos und Christus bleiben zu sehr getrennt, so daß aus dieser Aporie die Wirksamkeit des Heilswerkes Christi in Frage gestellt erscheint. Immerhin, auf diesem Felde liegt die bleibende

Leistung des Nestorius, und hier ist zumindest eine teilweise Rehabilitation möglich, ja notwendig.
Aus dem Blickwinkel der Dogmengeschichte ergibt sich jedoch ein anderes Bild: Nestorius wird mehrmals verurteilt als Adoptianist bzw. wegen seiner Nichtübereinstimmung mit Nikaia. Das wird zwar nicht näher umschrieben, aber der Schluß liegt nahe, daß die Verurteilung das mangelnde Verständnis der communicatio idiomatum, d. h. des gegenseitigen Austausches der Eigenheiten beider Naturen nach der Inkarnation, meint. Darum sein hartes Nein zur θεοτόκος, deren Verehrung durch die kerygmatisch-liturgische Tradition der Kirche längst fest verankert war; darum seine Weigerung, den in der Empfängnis mit dem Logos vereinigten Menschen Jesus als Gott zu sehen und so auf Maria zu beziehen. In diesen Punkten bleibt die Verurteilung der Irrlehre bestehen, die ja letztlich nur dem ausgesprochenen (oder geschriebenen) Wort, nicht der dahinterstehenden Person gilt. Das wenn auch unzureichend vorgebrachte Anliegen des Nestorius bleibt relevant und wird seinen Namen weiter durch die Geschichte tragen. Schon die Brüskierung des ganzen Abendlandes und seiner Tradition im sog. Dreikapitelstreit unter Kaiser Justinian I. hat gezeigt, wie notwendig das Gegengewicht der antiochenischen Schule war; und für die Zukunft wird das ökumenische Gespräch mit den Ostkirchen, besonders den Vorchalkedoniern, sicher noch seiner bedürfen.

Werke

Mit Ausnahme des Ende des 19. Jahrhunderts für die Wissenschaft wiederentdeckten »Liber Heraclidis« (in syrischer Übersetzung) fielen fast alle Werke des Nestorius der Vernichtung anheim und sind darum nur noch in Fragmenten erhalten.

Liber Heraclidis:
F. Nau: Le livre d'Héraclide de Damas. Paris 1910 (französische Übersetzung zusammen mit anderen Texten).
G. R. Driver – L. Hodgson: The Bazaar of Heracleides. Oxford 1925 (engl. Übersetzung).
Fragmente:
F. Loofs: Nestoriana. Halle 1905.
Ergänzungen zu Loofs: J. Lebon: Fragments syriaques de Nestorius dans le »Contra Grammaticum« de Sévère d'Antioche. In: Muséon 3 (1923), 47–65.
A. v. Roey: Two New Documents of the Nestorian Controversy. In: Studia Patristica 7 (1966), 308–313.

Darstellungen

Die Literatur über Nestorius kreist seit der kritischen Edition der Fragmente (1905) und des »Liber Heraclidis« (1910) fast ausschließlich und mit wachsendem Tiefgang um das Problem seiner möglichen Rehabilitation als orthodoxer Theologe.

Abramowski, L.: Untersuchungen zum Liber Heraclidis des Nestorius. Louvain 1963 (Literarkritik zur Frage der Authentizität bzw. der Interpolationen).

Amann, E.: Nestorius. In: Dictionnaire de Théologie Catholique, Bd. 11, Paris 1931, 76–157.

Amann, E.: L'affaire de Nestorius vue de Rome. In: Revue des sciences religieuses 23 (1949), 5–37; 207–244; 24 (1950), 28–52; 235–265 (vgl. die Kritik von L. Ciccione in: Divus Thomas 54, Piacenza 1951, 33–50).

Anastos, M. V.: Nestorius was orthodox. In: Dumbarton Oaks Papers 15 (1962), 119–140.

Bethune-Baker, J. F.: Nestorius and his Teaching. Cambridge 1908.

Braaten, C. E.: Modern Interpretation of Nestorius. In: Church History 32 (1963), 251–267.

Camelot, P.–Th.: Ephesus und Chalkedon. Mainz 1963, 15–83; 225–251.

Chadwick, H.: Eucharist and Christology in the Nestorian Controversy. In: Journal of Theological Studies 2 (1951), 145–164.

Fendt, L.: Die Christologie des Nestorius. Kempten 1910.

Grillmeier, A.: Das Scandalum Oecumenicum des Nestorius in kirchlich-dogmatischer und theologiegeschichtlicher Sicht. In: Scholastik 36 (1961), 321–356.

Grillmeier, A.: Zum Stand der Nestoriusforschung. In: Theologie und Philosophie 41 (1966), 401–410.

Grillmeier, A.: Das Scandalum Oecumenicum des Nestorius und das Konzil von Ephesus (431). In: Jesus Christus im Glauben der Kirche. Bd. 1, 2. Aufl. Freiburg-Basel-Wien 1982, 637–691.

Jugie, M.: Nestorius et la controverse nestorienne. Paris 1912.

Klauser, Th.: Gottesgebärerin (ϑεοτόκος). In: Reallexikon für Antike und Christentum, Bd. 11, Stuttgart 1981, bes. 1080–1087.

Loofs, F.: Nestorius and his Place in the History of christian Doctrine. Cambridge 1914.

Pesch, C.: Nestorius als Irrlehrer. Paderborn 1921.

Ristow, H.: Der Begriff πρόσωπον in der Theologie des Nestorius. In: Berliner byzantinistische Arbeiten 5 (1957), 218–236.

Schwartz, E.: Die sog. Gegenanathematismen des Nestorius. In: Sitzungsbericht der bayerischen Akademie der Wissenschaften, Philosophisch-historische Klasse. München 1922, 1.

Scipioni, L. I.: Nestorio e il concilio di Efeso. Mailand 1974 (neueste Synthese, vgl. die Kritik von R. Wejenborg, in: Antonianum 51, 1976, 293–301 und von G. Jouassard in: Revue d'histoire ecclésiastique 74, 1979, 346–348.

Winkelmann, F.: Die östlichen Kirchen in der Epoche der christologischen Auseinandersetzungen (5. bis 7. Jahrhundert). Berlin 1980, 31–38; 76–81.

Cyrill von Alexandrien

von Hermann-J. Vogt

Das Verständnis der Inkarnation, wie es sich in der Väterzeit gebildet hat, ist mehr als irgend einem anderen Theologen Cyrill von Alexandrien zu verdanken. Cyrills Lehren sind auch in die Frömmigkeitsgeschichte der ganzen Kirche eingegangen (Wickham, XI). Bis heute berufen sich die altorientalischen Kirchen auf Cyrills Mia-Physis-Formel von der einen Natur des fleischgewordenen Logos. Obwohl manches verlorengegangen, einiges nur syrisch erhalten ist, füllen Cyrills Werke zehn Bände der Patrologia Graeca (PG); übertroffen wird er nur von Augustinus und Johannes Chrysostomus.
Cyrill muß, als er im Jahre 412 Nachfolger seines Onkels Theophilus als Erzbischof von Alexandrien wurde, mindestens 30 Jahre alt gewesen, also zwischen 375 und 380 geboren sein. Von seiner Kindheit und seiner Jugend wissen wir nur, daß sein Onkel, den er im Jahre 403 zur sogenannten Eichen-Synode begleitete, auf welcher Johannes Chrysostomus verurteilt wurde, auf seine Erziehung großen Einfluß genommen hat. Sein gutes Verhältnis zu den Mönchen Ägyptens beweist nicht, daß er längere Zeit in einem Kloster verbracht hat. Was er in seinem großen Werk gegen Julian Apostata an philosophischen und literarischen Kenntnissen ausbreitet, ist wohl nur zu diesem Zweck angelesen. Wie er in seinem 12. Osterfestbrief die philosophische Technik des Definitionsverfahrens durch Gattung und artbestimmenden Unterschied heranzieht, zeigt, daß ihm das Philosophieren nicht eben selbstverständlich war. Daß er in der Auseinandersetzung mit Nestorius die Unterscheidung der Naturen in Christus mit der Mia-Physis-Formel zu vereinbaren sucht, läßt vermuten, daß er eine sorgfältige Schulbildung, in der man mit Begriffen umgehen lernte, nicht genossen hat. Gebildet hat er sich im wesentlichen an den Werken seines großen und verehrten Vorgängers Athanasius; wenn ihm auch die Spekulationen des Origenes fernliegen, so hält er sich doch als Exeget meist an dessen allegorische Methode. Cyrill beherrschte soviel Latein, daß er wohl sogar exegetische Werke des Hieronymus lesen konnte.
Der Kirchenhistoriker Sokrates, der Cyrill wegen dessen Vorgehen gegen die Novatianer gram ist, behauptet, Cyrill habe von Anfang an die Grenzen des kirchlichen Bereiches überschritten und sich in die weltlichen Dinge eingemischt; er habe die Kirchen der Novatianer in Alexandrien geschlossen und all

ihren Besitz für die Catholica beansprucht (Kirchengeschichte VII, 5). Als Vergeltung für einen jüdischen Angriff auf eine christliche Gemeinde soll Cyrill sogar alle Juden aus Alexandrien vertrieben haben (ebda. VII, 13). Diese Vorfälle verursachten zwischen Cyrill und dem Präfekten von Ägypten erhebliche Spannungen; Cyrills Versuche, mit ihm wieder ein gutes Einvernehmen herzustellen, seien gescheitert. Das Volk vermutete hinter der feindlichen Haltung des Präfekten dem Bischof gegenüber die bedeutende Philosophin Hypatia, zu deren Vorlesungen Schüler aus der ganzen römischen Welt kamen und die beim Präfekten in hohem Ansehen stand. Als sie von einer christlichen Meute unter Führung eines Lektors der alexandrinischen Kirche verschleppt und ermordet wurde, fiel Verdacht auf Cyrill; er scheint jedoch für den Vorfall nicht verantwortlich gewesen zu sein.

Da das Werk über die Dreifaltigkeit (»Thesaurus de sancta et consubstantiali trinitate«, PG 75, 9–656) weitgehend an den Reden des Athanasius gegen die Arianer inspiriert und kaum von eigenen Gedankengängen geprägt ist, wird man darin Cyrills Erstlingswerk erblicken dürfen. Die sieben Dialoge über die Dreifaltigkeit (PG 75, 657–1124) verraten größere Eigenständigkeit, sicheren Umgang mit dem theologischen Gedankengut und literarische Gestaltung des Stoffes und sind also wohl später anzusetzen, aber vor dem Ausbruch des nestorianischen Streites im Jahr 428. Ebenfalls in die Frühzeit gehören mehrere große Werke über alttestamentliche Gegenstände: die Schrift »Über die Anbetung im Geist und in der Wahrheit«, die kein Kommentar des Pentateuch ist, sondern ausgewählte Stellen behandelt, die sogenannte »Glaphyra« (etwa mit »Stickerei« zu übersetzen), die schon eher einen Kommentar darstellt, aber doch nicht streng dem Text des Alten Testamentes folgt, und schließlich die Kommentare zu den Psalmen, zu Jesaja und zu den zwölf kleinen Propheten. Das erstgenannte Werk muß wohl als eine Theologie des Alten Testamentes verstanden werden (Young, 247), in welcher das Verhältnis des Christentums zum Gesetz behandelt und gezeigt wird, daß alle Gesetzesvorschriften geistlich verstanden werden können und müssen; Abrahams Auszug und der Exodus aus Ägypten sind die großen Beispiele göttlicher Gnadenerweise. Cyrill interessiert sich weder für die Schöpfungsgeschichte noch speziell für die Erschaffung des Adam, sondern für den Gedanken der Anakephalaiosis (recapitulatio), den schon Irenäus entfaltet hatte, daß nämlich Christus, der zweite, neue Adam durch sein Erlösungswerk die Menschheit in den ursprünglichen Zustand zurückführt. Cyrill scheint sich nicht sicher zu sein, ob der Mensch durch die Sünde die Gottebenbildlichkeit ganz verloren hat oder ob sie nur verdunkelt wurde; in den meisten Fällen vertritt er aber die erste Auffassung; eine Unterscheidung zwischen der verlorengegangenen Gottähnlichkeit und dem erhaltengebliebenen Gottesbild im Menschen lehnt er ab (Durand 1964, 89).

Der große Johanneskommentar (1 ½ Bände der PG) zeigt starkes dogmatisches Interesse; Cyrill bekämpft die Arianer, aber auch etwa die Lehre von der

Präexistenz der Seelen. Natürlich spielt die Christologie eine große Rolle; hier schon läßt Cyrill sich von der Perspektive des Philipperhymnus (Phil. 2,5–11) leiten, in welchem von der freiwilligen Erniedrigung dessen die Rede ist, der in Gottesgestalt war, aber Knechtsgestalt angenommen hat. Cyrill protestiert gelegentlich schon hier gegen jede Form einer Trennungschristologie, läßt also sein erst in der Auseinandersetzung mit Nestorius zutage tretendes Hauptinteresse erkennen. Auch im achten Osterfestbrief für das Jahr 420 bekämpft Cyrill mit Nachdruck jede Form von Trennung in Christus. Da es Joh. 6,62 heißt, der Menschensohn werde dorthin aufsteigen, wo er früher war, fragt Cyrill, ob wirklich der Menschensohn früher schon im Himmel war; im Himmel sei doch nur der Gott-Logos gewesen; trotzdem werde dem Menschensohn die Rückkehr in den Himmel zugeschrieben. Die Evangelisten – aber auch Paulus – hätten den Christus, d. h. das Göttliche und das Menschliche, so sehr als Einheit angeschaut, daß sie von beiden Naturen her die Namen für das einzige Subjekt nehmen konnten. Die Christologie ist aber nicht das durchgehende Anliegen der Osterfestbriefe. Im 11. Brief klingt sie zwar an, im 12. Brief aber stürzt Cyrill sich in eine lange Bekämpfung der Vielgötterei, bzw. der inneren Gespaltenheit; offenbar gab es in Alexandrien halbherzige Christen, die gleichzeitig alten heidnischen Bräuchen anhingen. Erst der Osterfestbrief Nr. 15 für das Jahr 427 verrät erneut christologisches Interesse, und im 17. Brief für 429 wird die Auseinandersetzung mit Nestorius deutlich, d. h. Cyrill verteidigt den Titel Gottesmutter für Maria.

Die Basis für den christologischen Streit liefern die schon genannten sieben Dialoge über die Trinität; da beweist Cyrill, daß der Sohn gleichewig ist wie der Vater, daß er von ihm der Natur nach gezeugt, daß er wahrer Gott, daß er nicht geschaffen ist, daß ihm alle göttlichen Eigenschaften von Natur aus zukommen; während der siebte Dialog die Göttlichkeit des Hl. Geistes zeigt, ist der sechste mehr christologisch und erklärt, wie dem Gottessohn menschliche Eigenschaften zugeschrieben werden können, nämlich in der »Oekonomie« (d. h. in der Heilsgeschichte), aufgrund der Inkarnation (Durand 1976, 128). Auch Cyrills in vollem Sinne christologischer Dialog über die »Menschwerdung des Eingeborenen« scheint in diese Frühzeit zu gehören (Durand 1964, 42ff). So hatte Cyrill ein Werk zur Hand, das er nach Ausbruch des nestorianischen Streites in die Debatte werfen konnte und zwar umso leichter, als es bis dahin noch nicht publiziert war. Cyrill nimmt nur kleine Veränderungen vor, allenfalls Akzentverschiebungen, tilgt den Dialogcharakter und sendet das Werk als Schrift »Über den rechten Glauben« an den Kaiser. Cyrill bekämpft darin nacheinander den Doketismus, die Lehren, der Logos selbst habe sich in Fleisch verwandelt, er habe erst mit seiner menschlichen Empfängnis zu existieren begonnen, er sei nur ein unpersönliches Wort Gottes, und an fünfter Stelle den Apollinarismus, d. h. jene Christologie, die im Menschen Jesus an Stelle der Geist-Seele den Logos am Werk sieht; mehr als die Hälfte des Dialoges nimmt aber die Bekämpfung der sechsten christologischen Irrlehre ein, nämlich der Trennung zwischen dem Logos und dem Menschen Jesus. In diesem Werk überwindet Cyrill die traditionelle Schwäche der alexandrinischen Christologie, die seit Athanasius der menschlichen Seele Jesu weder anthropologische noch gar soteriologische Bedeutung beimaß. Cyrill erklärt, daß der Logos seinem Leib nach der Auferstehung die Unverweslichkeit, der Seele die Beständigkeit Gottes schenkt und beides auf das Menschengeschlecht übergehen läßt. Außerdem läßt sich der Abstieg Christi in die Unterwelt nur verstehen, wenn seiner Seele eine aktive Rolle zugeschrieben wird; denn weder ist der Logos als solcher noch der Leib Christi in den Hades hinabgestiegen, sondern die Seele Christi hat dort den Toten gepredigt (1. Petr. 3,18).

Cyrill hatte schon in seinem Osterfestbrief von 420 auf das aufmerksam gemacht, was später Idiomenkommunikation heißt, nämlich, daß über den Christus entsprechend den beiden Naturen Aussagen gemacht werden können, daß also Göttliches vom Menschen Jesu und Menschliches vom Logos ausgesagt wird. Hier in seinem Dialog über die Menschwerdung befaßt Cyrill sich nun auch gewissermaßen theoretisch mit der Idiomenkommunikation, indem er zunächst deren Grenzen absteckt. Auf die Frage seines Gesprächspartners: »Werden wir den Emmanuel also als Menschen anbeten?« antwortet Cyrill mit scharfer Ablehnung (Durand 1964, 258); vielmehr gilt: »Um vernünftig zu sein, müssen wir den Sohn als Gott von Natur aus anbeten, auch wo er sich in unserer Gestalt zeigt« (ebda. 260). »Der Logos, da er Gott ist, dürfte wohl nicht sterben, noch auch dürfte der Mensch, der uns ähnlich ist, als Schöpfer des All angesehen werden, wenn er nicht als Gott geschaffen hätte und wenn er nicht nach der Vereinigung nicht mehr ohne das Fleisch gedacht werden darf; als Erstgeborener aus den Toten aber [wird er gedacht], weil er als Mensch erschienen ist, ohne das Gottsein durch die Menschwerdung abzulegen« (ebda. 284f). Die reale Seite der Idiomenkommunikation kann Cyrill so ausdrücken: »Er ist also sowohl Schöpfer auf göttliche Weise als auch lebensspendend als Leben, andererseits aber zusammengesetzt aus menschlichen Eigenschaften und aus solchen, die über dem Menschen sind, und so etwas Mittleres« (ebda.) Wichtiger aber scheint ihm die Idiomenkommunikation als Sprachregelung zu sein: »Der Logos faßt beides in eins zusammen und vermischt gewissermaßen miteinander die Eigenschaften der Naturen.« Dies könne man an vielen Stellen der Hl. Schrift sehen, wenn Jesus z. B. dem Nikodemus sagt: Keiner ist in den Himmel hinaufgestiegen als nur der, der aus dem Himmel herabgestiegen ist, der Menschensohn. Aber nicht nur der Heiland selbst spricht so über sich, sondern der Evangelist Johannes hält sich an die gleiche Regel. »Er faßt die Naturen zusammen und behandelt die Kraft der einer jeden [Natur] zukommenden Eigenschaften wie ein Sammelbekken« (ebda. 294).

Mag Cyrill auch persönliche oder kirchenpolitische Gründe für eine Auseinandersetzung mit Nestorius, dem Bischof der Hauptstadt, gehabt haben, der Streit brach aus durch die von Nestorius auf dem Gebiet des Glaubens oder doch der Verkündigung und Frömmigkeit eingeführte Neuerung, daß er nämlich die Gläubigen lehrte oder belehren ließ, Maria dürfe nicht »Gottesgebärerin« (theotokos) genannt werden. Der Kirchenhistoriker Sokrates spricht Nestorius von persönlichem Irrglauben frei, wirft ihm aber ausdrücklich Neuerung vor, weil die Gläubigen bisher belehrt worden waren, Christus als Gott anzuerkennen und seine Menschheit von seiner Gottheit nicht zu trennen (Kirchengeschichte VII, 32). Cyrill warnt in seinem Osterfestbrief für das Jahr 429 die Gläubigen von ganz Ägypten und in einem großen Brief die Mönche vor einer solchen Lehre und verteidigt ausdrücklich den Titel »Gottesgebärerin« für Maria. Dabei geht es ihm, wie man aus seinen vorausgegangenen Schriften entnehmen kann, durchaus nicht um Marienverehrung, sondern um Christus, genauer gesagt um den Erlösungsglauben. Wenn Maria nicht Gottesmutter genannt werden darf, dann ist der Gottessohn nicht wirklich Mensch geworden, dann hat er nicht für uns gelitten, uns nicht erlöst, uns nicht das Leben gebracht. In seinem zweiten Brief an Nestorius legt Cyrill das Glaubensbekenntnis der großen Synode, nämlich der von Nicäa, aus – von einer zweiten ökumenischen Synode in Konstantinopel im Jahre 381 weiß er nichts; er versteht den zweiten Artikel so als eine einzige Glaubensaussage, daß der erste Teil, wo es um die Präexistenz des Gottessohnes geht, insgesamt das Subjekt, der zweite Teil, wo von seiner menschlichen Geschichte gesprochen wird, die Satzaussage bildet: Der Sohn des Vaters, der nicht geschaffen, sondern gezeugt und eines Wesens mit ihm ist ..., ist um unseres Heiles willen vom Himmel herabgestiegen, ist Mensch geworden, hat gelitten, ist auferstanden am dritten Tage, in die Herrlichkeit des Vaters zurückgekehrt ... Nestorius belehrt Cyrill in seinem zweiten Brief, das Glaubensbekenntnis sei anders zu verstehen. Die Väter hätten eine doppelte Reihe von Aussagen gemacht und als Subjekt dafür den Ausdruck »der Sohn, unser Herr Jesus Christus« verwendet, weil darin von vornherein das Göttliche und das Menschliche zusammengefaßt seien, so daß dann von diesem Subjekt beide Aussagen, nämlich die Hoheitsaussagen und die geschichtlichen Niedrigkeitsaussagen, gemacht werden könnten. Nestorius versucht also, die Glaubensaussage als ein quasianalytisches Urteil darzustellen und dadurch gewissermaßen das Ärgernis zu beseitigen. Man erkennt, daß er in jener antiochenischen Tradition steht, die auf den Spott Julians, des Apostaten, über die Galiläer, die einen Gekreuzigten als Gott verehrten, mit scharfer Unterscheidung zwischen dem Menschlichen und dem Göttlichen in Christus antwortete. Für Cyrill dagegen ist die Glaubensaussage ein synthetisches Urteil, in welchem mit dem göttlichen Subjekt menschliche Prädikate verbunden werden; Cyrill hält am Ärgernis des Kreuzes fest und hält ihm stand.

Cyrill wandte sich nun nach Rom, um Papst Cölestin von den Vorgängen im Osten zu informieren. Er wußte offenbar, daß die Kenntnis des Griechischen in Rom sehr gering war; deswegen sandte er seine Briefe in lateinischer Übersetzung nach Rom und fügte ihnen außerdem ein Konvolut von ebenfalls ins Lateinische übersetzten Auszügen aus Nestoriuspredigten bei. Papst Cölestin hielt im Jahre 430 eine Synode in Rom ab und schrieb dem Nestorius, er müsse binnen zehn Tagen nach Erhalt des Schreibens seine Irrtümer verwerfen und ausdrücklich so lehren, wie die römische, die alexandrinische und die ganze katholische Kirche lehrte. Dieser Brief wurde aber nicht direkt an Nestorius gesandt, sondern an Cyrill, der für seine Weiterleitung nach Konstantinopel und gegebenenfalls für die Einsetzung eines Nachfolgers sorgen sollte. Cyrill hielt seinerseits in Alexandrien eine Synode, als deren Ergebnis er seinen dritten Brief an Nestorius absandte, dem die zwölf sogenannten Kapitel oder Anathematismen angehängt sind. Cyrill mochte davon überzeugt sein, daß die päpstliche Anweisung der Konkretisierung bedürfe. Diese lieferte er in den zwölf Kapiteln, freilich in einer wohl nicht allgemein katholischen, sondern eher alexandrinischen Theologensprache. Man kann auch schon im dritten Brief Verschärfungen oder Vergröberungen über den zweiten Brief hinaus entdecken; dort hieß es nur mehrfach, der Logos habe sich mit einer menschlichen Leiblichkeit »kath'-hypostasin« (dem Seinsbestand nach) verbunden, jetzt wird nicht nur dieser Ausdruck wiederholt, sondern darüber hinaus gesprochen von einer Einigung »kata physin«, einer Einigung, die der Natur entspricht, ja sogar von einer »henosis physike«, von einer Natureinigung in Christus. Freilich antwortet Cyrill mit diesen Formulierungen in der Hitze der Polemik, wo der Glaube selbst auf dem Spiel zu stehen schien, auf Behauptungen des Nestorius, zwischen den beiden Naturen in Christus sei nur ein Zusammenhaften anzunehmen, bzw. eine Vereinigung, die auf der Ebene der Würde, des Ansehens oder der Macht liegt (vgl. 3. Anathematismus). Cyrill erregte im ganzen Orient, also im Patriarchat Antiochien, großes Ärgernis, vor allem mit dem Ausdruck »Natureinigung«. Die Orientalen verstanden ihn so, als wolle er das, was doch ganz göttliches Gnadengeschenk ist, die Inkarnation nämlich, auf die Ebene von Naturnotwendigkeiten, von physischen Vorgängen herabziehen.

Der erste Anathematismus stellt sicher, daß die heilige Jungfrau Gottesgebärerin genannt werden kann, macht aber deutlich, daß es hier nicht um Mariologie geht, sondern um Christologie; Maria soll nämlich deshalb Gottesgebärerin genannt werden, weil man bekennen muß, daß der Emmanuel, der Christus also, in Wahrheit Gott ist. Die Anathematismen wurden gelegentlich fast bewußt mißverstanden. Cyrill erklärt im 11. Anathematismus: In der Eucharistie haben wir das lebensspendende Fleisch des Herrn vor uns, welches zu betrachten ist als das Fleisch des aus dem Vater stammenden Gott-Logos selbst, und nicht etwa als das Fleisch eines Menschen, der nur der Würde nach oder durch göttliche Einwohnung mit ihm verbunden wäre. Theodoret von Kyrrhos behauptete, Cyrill leugne die menschliche Seele des Heilandes, weil er nur von seinem Fleisch spreche, er sei also Apollinarist. Im Zusammenhang mit der Eucharistie war aber kein Anlaß, von der menschlichen Seele des Erlösers zu sprechen, sondern von

Cyrill von Alexandrien

seinem Fleisch (und allenfalls von seinem Blut). Gewiß drückt sich der zweite Anathematismus, wenn er von der Vereinigung zwischen dem Logos und dem Fleisch redet, verkürzt aus (richtiger wäre statt vom Fleisch von der Menschennatur die Rede), aber dies bedeutet keineswegs Apollinarismus; sogar Nestorius kann in seinen Gegenanathematismen 2 und 11 ebenso verkürzt von der Verbindung des Logos mit dem Fleisch sprechen, und Cyrill stellt in beiden großen Briefen klar, daß das Fleisch des Christus von einer Vernunftseele beseelt ist.
Bevor der römische Brief und der dritte Brief des Cyrill ihn erreichten, hatte Nestorius den Kaiser dazu gebracht, ein ökumenisches Konzil für Pfingsten 431 nach Ephesus einzuberufen. Am zweiten Sonntag nach Pfingsten entschlossen sich Cyrill und etliche seiner Anhänger, am anderen Tag, Montag, dem 22. Juni, das Konzil zu eröffnen, obwohl zahlreiche Metropoliten schriftlich protestierten und die Antiochener noch gar nicht angekommen waren. Der Synode wurde die Frage vorgelegt, ob der zweite Brief des Cyrill mit dem Glaubensbekenntnis übereinstimme. In über einhundertzwanzig Einzelvoten stimmten die Bischöfe dem zu, auch die Gesamtsynode gab dieses Urteil ab. Erstes Ergebnis der ephesinischen Synode war also, daß der zweite Brief Cyrills die richtige Auslegung des Nizänums darstellt, daß also zu bekennen ist: Der göttliche Logos, der Gottessohn selbst, ist Mensch geworden und hat eine menschliche Mutter, die deshalb Gottesgebärerin genannt werden kann und muß. In einem zweiten Akt wurden der zweite Brief des Nestorius und etliche Auszüge aus seinen Predigten als nicht mit dem Nizänum vereinbar verworfen und in einem dritten Akt Nestorius für abgesetzt erklärt. Johannes von Antiochien kam einige Tage später in Ephesus an, konstituierte sich mit seinen Anhängern zu einer eigenen Synode, verurteilte Cyrill und den Ortsbischof Memnon und erklärte sie für abgesetzt. Der Kaiser wußte sich in seiner Verwirrung nicht anders zu helfen, als sämtliche Absetzungen, d. h. die des Nestorius und des Cyrill und Memnon, zu bestätigen. Er sandte einen neuen Kommissar, der Cyrill und Memnon unter Hausarrest stellte; es gelang Cyrill aber zu entkommen und im Triumph nach Alexandrien zurückzukehren. Der Kaiser ließ zwar Delegationen beider Teilsynoden nach Konstantinopel bzw. nach Chalkedon kommen, wurde aber durch die Konstantinopolitaner Mönche ganz für Cyrill eingenommen. So war Cyrill kirchenpolitischer Sieger; aber die Kirchenspaltung konnte und wollte Kaiser Theodosius nicht hinnehmen und übte deshalb auf Cyrill und Johannes von Antiochien Druck aus.
Im Jahre 433 kam die Einigung zustande. Cyrill hatte sich standhaft geweigert, seine Anathematismen zu widerrufen, die zwar von der Synode in Ephesus nicht beschlossen, sondern nur zur Kenntnis und zu den Akten genommen worden waren, für Cyrill aber die katholische Tradition aussprachen. Die Orientalen mochten seine Bereitschaft, den Kirchenfrieden auf der Basis eines von ihnen verfaßten Textes zu schließen, als stillschweigendes Abrücken von den Anathematismen deuten. In der Unionsformel wird zuerst Maria Gottesgebärerin

genannt und dann erklärt, daß der einzige Sohn Gottes gemäß der Gottheit vor den Zeiten aus dem Vater gezeugt ist, in unseren Zeiten aber gemäß der Menschheit aus der Jungfrau geboren ist. Darin ist das entscheidende Anliegen Cyrills festgehalten, daß nämlich dem Sohn Gottes auch die menschliche Geburt, d. h. auch alle menschlichen Leiden und Widerfahrnisse zuzuschreiben sind. Die weitere Aussage, daß der Christus vollkommener Gott und vollkommener Mensch ist, interpretiert Cyrill in seinem Begleitbrief so, daß ein- und derselbe als vollkommen in der Gottheit und vollkommen in der Menschheit zu betrachten ist, und nimmt damit eine Formulierung vorweg, die schließlich in Chalkedon verbindlich wurde. Ebenfalls schon recht chalkedonensisch lehnt Cyrill jede Vermischung oder Verwandlung in Christus ab; der Unterschied zwischen den Naturen, aus denen in Christus die geheimnisvolle Vereinigung zustande gekommen ist, bleibt gewahrt.

Schon bald nach der Union von 433 wurde Cyrill berichtet, daß manche antiochenischen Bischöfe, die sich schließlich mit der Absetzung und Verurteilung des Nestorius abgefunden hatten, nun verstärkt auf Theodor von Mopsuestia zurückgriffen, der Unterscheidungs-, ja Trennungschristologie gelehrt hatte. So glaubte Cyrill, dessen Werke und die des noch früheren antiochenischen Lehrers Diodor von Tarsus bekämpfen zu müssen, was zwischen den Patriarchen neue Spannungen schuf. Für die Folgezeit war aber die Aktivität der übereifrigen Cyrillfreunde mindestens genauso verhängnisvoll; sie hatten vor allem an Cyrills Äußerung, es sei an die eine fleischgewordene Natur des Logos zu glauben, Gefallen gefunden. Der Satz besagt im Sinn seines Urhebers, des Apollinaris, daß in Christus keine menschliche Natur anzunehmen ist, also nicht nur das Menschliche in Christus, statisch gesehen, unvollständig, sondern auch gänzlich inaktiv ist; Aktivität komme allein dem Gott-Logos zu. In den Cyrillbriefen, die offiziell – sei es in Ephesus, sei es beim Friedensschluß von 433 – eine Rolle spielten, kam die umstrittene Äußerung nicht vor; in der breitgestreuten theologischen Propaganda jedoch hatte sie eine große Rolle gespielt. Deshalb warf man Cyrill nun vor, er habe sich auf Formulierungen eingelassen, die unter der Hand doch eine Trennung in Christus ausdrückten. Andere beschuldigten Cyrill, er leugne durch sein Festhalten an dieser Mia-Physis-Formel die menschliche Natur in Christus. So versuchte er, sich nach beiden Seiten zu rechtfertigen; vor allem in seinen Briefen an Sukzensus betont er, die Formel spreche ja nicht nur von der einen Natur des Logos, sondern auch von der Menschwerdung, unterdrücke also keineswegs das Menschliche. Hier muß man sich daran erinnern, daß Cyrill das Wort »Natur« in einem besonderen Sinn verwenden kann. Er erklärt schon vor 428 häufig, der Christus sei »physei«, von Natur aus, Gott; Mensch sei er »oikonomia«, im Rahmen, im Sinn, kraft des Heilsgeschehens. Dieser Sprachgebrauch mochte es ihm erleichtern, die Mia-Physis-Formel aus den apollinaristischen Schriften zu übernehmen.

Den Gedanken des dritten Cyrillbriefes an Nestorius, alle Aussagen des Evange-

liums über Christus seien einer Person zuzuschreiben, drückt der vierte Anathematismus so aus: Alle Äußerungen, sei es in den Evangelien, sei es in den Apostelbriefen, dürfen nicht zwei Personen oder zwei Hypostasen, d. h. einerseits dem Gott-Logos für sich, andererseits dem Menschen für sich zugeschrieben werden. Ein Passus der Unionsformel sagt zu dem Problem: Die Hagiographen haben die Aussagen über den Herrn teils als einer Person zugehörig zusammengenommen, teils sie als den beiden Naturen zugehörig unterschieden und dabei die Gott geziemenden gemäß der Gottheit des Christus, die niedrigen aber gemäß seiner Menschheit überliefert. Damit scheint der vierte Anathematismus aufgegeben. Aber es scheint nur so; denn nach der Unionsformel entsprechen die Hoheitsaussagen und die Niedrigkeitsaussagen zwar je dieser oder jener, nämlich der göttlichen oder der menschlichen Natur, aber beide Naturen gehören dem einen Christus, also letztlich auch die ihnen entsprechenden Aussagen. Das aber war auch das Anliegen des vierten Anathematismus; der Sache nach konnte Cyrill sich zufrieden geben. Allein schon durch das Bekenntnis zur »Theotokos« hatten die Antiochener sichergestellt, daß sie nicht zwei Subjekte in Christus annahmen, daß sie also keine »Nestorianer« waren. So konnte Cyrill in dieser Formel sogar den Ausdruck »Tempel« für die menschliche Natur des Heilandes hinnehmen, den er zwar in seiner früheren Zeit selbst verwendet, dann aber in der Auseinandersetzung bekämpft hatte, weil er ihm trotz seiner biblischen Herkunft (Joh. 2,21) das Zeichen für die nestorianische Trennung zwischen dem Logos und dem Menschen zu sein schien.
Das neugewonnene Verhältnis Cyrills zu Johannes von Antiochien bezeugt auch sein Werk gegen die Schriften des Julian Apostata. Dieser hatte 363 in Antiochien drei Bücher gegen die Galiläer, – so nannte er die Christen – veröffentlicht; Cyrill antwortete siebzig Jahre später darauf mit einem Werk zur »Verteidigung der heiligen Religion der Christen gegen die Bücher des gottlosen Julian« und sandte es, wie Theodoret (Brief 83) berichtet, an Johannes von Antiochien, was also zwischen 433 und 441 (Tod des Johannes) geschehen sein muß. Gewiß ist dies einerseits eine Geste des Friedens und der Verständigung, andererseits wollte Cyrill aber wohl durch sein Werk die Schrift des Theodor von Mopsuestia gegen Julian Apostata verdrängen (Wickham, XIX, Anm. 21).
Inhaltlich scheint Cyrill vieles von Euseb von Caesarea übernommen zu haben; die Methode stimmt mit der des Origenes in dessen Widerlegung des Celsus-Buches überein; Cyrill zitiert Abschnitte aus dem Werk des Julian und widerlegt sie, so daß sich Julians erstes Buch weitgehend rekonstruieren läßt. Auch in diesem Werk zeigt Cyrill sich also der Tradition verpflichtet, sowohl was die Methode, als auch was die Argumente angeht. Seinem Sinn für Tradition entspricht sein in den christologischen Werken, vor allen Dingen in den Schriften während der akuten Phase des nestorianischen Streites, verwendetes Väterargument. Niemand hatte vor Cyrill in solchem Maße Vätersprüche in die theologische Diskussion eingeführt. Cyrill ist aber nicht nur der große Förderer des

Väterarguments, er hat auch für den Durchbruch des Vernunftarguments in der Theologie gesorgt.

Am persönlichsten, nämlich als Seelsorger, tritt uns Cyrill in seinem sogenannten Lukaskommentar, der in Wirklichkeit eine Serie von Lukaspredigten ist, entgegen. Auch hier scheut er nicht vor Auseinandersetzungen mit Arianern, Novatianern und Nestorianern zurück. So kann er z. B. mit Entschiedenheit die Vorstellung ablehnen (Predigt Nr. 75), die Heiligen dürften von Gott nichts Körperliches erbitten und deshalb müsse die Bitte: Unser tägliches Brot gib uns heute, übertragen verstanden werden. Cyrill verteidigt den Wortsinn der Bitte, gewinnt daraus aber die Schlußfolgerung, daß die Heiligen durch die Bitte um das tägliche Brot zeigen, daß sie arm sind. Deshalb lehnt Cyrill auch christliche Gastfreundschaft nicht ab; Christus habe Martha keineswegs verurteilt, nur dem Aufwand Grenzen gesetzt (Predigt Nr. 69). Gerade auf dem Hintergrund der Armutspredigt gewinnt das, was Cyrill über die Armut selber sagen kann, ganz besondere Schärfe. Er erklärt wörtlich: »Was ist härter als die Armut, dieses unversöhnliche Raubtier, das man nicht durch beschwörende Worte vertreiben kann, diese schlimmste aller Krankheiten? Deswegen müssen wir denen die helfende Hand reichen, die darunter leiden ... Nehmen wir an, ein wildes Tier hätte einen Wanderer angefallen, würde nicht jeder, der Zeuge dieses Ereignisses wird, irgendetwas ergreifen, das ihm in die Hand kommt, einen Stock oder Stein, um das Raubtier zu vertreiben?« Dies ist eine Sprache, die bei den Vätern, die eher zum Lob der Armut neigen, sehr ungewohnt ist.

Obwohl Cyrill von der Tradition geprägt ist, kann er doch sehr selbständig exegesieren; so lehnt er in der Predigt Nr. 107 die herkömmliche Auffassung ab, im älteren Sohn des Gleichnisses vom verlorenen Sohn die Engel oder Israel, im jüngeren Sohn die ganze Menschheit oder die Heidenwelt zu sehen. Dabei hatte Cyrill selbst in der Predigt Nr. 106 das eine verlorene Schaf ganz traditionell als die Menschheit, die 99 als die Engelwelt verstanden. Hier aber beruft er sich auf den Kontext und auf die Erfahrung, daß gelegentlich untadelige Christen daran Anstoß nehmen, daß Sünder sich spät im Leben bekehren und dann wieder voll in die Kirche aufgenommen werden. In diesem Zusammenhang wird man auch seine entschiedene Polemik gegen die Novatianer zu sehen haben, die ja getauften Christen keine Buße und Wiederaufnahme mehr gewährten und alle Bußaufforderung und alle Vergebungsbereitschaft der Schrift nur an solche gerichtet sahen, die noch nicht getauft waren. Dagegen verweist Cyrill (Predigt Nr. 149) darauf, daß Petrus, als er den Herrn verleugnete, doch schon Anteil am Leib und Blut Christi bekommen hatte und daß ihm trotzdem seine Sünde auf seine Reue hin vergeben wurde.

Auch in den Lukaspredigten läßt sich erkennen, daß Cyrills Christologie, so sehr sie durch die Konzilien von Ephesus und Chalkedon übernommen und bestätigt wurde, also Grundlage christlichen Glaubens ist und bleibt, doch unvollständig und deshalb ergänzungsbedürftig ist. Cyrill stellt sich (Predigt Nr. 78) selbst die

Frage, warum Christus am Ölberg gebetet hat. Er antwortet: »Damit wir lernen, daß das Gebet gerecht und es überaus nützlich ist, darin zu verharren, wenn die Versuchung kommt!« Cyrill hat also kein Verständnis für ein menschliches Seelenleben Jesu. Was Jesus menschlich tut, geschieht offenbar nur zu pädagogischem Zweck. Eine vollständige Christologie muß auch die Anliegen der Antiochener, die in der nestorianischen Auseinandersetzung zu kurz kamen, aufgreifen. Dies ist wohl im Konflikt mit dem Monotheletismus und mit dem Monergismus, also durch die Verteidigung auch eines menschlichen Willens und einer menschlichen Wirkungsweise in Christus auf dem sechsten allgemeinen Konzil in Konstantinopel 681 geschehen.
Im Zusammenhang mit dem Gebet Jesu am Ölberg lohnt es sich, eine Äußerung Cyrills über die Juden wiederzugeben, die man bei diesem Gegner des Judentums nicht suchen würde. In der Predigt Nr. 146 zu Lukas 22,39ff. legt Cyrill Jesus folgende Worte in den Mund: »Bei all dem bekümmert es mich, daß Israel, der Erstgeborene, in Zukunft nicht einmal mehr unter den Knechten sein wird. Der Anteil des Herrn und das Los meines Erbes wird Anteil von Füchsen sein, wie geschrieben steht (Ps. 63,10). Er, der der Geliebte war, ist sehr verhaßt; er, der die Verheißungen besaß, ist gänzlich meiner Gaben beraubt; der schöne Weinberg mit seinen reichen Trauben wird in Zukunft wüstes Land sein, ein vertrockneter Platz ohne Wasser ... Welcher Winzer wird nicht bekümmert sein, wenn er seinen Weinberg verlassen und wüst sieht? Welcher Hirt wäre so hart und trocken, daß er nicht mit seiner Herde litte, wenn sie zugrundegeht?« Wie wichtig Cyrill dieser Gedanke ist, geht daraus hervor, daß er ihn sachlich in der nächsten Predigt wiederholt.
Einen ganz persönlichen Eindruck macht die Auslegung, die Cyrill dem Satz aus dem »Vater Unser«: »Denn auch wir vergeben jedem unserer Schuldner«, in der 76. Predigt widmet. Zuvor hatte er erklärt, niemand dürfe um Vergebung seiner Sünden bitten, wenn er sich davon nicht schon abgewendet habe und sich nun bemühe zu leben, wie es sich für Heilige geziemt. Der genannte Satz ist für Cyrill eine Aufforderung zu Langmut; man soll nicht nur vergeben, sondern sogar Tadel und Nachtragen vergessen. Dann heißt es wörtlich: »Betrachte mir aber die erhabene Würde dieser Tugend gewissermaßen von dem ihr entgegengesetzten Übel her; die grausamste aller Krankheiten ist nämlich der Zorn; wenn jemand ihn in seinem Herzen hat, ist er hart und schroff, streng und grausam. Immer schaut er mit bösen Augen auf den, der ihn beleidigt, ... Er forscht nach Zeit und Ort, um seinerseits jenen verletzen zu können, und das nicht nur in gleichem Maß, sondern häufig in vielfachem ... Ist ein solcher Mann nicht voll von aller Unreinheit? ... Jener aber, der einfältig und nicht zornig ist, ist erfüllt von Weisheit und zwar nicht so sehr von menschlicher, als vielmehr von göttlicher. Er hat ein Herz, welches nicht durch die Beschwerden der Betrübnis herabgezogen wird, welches den Zorn beherrscht und seine Bitterkeit von sich weist. Er liebt seine Freunde und vergibt ihnen, er ist sanftmütig und leicht

ansprechbar; er hat Verständnis für die Schwächen seines Nächsten. Von dieser Art waren die Jünger des Heilandes.«
Sowohl das Portrait des Zornigen als auch das des Sanftmütigen heben sich vom Gesamttext der Homilien ab. Zeigt dies, daß Cyrill sich seines aufbrausenden Temperaments bewußt war und die Sanftmut, die ihm nicht in die Wiege gelegt war, als Ideal vor Augen hatte?

Quellen

Werke Cyrills in: Patrologia Graeca. Hg. von P. Migne, Bde. 68–77.

Cyrille d'Alexandrie: Deux dialogues christologiques. Hg. von G. M. de Durand. Paris 1964 (Sources chrétiennes, 97; Einl. und Bibliografie, 7–185).

Cyrille d'Alexandrie: Dialogues sur la Trinité I. Hg. von G. M. de Durand. Paris 1976 (Sources chrétiennes, 231; Bibliographie und Einleitung, 9–122).

Cyril of Alexandria: Select Letters. Hg. und übersetzt von L. R. Wickham. London 1983 (Einleitung: XI–XLIX, Bibliographie: LI–LV).

Darstellungen

Grillmeier, A.: Cyrill von Alexandrien, der Gegner des Nestorius. In: Ders., Jesus der Christus im Glauben der Kirche. Bd. 1, Freiburg 1979, 673–686.

Jouassard, G.: Cyrill von Alexandrien. In: Reallexikon für Antike und Christentum. Bd. 3 (1957), 499–515.

Liébaert, J.: Der nestorianische Streit und seine Folgen. In: Ders., Christologie. Von der apostolischen Zeit bis zum Konzil von Chalkedon. Handbuch der Dogmengeschichte, hg. von M. Schmaus u. a. Bd. 3, 1a, Freiburg 1965, 104–118.

Vogt, H. J.: Das gespaltene Konzil von Ephesus und der Glaube an den einen Christus. In: Trierer Theologische Zeitschrift 90 (1981), 89–105.

Vogt, H. J.: Die Gottesmutterschaft Mariens auf dem Konzil von Ephesus. In: G. Rovira (Hg.), Das Zeichen des Allmächtigen. Würzburg 1981, 81–96.

Young, F.: Cyril of Alexandria. In: Dies., From Nicaea to Chalcedon. London 1983, 240–265; 395–397 (Lit.).

Theodoret von Cyrus

von Kurt Smolak

Als im Jahr 698 der Langobardenkönig Kunibert die Spaltung des Bistums Aquileja beilegte, pries ein ungelenkes Gedicht die mit jener ›Ruhmestat‹ verbundene Verbrennung der Schriften des Theodoret durch Papst Sergius – ein später Vollzug der von Kaiser Justinian rund hundert Jahre nach Theodorets Tod durchgesetzten Verurteilung einiger seiner Schriften auf dem 2. Konzil von Konstantinopel (553). Gleichzeitig aber las man eifrig die Bibelerklärungen dieses ›Häretikers‹, der im Frieden mit der Kirche gestorben war. Wenig später wurden seine Werke ins Arabische und Georgische übersetzt. Seine Kirchengeschichte blieb, in lateinischer Übertragung, bis in die Neuzeit eines der Lehrbücher dieses Gegenstandes in Westeuropa. Paradoxa dieser Art prägen noch die moderne Literaturgeschichtsschreibung. Neben der Feststellung, daß ›seinem Namen ein Makel‹ anhafte (Bardenhewer), begegnet das Bild einer integren Persönlichkeit (Azéma). Sollte dies aber verwundern bei einem Landsmann und Zeitgenossen eines der rigorosesten Asketen, des Säulenheiligen Daniel, dessen syrische Muttersprache auch die seine war, der aber andererseits eine Generation vor dem spätheidnischen Philosophen Proklos geboren wurde, dessen gebildetes Griechisch auch stets die Sprache von Theodorets Schriftstellerei blieb? Auch ein innerer Gegensatz, jener von tätiger und beschaulicher Lebensform, kennzeichnet die Existenz Theodorets, des Mönchs und Bischofs, von dessen Jugend und Alter man nur wenig weiß, dessen wechselvolle Lebensmitte jedoch in vielen Einzelheiten bezeugt ist. Freilich, an Theodoret werden die Schwierigkeiten besonders deutlich, die der historischen Erfassung gerade spätantiker Persönlichkeiten im Wege stehen. Die Quellen sind, von offiziellen Schriftstücken abgesehen, Werke des Autors selbst mit dementsprechend subjektivem Charakter, besonders das umfangreiche Briefkorpus und die Mönchsgeschichte. Andererseits zeigen sich allenthalben konventionelle literarische Motive und Äußerungen. Gedanken und Stil der Briefe entsprechen antiker Brieftheorie, gegebenenfalls dem polemischen Schrifttum und christlicher Briefpraxis. Es gilt daher, Theodorets Aussagen stets genau zu prüfen: sind etwa die von ihm bewirkten tausend Bekehrungen, deren er sich gegenüber Papst Leo I. rühmt, historische Tatsache, rhetorische Übertreibung oder affektiert-bescheidene Anspielung auf die fünftausend Bekehrten von Apg. 4,4? Eine Beschränkung auf die Konturen der mitgeteilten Ereignisse ist also geboten.

Theodoret wurde um 393 in Antiochien, der Hauptstadt Syriens, als einziges Kind begüterter Eltern geboren. Die Umstände seiner Empfängnis und Geburt, über die er in der Mönchsgeschichte berichtet, weisen legendenhafte Züge auf: die Heilung der mondänen Mutter von einem Augenleiden durch die Fürbitte eines Eremiten – Anlaß ihrer Hinwendung zu einem streng christlichen Leben –, die Erhörung der Gebete eines Mönchs, den die kinderlose Frau aufgesucht hatte, die ihrem Sohn daher den Namen Theodoret (›von Gott geschenkt‹) gab, all das rückt schon den Knaben in die Nähe alttestamentlicher Typen wie Isaak und Samuel und entsprach andererseits allgemein geglaubten hagiographischen Schemata. Daß Theodoret selbst über seinen Bildungsgang schweigt, läßt eher auf den Besuch einer heidnischen Schule schließen als auf eine rein klösterliche Ausbildung, wie man vermutet hat, wenn auch die syrischen Klöster durchaus nicht so bildungsfeindlich waren wie das ägyptische Mönchtum. Die Schriften Theodorets verraten durchgehend eine gründliche Bildung im Sinne des spätantiken, auf Literaturkenntnis und Rhetorik ausgerichteten Schulwesens. Wenn er einmal die großen antiochenischen Exegeten Theodor von Mopsuestia und Diodor von Tarsus als seine Lehrer bezeichnet, so ist dies, da Diodor längst gestorben war, bloß ein Bekenntnis zur ›orthodoxen‹ antiochenischen Tradition. Nach dem Tod der Eltern zwischen 413 und 416 verkaufte Theodoret, der ›reiche Jüngling‹, den ererbten Besitz – »man sprach im ganzen Orient davon«, wie er selbst sagt –, um in das Kloster Nikertai bei Apameia in Nordsyrien einzutreten. Bald darauf jedoch erscheint er als Lektor in Antiochien, wo er 417 auch seine ersten Predigten hielt, d. h. für die an heidnische wie christliche ›Konzertredner‹ gewöhnte Spätantike, sich zugleich als Künstler und Publizist der Öffentlichkeit präsentierte. Der große Erfolg führte schon 423 dazu, daß Theodoret zum Bischof von Cyrus (Kyrrhos), einer nordsyrischen Kleinstadt, gewählt wurde, angeblich gegen seinen Willen. Vielleicht handelt es sich hier um eine konventionelle Bescheidenheitsäußerung – Augustinus sagt Ähnliches über seine Bischofswahl. Jedenfalls hatte mit der in Antiochien erfolgten Weihe die kontemplative Lebensform für ihn ein Ende genommen. Theodoret konnte und mußte nun die aktive Komponente seines Wesens auf den verschiedensten Gebieten voll entfalten, war doch der Bischof in jener Zeit der schwindenden Effizienz der Zentralregierung in Konstantinopel und des schwindenden Vertrauens der Bevölkerung gegenüber den Repräsentanten des Reichs nicht nur geistliche, sondern auch weltliche Vertrauensperson. So sorgte er als ein Vertreter der exakten antiochenischen Bibelerklärung dafür, daß die über dreihundert Jahre alte Evangelienharmonie des Tatian, die in der Diözese noch in Gebrauch war, durch den vollständigen Text der Evangelien ersetzt wurde. Es steht zu dieser Maßnahme nicht im Widerspruch, daß Theodoret auch Lehrer beschaffte, die – ihrem Beruf entsprechend – dem Christentum eher distanziert gegenüberstanden: die Bibelerklärung erforderte nach antiochenischer Auffassung eben sowohl die Ausbildung in exakter Literaturerklärung als insbesondere in Rhetorik, da die kunstge-

Das Konzil von Chalzedon. Wandmalerei aus dem Bačkovo-Kloster, Bulgarien (1643)

mäße Predigt, wie sie z. B. der große Antiochener Johannes Chrysostomus pflegte, das unmittelbarste Medium darstellte. Neben solchen inneren Maßnahmen betrieb der Bischof von Cyrus den Bau von Kirchen, die er, dem Bedürfnis breitester Schichten nach einer unmittelbar gegenwärtigen metaphysischen Schutzmacht folgend, mit Apostelreliquien aus Palästina versah. Darüberhinaus nahm er sich der Verbesserung der sozialen Versorgung seiner Diözese an, indem er Reparaturen an öffentlichen Gebäuden und Bädern vornehmen ließ – wie es seit der Stadtkultur des Hellenismus von einem ›Wohltäter‹ erwartet wurde –, für mehr und bessere Ärzte sorgte, wiederholt gegen überhöhte Steuern intervenierte und sich für Flüchtlinge einsetzte, die Afrika im Vandalensturm verlassen hatten. Als Verteidiger der Orthodoxie war er um die Bekehrung von Heiden, die es im gebildeten Bürgertum der kleineren Städte noch in größerer Zahl gab, und verschiedener häretischer Gruppen, wie Arianer, Markioniten und Makedonianer, bemüht und betrieb auch Judenmissionierung. Diese seine Tätigkeiten teilt er selbst in seinen Briefen mit, worin vielleicht manches beschönigt erscheint. Doch steht außer Zweifel, daß sich der einstige Mönch im tätigen Leben gut bewährte, so daß er auch von anderen Diözesen als Prediger eingeladen wurde. Dieser sein hoher Bekanntheitsgrad und sein Eifer für die Orthodoxie, wie er sie verstand, brachten den rührigen Bischof schon bald in Konflikt mit dem mächtigen Patriarachat von Alexandrien, woraus er auf lange Sicht zumindestens teilweise als Verlierer hervorging.
Es begann im Jahr 430, dem Todesjahr Augustins. Damals veröffentlichte Cyrill von Alexandrien, den seine Gegner wegen seines autoritären Wesens gern Pharao nannten (in Anspielung auf die negative Besetzung dieses Begriffs in der Exegese), zwölf Bannsätze (Anathematismen) gegen die von der traditionell antiochenischen Zweinaturenlehre geprägte Christologie des Nestorius, des Patriarchen von Konstantinopel, dem ›Neuen Rom‹, dem das ältere Ägypten längst seine neue Machtstellung neidete. In die Kontroverse zwischen den mächtigen Rivalen mischte sich zugunsten des Nestorius der Patriarch von Antiochien ein, indem er einen Mann seines Vertrauens, Andreas von Samosata, die Thesen Cyrills prüfen ließ. Ohne dazu beauftragt zu sein, schrieb auch Theodoret eine »Widerlegung der zwölf Kapitel«, da er in der starken Betonung der einen, ungeteilten Natur Christi durch Cyrill ein Wiederaufleben der als häretisch verworfenen Lehre des Apollinaris von Laodicea vermutete. Bei Berücksichtigung der zwei Naturen Christi, der göttlichen und der menschlichen, sei Maria nur im übertragenen Sinn als »Gottesgebärerin« (Theotókos) zu bezeichnen und müßte eigentlich »Christusgebärerin« (Christotókos) genannt werden. Der Einfluß grammatischer Kategorien auf die antiochenische Theologie wird hier deutlich. Auf dem gleich für das folgende Jahr (431) einberufenen Konzil von Ephesus trat Theodoret nach seinen eigenen Worten als Wortführer der nestoriusfreundlichen antiochenischen Partei auf, die jedoch der Energie des Cyrill unterlag. Das Konzil endete mit der Absetzung des Nestorius und der Anerkennung des Theotokos-Titels als

orthodoxe Lehre. Die Antiochener mußten nun den Ausgleich suchen. Der Patriarch Johannes unterbreitete 433 Cyrill eine Kompromißformel, als deren Verfasser Theodoret angesehen werden muß, der sich durch Cyrills Kompromißbereitschaft in seiner Sympathie für Nestorius bestärkt sah. Als der politisch geschickte Alexandriner 438 den prinzipiell unbeugsamen Bischof von Cyrus indirekt zu treffen versuchte, indem er drei Traktate gegen dessen ›Lehrer‹, die damals bereits verstorbenen Antiochener Theodor von Mopsuestia und Diodor von Tarsus schrieb, ließ eine Entgegnung Theodorets nicht auf sich warten. Trotzdem hielt der Friede zwischen den Patriarchaten von Antiochien und Alexandrien. Dies änderte sich, als 444 der kämpferische und rücksichtslose Dioskoros die Nachfolge Cyrills antrat. Theodoret war nämlich nicht untätig geblieben, als in Konstantinopel der Mönch Eutyches die monophysitisch geprägte Christologie Cyrills, die dessen Nachfolger unterstützte, in verstärkter Form predigte. Der Patriarch der Kaiserstadt, Flavian, bestärkt durch die Autorität Papst Leos I., ließ Eutyches 448 des Priesteramtes entkleiden. Die sofort einsetzende, von den Volksmassen getragene Gegenbewegung für Eutyches, den Günstling des mächtigen kaiserlichen Ministers Chrysaphios, wurde von Dioskoros geschürt, der es auch verstand, den Kaiser selbst, Theodosius II., gegen Theodoret zu gewinnen, den profiliertesten Vertreter der Gegenpartei, obwohl sich dieser brieflich gegenüber Dioskoros zur ungeteilten Natur Christi bekannt hatte. In zwei Dekreten des Jahren 448 wurde er als Bischof abgesetzt und am Verlassen seiner Diözese gehindert, »da er dauernd Synoden abhalte«. Dies kann nur als ein Hinweis auf nicht mehr näher faßbare Aktivitäten Theodorets gegen Eutyches und damit gegen Dioskoros verstanden werden. Die Spannungen zwischen den drei Patriarchaten ließen Theodosius II. eine Synode für 449 nach Ephesus einberufen, die als Räuberkonzil unrühmlich in die Kirchengeschichte einging. Sie war dominiert von Gewaltaktionen des Dioskoros, der seinen Hauptgegner Theodoret schon indirekt ausgeschaltet hatte, da dieser ja nicht an der Synode teilnehmen durfte, und die Verlesung einer gegen ihn gerichteten dogmatischen Stellungnahme des Papstes verhinderte. Die Synode endete mit der Rehabilitierung des Eutyches, der Absetzung Flavians, der Verdammung der Christologie des Theodoret sowie seines Patriarchen Domnus II. Theodoret, tief gedemütigt, begnügte sich aber nicht mit dem Aufenthalt in einem Kloster, wahrscheinlich seinem alten Kloster Nikertai, wo er seit seiner Absetzung gelebt hatte, sondern appellierte im Interesse der von ihm vertretenen Orthodoxie in seinem umfangreichen 113. Brief an Leo I. – ein frühes Zeugnis für die Beziehung zwischen Syrien und Rom unter Umgehung von Konstantinopel, die im 8. Jahrhundert während des Bilderstreites große Bedeutung erhalten sollte. Der Papst, der sich bereits durch die Räubersynode brüskiert gefühlt hatte, stellte sich auf die Seite Theodorets, freilich nicht ohne ihm Zurückhaltung zu empfehlen. Wahrscheinlich hätte aber auch der Sukkurs durch die apostolische Autorität an der Situation des abgesetzten Bischofs wenig geändert, wenn nicht ein Regierungswechsel in Konstantinopel erfolgt wäre. Kaiser Markian, Nachfolger des im Juli 450 verstorbenen Theodosius II. und Gemahl von dessen Schwester Pulcheria, einer erbitterten Gegnerin des Eutyches, mit der Theodoret schon als Bischof korrespondiert hatte, ließ diesen wieder in sein Amt einsetzen und berief in der freilich falschen Hoffnung, die theologischen Streitigkeiten endgültig beizulegen, ein neues Konzil für 451 in Chalzedon ein, zu dem auch Theodoret geladen war. Nichtsdestoweniger kam es wegen seiner Person anfänglich zu Unstimmigkeiten, da ihm seine Gegner einen Sitzplatz im Presbyterium der Euphemiakirche, dem Tagungsort, verweigerten, der ihm als Bischof gebührt hätte. Der Sieg der gegen Eutyches und die Alexandriner gerichteten Christologie Leos, die dieser schon 449 gegenüber Flavian formuliert hatte, auf dem Konzil von Chalzedon sowie die Absetzung des Dioskoros brachten die volle Rehabilitierung Theodorets in der achten Konzilssitzung am 26. Oktober 451. Er mußte sich allerdings ausdrücklich gegen Nestorius und für den Theotokos-Titel aussprechen, was ihm wohl nicht ganz leicht fiel, andererseits aber bloß eine verdeutlichende Wiederholung seiner Verteidigung gegen die Anschuldigungen des Dioskoros aus dem Jahr 448 war.

Während der bewegten Zeit zwischen 430 und 451 verfaßte Theodoret den Großteil seiner Werke. Obwohl es sich fast von selbst versteht, daß ein Autor in einer solchen Situation von sich selbst spricht – nicht zufällig äußert er sich in verschiedenen Briefen der schweren Jahre 448–450 über sein literarisches Schaffen –, wurden seine Schriften gewissermaßen aus der Biographie herausgelöst und noch nicht unter dem genannten Gesichtspunkt untersucht, wiewohl das nicht vollständig erhaltene Oeuvre Theodorets, wie der Großteil besonders der griechischen patristischen Literatur, praktische und nicht belletristische Zwecke verfolgt und schon daher an Geschichte im weiteren Sinn gebunden ist. Daß die Person Theodorets während der Ereignisse jener Jahrzehnte stets präsent war, erklärt sich daher, daß er von sich reden machte, und daß der aktuelle Bezug von seinen Zeitgenossen eben auch verstanden wurde. Dies wird nicht zuletzt durch die literarische Gestalt seiner Werke wahrscheinlich gemacht. Theodoret publizierte nicht an seinem Publikum vorbei, sondern blieb stets in dessen literarischem Erwartungshorizont, ja er war nicht nur als Vertreter der antiochenischen Theologieschule, sondern auch in mancher literarischer Hinsicht der ›Letzte‹. Dies gilt vor allem für seine große Apologie, die »Heilung der heidnischen Krankheiten«, die er wohl noch als Mönch schrieb, als er, wie viele patristische Autoren in ihrer Jugend, den Widerstreit zwischen heidnischer Philosophie und dem schon früh als »wahre Philosophie« verstandenen Christentum an sich selbst erlebte. Es sei darauf hingewiesen, daß dieses Streben, die Philosophie zu christianisieren, allgemein dazu führte, daß ›Philosoph‹ gleichbedeutend mit ›Mönch‹ wurde.

Die Apologie Theodorets steht am Ende einer langen, bis in das 2. Jahrhundert zurückreichenden Werkreihe. Durch die Wahl des Titels greift der Verfasser einerseits auf die alte Metapher für die Philosophie als eine »geistige Medizin« zurück, die er hier auf die »wahre Philosophie« anwendet, zeigt aber andererseits seine besondere, werbende Einstellung gegenüber seinen heidnischen Gegnern, die er nicht als Feinde, sondern als Patienten »behandelt«. Vermutlich sollte sich dadurch der in der späteren Antike seit Galen verbreitete Typ des philosophischen Arztes angesprochen fühlen. Es ist in diesem Zusammenhang erwähnenswert, daß die griechische Philosophie im 7. Jahrhundert zunächst durch die Vermittlung gerade syrischer Mediziner zu den Arabern gelangte. Theodoret sagt im Vorwort, daß er im Stil Platons schreiben wolle – eine deutliche Hinwendung an die zu seiner Zeit einzige produktive Richtung der heidnischen Philosophie, den Neuplatonismus. Dessen Fragestellungen folgt das die vollkommene Zahl von zwölf Büchern umfassende Werk auch in seiner Makrostruktur, wobei seit jeher die besonders ausführliche Behandlung der Gesetze im elften Buch auffiel. Man wird nicht fehlgehen, darin eine zweifache aktuelle Absicht zu sehen: erstens sollte ein Gegenstück zu Platons »Gesetzen« geschaffen werden, zweitens war die legislative Sammlung des Codex Theodosianus, die im Jahre 432 veröffentlicht wurde, gerade im Entstehen begriffen. Eine Darlegung der christlichen Auffassung der Gesetze erschien also geboten. Die Apologie enthält auch durchaus Züge der historiographischen Literatur. Mönche und Märtyrer werden als historische Exempel der Ethik herangezogen und eine Geschichte der verborgen auf das Christentum hinführenden Philosophie wird durch etwa dreihundertvierzig Zitate aus über einhundertfünfzig griechischen Philosophen und Dichtern geboten. Dieses Vorgehen ergab nicht allein ein Gegenstück zu der sogenannten doxographischen Literatur, aus der man Philosophiegeschichte lernte, sondern nahm, einer alten apologetischen Praxis entsprechend, den heidnischen Philosophen den Wind aus den Segeln. Dasselbe beabsichtigte Theodoret auch mit seinen zehn Prunkreden »Über die Vorsehung«, die er zwischen 435 und 437 in Antiochien hielt, um den Heilsplan Gottes an die Stelle der von Stoikern und Neuplatonikern als göttliche Potenz bzw. mit der Gottheit identisch aufgefaßten Vorsehung treten zu lassen, die von diesen zur Deutung der Universal- und der Individualgeschichte sowie der sozialen Verhältnisse herangezogen wurde. Die bis in das 5. Jahrhundert vor Christus zurückreichende Tradition der philosophischen Rede wurde gerade von den heidnischen Neusophisten des 4. Jahrhunderts in Athen und Antiochien als Propagandamedium aufgegriffen.

Ein echtes christliches Gegenstück zu einer Form der spätantiken heidnischen Historiographie schuf Theodoret in seiner ebenfalls früh entstandenen »Geschichte der syrischen Mönche«. Es handelt sich dabei um eine Sammlung von Biographien diverser Eremiten und Wundertäter der Heimat des Autors, ähnlich den idealisierenden Lebensbeschreibungen heidnischer ›Sophisten‹, d. h. vor allem Neuplatoniker, die wenig früher Eunapios von Sardes in christenfeindlicher Gesinnung verfaßt hatte, der selbst die gegen die Christen gerichtete

Biographie des Pythagoras von dem großen Neuplatoniker Jamblichus vor Augen hatte. Theodoret erzielte durch die geographische Einschränkung auf Syrien von vornherein größte historische Glaubwürdigkeit. Auch in diesem Werk griff er auf eine bereits bestehende Form christlicher Historiographie zurück, die Mönchsgeschichte des Palladius (»Historia Lausiaca«), die etwas früher entstanden war und sich großer Beliebtheit erfreute. Doch anders als dieser versuchte er, seinem apologetischen Anliegen getreu, verschiedene ›Mönchsschulen‹ zu konstruieren, die er analog den heidnischen Philosophenschulen präsentierte. Die Mönchsgeschichte schließt mit einem »Traktat über die Liebe«, dessen Kernstück eine biblische Fundierung der aktiven Liebe im Dienst der Kirche in Form eines Kommentars zur Berufung Petri (Joh. 21,14–19) ist. Theodoret wollte damit auf seinen eigenen Dienst an der Orthodoxie in seiner Funktion als Bischof aufmerksam machen, wohl im Todesjahr Cyrills (444). Da Petrus das Exempel seiner eigenen Lebensform darstellt, liegt es nahe, daß Theodoret diese Johannespartie nicht ohne einen Seitenblick auf Rom wählte, dessen Unterstützung er nach dem Räuberkonzil ja ausdrücklich suchte. Daß der Traktat über die Liebe nur Selbsttröstung enthalte, wie vermutet wurde, paßt jedenfalls nicht zu den sonst feststellbaren schriftstellerischen Absichten des Autors.
War die Mönchsgeschichte in den Dienst der Apologie des Christentums und der christlichen Paränese gestellt, so bezweckte das bekannteste Geschichtswerk Theodorets, die »Kirchengeschichte«, wie es scheint, die Rechtfertigung gegenüber Kaiser Theodosius II. und sollte gewissermaßen ein Fürstenspiegel für Markian sein. Diese persönliche Apologie in einer im Höchstmaß objektiven Form entstand kurz nach der Verurteilung des Autors durch die Räubersynode. Die Gattung der Kirchengeschichte war damals etwa hundert Jahre alt und bereits durch verhältnismäßig viele Werke vertreten. Dies hat darin seinen Grund, daß die einzelnen Autoren, wie der Begründer der Gattung, Eusebius von Cäsarea, in die objektiven Tatsachenberichte, gemäß einer ab dem Hellenismus gültigen Auffassung von der Aufgabe der Geschichtsschreibung, politische und somit persönlich-subjektive Aussagen einbauten. Auch diesmal bediente Theodoret sich einer anerkannten literarischen Form, deren subjektive Aussageintention allein dadurch deutlich wird, daß kein objektiver Bedarf nach einer neuen Kirchengeschichte bestand, da mindestens drei diesbezügliche Werke jüngsten Datums vorlagen, jenes des Philippus von Side bzw. des Philostorgius und des Sozomenus. Theodoret gewährleistet den objektiven Charakter seiner Kirchengeschichte durch die überreiche Auszitierung von Originaldokumenten, doch tritt die subjektive Tendenz des Werkes in der Gestaltung des Materials sogar für den heutigen Leser deutlich hervor. Denn die Kaiser der beiden ersten ökumenischen Konzilien, Konstantin bzw. Theodosius I., erscheinen in jeder nur erdenklichen Hinsicht idealisiert. In diesem Zusammenhang ist zu beachten, daß die antiochenische Christologie von den zwei Naturen Christi sich auf die

Orthodoxie eben jener Konzilien (Nizäa bzw. Konstantinopel) berief. Grund für die idealisierende Gestaltung jener Kaiser ist der Umstand, daß sie nach der Meinung Theodorets nur im Sinne der orthodoxen Bischöfe entschieden. Diese werden ihrerseits durchgehend positiv dargestellt, negative Züge an Kirchenmännern konsequent verschwiegen, was Theodoret bereits die Kritik einer mittelalterlichen Glosse eintrug und auch in der modernen Forschung bemängelt wurde. Leitmotiv der Kirchengeschichte ist das Verhalten der Kaiser gegenüber den Bischöfen; an ihm werden die Kaiser gemessen. Diese Subjektivität wird durch die scheinbare Objektivität nur noch verstärkt, mit der Theodoret die Kirchengeschichte vor Theodosius II. enden läßt, also vor seiner eigenen Zeit. Dadurch nämlich, daß er den Tod des großen Antiocheners Theodor von Mopsuestia zuletzt behandelt, dessen geistiger Fortsetzer, wie jeder Leser leicht erkennen konnte, niemand anderer als er selbst war, stehen am Beginn ein ›guter‹ Kaiser, Konstantin, und ›schlechte‹ Theologen, die Arianer, einander gegenüber, während am Ende nur ein ›guter‹ Theologe erwähnt ist, mit dessen Lehre sich der Autor selbst identifizierte. Der entsprechende ›schlechte‹ Kaiser ergänzt sich gewissermaßen von selbst. Dies zeigt deutlich, wie Theodoret die Geschichte arrangiert und mit den persuasiven Mitteln der Rhetorik in seinem Sinn darstellt, wie es der nicht positivistischen antiken, besonders spätantiken Auffassung vom Sinn der Historiographie entsprach: sie sollte Exempel für politisches Verhalten wie die Mönchsgeschichte für geistig-ethisches bieten und für den Verfasser sprechen.

Es ist nicht verwunderlich, daß Theodoret in seiner schwersten Bedrängnis zu dieser am wenigsten persönlichen Form der Selbstrechtfertigung, der Projektion in die große Geschichte, griff. Seit dem Unterliegen der Antiochener auf dem Konzil von Ephesus und seit dem Frieden zwischen Antiochien und Alexandrien von 433/434 mußte ein direkter Angriff oder auch nur ein Sprechen in eigener Person unangebracht erscheinen, um so mehr zwischen 448 und Chalzedon. Die positiven theologischen Traktate, wie Theodoret sie vor 431 bzw. im Jahr 431 selbst über die Trinität und die Menschwerdung Christi – das Werk ist paradoxerweise als Schrift Cyrills überliefert – gegen das Konzil von Ephesus und gegen Cyrill verfaßt hatte, galt es nun zu vermeiden. So wird es verständlich, daß Theodoret wohl knapp vor seiner Absetzung durch Theodosius II., jedenfalls in einer Zeit, als die monophysitische Christologie Alexandriens in Konstantinopel durch das Auftreten des Eutyches stark an Boden gewann, zur Verteidigung der eigenen antiochenischen Position zu der seit Platon in der philosophischen Literatur etablierten Form des Dialogs griff, der sich auch die Christen seit dem 2. Jahrhundert gerade in der Auseinandersetzung mit Juden und Häretikern bedient hatten. Wie die hierin vertretene Zweinaturen-Christologie nicht originell, sondern traditionell antiochenisch ist, so bewegt sich also auch die literarische Form in vertrauten Bahnen. Doch die aktuelle, werbende Absicht ist unverkennbar. Den drei Zwiegesprächen zwischen einem Orthodoxen, hinter dem sich natürlich der Autor selbst verbirgt, und einem ›Sammler‹ (griechisch ›Eranistés‹, dies ist auch der Titel des Werkes), worunter ein Monophysit zu verstehen ist, da sich dieser seine Lehre aus allen Häresien der Vergangenheit zusammengebettelt hat, sind nämlich Florilegien, die im Kern von Theodoret selbst stammen, und Äußerungen patristischer Theologen zu christologischen Fragen enthalten, beigegeben. Sie bilden das früheste Beispiel für einen Autoritätsbeweis aus der patristischen Lehrtradition. Die großen antiochenischen Theologen werden geflissentlich übergangen, weil deren Nennung bei dem angesprochenen Publikum zweifellos Anstoß erregt hätte. Gleichzeitig wird den Monophysiten dadurch vor Augen geführt, daß sie die gesamte nichtantiochenische Theologie gegen sich haben, d. h. also selbst Häretiker sind. Theodoret nimmt seine im Jahr 431 verfaßte Verteidigung der Antiochener Theodor und Diodor im »Eranistes« der Sache nach nicht zurück, sondern gibt ihr nur eine der Situation entsprechend akzeptablere Form, indem er ihre Lehre als die aller ›Orthodoxen‹ darstellt.

Nach seiner Rehabilitierung auf dem Konzil von Chalzedon fand Theodoret endlich die gewünschte Muße für die nach patristischer Auffassung höchste Form literarischer Betätigung, die Bibelerklärung, nachdem er in einer »Häretikergeschichte«, wohl im Jahr 453, im Anschluß an seine beiden früheren historischen Werke mit seinen Gegnern bis Eutyches indirekt abgerechnet hatte. Er bediente sich dabei der in der christlichen Literatur ebenfalls bereits vorhandenen Form des Häretikerkatalogs, der seinerseits dem doxographischen Schrifttum der Philosophie verpflichtet ist. In einem anschließenden »Kompendium des rechten Glaubens« formuliert er die Orthodoxie im Sinn von Chalzedon, gewissermaßen als Bekräftigung seines auf dem Konzil abgelegten Bekenntnisses. Wenn Theodoret sich in seinem Kommentar zu Problemen der Genesis über seine angegriffene Gesundheit beklagt, so könnte dies eine der üblichen literarischen Bescheidenheitsäußerungen sein – Ähnliches liest man auch bei Hieronymus –, doch ist es nicht ausgeschlossen, daß die bewegten Jahre der Vergangenheit seine Schaffenskraft in Mitleidenschaft zogen. Einem traditionellen Interesse der antiochenischen Exegese entsprechend beschäftigte Theodoret sich vorwiegend mit dem Alten Testament. So verfaßte er einen durchgehenden Psalmenkommentar, eine Erklärung des Hohen Liedes und der Propheten sowie Interpretationen schwieriger Stellen aus den historischen Büchern (Genesis bis Chronik). Das zuletzt genannte Werk hat die typisch frühbyzantinische Form von Schülerfrage und Lehrerantwort, die aus der Grammatikertradition und der christlichen Katechese erwachsen war (sog. Erotapokríseis). Als einzige exegetische Arbeit zum Neuen Testament kommentierte Theodoret vierzehn paulinische Briefe. In den exegetischen Arbeiten bevorzugte er selbstverständlich die grammatisch-historische Erklärung antiochenischer Tradition (Literalexegese), bezog aber gegebenenfalls auch die typologische und allegorische Deutung mit ein, wie es z. B. im Kommentar zum Hohen Lied ja unvermeidlich war. Diese maßvolle Verbindung der Interpretationsmethoden ließ ihn, ähnlich wie im Westen Ambrosius, zu einem der besten Exegeten der patristischen Epoche werden, auf dessen Bibelerklärungen man auch nach 553 nicht verzichten wollte, so daß in den byzantinischen sogenannten Kettenkommentaren (Katenen) über weite Strecken Theodoret verwendet wurde.

Über Theodorets Lebensende gibt es nur unzureichende Nachrichten bei lateinischen Autoren, so bei dem Verfasser eines Abrisses der christlichen Literaturgeschichte, Gennadius von Marseille (spätes 5. Jahrhundert), dessen Angaben im allgemeinen wenig zuverlässig sind, und bei dem ebenfalls nicht immer exakt berichtenden Chronographen Marcellinus Comes (6. Jahrhundert). Den beiden Quellen kann nur entnommen werden, daß der Bischof von Cyrus unter Kaiser Leo I. nach 458 und vor 466 starb.

Setzt man die Schriften Theodorets in Beziehung zu seiner äußeren Lebensgeschichte, so ergibt sich das Bild eines extrovertierten, intelligenten, doch in seinen Gedanken kaum je originellen oder gar schöpferischen Geistes. Es zeichnet ihn aber ein zähes Festhalten an dem einmal für richtig Befundenen und eine nicht nur durch die äußeren Lebensumstände bedingte Betriebsamkeit aus. Seine Zweinaturenchristologie blieb stets prinzipiell unverändert antiochenisch wie auch seine Bibelerklärung, so daß ihn der Vorwurf des Opportunismus sicher zu unrecht getroffen hat. Er änderte seine Positionen weit weniger als etwa sein Gegner Cyrill. Dieses sein Eintreten für das in seinem Sinn Traditionelle und Gültige ließ ihn zu ebenso gültigen Ausdrucksformen greifen. Sein gefälliges, normativ-korrektes Schulgriechisch wurde schon im 9. Jahrhundert von dem byzantinischen Patriarchen Photius, dem bedeutendsten Literaturkritiker seiner Zeit, gelobt. Theodorets Kenntnis der heidnischen Autoren der Vergangenheit, die er besonders in seiner Apologie zur Schau stellt, war bereits längst vonseiten der Christen approbiert. Er bezog nämlich einen guten Teil seiner Kenntnisse aus den Werken der Christen Klemens von Alexandrien (3. Jahrhundert) und Eusebius von Cäsarea (4. Jahrhundert), denen er in seiner Befürwortung eines ›gebildeten‹ Christentums geistig verwandt ist. Der schier grenzenlose Wunderglaube, der sich in der Mönchsgeschichte ausspricht, stand im 5. Jahrhundert zu jenem ›Klassizismus‹ in keinem Widerspruch und ist aus der stark monastischen Prägung, die das Christentum besonders im Osten erhalten hatte, erklärlich. Es ist kein Zufall, daß zwei seiner kleineren theologischen Schriften in der handschriftlichen Überlieferung unter die Patronanz Justin des Märtyrers (2. Jahrhundert) kommen konnten – so traditionsgebunden und gebildet zugleich ist der Eindruck, den sie erwecken. Auch Theodorets Anthropologie entspricht der gängigen, vom Christentum mit den notwendigen Modifikationen längst übernommenen und popularisierten platonisch-stoischen Auffassung mit der für sie bezeichnenden Leibfeindlichkeit. Trotz der skizzierten geistigen Grundhaltung unterscheidet sich Theodoret von den großen Kappadokiern des 4. Jahrhunderts nicht zuletzt wegen seines Mangels an Originalität. Er ist weniger formgewandt und weniger sensibel als Gregor von Nazianz, weniger streng und asketisch als Basilius und reicht an die Tiefe der Mystik eines Gregor von Nyssa nicht heran, wiewohl eine Persönlichkeit wie er ohne die von jenen geschaffene geistige Umwelt nicht denkbar wäre. Mit dem Antiochener Johannes Chrysostomus teilt er das bewegte Schicksal, doch auch in diesem Fall erscheint alles, zumindestens im Hinblick auf die äußeren Umstände, gemäßigter, erfolgte doch seine Rehabilitierung zum Unterschied von jener des Chrysostomus noch zu Lebzeiten. Somit scheint Theodoret, neben Cyrill der bedeutendste Theologe der griechischen Christenheit im 5. Jahrhundert, als letzter Apologet der Patristik und als letzter Vertreter der antiochenischen Schule am Ende einer Epoche zu stehen. Nichts zeigt dies deutlicher als ein Vergleich mit Persönlichkeit und Werk des nächsten großen Theologen der griechischen Welt, Maximus Confessor im 7. Jahrhundert, obschon gerade die Bevorzugung konventioneller literarischer Formen durch Theodoret auf die klassizistische Richtung der späteren byzantinischen Theologie vorausweist. Die Verurteilung einiger Schriften Theodorets auf dem 2. Konzil von Konstantinopel im Jahr 553 (13. Kanon) im Rahmen des Dreikapitelstreites durch Kaiser Justinian I. und den unter dem massiven Druck des Kaisers stehenden Papst Vigilius zeigt ebenfalls, daß die antiochenische Theologie und mit ihr Theodoret von der dogmatischen Entwicklung des Ostens überholt wurde. Vielleicht aber macht ihn gerade deshalb seine Unerschütterlichkeit und sein karitatives Engagement als Bischof heute umso sympathischer.

Werke

Die Gesamtheit der sicher echten Schriften Theodorets ist, soweit erhalten, gesammelt herausgegeben bei Migne, Patrologia Graeca, Bd. 75, 1147–1190 bzw. 1419–1478 (Ps.-Cyrill) Bde. 80–84. An modernen Einzeleditionen sind zu nennen:

Kirchengeschichte. Hg. von L. Parmentier – F. Scheidweiler. 2. Aufl. Berlin 1954 (GCS 44).

Briefe. Hg. von Y. Azéma. 3 Bde., Paris 1955 (SC 40), 1964 (SC 98), 1965 (SC 111).

Apologie (Thérapeutique des maladies helléniques). Hg. von P. Canivet. Paris 1958 (SC 57).

Eranistes. Hg. von G. H. Ettlinger. Oxford 1975.

Mönchsgeschichte (Histoire des moins de Syrie). Hg. von P. Canivet – A. Leroy-Molinghen. 2 Bde. Paris 1977 (SC 234) und 1979 (SC 257).

Oktateuchprobleme (Quaestiones in Octateuchum). Hg. von V. Fernandez Marcos. Madrid 1979.

Isaiaskommentar. Hg. von J. Guinot. 2 Bde., Paris 1980 (SC 276) und 1982 (SC 295).

Darstellungen

Altaner, B. – A. Stuiber: Patrologie. 8. Aufl. Freiburg-Basel-Wien 1978, 339–341 (mit eingehenden Literaturhinweisen).

Bardenhewer, O.: Geschichte der altkirchlichen Literatur. Bd. 4, 219–247. 2. Aufl. Freiburg 1924 (Nachdruck Darmstadt 1962).

Glubokovskij, N.: Der selige Theodoret, Bischof von Cyrus. Sein Leben und seine schriftstellerische Tätigkeit. Eine kirchenhistorische Untersuchung. 2 Bde. Moskau 1890 (russisch).

Günther, K.: Theodoret von Cyrus und die Kämpfe in der orientalischen Kirche vom Tode Cyrills bis zur Einberufung des sogenannten Räuber-Konzils. Programm des Gymnasiums Aschaffenburg 1912/13.

Koch, G.: Strukturen und Geschichte des Heils in der Theologie des Theodoret von Kyros. Eine dogmen- und theologiegeschichtliche Untersuchung. Frankfurt a. Main 1974.

Zur Information über historische und literarhistorische Probleme in einzelnen Werken Theodorets ist auf die Einleitungen der modernen Ausgaben hinzuweisen.

Boethius

von Cornelia J. de Vogel

Severinus Boethius (um 480–525) war in der Zeit des Niedergangs des römischen Reiches unter der Herrschaft des Ostgotenkönigs Theodorich ein römischer Senator alten Stils und dazu ein Humanist im klassischen Sinn, ein Gelehrter, der griechische Bildung liebte und in eignen Schriften kultivierte, um sie der Nachwelt weiterzugeben. Er gehörte einer sehr angesehenen Familie an. Sein Vater war Konsul im Jahre 487, ein Amt, das damals zwar keine politische Macht mehr mit sich brachte, aber immerhin als höchste Bürgerehre galt. Nach dem frühen Tode seiner beiden Eltern wurde der junge Boethius von Symmachus, einem sehr angesehenen, gelehrten und einflußreichen Senator, in sein Haus aufgenommen. Die frühere Ansicht, daß er in Athen studiert hätte, hat man heute ziemlich allgemein verlassen. Tatsächlich ist das zeitgenössische Zeugnis des von Cassiodor (Variae I, 45, 3) zitierten Briefes von Theodorich dafür nicht entscheidend. Es lassen sich jedoch sehr wohl einige Gründe anführen, die einen solchen Aufenthalt annehmbar machen. Ich habe sie in meinen Boethiana (I, in der Zeitschrift Vivarium, 1971, 49–54; 1972, 37f.) auseinandergesetzt. Daß Boethius vielmehr in Alexandrien studiert habe, wo damals Ammonios Hermeiou viele Studenten an sich zog, wurde von Pierre Courcelle (Les lettres grecs en occident, 1948) hervorgehoben. Nicht auszuschließen ist allerdings, daß Boethius sich seine griechisch-lateinische Bildung einfach in Rom erworben hat, wo er die persönliche Begleitung seines hochgebildeten Pflegevaters und späteren Schwiegervaters Symmachus genoß.

Der junge Boethius erwarb sich schon früh den Ruf außerordentlicher Gelehrsamkeit, wie aus dem von Cassiodor zitierten Brief Theodorichs hervorgeht. Im Jahre 510 wurde er zum Konsul ernannt. Er arbeitete damals an seinem Kommentar zur Kategorienschrift des Aristoteles. 522 wurden seine beiden Söhne zu Konsuln ernannt, eine ganz besondere Auszeichnung. Boethius hielt damals die öffentliche Lobrede für den König. Im selben Jahre wurde er zum magisterium officiorum berufen, einem sehr hohen Amt, das ihn nicht nur in eine wirkliche Machtposition stellte, sondern eben deshalb auch große Gefahr für seine persönliche Sicherheit mitbrachte. Boethius wurde beim König, der sich durch gewisse im Senatorenkreis lebendige Sympathien für Konstantinopel bedroht fühlte, verdächtigt und von persönlichen Feinden verleumdet. In der Anklage auf Hochverrat, die zu seiner Verhaftung und schließlich zur Hinrichtung führte, spielte zweifelsohne die Spannung zwischen dem alt-traditionellen Römertum des aristokratischen Senators und der Fremdheit des persönlich zwar nicht ungebildeten, aber seiner Herkunft nach trotzdem barbarischen Ostgotenkönigs eine Rolle. Dazu kam der religiöse Gegensatz der von Boethius vertretenen Orthodoxie und dem Arianismus der Ostgoten, ein Gegensatz, der damals geradezu eine politische Bedeutung hatte hinsichtlich der Beziehungen zum byzantischen Kaiserreich.

So geschah es, daß Boethius in der vollen Kraft seines Lebens und auf der Höhe einer politischen Karriere dem Neid boshafter Nebenbuhler und dem Argwohn eines an sich nicht unedlen, vielmehr großmütigen und toleranten Herrschers zum Opfer fiel. Er hat uns in seinem im Gefängnis geschriebenen Werk, der »Consolatio Philosophiae«, seine eigenen Gedanken über sein Schicksal hinterlassen.

Wie steht uns dieser späte Römer als Persönlichkeit vor Augen?

Boethius begegnet uns zuerst als ein leidenschaftlicher Intellektueller, zunächst mit den mathematischen Wissenschaften beschäftigt, dann mit der Logik.

Zweitens tritt er als ein Mensch hervor, der in der damaligen Lage eines unmittelbar drohenden Zusammenbruchs der Kultur zwingend die Aufgabe empfunden hat, ein großes Stück Kulturgut herüberzuretten, eine Aufgabe, der er sich geistig und intellektuell gewachsen fühlte.

Drittens, lebend in einem Zeitalter voller dogmatischer Streitigkeiten, war Boethius sich als Logiker bewußt, daß bestimmte begriffliche Unklarheiten durch Analyse der verwendeten Sprachformen und Besinnung über deren Inhalt beträchtlich geklärt werden konnten.

Letztlich finden wir ihn im Gefängnis in Pavia, wo er sich in der Bitterkeit seiner Stimmung und Zerschlagenheit seines Lebens von der hohen Frau Philosophia, die ihm da persönlich erscheint, wieder aufrichten läßt.

Betrachten wir diese vier Aspekte etwas näher.

1. Boethius hat seine wissenschaftliche Arbeit mit den mathematischen Studien angefangen. Das war ein altes Erbe der Schule Platons, von der Akademie her bis auf Proklos und seine Nachfolger festgehalten. Für Platon dienten diese Studien, die eine sehr wichtige Stelle in der Ausbildung der Philosophen einnahmen, zur Übung des abstrakten Denkvermögens und damit zur Metaphysik des transzendenten Seins. In diesem Sinne wurden auch in Proklos' Schule die mathematischen Studien getrieben, und diesen Sinn hatten sie ebenso für Boethius. Sein Werk über Arithmetik mitsamt seiner »Institutio musica« sind erhalten. Das erstere war eine freie Bearbeitung der Arithmetik des Pythagoreers Nikomachos von Gerasa (ca. 100 n. C.). Auch im berühmt gewordenen Werk über die Musik ist er weitgehend dem Nikomachos gefolgt, aber keinesfalls nur ihm. Das Buch zeigt in seiner Struktur und seinem Stil ein sehr persönliches Gepräge. Es wurde im Mittelalter besonders hoch geschätzt.

Von der Geometrie des Boethius sind nur zwei Exzerpte erhalten. Das zweite wurde neulich von M. Folkerts mit einem ausführlichen Kommentar herausgegeben (1975). Eine Astronomie des Boethius ist nicht bewahrt, wird aber im 10. Jahrhundert von Gerbert von Aurillac (Papst Sylvester II.) erwähnt.

2. Am Anfang der logischen Arbeiten des Boethius standen seine Übersetzung der »Isagoge« Porphyrs und die beiden Kommentare dazu. Diese haben im mittelalterlichen Schulunterricht eine überaus wichtige Rolle gespielt. Es folgten die Schriften des aristotelischen Organons: Die Kategorien, mit Kommentar, »De interpretatione« mit zwei Kommentaren, die »Analytica Priora«, die »Topica« und »Sophistici Elenchi«. Dazu schrieb Boethius einige Abhandlungen, von denen zumal die beiden Schriften »De syllogismo categorico« nebst der Schrift »De syllogismis hypotheticis« eine große Bedeutung erhielten. Aus diesen Schriften hat das Abendland die Form des korrekten Argumentierens gelernt.
Die Übersetzungen des Boethius sind jetzt alle in vorzüglichen Ausgaben mit wertvollen Einleitungen von Minio-Paluello im Aristoteles Latinus erschienen (1961ff.). Eine Übersetzung des Boethius von den »Analytica posteriora« liegt nicht vor. Wohl sind neulich seine Notizen zu den »Analytica priora« entdeckt worden (dazu J. Shiel, 1982). Boethius hat seine weiteren Pläne für die Übersetzung anderer aristotelischer Schriften und Dialoge Platons nicht ausführen können. Dennoch, trotz seines zu frühen Lebensendes hat er besonders mit seinen logischen Schriften eine grundlegende Arbeit für die Übertragung der Kultur geleistet. Denn ohne diese Arbeiten hätte man im frühen Mittelalter bis ins 12. Jahrhundert kaum etwas von der klassischen Logik der griechischen Philosophie gewußt.

3. Auch die theologischen Abhandlungen des Boethius wurden im Mittelalter hoch geschätzt. Auf Wunsch einiger ihm bekannter Theologen hat Boethius sich an den Versuch gemacht, mit den Mitteln der Logik in den damaligen theologischen Streitfragen einige Klarheit zu schaffen. Es handelte sich zunächst um die christologischen Aussagen des Konzils von Chalkedon: »Zwei Naturen, eine Person«. Mit seiner begrifflichen Unterscheidung zwischen »Natur« und »Person« hat Boethius mit dem 5. Traktat, der wahrscheinlich vor den beiden ersten (über die Trinität) geschrieben wurde, beträchtliches zur Klärung beigetragen. Aber auch über die Begriffe »substantia« und »persona« in der Trinitätslehre – Begriffe, welche keineswegs, wie man sich heute öfters vorstellt, erst aus dem platonisierenden griechischen Denken des 4. Jahrhunderts stammen, sondern in den ersten Dekaden des 3. Jahrhunderts aufgrund der von den Anfängen an in der Kirche weitergegebenen Tradition von Tertullian in dieser Form formuliert und umschrieben wurden –, auch über diese Begriffe zeigten sich die Reflexionen des Boethius als wertvoll. Über die Einheit des dreifaltigen Gottes hat er tief

nachgedacht. Den arianischen Vorstellungen gegenüber hat er die Einheit Gottes kräftig betont: Gottes Wesen läßt keine Vielheit, keine Zahl, keine wesentlichen Differenzen zu. Sogar die Dreiheit läßt sich von Gott nicht »der Substanz nach« prädizieren. Die »Personen« sind verschieden, das »Wesen« Gottes aber ist absolut eins.

Die 3. Abhandlung wurde im Mittelalter »De hebdomadibus« genannt. In diesem kurzen Traktat hat Boethius das mittelalterliche Abendland die Methode der Axiomatisierung gelehrt. Er geht von neun Propositionen aus und zeigt, wie alles aus dem absoluten Esse hervorgeht, und zwar durch Partizipation. Die Methode sieht der der »Elementa theologiae« des Proklos ähnlich. Doch zeigt sich hier ein interessanter Unterschied: So wie bei Platon im Staat (508e–9b) das Gute Prinzip und Ursache alles Seins war, des intelligiblen Seins unmittelbar, der Seele und schließlich der sinnlichen Welt insoweit diese im Intelligiblen ihren Ursprung haben, genau so war in der Tradition der Schulen des späteren Platonismus das Gute, das dem Einen gleichgesetzt wurde, immer der letzte Grund des Seins, nie aber das Sein selbst. So war es bei Platon, so war es bei Plotin und so war es noch bei Proklos. Bei Boethius hingegen finden wir das Sein als Absolutes und somit als Ursprung und erste Ursache vor. Der Tradition des Platonismus gegenüber war das eine Umformung. Vor Boethius hatte Augustin diese Transformation vollzogen und zwar sehr bewußt.

Hinter diesem Eingriff in die überlieferte philosophische Denkform steht bei Augustin das Offenbarungswort von Exodus 3,14: »Ego sum qui sum«. Das Esse ist der eigentliche Name Gottes, erklärte Augustin. Viele Male, in Briefen, Predigten und anderen Schriften, hat er das wiederholt und mit größter Ehrfurcht das Exoduswort überdacht. So ist bei ihm in der Metaphysik das Esse an die erste Stelle gerückt und dem Guten gleichgesetzt worden. Das gleiche finden wir bei Boethius vor. Er ist hier grundsätzlich kein Platoniker, sondern ein sowohl von der Offenbarung wie vom Platonismus her geformter christlicher Denker. An der Spitze der Metaphysik folgt er nicht Proklos, sondern Augustin.

Die vierte Abhandlung, »De fide catholica«, nimmt in den sog. »opuscula sacra« einen besonderen Platz ein: Auch heute, wo die Echtheit dieser Traktate allgemein anerkannt ist, wird manchmal für den vierten eine Ausnahme gemacht. Zwar steht im »Anecdoton Holderi« (Exzerpte aus Cassiodor), daß Boethius außer einer Abhandlung über die Trinität und einer anderen gegen Nestorius auch »capita quaedam dogmatica« schrieb, was sich sehr wohl auf den 4. Traktat beziehen ließe. Usener (1877) aber verwarf diesen Traktat als eine spätere Hinzufügung, weil er in einem Manuskript aus dem 9. Jahrhundert am Ende der 3. Abhandlung die Worte fand: »Bis hier Boethius« (Actenus Boetius). Der Schreiber dieser Handschrift hat wohl aufgrund der nur in dieser Schrift angewandten Methode gemeint, Boethius könnte nicht der Verfasser auch dieses Traktats sein. Erst neuerdings haben einige Boethiuskenner anders geurteilt.

E. K. Rand zeigt am Anfang dieses Jahrhunderts (1901), daß der Traktat »De fide catholica« von Anfang an dem Körper der boethianischen Schriften angehörte und nicht erst in karolingischer Zeit hinzugefügt wurde. Er meinte aber, es könnte der Diakon Johannes der Autor dieser Schrift sein, eher als Boethius. Rand hat später seine Ansicht darüber geändert. L. Obertello hat in seinem größeren Werk »Severino Boezio« (1974, 272–285) die Möglichkeit der Autorschaft des Johannes Diaconus offen gelassen, obwohl er es als wahrscheinlicher ansah, daß Boethius selbst den 4. Traktat verfaßt hat. In seiner Übersetzung der Opuscoli Teologici (1979) hat er entschieden für die Echtheit optiert.

Neulich ist auch Henry Chadwick (1981) energisch und ohne Vorbehalt für die Authentizität des »De fide catholica« eingetreten, und zwar auf Grund sorgfältig notierter stilistischer Züge: kein anderer als Boethius kann diese Schrift verfaßt haben. Chadwicks Argumente sind überzeugend. Er meint, das »De fide catholica« sei wohl die erste der theologischen Schriften des Boethius gewesen: Boethius habe »für sich selbst« den Inhalt des katholischen Glaubens, dem vom Diakon Johannes empfangenen Unterricht nach, umschreiben und sich klar vor Augen stellen wollen. Chadwick (175, 248) hört da sogar »ein bewegtes Glaubensbekenntnis« heraus. Andere werden das schwerlich nachempfinden. Daß aber diese Schrift als erste der »opuscula sacra« verfaßt wurde, ist nicht unwahrscheinlich. Die Folge IV, V, I–III kommt mir durchaus annehmbar vor. Dazu hat Chadwick ganz zurecht den nicht-philosophischen Charakter des »De fide catholica« hervorgehoben: Der Inhalt des christlichen und katholischen Glaubens ist in dem Alten und Neuen Testament enthalten. Es handelt sich um eine offenbarte Heilsgeschichte und um den Glauben der Kirche, so wie er von der ersten Generation an die späteren durchgegeben und bewahrt ist. Da gibt es »Autoritäten«: die Schriften und die Tradition der Kirche, die ihr erstes Merkmal hat in »universalitas« und in ihrer Verbreitung in der ganzen Welt (IV, 1–2; 257–265 St.-R.; vgl. Tract. I, 1, 1–6).

»Christianam fidem novi ac veteris testamenti pandit auctoritas«, so fängt die Abhandlung »De fide catholica« an. »Die Fundamente sind hauptsächlich folgende.« Wer aber jetzt auf die Geschichte von Schöpfung und Sündenfall gefaßt ist, muß noch ein wenig Geduld haben: die Heilsgeschichte hat für Boethius tiefere Wurzeln. Vor der Grundlegung der Welt, vor allem, was man »Zeit« nennen könnte, gab es von Ewigkeit her das göttliche Wesen (»substantia«) des Vaters und des Sohnes und des Heiligen Geistes, nicht drei Götter, sondern einen, denn die drei sind gleicherweise Gott. Der Vater hat also von Ewigkeit einen Sohn, aus seinem Wesen erzeugt, und ewig, so wie Er. Wir bekennen, daß Er Sohn ist, in dem Sinne, daß er nicht derselbe als der Vater ist. Und der Heilige Geist ist weder Vater und Sohn, obwohl von derselben göttlichen Natur.

»Dies ist uns im Alten und Neuen Testament als Glaubensartikel vorgehalten«,

sagt Boethius; »und das ist sozusagen die feste Burg unserer Religion« (velut arx religionis nostrae). Arius hat dagegen gesprochen; so auch in ihrer Weise die Sabellianer. Und die Manichäer glauben ebensowenig an den ewigen Sohn Gottes und leugnen die Geburt des Sohnes aus der Magd.
Es folgt eine ziemlich detaillierte Übersicht der Heilsgeschichte. Bei der Fragestellung, daß die Sünde des ersten Menschenpaares »in natürlicher Weise« auf die Nachkommenschaft übertragen wird, notiert Boethius: Pelagius ist hier vom katholischen Glauben abgewichen, indem er die natürliche Vererbung der Sünde geleugnet hat. Und wenn er über die Geburt des Menschensohnes aus der Jungfrau zu sprechen anfängt, so findet der Verfasser dieses Traktats nochmals Anlaß, diejenigen, die von dem Glauben der Kirche abgewichen sind, Nestorius und Eutyches, als »repertores haereseos« anzuzeigen.
Das Leben Christi auf Erden wird kurz erwähnt, seine Taufe, die Aussendung der Zwölf, der Tod am Kreuz, die Auferstehung und Himmelfahrt; der Auftrag an die Jünger, die Verleihung übernatürlicher Kräfte, die Einsetzung heilsamer Sakramente. Dann wird ein Wort gesagt über die weltweite Verbreitung der christlichen Botschaft, über die Einigung der Völker in einer Kirche als ein Leib, dessen Haupt Christus im Himmel ist. Die Erneuerung des Leibes in seinen ursprünglichen Stand wird besonders erwähnt. Gegen Ende wird nochmals ein Wort gesagt über den Charakter der katholischen Kirche, ihre Verbreitung und ihre Merkmale: ihre auctoritas, die bindend ist für die ganze Welt.
Alle erwarten das Ende der Welt, das Vorübergehen des Vergänglichen, die Auferstehung zum letzten Gericht, ewigen Lohn nach Verdienst, die Anschauung des Schöpfers, so weit das für Geschöpfe möglich ist, als einzigen Lohn der Seligkeit. Aus den Seligen wird die Zahl der Engel ergänzt werden. Da wird ewige Freude sein und endlose Lobpreisung Gottes.
Boethius hat mit der Einführung der Logik in die Theologie die Grundlage der scholastischen Methode geschaffen. Der Traktat »De fide catholica« unterscheidet sich von den übrigen in dem, daß er einfach eine Beschreibung des Glaubens der Kirche gibt. Es liegt jedoch die gleiche Auffassung von der »auctoritas ecclesiae« zu Grunde wie in den übrigen Traktaten. Genaue Parallelen dazu finden sich bei Augustin. Er war der große Lehrer des Boethius in theologicis. Für uns ist dieser 4. Traktat wertvoll: Ohne diesen wäre unser Bild des sehr intellektuellen Autors unvollkommen und einseitig.

4. In seinem letzten Werk, der »Consolatio Philosophiae«, finden wir den Autor im Gefängnis, einsam und verlassen, ohne Güter, ohne Ehre, ohne Bücher. Wir treffen ihn da nicht nur betrübt und niedergeschlagen, sondern geradezu als einen gebrochenen Menschen, sein Herz voll Bitterkeit und Wut, zu sehr aus seinem Gleichgewicht geraten, um noch seine Gedanken zu dem, was über dieser Erde liegt, erheben zu können. Dieser Gefangene hat nichts von dem Gleichmut des Philosophen den äußeren Dingen des Lebens gegenüber. Es ist aber auch

Philosophia erscheint *Boethius*

recht wenig Christliches in dieser verbitterten Seele. So könnte es uns wenigstens vorkommen.
Er selbst beschreibt seine innere Verfassung als eine schwere Krankheit der Seele. Es ist die hohe Gestalt der Frau Philosophia, die da die Behandlung des Kranken übernimmt. Sie trocknet seine Tränen, sendet die Musen, diese frivole Gesellschaft des Betrübten, mit strengen Worten weg, und spricht ihm mahnend zu: Hat er denn ihre kräftige Nahrung vergessen und ist somit seiner menschlichen Würdigkeit verlustig gegangen? Als ob je die Gaben der Fortuna zuverlässig gewesen wären! Und als ob nicht andere und große Jünger der Philosophia als Lohn für treuen Dienst an die Gerechtigkeit Tod oder Verbannung geerntet hätten! Das wahre Gute aber ist nicht in den vergänglichen äußeren Dingen gelegen. Wenn man den Blick auf die wunderbare Ordnung des Weltalls richtet, den Lauf der Sterne betrachtet und der Harmonie der gegensätzlichen Elemente inne wird, so wird bei uns die Ehrfurcht und Bewunderung für die Allmacht Gottes erwachen. Es wird sodann nicht schwer sein anzuerkennen, daß das wahre Gute das Irdische weit übersteigt: In diesem Guten, dem einen und absoluten, dürfen und müssen wir den Grund allen Seins anerkennen, den Schöpfer von Himmel und Erde, den Weltenlenker und Beweger des Alls: Gott, der aus reiner Güte diese Welt gemacht hat und in seinen Händen hält.
Hier stimmt die Philosophia auf Bitten des armen Gefangenen einen Hymnus an und betet: »Gib, Vater, mit meinem Geist zu Deinem erhabenen Wohnsitz aufzusteigen; gestehe mir, die Quelle des Guten anzuschauen, das Licht wiederzufinden und auf Dich das Auge meines Geistes fest gerichtet zu halten. Zerstreue die Nebel und das Schwergewicht der irdischen Masse, und strahle mit Deinem hellen Glanz. Denn Du bist die Klarheit und Ruhe, das Ziel unseres Suchens: Ursprung, Weltenlenker, Führer auf unserem Weg; Du, der Weg selber und dessen letztes Ziel« (Cons. III, m. 9, 22–28).
Es folgen in den zwei weiteren Büchern mehr oder weniger ausführliche Erörterungen über das Problem des Bösen und über das göttliche Allwissen. Platon hat zurecht gelehrt, daß Gott ausschließlich Ursache des Guten ist, nie irgendeines Bösen. Da tut sich aber die Frage auf, wie dann die ungeheure Macht des Bösen zu erklären ist. Nachdrücklich wird darauf hingewiesen, daß das Böse nicht etwas »Substanzielles« sei. Boethius zeigt sich hier als ein guter Platoniker: Weder Platon noch Plotin haben je gelehrt, daß das Böse eine substanzielle Existenz hätte. Zwar haben christliche Apologeten Platon öfters zugeschrieben, er habe eine »Materia coaeterna Deo« gelehrt, die Ursache des Übels sei, – eine Fehldeutung, die sich u. a. beim großen Athanasius findet und die bis heute von vielen wiederholt wird. Augustin hat es aber besser verstanden: Von den zeitgenössischen Platonikern hat er gelernt, daß es gar keine substanzielle Materie gebe und daß das Böse lediglich ein Negatives ist: die totale Abwesenheit des Guten. Diese Sicht hat ihn damals vom manichäischen Dualismus befreit und ihm den Weg zum christlichen Glauben freigemacht. Boethius, der die späteren

Neuplatoniker kannte, hat ihre Lehre des Bösen nicht anders verstanden. Schließlich gab es das theoretisch schwierige Problem des göttlichen »Voraus«-Wissens, der praescientia Dei: Wenn Gott in seinem All-Wissen alles, was geschehen wird, im voraus weiß, ist da nicht notwendigerweise alles determiniert? Und wo bleibt dann die Freiheit des menschlichen Willens? Mit welchem Recht wird dann der Übeltäter gestraft und der Gerechte belohnt? Und was könnte noch der Sinn des Gebetes sein, jenes einzigen Verkehrs zwischen Menschen und Gott? »Daher müßte notwendigerweise das menschliche Geschlecht, von seinem Ursprung abgeschnitten und losgelöst, aus Elend zugrunde gehen.« (Cons. V, pr. 3, 101–112 St.-R. = 91–101 Bieler; gekürzt)
Boethius hatte das Problem der sog. »futura contingentia« schon früher behandelt, im 2. Kommentar zu Aristoteles (De interpret. 9). Jetzt, in der Consolatio (V), tut er es nochmals, und zwar mit größerer Breite und einem gewissen Pathos. Für ihn ist hier logisch keine Schwierigkeit: Gottes Wissen ist eben anderer Art als menschliches Wissen. Daß Gott »alles weiß« will sagen, daß für Ihn alles Vergangene, Heutige und Zukünftige zu gleicher Zeit da ist im Präsenz eines ewigen Jetzt. Das Kontingente steht Ihm als Kontingentes vor Augen. Keine absolute Notwendigkeit läßt sich daraus folgern. Die menschliche Freiheit bleibt unversehrt.
Es ist Plotins Begriff der Ewigkeit (in Enn. III 7, 3 ff. ausgearbeitet), der hier von Boethius in einer knappen, aber genau das Wesentliche fassenden Formel zusammengefaßt wird: »Aeternitas est interminabilis vitae tota simul et perfecta possessio.« (Cons. V, pr. 6, 9–11 St.-R. = 8–9 Bieler) Sie ist als Definition der Ewigkeit aus der Consolatio in die Scholastik übernommen und wird (in S. Th. I, qu. 10, a.1) von Thomas von Aquin zitiert und besprochen. Alle Elemente aus Plotin sind da: das fortwährende, grenzenlose Leben; das Zugleich-gegenwärtigsein alles Seienden in einer Ganzheit und Vollkommenheit, aus der nie etwas verloren geht (daher »possessio«), – das ist tatsächlich genau das, was bei Plotin geschrieben steht.
Boethius schließt mit einer ernsten Mahnung: Wenn das alles denn so ist, wie es eben dargelegt wurde, so bleibt nicht nur die menschliche Freiheit und das Berechtigt-sein der Gesetze zur Festsetzung von Strafe und Lohn; es bleibt auch Jemand, der von oben herab auf alles zuschaut, Gott, der alles weiß. Und die immer gegenwärtige Ewigkeit seines Sehens trifft mit der zukünftigen Beschaffenheit unserer Handlungen zusammen: Er lohnt das Gute und straft das Böse. Nicht umsonst stellen wir daher unsere Hoffnung auf Gott und beten zu ihm: Wenn unsere Gebete recht sind, so können sie nicht ohne Wirkung sein. »Deshalb, wendet euch ab von Bosheit, pfleget die Tugenden, erhebt euren Sinn zur rechten Hoffnung, bietet dem Allerhöchsten demütige Gebete an. Euch ist, wenn ihr es nur anerkennen wollt, die Pflicht zur moralischen Integrität unabweisbar auferlegt, weil ihr ja euer Leben treibt vor den Augen eines Richters, der alles sieht.« (Ende der Consolatio)

Das ist keine Mythologie. Es ist auch keine rein theoretische Philosophie mehr: es ist Lebensernst, der ins persönliche Tun des alltäglichen Lebens hineinreicht. Ein Mensch, der von den Menschen enttäuscht worden ist, wendet sich hier an die Menschen. Er tut das mit einer blutig ernsten Forderung.

Die »Consolatio Philosophiae« ist das Buch, durch welches Boethius am meisten auf die Nachwelt gewirkt hat. Es wurde im Mittelalter und bis in die Post-Renaissancezeit enorm viel gelesen. Man hat es damals zwar nicht ausnahmslos, aber doch sehr überwiegend als christliches Buch verstanden. Im 19. Jahrhundert jedoch hat die rationalistisch denkende Gelehrtenwelt den Verfasser der Consolatio mehr und mehr nach der Seite der heidnischen Philosophie hingezogen: War es nicht diese Philosophie, von der er sich trösten ließ in seiner Not? Auf Grund dieser Tatsache hat man dann sogar gemeint, daß Boethius am Ende seines Lebens am christlichen Glauben irre geworden sei und anstatt des Christentums die Philosophie erwählt hätte. Hier liegt ein großer historischer Irrtum vor: Für Boethius, und für die meisten seiner Leser bis ins 19. Jahrhundert, waren ja die Philosophie und das Christentum keineswegs entgegengesetzte Größen. Im Gegenteil. Wenn man im Mittelalter auf einem Bilde Boethius und die Philosophia zusammen betend vorstellt, so könnte das sicher heidnisch-philosophisch sein – es hat ja von Platon her seine Präzedenzien –, es konnte aber mit mindestens ebenso großem Recht christlich verstanden werden.

Allerdings ist es richtig, daß die »Consolatio Philosophiae« ihrer Methode nach ein philosophisches Buch ist. Das Weltbild, das uns hier vor Augen geführt wird, ist durchaus das Weltbild der spätantiken Philosophie: Es erinnert an Seneca, an Plotin und Proklos, an die Pythagoreer mit ihrer kosmischen Liebe und an die Chaldäischen Orakel. Sogar die Lehre der Vorsehung im letzten Buch war griechische Philosophie: ein Stück aristotelisch-spätneoplatonischer Lehre. Und mag nicht gerade daher das Ganze dieses Werkes bis ins 17. Jahrhundert mächtiger gewirkt haben als es jetzt der Fall ist? Gerade daher mag es den damaligen Gläubigen nicht als fremdartig und heidnisch berührt haben, wie es heute öfters der Fall ist. Vorsicht ist da geboten. Gerade der Historiker sollte sich ja bewußt sein, daß Boethius in einem synkretistischen Denkklima lebte und daß die Voraussetzungen des modernen Rationalismus ihm fern lagen.

Und die eindrucksvollen Schlußworte der Consolatio, sind sie nicht das Zeugnis eines persönlichen Glaubens? Zweifellos sind sie das. Könnte es aber nicht ein »philosophischer Glaube« sein? Es ist ja die unmittelbare Folgerung aus einem rein philosophischen Gedankengang. Sicher, die Pflicht zur tugendhaften Lebensführung, die hier den Menschen ans Herz gelegt wird, ist ganz und gar religiös begründet. Aber hat nicht ein Sokrates so sein Leben geführt, in striktem Gehorsam einem Gott gegenüber, der für ihn immer gegenwärtig war? Und hat auch er nicht sein Leben eingesetzt, um seine Mitbürger zu einer solchen Lebensführung zu mahnen?

Ich denke, das ist so. Und dennoch wird H. Chadwick recht haben, wenn er konkludiert (1981, 252), daß diejenigen, die die Consolatio christlich verstanden haben, doch nicht ganz unrecht gehabt haben. Sicher war es der christliche Gläubige, der die Schlußworte der Consolatio schrieb. Und sicher konnte man in diesem Sinne das philosophische Buch des Boethius lesen. Gewissermaßen war es ein christliches Buch. Aber gerade als solches hat es auch seine erstaunliche Beschränktheit.

Zum Teil erklärt sich das aus dem sehr intellektuellen Charakter des Verfassers. Aber nur zum Teil. Dieser zeigt sich nämlich in der Consolatio gar nicht als ein gleichmütiger, als ein nicht oder wenig von Emotionen bewegter Mensch. Im Gegenteil. Nicht nur ist er im Anfang sehr deprimiert; auch später, den Auseinandersetzungen der Philosophia über die kosmische Ordnung gegenüber, kommt es bei ihm zu einem ganz emotionellen Ausbruch: Im Kosmos geht zwar alles in schöner Ordnung zu, aber in der Menschenwelt herrschen Unrecht und Niederträchtigkeit. Wie könnte da noch die göttliche Vorsehung obwalten? Vielmehr befinden wir uns in der Macht der frivolen, trügerischen Tyche.

Das ist Boethius' Lebensproblem. Da kann die Philosophie ihm antworten, daß Gott nur Gutes wirkt, und schließlich, daß Er die universelle und letzte Ursache ist. Philosophisch gesprochen ist das eine Antwort. Aber gibt es für den Christen nicht eine Antwort, die tiefer geht? Für uns tut sich die Frage auf, ob denn dieser gläubige Mensch, auf den Weg des Leidens gestellt, das Bild des leidenden Christus nicht vor Augen gehabt hat. Auf diese Frage antwortet uns die Consolatio nicht.

Boethius wurde nicht sehr lange nach seinem Tode von den Umwohnenden in der Gegend als Märtyrer verehrt. Uns kommt die Erinnerung an einen anderen, dessen Geschichte uns in einer Predigt des kleinasiatischen Bischofs Asterios (ca. 400) erzählt wird: Es war »der edle Gärtner« Phokas, ein einfacher Landmann, der bei der Stadt Sinope am Pontos, wo der Weg von der Stadt ins Inland führt, auf seinem Stückchen Land Gemüse züchtete. Phokas war als Bekenner des christlichen Glaubens den damaligen Machthabenden verdächtig. Zwei Männer wurden zu seiner Hinrichtung ausgesandt. Auf der Suche nach ihrem Opfer kamen sie an das Häuschen des Gärtners und baten ihn um Auskunft. Phokas bewirtete seine Besucher mit größter Gastlichkeit, sagte zu, ihnen am nächsten Morgen genau den Weg zu zeigen und lud sie zur Übernachtung ein. Er grub sich ein Grab und machte sich am nächsten Morgen ruhig den Gerichtsdienern bekannt. Als diese ihm da ziemlich verlegen gegenüberstanden, beruhigte er sie: er nehme es diesen Männern gar nicht übel, sie hätten ja nur einen Befehl auszuführen. Und er ergab sich einfach dem Vollzug der Exekution.

Die Mentalität dieses einfachen Mannes unterscheidet sich sehr auffallend von der unseres Philosophen. »Terrena despicere, amare coelestia«, das hatte ihn die Philosophia gelehrt. Blieb es bei ihm zu sehr im spekulativen Denken gebunden um zu einer einfachen persönlichen Hingabe zu werden? Wer wird es sagen? Das letzte Wort wurde auch in diesem Falle sicher nicht zu Menschen gesagt.

Quellen

Ein reichhaltiges Verzeichnis der Ausgaben der Werke des Boethius nebst einigen illustrierenden Texten sowie einer ausführlichen Bibliographie findet man bei
Chadwick, H.: Boethius. Oxford 1981.
J. P. Migne, Patrologia Latina. Bde. 63–64.
Die beiden Kommentare zur Isagoge des Porphyrius, hg. von S. Brandt. Wien 1906 (CSEL 48).
Opuscula sacra. Hg. von R. Peiper. Leipzig 1871.
Gute moderne Ausgaben der Consolatio:
Hg. von W. Weinberger. Wien 1934 (CSEL 67; Editio minor, hg. von K. Büchner. 3. Aufl. Heidelberg 1977).
Hg. von L. Bieler. Turnhout 1957 (Deutsche Übersetzung von K. Büchner. 3. Aufl. Stuttgart 1971).
Text mit deutscher Übersetzung und Einleitung von O. Gigon. Zürich 1969.

Darstellungen

Atti congresso internazionale di Studi Boeziani (Pavia, 5–8 Ott. 1980). Rom 1981 (Enthält Beiträge von u. a. A. Trapè, über Boethius als Theologe; C. Morton, Boethius in Pavia; E. Demougeot, La carrière politique de Boéce; L. M. de Rijk, über Boethius' Seinsmetaphysik; L. Obertello, über sein Weltbild; U. Pizzani, Il quadrivium boeziano; C. J. de Vogel, »Amor quo caelum regitur«: Quel amour et quel Dieu?).
Chadwick, H.: Boethius. The consolations of music, logic, theology and philosophy. Oxford 1981 (umfassende Darstellung).
Courcelle, P.: La consolation de philosophie dans la tradition littéraire: antécédents et postérité de Boèce. Paris 1967.
Gibson, M. (Hg.): Boethius. His life, thought and influence. Oxford 1981.
Gruber, J.: Kommentar zu Boethius, De consolatione philosophiae. Berlin 1978.
Huber, P.: Die Vereinbarkeit von göttlicher Vorsehung und menschlicher Freiheit in der Consolatio Philosophiae des Boethius. Diss. Zürich 1976.
Klingner, F.: De Boethii Consolatione Philosophiae. Berlin 1921 (Nachdr. 1960).
Obertello, L.: Severino Boezio. 2 Bde. Genf 1974.
Rand, E. K.: Founders of the Middle Ages. Cambridge, Mass. 1928.
Rand, E. K.: Der dem Boethius zugeschriebene Traktat De fide catholica. In: Jahrbuch für klassische Philologie 26 (1901).
Usener, H. (Hg.): Anecdoton Holderi. Bonn 1877 (Nachdr. 1969).
Vogel, C. J. de: Boethiana II. In: Vivarium 10 (1972), 1–40 (Zum Problem des Synkretismus).

Justinian I.

von G. Podskalsky

»Da wir wissen, daß nichts anderes den menschenfreundlichen Gott so versöhnen kann, als daß alle Christen ein und dasselbe im rechten und unversehrten Glauben für wahr halten, und daß keine Spaltungen in der heiligen Kirche Gottes bestehen, ...« (PG 86, 993C): So beginnt eines der Glaubensedikte Justinians; und dieser eine Halbsatz zeigt besser als viele Worte die konstante Leitlinie seines Handelns als Kaiser und Schutzherr der Kirche: die Einheit der Christen mit allen Mitteln zu erhalten und, wo verloren, zurückzugewinnen. Denn Einheit der Kirche (unitas religionis; concordia ecclesiarum) bedeutet auch Einheit und damit Größe des Reiches. Darum zögert dieser Kaiser auch nicht – ähnlich seinen Vorgängern –, die Heilmittel, die er für die Kirche als richtig erkannt hat, unmittelbar auf den Staat anzuwenden: »Was die heiligen Kanones verbieten, das verbieten wir auch durch unsere Gesetze.« (Cod. Just. I, 3, 44; vgl. Nov. 131,1); nicht umsonst stellt die Vereinheitlichung des Rechts – allerdings unter weitgehender Wahrung des antiken Erbes – sein bleibendes Verdienst dar. – Wer war dieser Herrscher, den die Moderne wegen der allzeit engen Verknüpfung von Kirchen- und Staatsinteressen als den Prototyp des »Cäsaropapisten« (der Begriff gilt heute fast allgemein als fragwürdig, weil sachlich unzutreffend) gesehen hat, obwohl er – aufs Ganze der byzantinischen Geschichte bezogen – eher die Ausnahme als die Regel darstellt?

Die erste Hälfte der Biographie Justinians ist nicht zu verstehen ohne die Erwähnung seines Onkels, des Kaisers Justin I. (518–527), der als einfacher Bauernsohn aus dem Gebiet des heutigen Serbien noch im Alter (nach glänzender Militärkarriere) zum höchsten Staatsamt aufgestiegen war und seinen 482 im Dorf Tauresium (bei Niš) geborenen Neffen Petrus Sabbatius (späterer Beiname: Justinian) noch als Kind in die Hauptstadt am Bosporus nachkommen ließ. Der aus dem lateinischen Kulturbereich stammende Adoptivsohn erhielt dort eine gute Einführung in die griechische Bildung und war seit Beginn der Regierungszeit seines kinderlosen Onkels dessen maßgebender Ratgeber, 521 erstmals Konsul und 527 – wenige Monate vor dessen Tode – Mitkaiser. Im Grunde stellten sich ihm in diesen neun Jahren schon dieselben Probleme wie später in der eigenen Regierungszeit: Da galt es den Frieden zu bewahren mit Persien und an der Grenze zum Nordbalkan, ein Schisma (entstanden durch die römische

Exkommunikation des Patriarchen Akakios, 484) zu beenden (519) und den seither übermächtigen Einfluß der Monophysiten einzudämmen. Was den letzten Punkt angeht, so zeigte Justinian allerdings frühzeitig seine besondere Neigung zu der sog. theopaschitischen Formel (Unus ex trinitate incarnatus bzw. passus), wie sie schon bei Patriarch Proklos (434–446) und dann erstmals offiziell im Henotikon (PG 86, 2624B) des Kaisers Zeno (482) vorkam, jetzt (519/520) aber nachhaltig von den sog. skythischen Mönchen in Konstantinopel und Rom verfochten wurde. Zu keiner Zeit erreichten ihre Vertreter das angebliche Ziel, die Aussöhnung mit den seit dem Konzil von Chalkedon (451) grollenden Monophysiten, sondern bestärkten diese eher in ihrer theologischen Einseitigkeit. Diese Neigung des Kaisers war umso verhängnisvoller, als auch seine Gemahlin, Theodora, eine seit einem Jugenderlebnis konstante Sympathie für die Monophysiten in praktische Kirchenpolitik umzusetzen versuchte. (Der berühmte Klostergründer Sabas [Mar-Saba] soll ihr deshalb die Fürbitte für den ersehnten Kindersegen als »Feindin der Kirche« abgeschlagen haben: Vita S. Sabae, cap. 72). Justinian hatte diese ihre Umgebung stets einnehmende Frau, über deren zweifelhafte Vergangenheit als Schauspielerin der Historiker Prokop in seiner »Geheimgeschichte« viel Abträgliches festgehalten hat – wie auch fast alle Kirchenhistoriker – nach einer eigens notwendigen Gesetzesänderung (525) geheiratet. Ihr beherztes Auftreten für die Belange des Staates (Nika-Aufstand), aber auch für die Armen und Rechtlosen (z. B. durch die Gründung von Heimen für ehemalige Dirnen) zeigt jedoch, daß sie dem Anspruch ihrer neuen Stellung unbedingt gerecht werden wollte.

Nach dem Tode des Onkels wurde der Neffe Alleinherrscher als Justinian I. (1. 8. 527–14. 11. 565), den die Nachwelt bis Dante oft auch als den »Großen«, gelegentlich sogar – gleich Konstantin den Großen – als den »Apostelgleichen« apostrophiert hat (letzteres auch wegen des Neubaus der S. Marco in Venedig ähnlichen Apostelkirche – Weihe: 550 – in Konstantinopel). Tatsächlich hat er die fast vierzig Jahre seiner Herrschaft zu einer intensiven Erneuerung des Reiches nach innen und außen genutzt – eine Leistung, die schon mehrfach zu fast dichterischen Biographien in verschiedenen Sprachen angeregt hat. Darum können wir uns hier mit gutem Recht auf die kirchengeschichtlich relevanten Elemente konzentrieren. Folgen wir zunächst dem äußeren Ablauf der Ereignisse, um dann die wichtigsten Kristallisationspunkte der Kirchenpolitik herauszustellen.

Das erste Werk, das Justinian mit Hilfe des gelehrten Advokaten Tribonian und einer Kommission von Rechtsexperten in die Wege leitete (528) und das als römisches Recht seinen Ruhm bis zu den Juristen der Gegenwart weitergetragen hat, war die Neufassung des Zivilrechts durch den »Codex Justinianus« (529; die zweite, heute allein erhaltene Redaktion erschien 534). Dazu gehört auch eine Kompilation der bedeutendsten Rechtsentscheide aus der klassischen Zeit, die »Digesta« (533), ferner ein Handbuch für die Studenten, die »Institutiones«

Justinian I.

(533). Trotz des Nika-Aufstandes (532), der dem Kaiser fast den Thron gekostet hätte und zur vorübergehenden Entlassung seines wichtigsten Helfers Tribonian führte, war die Rechtsreform in fünf Jahren vollendet! Justinian vertraute fest auf die einheitsstiftende Kraft des Rechts –, darum hat er auch später durch eine Vielzahl von religiösen und weltlichen Gesetzen (»Novellen«) sein Anliegen gerade für die gemischten Aufgaben von Kirche und Staat weiter verfolgt.
Oft schon wurde die Frage aufgeworfen nach dem Verhältnis von christlicher Inspiration und klassisch-heidnischem Erbe in diesem Gesetzeswerk. Fest steht die allgemein religiöse Motivation des Kaisers (vgl. die Einleitung!) sowie der an vielen Punkten greifbare Fortschritt an Humanität. Doch insgesamt bleibt es bei einem Nebeneinander von Heidnischem und Christlichem (z. B. beim Abortus), dessen genauere Entflechtung selbst dem Spezialisten schwerfällt. Ein (verlorenes) Edikt muß hier noch besonders erwähnt werden, mit dem im Jahre 529 die Akademie von Athen geschlossen wurde; damit war die letzte Hochburg des heidnischen Neuplatonismus gefallen. Der Sinn der Maßnahme erhellt aus einer Bestimmung des Codex (I, 11, 10), nach der die inzwischen überwiegend christlichen Schüler der verbliebenen heidnischen Lehrer vor dem Zwiespalt zwischen Glauben und Wissen bewahrt werden sollten. Hier wird erstmals das Prinzip der christlichen Konfessionsschule greifbar, gleichsam als Umkehrung jenes kurzlebigen Schulgesetzes Julians des Abtrünnigen (362, Abrogation 364), das die christlichen Lehrer vom Unterricht der heidnischen Klassiker wegen mangelnder innerer Überzeugung ausschließen wollte.
Ein zweites, bis in die Gegenwart reichendes Ruhmesblatt für Justinian ist seine Bautätigkeit. Verschwunden bis auf Ruinen sind die vielen Grenzbefestigungen, die wieder- oder neuerbauten Städte, Kirchen (außer Ravenna, Thessalonike, Bethlehem, Poreč-Pula und einigen heutigen Moscheen in Istanbul) und Klöster (mit Ausnahme des Katharinenklosters auf dem Sinai), geblieben aber ist – von den ehemals 25 Basiliken Justinians allein in Konstantinopel – die Hagia Sophia, deren Vorgängerin (römische Basilika) während des schon erwähnten Nika-Aufstandes zerstört wurde. Justinian wollte keinen Wiederaufbau im Stile einer rechteckig-nüchternen Basilika, sondern eine Kreuzkuppelkirche mit runden Formen, die durch Lichteffekte und Mosaikenschmuck den Besucher scheinbar in eine andere Welt versetzte (vgl. den Bericht der Religionskundschafter Vladimirs I. von Kiev in der Nestorchronik!), wie die kurz zuvor begonnene Kirche S. Vitale in Ravenna mit den berühmten Mosaikbildern Justinians und Theodoras samt Hofgefolge. Er fand die geniale Verwirklichung dieser Idee durch die Mathematiker und Architekten Anthemius von Tralles und Isidor von Milet. Ohne Rücksicht auf die immensen Kosten konnte der Bau schnell vorangetrieben werden und erlebte 537 seine Einweihung. Nach der Legende soll Justinian beim Betreten der weiten, glitzernden Haupthalle den Ausruf getan haben: »Salomon, ich habe dich übertroffen.« 563 mußte diese bis heute einmalige Kirche (seit Kemal Atatürk ein Museum) nochmals geweiht werden, weil ein

Erdbeben umfangreiche Reparaturen notwendig gemacht hatte. In dieser Form blieb sie im wesentlichen erhalten. Keine spätere Ausbesserung oder Ergänzung konnte den ursprünglichen Zauber der gewagten Konstruktion, zumindest im Inneren, zerstören. – Noch ein eher merkwürdiges Detail der Bautätigkeit muß hier genannt werden: Zur Erinnerung an seinen Onkel und seine eigene Herkunft ließ Justinian sein Heimatdorf Tauresium zu einer befestigten Stadt mit vielen Kirchen und Palästen ausbauen und erhob sie durch Gesetz vom 14. April 535 (Nov. 11) unter dem Namen Prima Justiniana (heute: Caričin Grad) zur kirchlichen Metropole für das nördliche Illyricum (anstelle von Skupi/Škopje); doch haben moderne Ausgrabungen gezeigt, daß die Blütezeit der Stadt schon nach knapp einem Jahrhundert vorüber war.
Ein großes Kapitel in der Herrschaftszeit Justinians bilden die vielen Kriege nach allen vier Himmelsrichtungen, über die wir durch den Hofhistoriker Prokop bestens unterrichtet sind. Zum Glück fehlte es dem auf die Verwaltung versessenen Kaiser nie an tüchtigen Generälen – die bekanntesten sind Belisar und Narses –, die ihm diese schwierige Aufgabe abnahmen. Schon vor der Niederschlagung des Nika-Aufstandes, der nicht zuletzt wegen des durch Kriegslasten unerträglich gewordenen Steuerdrucks ausgebrochen war, hatten die Feldzüge in Persien (530–562) begonnen, wechselten dann über nach Nordafrika, wo es die Willkürherrschaft der arianischen Vandalen zu beenden galt (533–548), von dort nach Italien, in dem die ebenfalls noch arianischen Ostgoten erst nach langen Kämpfen und mehrmaligem Fall Roms niedergerungen werden konnten (535–554) – um hier nur die größten Unternehmungen zu nennen. Das gemeinsame Ziel, die Wiederherstellung der eindeutigen kaiserlichen Oberhoheit bzw. der Legitimität seiner Vertreter auf dem ganzen Reichsgebiet von Spanien bis zur persischen Grenze und von Britannien und der Donau bis nach Nordafrika und Ägypten, konnte – trotz glänzender Siege – nur zum Teil und vor allem nicht auf Dauer erreicht werden. Was als Erneuerung gedacht war, stellte sich nachträglich als letztes Aufbäumen vor dem – freilich langsamen – Verfall des Reiches heraus.
Ein oft übersehener Aspekt dieser Reichspolitik muß hier noch erwähnt werden: die Mission. Am Rande der Feldzüge (und z. T. nicht ohne bewußte Koordination) erlebt die Kirche zur Zeit Justinians die zweite Welle ihrer Expansion, vor allem in den Gebieten östlich des Schwarzen Meeres, in Kleinasien, Südarabien (Gründung des Bistums Bostra), Libyen, Nubien (Äthiopien) und Mesopotamien, d. h. an den Ost- und Südrändern des Reiches. Nicht selten waren die eifrigsten Missionare Monophysiten, wie der auch als Historiker bekannte Johannes von Ephesus (gest. 586), die der Kaiser aber leicht wieder in die Reichskirche einzubinden hoffte.
Einen deutlichen Einschnitt im Leben Justinians stellt der Tod seiner geliebten Frau Theodora dar, die am 28. Juni 548 einer Krebskrankheit erlag; sie wurde feierlich in der noch unvollendeten Apostelkirche beigesetzt. Nach den Worten

des Johannes von Ephesus trachtete Justinian besonders danach, auch »dem Willen der verstorbenen Gattin auf jede Weise zu gehorchen«. Doch in den verbleibenden siebzehn Jahren bis zum Tode des 83jährigen Witwers fehlt es an neuen Ideen und tatkräftiger Durchsetzung getroffener Entscheidungen. Mit Vorrang widmet sich Justinian in dieser Zeit den religiösen Fragen; schon immer hatte er sich, vor allem in der Beweisführung, für einen guten Theologen gehalten. Eine wichtige Rolle in diesem Sektor spielt aber auch sein Hofbischof Theodor Askidas, der aus der Neuen Lavra (Palästina), dem Zentrum der Origenisten, stammte. Wenn man einmal absieht von der durchgehend verschärften Gesetzgebung des Kaisers gegenüber Heiden und Nichtchristen (Juden, aufständische Samariter, Manichäer), so sah sich Justinian zu Beginn seiner Amtszeit mit insgesamt vier verschiedenen Interpretationen der dogmatischen Definition von Chalkedon (451) konfrontiert: dem Dyophysitismus (Nestorianer), dem Monophysitismus, dem Origenismus und dem vermittelnden Neuchalkedonismus. Zumindest subjektiv basieren alle seine Edikte und Traktate auf dem Fundament einer authentischen Auslegung Chalkedons bzw. der vier ersten ökumenischen Konzilien.
Damit sind wir beim speziell kirchenpolitischen Aspekt seiner Herrschaft. Dessen wichtigste Komponente ist sein Vorgehen im sog. Dreikapitelstreit, bei dem es vordergründig um Person und Werk des Theodor von Mopsuestia, einige Schriften des Theodoret von Kyrrhos und den Brief des Ibas von Edessa an Maris, den Perser, – als angebliche Zeugnisse des häretischen, antiochenischen Nestorianismus – geht, in Wirklichkeit aber um eine nachträgliche Konzilskorrektur zugunsten der in Chalkedon scheinbar unterlegenen Theologie von Alexandrien (Cyrill) und nicht zuletzt auch um eine harte Kontroverse zwischen Papst und Kaiser (bzw. Universal- und Reichskirche). Doch diesem Endkampf rund um das fünfte ökumenische Konzil (553) gingen andere Gefechte voraus.

Die erste Streitfrage, in der Justinian um Vermittlung mit Rom angegangen wurde (519), war die schon zitierte theopaschitische Formel der skythischen Mönche (Skythien: westliche Schwarzmeerküste, heute Rumänien): »Einer aus der Dreifaltigkeit [Logos = Christus] hat im Fleische gelitten.« Mit ihrer Beifügung zur Konzilsdefinition sollten Nestorianer und Monophysiten, die sich nach Ephesus (431) bzw. nach Chalkedon (451) abgespalten hatten, wieder in die Kirche eingegliedert werden. Nach anfänglichen Bedenken war Justinian schnell für das Anliegen der Mönche gewonnen. Sofort drängte er den zögernden Papst (Hormisdas), die Sache auf sich beruhen bzw. in Konstantinopel erledigen zu lassen. Ohne Skrupel verwendet er selbst die Formel in einem Glaubensbekenntnis (Cod. I, 1,5) des Jahres 528; weitere feierliche Bestätigungen im Sinne des wahren Glaubens der vier ersten Konzilien finden sich in zwei dogmatischen Edikten vom 15. und 26. März 533 (Cod. I, 1, 6.7). Jetzt galt es nur noch, für die »gute Sache« auch noch den Papst einzunehmen, an den sich einige wegen ihres

Widerstandes aus Konstantinopel vertriebene Mönche aus dem Kloster der Akoimeten (»Schlaflose«) gewandt hatten. Zwei eigens abgesandte Bischöfe überbrachten also Papst Johannes II. einen Brief (6. Juni 533, Cod. I, 1,8), in dem diese Mönche als Nestorianer dem geschlossen orthodoxen Volk von Konstantinopel gegenübergestellt werden. Ohne große Begeisterung gab der Papst nach, nachdem er sich zuvor noch mit dem afrikanischen Diakon Ferrandus beraten hatte. In einem Brief vom 25. März 534 stimmte er dem Glaubensbekenntnis des Kaisers zu und verurteilte seinerseits die nach Rom geflüchteten Akoimetenmönche. Auch sein Nachfolger Agapet bekräftigte erneut diese Entscheidung. Der Kaiser hatte sich durchgesetzt, aber der kirchenpolitische Erfolg blieb aus. Die Monophysiten, Anhänger des Severos von Antiochien, die die Annahme der Formel verlangt hatten, verharrten – nach vorübergehender taktischer Ausschaltung in Ägypten und Syrien – weiterhin in der Trennung. Das kaiserliche Vorgehen erweckte sogar den Anschein, als ob die Hauptgefahr von den Nestorianern ausginge; tatsächlich hatten diese aber auf Reichsebene ausgespielt. Denn die gemäßigte antiochenische Theologie (Homo assumptus-Theorie) geriet durch die kaiserliche Reunionspolitik, die den mühsam zwischen antiochenischen und alexandrinischen Theologen ausgehandelten Kompromiß nach dem Konzil von Ephesus (433) fallen ließ, gegenüber der Richtung des Cyrill von Alexandrien, der letztlich die theopaschitische Formel inspirierte, eindeutig ins Hintertreffen: ein erster Schritt bis zu ihrer endgültigen Ausschaltung durch die Verurteilung der »Drei Kapitel«.

Allerdings hat Justinian, mehr auf Drängen des Papstes als aus eigenem Antrieb (und gegen den Willen seiner Gattin), auch mehrere direkte Schritte gegen die Monophysiten unternommen, besonders in der Hauptstadt. So unterstützte er die päpstliche Absetzung des auf Drängen Theodoras erhobenen monophysitischen Patriarchen Anthimus (536) durch ein Gesetz vom 6. August 536 (Nov. 42), wobei er gleichzeitig auch das Anathem über das Schulhaupt Severus und seine Anhänger verhängte. Die praktische Wirkung war gering, wie auch bei dem Brief (Λόγος δογματικός, zwischen 540 und 544) an alexandrinische Mönche (PG 86, 1103–1146; Schwartz, 1939, 7–43), die vom Monophysitismus zur Orthodoxie zurückgekehrt waren. Beim Überdenken dieser Schriftstücke hat man den Eindruck, daß Justinian – trotz seines eindeutig neuchalkedonischen Standpunktes (Moeller, 679f.) – die Implikationen der Irrlehre nicht genügend durchschaute. Während er die extreme Richtung des Eutyches streng verurteilte, erkannte er zu wenig die Unausgewogenheit angeblicher Vermittlungsformeln; auch übersah er wahrscheinlich die psychologischen Motive des Monophysitismus, insofern sich dieser (auch) als politischer Separatismus verstand, gerade in den Randgebieten des Reiches (Syrien, Ägypten), die ohnehin nur oberflächlich hellenisiert worden waren.

Im Unterschied zum Monophysitismus hatte Justinian mit einer anderen Dissensfrage mehr Erfolg. Um das Jahr 500 war der syrische Mönch Stephan Bar

Sudaile in Teilbereiche der Gedankenwelt des Origenes eingeführt worden. Daraus entwickelte er ein pantheistisches System, ausgehend von der Leugnung der Höllenstrafen sowie der Apokatastasis-Lehre. Nach Palästina vertrieben, scheint er in einem dortigen Kloster weiter für seine Lehre geworben zu haben. Jedenfalls entstand eine Gruppe fanatischer Origenisten, die diesen Namen eigentlich nur eingeschränkt wegen ihrer eschatologischen Anschauungen verdienen; aufgrund ihrer Unverträglichkeit mit den übrigen Mönchen erhielten sie ein eigenes Kloster, die von Sabas gegründete Neue Lavra. Neben dem schon erwähnten Hoftheologen, der seine diesbezügliche Einstellung aber zu verschleiern wußte, stammt auch Leontios von Byzanz aus diesem Kreis. Nach heftigen Auseinandersetzungen innerhalb des Mönchtums und einer ersten Vertreibung, die aber den Einfluß der Origenisten auf andere Klöster nur verstärkte, wurde der Kaiser durch Denkschriften zweier Synoden von Gaza (Patriarchat Jerusalem) und Antiochien (542) auf den ungelösten Zwist aufmerksam. Justinian schrieb daraufhin einen Brief an den Patriarchen Menas von Konstantinopel (543), in dem er die Irrtümer des Origenes aufzählt und widerlegt und am Ende nochmals in zehn Anathematismen zusammenfaßt (PG 86, 995–999). Er zitiert auch 24 Stellen aus »De principiis« und verlangt, daß zukünftige Bischofskandidaten ausdrücklich dem Anathem gegen Origenes und viele andere Häretiker zuzustimmen hätten. Kaum ein Bischof oder Patriarch, auch nicht der Papst (Vigilius), entzog sich der erwarteten Unterschrift. Inzwischen war es aber unter den Origenisten zu einer Spaltung gekommen: der radikale Flügel, die sog. Isochristen, vertraten die Auffassung, daß nach der Apokatastasis alle Vernunftwesen Christus gleich seien, während die übrigen zur Orthodoxie zurückkehrten. So war eine erneute Maßnahme notwendig: sie erfolgte auf dem 5. ökumenischen Konzil (553). Man hat lange an der Echtheit der entsprechenden Dokumente gezweifelt, nämlich an einem Brief des Kaisers an das Konzil (PG 86, 989D–993B) sowie an den 15 Anathematismen des Konzils selbst, weil davon in mehreren Konzilsberichten nicht die Rede ist. Doch ungeachtet der inhaltlichen Kriterien läßt sich der Zweifel vielleicht so beheben, daß die Verurteilung des Origenes vor den eigentlichen Konzilssessionen erfolgte und darum nicht in den Akten erscheint (außer einem namentlichen Anathem, Kanon 11). Im folgenden Jahr (554) wurden die starrsinnigen Mönche aus der Neuen Lavra vertrieben; damit verschwindet diese Kontroverse fast schlagartig aus der Kirchengeschichte.

Die theologisch nachhaltigste Wirkung erzielte Justinian aber mit seiner wiederholten Verurteilung der schon erläuterten »Drei Kapitel«. Der uns heute ziemlich überflüssig erscheinende Streit entzündete sich daran, daß die Anhänger Cyrills von Alexandrien erst nach dem Kompromiß mit den Antiochenern (433) die enge Verwandtschaft Theodors von Mopsuestia mit Nestorius entdeckten und sich nicht mehr an ihre Friedenspflicht gebunden glaubten. Sofort erhob sich aus Antiochien aber der Einwand, daß die Kirche ja wohl keine Jurisdiktion über

Verstorbene besitze, zumal der Betroffene im Frieden mit ihr geschieden sei (Justinian versuchte dagegen später nachzuweisen, daß das Gedenken Theodors in seinem Bistum bald nach seinem Tode aufgegeben worden sei). Theodoret von Kyrrhos verübelte man sein entschiedenes Auftreten gegen die zwölf Anathematismen des Cyrill (gegen Nestorius), obwohl er die Kompromißformel – mit Ausnahme der Verurteilung des letzteren – unterschrieben hatte. Ibas von Edessa hatte noch vor seiner Bischofszeit in einem Brief die Kontroverse Cyrill-Nestorius geschildert, wobei er zwar Verständnis für die Theologie des letzteren (und das angetane Unrecht) zeigt, ohne sie aber zu billigen. Daraufhin wurden sowohl Theodoret wie Ibas auf dem »Räuberkonzil« von Ephesus (449) als Bischöfe abgesetzt, in Chalkedon aber – nach erneuter persönlicher Verurteilung des Nestorius – wieder rehabilitiert; über Theodor von Mopsuestia sprach man dort nicht. Die Parteigänger Cyrills aber taten so, als ob damit der Nestorianismus wiederaufgelebt sei (zumal ihr Anführer, Dioskorus von Alexandrien, ein Neffe Cyrills, als Anstifter des »Räuberkonzils« verurteilt worden war). So ging die Polemik weiter, und die Affäre entwickelte sich zugunsten der Monophysiten, vor allem durch die offizielle Anerkennung der theopaschitischen Formel durch Justinian. Damit nicht zufrieden, verlangten sie die Verurteilung der »Drei Kapitel«. Nun erließ der Kaiser – auf Anraten des Theodor Askidas – ein erstes (verlorenes) Edikt gegen diese (543/44). Sofort erhob sich Widerstand in Konstantinopel, mehr noch aber im Abendland, weil die Bischöfe zu Recht in diesem Schritt des Kaisers einen offenen Affront gegen das Konzil von Chalkedon sahen, auch wenn dort von der Lehre der erneut Angeklagten nicht unmittelbar die Rede war. Der afrikanische Diakon Ferrandus (Ep. 6: PL 67, 921–928, bes. 928A) ging so weit, dem Herrscher vorzuwerfen, seine persönliche Meinung der Kirche aufdrängen zu wollen.

Wir kennen ein Antwortschreiben Justinians auf die vielstimmigen Proteste (Schwartz, 1939, 47–69). Das Hauptproblem für den Kaiser stellte aber die Haltung des zwar von Theodora favorisierten, aber zunächst widerstrebenden Papstes Vigilius dar. Unter dem Vorwand, ihn der Gewalt der Rom bedrängenden Ostgoten entziehen zu wollen, erteilte Justinian den Befehl, ihn nach Konstantinopel zu bringen, wo Vigilius im Januar 547 eintrifft. Wenige Monate später – inzwischen mit Nachdruck umgestimmt – verspricht er in Briefen an das Kaiserpaar, die »Drei Kapitel« zu verurteilen, und nach einer hektisch verlaufenden Beratung mit den in Konstantinopel anwesenden Bischöfen aus dem Westen macht er seinen Entschluß wahr durch das Judicatum vom Karsamstag 548. Diese unstete Handlungsweise mußte neuen Widerstand, vor allem in Nordafrika, provozieren; und so bittet Vigilius den Kaiser um Rückgabe des Judicatum, was ihm 550 auch gewährt wird. Den Ausweg aus der Sackgasse sollte nun ein neues Konzil weisen, über dessen Zusammensetzung und Tagungsort die Vorstellungen von Papst (Westbischöfe im Westen) und Kaiser (überwiegend Ostbischöfe im Osten) jedoch auseinandergehen. Jedenfalls verspricht Vigilius dem Kaiser im Geheimen (15. August 550), weiterhin auf die Verurteilung der »Drei Kapitel« hinzuarbeiten. Inzwischen läßt Justinian widerspenstige Bischöfe und Patriarchen einschüchtern oder absetzen; ferner erläßt er – ohne Absprache mit dem Papst – ein neues Edikt (551/Schwartz, 1939, 71–111), das fast im Wortlaut in die späteren Konzilsdefinitionen (553) einging. Bestärkt durch den Diakon und späteren Nachfolger Pelagius läßt der empörte Papst eine Exkommunikation des vermuteten Urhebers Theodor Askidas vorbereiten, der ihm auch den Text überbringt; in seiner Residenz unsicher geworden, flieht er ferner in eine andere Kirche (St. Peter) der Hauptstadt. Der Kaiser will den Papst mit Gewalt zurückholen lassen, doch der Versuch scheitert wegen des Mißgeschicks der Truppen und des Abscheus des Volkes. Bald darauf stimmt Vigilius zwar einer friedlichen Rückkehr zu, doch wegen der ständigen Überwachung flieht er des Nachts erneut (Weihnachten 551), diesmal über den Bosporus in die Konzilskirche von Chalkedon. Neue Versprechungen, neue Gewaltmaßnahmen; die beiden begleitenden Diakone werden entführt. Daraufhin läßt der Papst den vorbereiteten Kirchenausschluß des Askidas auch öffentlich verkünden. Doch einige Zeit später kommt es zur Entschuldigung und gegenseitigen Aussöhnung auf der Grundlage der vier ökumenischen Konzilien; Vigilius kehrt in seine Residenz zurück.

Der neuernannte Patriarch Eutychius von Konstantinopel schlägt nun (Januar 553) ein Konzil in der Hauptstadt unter Vorsitz des Papstes vor. Doch da dieser Italien als Tagungsort wünschte und der Kaiser auch nur eine minimale Zahl ausgewählter westlicher Bischöfe zulassen wollte, tagte das Konzil eben ohne den Papst. Dieser bereitete inzwischen eine neue Stellungnahme vor: das Constitutum (14. Mai 553). Darin werden sechzig angebliche Sätze des Theodor von Mopsuestia zurückgewiesen, seine Person aber ausdrücklich von jeder Kritik ausgenommen. Was Theodoret und Ibas angeht, so wird im wesentlichen die Entscheidung von Chalkedon wiederholt. Justinian seinerseits aber läßt auf der ersten Konzilssitzung (4. Mai 553) einen Brief verlesen, in dem die erneute Prüfung der »Drei Kapitel« mit dem Ziel ihrer Verurteilung verlangt wird, wie es der Papst zuvor auch beabsichtigt habe. Nach vergeblichem Warten auf den Papst und die lateinischen Bischöfe beginnen in der vierten Sitzung die eigentlichen Beratungen. Man bestreitet nun die Echtheit des Ibas-Briefes, um ihn verurteilen zu können. Als der Kaiser vom Constitutum erfährt, verweigert er die Annahme, läßt das Geheimversprechen des Papstes veröffentlichen und seinen Namen aus den Diptychen streichen; es sollte demonstriert werden, daß Treue zur Kirche auch ohne die Person, ja das Amt des Papstes möglich sei. Das Konzil führt indessen seine Arbeit zuende: aufs Neue werden Person und Werk des Theodor von Mopsuestia, Theodorets Schriften gegen Cyrill und der sog. Ibas-Brief mit dem Anathem belegt; voraus geht eine positive Darstellung der theopaschitischen Theologie (2. Juni 553). Krank und einsam, seiner Mitarbeiter beraubt, erklärt der unglaubwürdig gewordene Papst am 8. Dezember 553 schließlich seine nachträgliche Zustimmung (Brief an Patriarch Eutychius). Doch dem Kaiser genügte das nicht, und so mußte Vigilius seine Unterwerfung in einem zweiten Judicatum (23. Februar 554) zu Papier bringen. Viele Erklärungen darin, vor allem zum Ibas-Brief, stehen in offenem Widerspruch zum Constitutum und wirken reichlich gewunden. Dann, ein Jahr später, darf der Papst endlich nach Rom zurückkehren, stirbt aber unterwegs (7. Juni 555). Justinian aber krönt die moralische Niederlage des Papsttums mit einem weiteren geschickten Schachzug: er befreit den sich bisher ihm verweigernden Pelagius aus dem Gefängnis und macht ihn zum Nachfolger des Vigilius, um so das im Westen verspielte Vertrauenskapital wieder zurückzugewinnen.

Zur Beurteilung dieses vielleicht schärfsten Konfliktes, den es je zwischen Papst und Kaiser gab, sind mehrere Gesichtspunkte zu berücksichtigen. Vom dogmatischen Standpunkt aus ist festzuhalten, daß das Urteil über die drei Kapitel verschiedene Tatbestände betraf, also eine Fakten-, keine Lehrfrage darstellt (insofern besteht kein Bezug zum Dogma der päpstlichen Unfehlbarkeit). Gültig allein bleibt das in relativer Freiheit verfaßte Constitutum und vom Konzil, was dem nicht widerspricht (kein Papst hat später je die Anerkennung der Nichtauthentizität des Ibas-Briefes oder die posthume Verdammung des Theodor von Mopsuestia vertreten oder verlangt). Aus theologiegeschichtlicher Sicht bedeutet das Ergebnis die endgültige Abkehr vom Nestorianismus, sofern er noch in Chalkedon enthalten gewesen sein sollte (und damit das schon mit der Entscheidung über die theopaschitische Formel eingeleitete Ende der Schule von Antiochien), gleichzeitig aber auch einen Rückschritt hinter Chalkedon in der Frage des dort klar vertretenen doppelten Handelns Christi, was im folgenden Jahrhundert zu neuen Kämpfen führen sollte (Monotheletismus). In kirchengeschichtlicher Betrachtung schließlich zeigt sich, daß das Papsttum, wohl durch die Schuld beider Seiten, eine schwere Einbuße seines Ansehens, vor allem im Westen, erlitt; daß ferner das Bemühen um die Rückgewinnung der Monophysiten durch den Dreikapitelstreit keine Förderung erfuhr, im Gegenteil: neue literarische Fehden und Schismen in Afrika, Gallien und Italien (Schisma von Aquileja) standen ins Haus.

Justinian aber schien im Hochgefühl seines »Sieges« keine derartigen Lehren zu ziehen. Und so liegt sein letzter theologischer und kirchenpolitischer Eingriff – ein Jahr vor seinem Tode – ganz in der Linie der vorigen. Zwar war inzwischen der unselige Theodor Askidas verstorben (558), doch dafür redete nun der Bischof von Joppe (Palästina) dem über 80jährigen Kaiser ein, statt der hartnäckigen Severianer sei vielleicht die monophysitische Splittergruppe der Julianisten (so benannt nach ihrem Haupt Julian von Halikarnaß) leichter für die Kirchenunion zu gewinnen; man nannte sie auch Aphartodoketen, weil sie die Leidensfähigkeit Christi zwar nicht leugneten, aber mit einem beständigen Wunder (praeter naturam) erklärten. Wie gewohnt ließ sich der Kaiser auf diesen Vorschlag mit großem Eifer ein und veröffentlichte 564 sein letztes (verlorenes)

Dekret, in dem er die genannte Lehre als heilsnotwendig (!) verkündete. War der Kaiser bisher – zumindest subjektiv – dem Fundament von Chalkedon treu geblieben, das er immer nur »reinigen« wollte, so stand er diesmal nicht nur dazu, sondern auch zu seinem Favoriten Cyrill in offenem Widerspruch. Allein, trotz drohender Absetzung, widerstanden diesmal die Patriarchen geschlossen. Zum eigentlichen Kampf sollte es aber nicht mehr kommen, denn der Tod überraschte Justinian bei der rastlosen Arbeit (»βασιλεὺς ἀκοίμητος«, nach einer Kircheninschrift) in der Nacht des 14. November 565; in der Apostelkirche fand er sein Grab, an der Seite Theodoras.
Für die Kirche war Justinian voller Licht und Schatten. Soviel sie ihm an praktischer Hilfe und Reform, vor allem in der Gesetzgebung (Novellen), verdankte, so sehr hat er ihr durch seine eigenwillige Theologie und Kirchenpolitik geschadet, vor allem in der letzten Lebensphase. In der byzantinischen Legende des Mittelalters aber lebte er weiter als der große Bauherr der Hagia Sophia und Gesetzgeber.

Werke

Neben dem »Corpus iuris civilis«, dem gesamten Gesetzgebungswerk Justinians in vier Teilen (hg. von Th. Mommsen – P. Krüger – R. Schöll – W. Kroll, Bd. 1, 16. Aufl. Berlin 1954; Bd. 2, 12. Aufl. ebd. 1959; Bd. 3, 7. Aufl. ebd. 1959; dt. Übersetzung: E. Otto – B. Schilling – C.F.F. Sintenis, 7 Bde., Leipzig 1830–1833), sind hier vor allem die theologisch relevanten Werke – soweit erhalten – zu nennen (vgl. zusammenfassend: M. Amelotti – L. Migliardi Zingale, Scritti teologici ed ecclesiastici di Giustiniano, Florenz 1977, VII–XXIX).
Briefe: Patrologia Latina, hg. von J.-P. Migne, PL 63, 66, 69.
Traktate: Patrologia Graeca, hg. von J.-P. Migne. Bd. 86, 1, 945–1150 (zum einzelnen vgl. Jugie, 1925).
Verbesserte Editionen: Schwartz, E. – Amelotti, M. u. a.: Drei dogmatische Schriften Justinians. 2. Aufl. Mailand 1973 (1. Aufl.: Abhandlungen der bayerischen Akademie der Wissenschaften, Phil.-hist. Klasse München 1939, 18).

Darstellungen

Aus der umfangreichen Justinianliteratur in vielen Sprachen sind neben Gesamtdarstellungen vor allem die Titel ausgewählt, die einen besonderen Bezug zur Theologie und Kirchengeschichte haben:
Alivisatos, H. S.: Die kirchliche Gesetzgebung des Kaisers Justinian I. Berlin 1913.
Amann, E.: Théopaschite (controverse). In: Dictionnaire de Théologie Catholique, Bd. 15, Paris 1946, 505–512.
Amann, E.: Trois chapitres (Affaire des). In: ebd., 1868–1924.
Anastos, M. V.: The Immutability of Christ and Justinian's Condemnation of Theodor of Mopsuestia. In: Dumbarton Oaks Papers 6 (1951), 125–160.

Anastos, M. V.: Justinian's despotic Control over the Church as illustrated by his Edicts on the Theopaschite Formula and his Letter to Pope John II in 553. In: Mélanges G. Ostrogorsky. Bd. 2, Belgrad 1964, 1–11.
Barker, J. W.: Justinian and the Later Roman Empire. Madison/Wisc. 1960.
Biondi, G.: Giustiniano primo principe e ligislatore cattolico. Mailand 1936.
Boojamra, J. L.: Christian Philanthropia. A Study of Justinian's Welfare Policy and the Church. In: Βυζαντινά 7 (1975), 345–373.
Browe, P.: Die Judengesetzgebung Justinians. In: Miscellanea iuridica Justiniani et Gregorii IX legibus commemorandis. Rom 1935, 109–146.
Browning, R.: Justinian and Theodora. London 1971.
Devreesse, R.: Essai sur Théodore de Mopsuestia. Città del Vaticano 1948, 194–258.
Diehl, Ch.: Justinien et la civilisation byzantine au VIe siècle. Paris 1901 (Nachdruck: New York 1959).
Downey, G.: Constantinople in the Age of Justinian. 2. Aufl. Norman/Oklahoma 1980.
Engelhardt, I.: Mission und Politik in Byzanz. Ein Beitrag zur Strukturanalyse byzantinischer Mission zur Zeit Justins und Justinians. München 1974.
Fritz, G.: Origénisme. In: Dictionnaire de Théologie Catholique, Bd. 11, Paris 1932, 1565–1588.
Gregostergios, A.: Iustinian the Great, the Emperor and the Saint. Belmont/Mass. 1983.
Grumel, V.: L'auteur et la date de la composition du tropaire Ὁ Μονογενής. In: Echos d'Orient 22 (1923), 398–418.
Jonkers, E. J.: La législation de Justinien et la protection de l'enfant à naître. In: Vigiliae Christianae 1 (1947), 240–243.
Jugie, M.: Justinien I. In: Dictionnaire de Théologie Catholique, Bd. 8, Paris 1925, 2277–2290.
Jugie, M.: L'empereur Justinien a-t-il été aphartodocète? In: Echos d'Orient 31 (1932), 399–402.
Kaden, E. H.: L'Eglise et l'Etat sous Justinien. In: Mémoires publiés par la Faculté de Droit de Genève 9 (1952), 109–144.
Leclercq, H.: Justinien. In: Dictionnaire d'archéologie chrétienne et de liturgie, Bd. 8, Paris 1928, 507–604.
Loofs, F.: Die »Ketzerei« Justinians. In: Harnack-Ehrung. Leipzig 1921, 232–248.
Mano-Zissi, D.: Justiniana Prima (Caričin Grad). In: Reallexikon der byzantinischen Kunst. Bd. 3, Stuttgart 1978, 687–717.
Meyendorff, J.: Justinian, The Empire and the Church. In: Dumbarton Oak Papers 22 (1968), 43–60.
Moeller, Ch.: Le chalcédonisme et le néo-chalcédonisme en Orient de 451 à la fin du VIe siècle. In: A. Grillmeier – H. Bacht: Das Konzil von Chalkedon. Bd. 1, 4. Aufl. Würzburg 1973, 637–720.
Pewesin, W.: Imperium, Ecclesia universalis. Rom-Stuttgart 1937.
Pfannmüller, G.: Die kirchliche Gesetzgebung Justinians hauptsächlich auf Grund der Novellen. Berlin 1902.
Rubin, B.: Das Zeitalter Justinians. Bd. 1, Berlin 1960 (Die geplanten Bände 2–4 sind nie erschienen).
Schubart, W.: Justinian und Theodora. München 1943.
Schwartz, E.: Zur Kirchenpolitik Justinians. München 1940, 32–81.
Stein, E.: Histoire du Bas-Empire. Bd. 2, Paris 1949.
Ure, P. N.: Justinian and his Age. 2. Aufl. Westport/Connecticut 1979.

Maximus Confessor

von Peter Hauptmann

Maximus der Bekenner – »nach Geist, Charakter, Frömmigkeit, Gelehrsamkeit, literarischer und kirchlicher Wirksamkeit, Lebensschicksalen einer der achtungswürdigsten und größten christlichen Denker und Dulder aller Zeiten« (Wagenmann, 470) – wurde um das Jahr 580 geboren. Seine Eltern sollen vornehmer Abkunft gewesen sein und zu den angesehensten Familien in Konstantinopel gehört haben; doch sind uns nicht einmal ihre Namen überliefert. Auch über seine Lehrer wissen wir nichts. Jedenfalls eignete sich Maximus außer einer höheren Allgemeinbildung noch gründliche Kenntnisse auf dem Gebiet der Philosophie an. Dabei machte er sich nicht nur mit den Werken Platos, sondern auch mit denen des Aristoteles vertraut, und zwar in ihrer Aufbereitung durch die Kommentatoren. Mittelpunkt des geistigen Lebens in Konstantinopel war die bereits von Konstantin dem Großen begründete und im Jahre 425 von Kaiser Theodosios II. reorganisierte und zur Universität erweiterte Hochschule.

Kindheit und Jugend des Bekenners fielen in die Regierungszeit des durchaus bedeutenden Kaisers Maurikios (582–602), der zwar die unter Justinian I. (527–565) zurückgewonnenen westlichen Reichsgebiete nicht alle zu halten vermochte, aber doch den Verbleib beträchtlicher Teile derselben unter oströmischer Herrschaft noch für einen längeren Zeitraum durch die Bildung der Exarchate von Ravenna und Karthago zu sichern wußte. Die dortigen Exarchen, denen in ihrem Machtbereich neben der militärischen auch die gesamte zivile Verwaltung unterstellt war, besaßen eine von Konstantinopel weitgehend unabhängige Handlungsfreiheit, die Maximus später wiederholt zustatten kommen sollte. Nachdem Maurikios 591 einen zwanzigjährigen Perserkrieg hatte vorteilhaft beenden können, überforderte er allerdings sein Heer in den anschließenden Abwehrkämpfen gegen Awaren und Slawen an der Nordgrenze des Reiches, so daß meuternde Soldaten im Bunde mit den zahlreichen Unzufriedenen im ganzen Lande und vor allem in der Hauptstadt seinen Sturz herbeiführten.

Mit der sich anschließenden Regierungszeit des von Soldaten auf den Schild gehobenen und mit Zustimmung des Senats zum Kaiser ausgerufenen halbbarbarischen Subalternoffiziers Phokas (602–610) erlebte Maximus beim Eintritt ins Mannesalter eine Schreckensherrschaft, die ihresgleichen sucht. Folgte der Ermordung des Maurikios und seiner Söhne eine Welle von Massenexekutionen, so führten die dadurch veranlaßten Verschwörungen in der Aristokratie nur zu immer neuen Hinrichtungen. Schließlich versank das Reich in einen Bürgerkrieg, in dem zugleich die spätrömische Staats- und Gesellschaftsordnung ihr Ende fand. Zudem wurde die gesamte Balkanhalbinsel von Awaren und Slawen überflutet, während die Perser tief nach Kleinasien hinein vordrangen. Es hätte nicht mehr viel gefehlt, und das Oströmische Reich wäre verschwunden.

Die Rettung für das Reich kam aus dem Exarchat Karthago, und der Retter sollte den inzwischen dreißigjährigen Maximus sogleich in den Kreis seiner engsten Mitarbeiter berufen. Der Exarch von Karthago, der sich gegen Phokas erhoben und dem sich auch Ägypten angeschlossen hatte, schickte seinen Sohn Herakleios mit einer Flotte gegen Konstantinopel, und da dieser überall als Befreier begrüßt wurde, fand das Schreckensregiment des Phokas ein jähes Ende. Herakleios empfing am 5. Oktober 610 aus der Hand des Patriarchen Sergios I. die Kaiserkrone, um dann in dreißig Regierungsjahren die Grundlagen für das mittelalterliche byzantinische Reich zu schaffen. Seine große staatsmännische Leistung bestand im Übergang zur sog. Themenverfassung, der Gliederung des Reichsgebiets in von Strategen verwaltete Militärbezirke, in denen jeweils Soldaten in Stärke von etwa einer Division – in Byzanz »Thema« genannt – gegen die Verpflichtung zur erblichen Heeresdienstleistung auf vererbbaren Landgütern angesiedelt wurden. Damit hat Herakleios nicht nur eine ebenso schlagkräftige wie kostensparende Streitmacht geschaffen, sondern zugleich auch die Wirtschafts- und Sozialstruktur des Reiches erheblich verbessert. Ob ihn ein Verwandtschaftsverhältnis zu Maximus oder allein dessen Ruf veranlaßt haben mochte, ihn zum Ersten kaiserlichen Sekretär zu berufen, ist nicht mehr festzustellen.

Leider wissen wir über Art und Ausmaß der Zusammenarbeit dieser beiden so bedeutenden Männer nichts Konkretes. Sie währte allerdings auch nicht länger als drei oder vier Jahre. Ihre Beendigung ergab sich aus der Entscheidung des Hofbeamten für das Mönchtum, deren innere Notwendigkeit von seinem literarischen Lebenswerk vollauf bestätigt wird. Stets tritt uns Maximus als ausgesprochen mönchischer Denker entgegen. Dabei ist er so stark vom Selbstverleugnungsideal erfüllt, daß sich seinem umfangreichen Schrifttum nur selten Hinweise auf seinen Lebensweg entnehmen lassen. Auch seinem am Ende des 7. Jahrhunderts schreibenden Biographen ist es offenbar nicht mehr gelungen, Einzelheiten in angemessenem Umfang in Erfahrung zu bringen. Um so weniger ist zu verwundern, daß die wohl erst dem 8. Jahrhundert entstammende syrische Biographie im Gegensatz zur griechischen nichts von der vornehmen Abkunft des Maximus und seiner Tätigkeit am Kaiserhofe weiß, vielmehr Palästina als seine Heimat ausgibt.

Im Jahre 613 oder 614 wurde Maximus in einem bescheidenen Kloster in Chrysopolis (türkisch: Skutari bzw. Üsküdar), Konstantinopel gegenüber am kleinasiatischen Ufer des Bosporus gelegen, Mönch und blieb dort für ein

Jahrzehnt. Seiner griechischen Vita zufolge wäre er nach einiger Zeit von der Bruderschaft zum Nachfolger ihres verstorbenen Abtes berufen worden. Indessen wird er in amtlichen Texten aus späterer Zeit lediglich als Mönch bezeichnet. Sicher ist dagegen, daß sich ihm hier schon um 618 ein Schüler anschloß, der ihm lebenslang als Weggenosse und Leidensgefährte verbunden blieb: Anastasios der Mönch – zur Unterscheidung von einem weiteren Mitstreiter gleichen Namens, Anastasios dem Apokrisiar (Nuntius).

Von 624 oder 625 bis 626 finden wir Maximus im St.-Georgs-Kloster in Kyzikos (türkisch: Erdek) an der Südküste des Marmarameers. Die Gründe für den Wechsel seines Aufenthaltsortes sind uns nicht bekannt, doch läßt sich sein Lebensweg von nun an deutlicher erkennen. Aus Kyzikos stammen die ersten seiner erhaltenen Briefe. Sie sind an einen Kämmerer Johannes gerichtet, der das Kloster mit einer Gabe bedacht hatte. Darunter befindet sich auch der berühmte Brief über die Liebe, vermutlich seine früheste Abhandlung. Hier preist Maximus die Liebe als das erste und vorzüglichste unter allen Gütern, weil sie mit Gott und den Mitmenschen vereinige. Ihr Werk sei es, wenn der Schöpfer der Menschen als Mensch das Licht der Welt erblicke, um den Menschen zu vergöttlichen. Wer nämlich Gott von ganzem Herzen, von ganzer Seele und von allen Kräften liebe und den Nächsten als sich selbst, der trete damit in den unveränderlichen Besitzstand göttlichen Gutseins ein. Diese Liebe aber, die man Gott schenke und die die Menschen miteinander verschmelze, sei kein geteiltes Doppelwesen, sondern ganz und gar ein und dieselbe. Ein freundschaftliches Verhältnis zu Bischof Johannes von Kyzikos belegt ein etliche Jahre später fertiggestelltes Werk, das ihm Maximus gewidmet hat, weil der Plan zu seiner Abfassung im Gespräch mit ihm entwickelt worden war.

Mit der Hauptstadt des Reiches geriet auch Kyzikos in eine gefährliche Lage, als die Perser im Sommer 626 mit ihrem Heer bis Chalkedon (türkisch: Kadiköy) am Bosporus vorgedrungen waren und Awaren, Slawen, Bulgaren und Gepiden gleichzeitig Konstantinopel zu Lande und vom Meere her belagerten. Sich und anderen zum Troste verfaßte Maximus damals seine allegorisch-mystische Auslegung des 59. (in der griechischen Bibel) bzw. 60. Psalms (nach massoretischer Zählung) als des biblischen Musters eines Gebets in Kriegszeiten. Trotzdem zog er es vor, Kyzikos in südlicher Richtung zu verlassen, und er ist auch dann nicht wieder dorthin zurückgekehrt, als Herakleios 627 den entscheidenden Sieg über die Perser errungen hatte. Möglicherweise hat Maximus aber noch während seines Aufenthalts im dortigen St.-Georgs-Kloster etliche seiner frühen Werke vollendet, darunter den »Liber asceticus«, die »Capita de caritate« und die »Quaestiones et dubia«. Da seine Werke im Original meist mit wenig einprägsamen Titeln versehen sind, hat sich die Verwendung lateinischer Kurztitel weithin durchgesetzt.

Der »Liber asceticus« behandelt in Form eines Zwiegesprächs zwischen einem jüngeren und einem älteren Mönch die Grundlagen des geistlichen Lebens, die

Liebe zu Gott und zum Nächsten, die Verleugnung der Welt und seiner selbst sowie manches andere. Auf die Frage des Anfängers beispielsweise, inwiefern das Gebet den Geist von allen irdischen Gedanken losreiße, antwortet hier der Altvater: die irdischen Gedanken seien Gedanken an Dinge, sei es nun an sinnfällige oder an nur geistig wahrnehmbare, und der Geist, der sich mit ihnen befasse, trage die Gedanken an sie hin und her; die Gnade des Gebets aber binde den Geist an Gott und reiße ihn ebendadurch von allen irdischen Gedanken los, so daß er nun, ihrer ledig, mit Gott verkehre und ihm ähnlich werde. Dann erbitte er von ihm, was sich gebühre, und sein Gebet gehe niemals fehl. Darum gebiete der Apostel, ohne Unterlaß zu beten (vgl. 1. Thess. 5, 17), damit wir den Geist fortwährend an Gott bänden und allmählich vom Verlangen nach irdischen Dingen losrissen.

Gleichsam als Anhang zum »Liber asceticus« erscheinen in der Überlieferung die »Capita de caritate«. Dieses »liebenswürdigste und leichteste aller Werke des Bekenners, ein praktischer Mönchsspiegel mit theologischen Hintergründen« (v. Balthasar, 408) ist als Sentenzensammlung in der von Euagrios Pontikos (um 345–399), einem wichtigen Vertreter der frühen Mönchsliteratur, geprägten Hundert-Sprüche-Form angelegt und besteht der Anzahl der Evangelien entsprechend aus vier derartigen Zenturien. Es handelt nicht ausschließlich von der Liebe, ist aber ganz und gar auf sie als den Höchstbegriff ausgerichtet. Der hier (I,2) mitgeteilten »Genealogia virtutum« zufolge stammt die Liebe aus der Leidenschaftslosigkeit, diese aus der Hoffnung auf Gott, diese aus Geduld und Langmut, diese beiden aus wachsamer Enthaltsamkeit, diese aus der Furcht Gottes und diese schließlich aus dem Glauben an den Herrn. Und weil ihm die Liebe als Höchstbegriff gilt, kann Maximus die jeweils äußersten Möglichkeiten des Gebets im tätigen und im beschaulichen Leben als letztlich gleichwertig nebeneinanderstellen, wenn er auch den beträchtlichen Unterschied scharf herausarbeitet (II,6): sammle sich beim in der Welt tätigen Christen der Geist durch Gottesfurcht und rechte Hoffnung von allen Gedanken an die Welt, so daß er im Bewußtsein der Gegenwart Gottes ungestört und unbelästigt die Gebete verrichte, so werde beim beschaulich lebenden Mönch infolge göttlicher Liebe und äußerster Reinheit der Geist im Gebetseifer selbst vom unermeßlichen göttlichen Licht entzückt, so daß er weder sich selbst noch irgendein anderes Wesen überhaupt wahrnehme – ausgenommen den allein, der durch die Liebe in ihm ebendiese Erleuchtung bewirke.

Die »Quaestiones et dubia« schließlich bestehen aus 79 oft kurzen Fragen und Antworten, in denen sich Maximus mit einzelnen Bibelstellen sowie anderen theologischen Gegenständen beschäftigt. Wie in seinen späteren exegetischen Werken geht es ihm auch hier schon weniger um die Erhebung des ursprünglichen Sinnes maßgeblicher Texte als vielmehr um die von ihnen gebotene Möglichkeit zur Entwicklung eigener Gedankengänge.

Nach seinem Aufbruch aus dem St.-Georgs-Kloster zu Kyzikos im Jahre 626 hinterläßt Maximus erst dadurch wieder eine sichere Spur seines Lebensweges, daß ein Brief auf uns gekommen ist, den er zu Pfingsten 632 aus Karthago abgehen ließ. Vermutlich war er dort aber schon geraume Zeit früher eingetroffen. Doch der von ihm selbst in einer späteren Schrift erwähnte Aufenthalt auf Kreta dürfte mit seiner Übersiedelung nach Afrika verbunden gewesen sein und könnte bis 627 gedauert haben. Nötigt sein Briefwechsel mit dem Zyprioten Marinus auch noch nicht zur Annahme einer Zypernreise, so läßt sich sein offenbar längerer Aufenthalt in dem bei Alexandrien gelegenen und nach dem Familiennamen des späteren Jerusalemer Patriarchen Sophronios benannten Kloster Eukratas allerdings nur in die Jahre vor 632 einordnen; denn im Sommer 633 verweilte Sophronios in Alexandrien selbst, und von 634 bis zu seinem Tode im Jahre 637 wirkte er als Patriarch von Jerusalem. Andererseits reicht der eindeutig bezeugte gemeinsame Aufenthalt im Kloster Eukratas völlig aus, um den nachhaltigen Einfluß des Sophronios auf Maximus, der ihn als seinen Herrn, Vater und Lehrer bezeichnet, zu erklären, so daß sich die Vermutung einer Palästinareise erübrigt. In den ersten Jahren seines Afrika-Aufenthalts, etwa zwischen 628 und 635, verfaßte Maximus seine bedeutendsten Werke. Als solche sind – in der mutmaßlichen Reihenfolge ihrer Fertigstellung – seine Vaterunser-Auslegung, seine »Mystagogia«, seine »Quaestiones ad Thalassium« und seine »Ambigua« besonders hervorzuheben.

Steht Maximus mit seiner Vaterunser-Auslegung einerseits schon in einer längeren Vätertradition, so hat er ihr doch andererseits auch unverkennbar den Stempel seiner Persönlichkeit aufgedrückt. Er geht davon aus, daß eine Siebenzahl von Mysterien, die sich am göttlichen Heilsplan erkennen lasse, auch dem Vaterunser zugrunde liegen müsse. So sieht er das Mysterium der Gotteslehre durch die Anrede sowie die 1. und 2. Bitte enthüllt, indem er den Namen Gottes auf den Sohn und sein Reich auf den Hl. Geist bezieht. Das Mysterium der Gotteskindschaft aus Gnaden erschließt sich ihm ebenfalls aus der Anrede, das der Gleichstellung mit den Engeln aus der 3. und das der Teilnahme am ewigen Leben aus der 4. Bitte durch ihre Verbindung mit Joh. 6,33. In der 5. Bitte findet er die Mysterien der Wiederherstellung unserer Natur durch die Befreiung von den Leidenschaften und der Abschaffung des Gesetzes der Sünde bestätigt und in der 6. und 7. Bitte schließlich das Mysterium der Vernichtung der Herrschaft des Bösen.

Mit seiner »Mystagogia« hat Maximus zwar durchaus auch einen bedeutenden Beitrag zur Entwicklung der literarischen Gattung der Liturgiedeutungen geleistet, die dann in spätbyzantinischer Zeit zur höchsten Entfaltung gebracht und in der orthodoxen Welt noch bis hin zu N. V. Gogol's »Betrachtungen über die Göttliche Liturgie« fortgesetzt wurde. Vor allem hat Maximus, anders als der um das Jahr 500 unter dem Namen des Dionysius Areopagita (vgl. Apg. 17,34) in Syrien schreibende Mystiker, dessen Werk »Über die kirchliche Hierarchie« er erklärtermaßen zu ergänzen trachtete, den sichtbaren Kirchenbau zum Ausgangspunkt seiner Betrachtungen gewählt. Und doch geht es ihm weniger um eine Erklärung gottesdienstlicher Handlungen um dieser selbst willen, als vielmehr um eine Veranschaulichung seiner andernorts in trockener Weitläufigkeit entwickelten theologischen Gedankengänge mit Hilfe liturgischer Symbole. Ist das einmal erkannt, dann erübrigt sich auch schon die Frage, weshalb Maximus wesentliche Stücke des Gottesdienstes, zumal das gesamte eucharistische Hochgebet, unerklärt gelassen habe, und dann braucht ebensowenig zu verwundern, daß Maximus die Vorrede mit der tiefschürfenden Feststellung befrachten konnte, Gott habe infolge seines Überseins das Nichtsein zu seiner eigentlicheren Aussage, oder daß er erst die Kirche als Bild Gottes (1), des Weltalls (2), der sinnlichen Welt insonderheit (3), des Menschen (4) sowie der menschlichen Seele insonderheit (5) vorführt und Entsprechungen zwischen der Hl. Schrift und dem Menschen (6) sowie zwischen dem Menschen und der Welt (7) aufweist, bevor er sich mit dem Gleichnischarakter des liturgischen Vollzugs selbst (8–24) befaßt – und auch dies nicht, ohne dabei noch eine ausführliche Erörterung der Trinitätslehre (23) einfließen zu lassen. In keinem anderen seiner Werke aber hat Maximus einen leichteren Zugang zu seinen Hauptanliegen eröffnet als in dieser »Mystagogia«, die sich übrigens als nachträgliche Aufzeichnung der Nacherzählung von Betrachtungen eines seligen Altvaters gibt und dadurch noch an literarischem Reiz gewinnt.

Am nachhaltigsten hat Maximus indessen mit seinen »Quaestiones ad Thalassium in locos scripturae difficiles« und mit seinen »Ambigua in Gregorium Nazianzenum« auf die Theologiegeschichte eingewirkt. Im Auftrage des Westfrankenkönigs Karls des Kahlen von dessen Hoftheologen Johannes Scottus Eriugena um 864 ins Lateinische übersetzt, haben die »Ambigua« auch zur Schaffung der Grundlagen für die abendländische Scholastik beigetragen. In beiden Schriften hat Maximus »sein Wesentliches« gegeben, »nämlich sein so dynamisches Gesamtbild der zu ihrer Vollendung und Einigung im Logos hinstrebenden Schöpfung« (v. Ivánka, 13). Dem libyschen Abt Thalassius, der später selbst noch als Verfasser von 400 Sentenzen über Liebe, Enthaltsamkeit und geistgemäßen Wandel hervorgetreten ist, hat Maximus 65 Fragen zum Verständnis einzelner Wendungen oder Aussagen in ihm vorgelegten Bibelstellen beantwortet, und zwar aus der Fülle »sowohl der exegetisch-spirituellen Tradition wie der persönlichen Meditation« (v. Balthasar, 43). Bei den »Ambigua« handelt es sich um ausführliche Erläuterungen zu einzelnen Sätzen aus den Schriften Gregors von Nazianz wie auch des Areopagiten, deren »ambiguitas« (Zweideutigkeit) darin besteht, daß sie auch im origenistischen Sinne verstanden werden könnten. Die Kapitel 1–5 bilden den jüngeren, einem Abt Thomas gewidmeten, die Kapitel 6–71 dagegen den älteren, Bischof Johannes von Kyzikos zugeeigneten Teil des Werks. Hier holt Maximus an Hand origenistisch beeinflußter Vätertexte die mit einer pauschalen Verurteilung des Origenes kirchlicherseits umgangene differenzierte Auseinandersetzung mit dem Orige-

Maximus Confessor

nismus nach, indem er die Zurückweisung seiner Irrtümer mit der Aufnahme seiner berechtigten Anliegen verbindet.

Als Maximus schließlich unter dem Einfluß seines väterlichen Freundes Sophronios in die durch die Religionspolitik des Kaisers Herakleios von neuem entfachten und erst auf dem 6. Ökumenischen Konzil 680/681 endgültig beigelegten christologischen Streitigkeiten eingriff, hatte er seine Hauptschriften bereits vollendet. Doch die Lehrentscheidung des Konzils von Chalkedon (451), derzufolge Jesus Christus, »wahrhaft Gott und wahrhaft Mensch«, als »in zwei Naturen unvermischt, unverwandelt, ungetrennt, ungesondert erkennbar« gilt, hatte für sein Denken stets eine derart grundlegende Bedeutung besessen, daß ihn Versuche zu ihrer Entschärfung nicht unbeteiligt lassen konnten. Andererseits mußte Herakleios bestrebt sein, das Verhältnis seiner Reichskirche zu den Kirchenbildungen der Monophysiten, denen die Zweinaturenlehre von Chalkedon die Einheit der Person des Erlösers aufzuheben droht und daher als unannehmbar erscheint, nachhaltig zu verbessern, wollte er deren Kerngebiete Syrien und Ägypten, die er 614 bzw. 619 an die Perser verloren und 627 bzw. 629 zurückerobert hatte, fester im Reichsverband verankern; denn daß ihr Verlust an die Araber 636 bzw. 639/642 endgültig sein sollte, war von ihm noch nicht vorauszusehen. Anstatt nun aber die monophysitischen Einwände gründlicher untersuchen zu lassen und das sich darin ausdrückende vorderorientalische Selbständigkeitsstreben gegenüber griechisch-römischer Bevormundung in Rechnung zu stellen, suchte Herakleios den damals bereits zwei Jahrhunderte alten Riß lediglich mit Hilfe unzulänglicher Einigungsformeln zu überdecken. Doch für die am 3. Juni 633 in Alexandrien verkündete Union auf der Grundlage einer Neunpunkteerklärung mit der von Patriarch Sergios I. von Konstantinopel angeregten Formel, daß ein und derselbe Christus Göttliches und Menschliches kraft einer einzigen gottmenschlichen Energie wirke, waren weder die strengen Monophysiten noch die von Sophronios aufgerüttelten Theologen in der Reichskirche zu gewinnen. Als deshalb der Urheber dieser Formel 638 den Kaiser bewog, in einer »Ekthesis« den Streit über eine oder zwei Energien in Christus zu verbieten und die Lehre von dem einen Willen in Christus verbindlich zu machen, war damit freilich nur der monenergistische Streit in den monotheletischen überführt worden, den Kaiser Konstans II. schließlich 647 auf ebenso untaugliche Weise zu beenden suchte, indem er mit seinem »Typos« jegliche Diskussion über eine oder zwei Energien und einen oder zwei Willen in Christus unter Androhung strengster Strafen einfach verbot.

Maximus beteiligte sich an den Auseinandersetzungen, indem er zunächst zwischen 634 und 649 eine beachtliche Reihe meist kürzerer Traktate zur Widerlegung des Monenergismus bzw. Monotheletismus ausgehen ließ, die später zusammen mit den gegen den Monophysitismus gerichteten aus früherer Zeit sowie einigen anderen Texten zu der 28 Titel zählenden Sammlung seiner »Opuscula theologica et polemica« vereinigt wurden. Hier hat er vor allem das terminologische Rüstzeug zur Abwehr monenergistischer und monotheletischer Umdeutungsversuche an der christologischen Lehrentscheidung von Chalkedon bereitgestellt, dessen man sich in der orthodoxen Theologie seitdem bedient. Seine Beteiligung an den Lehrstreitigkeiten hinderte ihn jedoch vorerst noch nicht, sich auch ganz anderen Aufgaben zuzuwenden. So verfaßte er um die Jahreswende 640/641 seinen »Computus ecclesiasticus«, eine Einführung in die kirchliche Kalenderberechnung sowie in die biblische und profane Chronologie, dem Patrikios Petros, Strategos von Numidien, gewidmet.

Als Maximus im Juli 645 in einer öffentlichen Disputation in Gegenwart des Exarchen von Karthago sowie zahlreicher Bischöfe und anderer Würdenträger den Nachfolger des Patriarchen Sergios I. von Konstantinopel, Pyrrhos I. (638–641 und 654), durch die Überlegenheit seiner Argumentation besiegte, fiel ihm auch vor aller Welt die Führungsrolle im Kampf gegen den Monotheletismus und die ihn stützende kaiserliche Religionspolitik zu. Die Notwendigkeit einer solchen Disputation ergab sich aus der Ankunft des aus Konstantinopel verbannten Patriarchen Pyrrhos im Exarchat Karthago. Nach dem Tode des Kaisers Herakleios am 11. Februar 641 war die Herrschaft auf seine beiden ältesten Söhne, Konstantin III. aus der ersten und Heraklonas aus der zweiten Ehe, übergegangen. Als Konstantin III. jedoch nach nur kurzer Regierungszeit bereits am 25. Mai 641 starb, verdächtigte man die unbeliebte Kaiserin-Mutter Martina, die Herakleios nach dem Tode seiner ersten Frau zum allgemeinen Entsetzen geheiratet hatte, obwohl sie seine Nichte war, und den ihr ergebenen Patriarchen Pyrrhos eines gemeinschaftlich begangenen Giftmordes, um Martinas erst 15 Jahre alten Sohn Heraklonas vom Mitkaiser zum Alleinherrscher zu machen. Es half nichts, daß Heraklonas den elfjährigen Sohn Konstantins III., den nachmaligen Kaiser Konstans II. (641–668), zum Mitkaiser krönte. Auf Senatsbeschluß wurden Martina und Heraklonas abgesetzt und verbannt, nachdem man der Mutter die Zunge und dem Sohne die Nase abgeschnitten hatte. Pyrrhos, der am 29. September 641 auf seinen Patriarchenstuhl verzichten mußte, setzte sich aber auch in seinem nordafrikanischen Exil noch für die monotheletische Lehrweise ein. Außerdem waren infolge der arabischen Eroberung Ägyptens seit 639 zahlreiche Monophysiten, vor allem Nonnen, nach Westen geflüchtet, wo sie für ihre Auffassung von der Gottmenschlichkeit des Erlösers warben. So drohte das Exarchat Karthago in einem Ausmaß zum Schauplatz christologischer Auseinandersetzungen zu werden, daß sich der Exarch zum Eingreifen veranlaßt fühlen konnte. Patrikios Gregorios war freilich nichts weniger als neutral; denn da er offenkundig nach der byzantinischen Kaiserkrone strebte, waren die von Maximus geführten orthodoxen Widersacher der auf Durchsetzung des Monotheletismus bedachten Religionspolitik des Kaiserhofes seine natürlichen Bundesgenossen. Darum konnte Maximus auch ungehindert die Früchte seines Disputationssieges ernten. Auf seine Anregung hin wurden zu Beginn des Jahres 646 in mehreren Städten des Exarchats

Karthago Synoden abgehalten, auf denen nicht nur der Monotheletismus als Irrlehre verurteilt, sondern auch der Bischof von Rom aufgefordert wurde, sich dieser Verurteilung anzuschließen.

Um die damit eingeleitete Entwicklung nachdrücklicher vorantreiben zu können, begab sich Maximus um dieselbe Zeit zusammen mit Pyrrhos nach Rom, wo dieser eine Abschwörungsurkunde hinsichtlich seiner früheren monotheletischen Lehrweise überreichte und daraufhin vom römischen Papst anstelle seines im Monotheletismus verharrenden Nachfolgers Paulos II. (641–653) als rechtmäßiger Patriarch von Konstantinopel anerkannt wurde. Zur Verhinderung einseitiger Folgerungen aus dieser Romreise der beiden Griechen muß allerdings daran erinnert werden, daß Papst Theodor I. (642–649) Bischofssohn aus Jerusalem und selbst Grieche war. Ihr Ergebnis hätte freilich erhebliche Auswirkungen auf die politische Entwicklung haben können, wäre Gregorios nicht schon 647 bei der Abwehr eines arabischen Überfalls auf das Exarchat Karthago gefallen; denn mit dem einzigen von Rom als orthodox anerkannten Patriarchen von Konstantinopel in seinem Gefolge hätte er als orthodoxer Gegenkaiser seiner Erhebung gegen eine monotheletische Dynastie religiöse Anziehungskraft verleihen können. So aber widerrief Pyrrhos alsbald vor dem Exarchen von Ravenna seine Abschwörung und erreichte damit immerhin, daß er 654 nach dem Tode seines Nachfolgers Paulos in Konstantinopel den Patriarchenstuhl noch einmal besteigen konnte, wenn auch nur für ein halbes Jahr. Vermutlich waren weder das Eingeständnis seiner Niederlage nach der Disputation mit Maximus, von der übrigens eine römische Protokollrezension auf uns gekommen ist, noch die in Rom geleistete Abschwörung ehrlicher Ausdruck seiner Überzeugung gewesen, sondern lediglich taktische Versuche zur Vorbereitung seiner Rückkehr nach Konstantinopel. Theodor blieb ihm die Antwort nicht schuldig: er sprach über ihn und Paulos den Bann aus und entsandte obendrein Bischof Stephanos von Dora, für den Maximus in Rom soeben einen »Spiritualis tomus et dogmaticus adversus Heraclii Ecthesin« als Florilegium aus Kirchenväterschriften zusammengestellt hatte, als seinen Vikar nach Palästina, was der byzantinische Kaiser infolge der arabischen Besetzung des Landes ja nicht zu verhindern vermochte. Maximus aber fühlte sich veranlaßt, von Sizilien aus den dortigen Mönchen gegenüber in einem Sendschreiben das Pyrrhos einst gezollte Lob zu bedauern.

Als jedoch am 5. Oktober 649 im Lateran ein von 105 Bischöfen vornehmlich aus dem römischen Metropolitansprengel, aber auch aus Afrika und dem Osten besuchtes Konzil zusammentrat, in seiner Arbeit von 38 griechischen Mönchen unterstützt, um die Lehre von den zwei Willen in Christus verbindlich zu machen und die monotheletische Gegenlehre zu verwerfen, hatte Maximus den Hauptzweck seines Romaufenthalts erreicht. Es mag verwundern, daß dies nicht schon früher gelang, im unmittelbaren Anschluß an die von ihm angeregten nordafrikanischen Synoden. Der von Konstans II. im September 647 verkündete »Typos« schuf freilich eine neue Lage, die erst durchdacht werden mußte: einmal war mit der Zurücknahme der »Ekthesis« von 638 ja nicht nur die Polemik gegen den Monotheletismus, sondern auch jegliche monotheletische Agitation selbst untersagt; sodann handelte eine Synode, die sich mit der umstrittenen christologischen Lehrfrage auch nur befassen wollte, damit von vornherein schon gegen ein ausdrückliches Verbot der Kaisermacht. Maximus bestritt jedoch gegenüber einem gewissen Gregorios, Sohn eines Photeinos, der der kaiserlichen Religionspolitik in Rom zum Durchbruch verhelfen sollte und auch ihn in seiner Mönchszelle aufsuchte, entschieden sowohl die Vereinbarkeit des »Typos« mit dem kirchlichen Glaubenssymbol als auch das Recht des Kaisers zur Einmischung in dogmatische Streitfragen, und mit dieser Auffassung setzte er sich in Rom auch durch. Nachdem die Konzilsvorbereitungen angelaufen waren, bewirkte auch der unerwartete Tod Papst Theodors am 14. Mai 649 keine größere Verzögerung der Konzilseröffnung mehr; denn sein Nachfolger Martin I. (649–653), ein aus Todi in Umbrien gebürtiger Diakon, der bereits als Apokrisiar in Konstantinopel gewirkt hatte, wagte sogleich eine Kraftprobe mit der byzantinischen Kaisermacht, indem er sich noch am Tage seiner Wahl, dem 5. Juli 649, die Weihen erteilen ließ und seine Amtsgeschäfte aufnahm, ohne die kaiserliche Bestätigung abzuwarten, was ihm Konstans II. noch stärker verübelte als die Durchführung des Konzils.

Das Laterankonzil, das zwischen dem 5. und 31. Oktober 649 fünf Sitzungen abhielt, verabschiedete ein Symbolum und 20 Canones. Sein Symbol stellt eine Wiederholung der Lehrformel von Chalkedon unter Einfügung eines Zusatzes über die beiden Willen und Wirkweisen in Christus dar. Er ist der Wendung: »nicht geteilt oder getrennt in zwei Personen, sondern ein und derselbe eingeborener Sohn, Gott, Logos, der Herr Jesus Christus« angefügt und lautet: »und wie die zwei unvermischt vereinigten Naturen desselben, so sind auch die zwei natürlichen Willen, der göttliche und der menschliche, in vollkommener und unzerspaltener Zustimmung vollkommener Gott und vollkommener Mensch der Wahrheit nach, ein und derselbe unser Herr und Gott Jesus Christus, der ja unser Heil auf göttliche und menschliche Weise will und wirkt«. Von den 20 Canones, in denen sodann eine gründliche Verurteilung von Irrtümern über die Trinität und über Christus erfolgt, sind zwei so formuliert, daß sie nur von Maximus selbst oder einem ganz und gar unter dem Einfluß seiner Schriften stehenden Theologen stammen können, und von den 161 Testimonien in den Konzilsakten finden sich 27 auch in den Schriften des Bekenners. Noch im selben Jahre stellte Maximus dieses Konzil in einem Brief mit den bisherigen fünf Ökumenischen Konzilien auf eine Stufe, indem er von sechs heiligen Synoden schrieb. Doch eine solche Gleichstellung konnte sich nicht durchsetzen, obwohl sich das 6. Ökumenische Konzil 680/681 die Lehrentscheidungen des Laterankonzils von 649 voll und ganz zu eigen machte, weil diesem eine entscheidende kirchenrechtliche Voraussetzung für eine Wertung als Ökumenisches Konzil fehlte: die Einberufung durch den Kaiser.

Statt unter dem Schutze des Kaisers tagte dieses Konzil unter dem des Exarchen von Ravenna, Olympios, den Konstans II. zwar mit dem Auftrag nach Rom entsandt hatte, Papst Martin wegen eigenmächtiger Amtsübernahme zu verhaften und von sämtlichen Bischöfen Italiens den »Typos« unterschreiben zu lassen, der es angesichts der im Lande herrschenden Stimmung jedoch vorzog, gestützt auf die italische Miliz, sein Exarchat fortan selbständig zu regieren. Dem greisen Maximus ermöglichte dieser Abfall des Exarchen von der Zentralgewalt in Konstantinopel vorerst eine ungestörte Fortsetzung seines römischen Klosterlebens. Doch wie Gregorios 647 in Nordafrika, so fiel Olympios 652 auf Sizilien bei der Abwehr eines arabischen Überfalls, und im Jahre darauf begann für Maximus die neunjährige Leidenszeit, die ihn als den »Bekenner« in die Kirchengeschichte eingehen ließ.
Vermutlich zusammen mit Papst Martin, den Theodoros Kalliopas, der neue und fest zum Kaiser stehende Exarch von Ravenna, am 17. Juni 653 vom Altar in der Lateranbasilika weg verhaften ließ, wurde auch Maximus festgenommen, wahrscheinlich aber erst später nach Konstantinopel verbracht. Während der Hochverratsprozeß gegen Martin noch im selben Jahre mit einem Todesurteil endete, das auf Fürsprache des Patriarchen Paulos II. in eine Verschickung nach Cherson auf der Krim abgemildert wurde, begannen die Verhandlungen gegen Maximus offenbar erst im Mai 655. Wie dem Papst sein Verhältnis zu Olympios, so machte man dem Bekenner seine Beziehungen zum Exarchen Gregorios zum Vorwurf. Wenn es indessen nicht gelang, Maximus in gleicher Weise wegen Hochverrats zu verurteilen wie Martin, so lag das vor allem daran, daß er als einfacher Mönch keinerlei Möglichkeit zu irgendwelchem amtlichen Handeln besaß. Andererseits genügte sein hartnäckiger Widerstand gegen den »Typos«, um die darin für solche Fälle vorgesehene Verbannungsstrafe über ihn zu verhängen. So wurde Maximus denn auch einige Monate später auf Anraten einer von Patriarch Petros von Konstantinopel (654–666) geleiteten Bischofsversammlung in das Kastell von Bizye (türkisch: Vize), rd. 120 km nordwestlich von der Reichshauptstadt, verschickt. Hier nahmen im August 656 Bischof Theodosios von Caesarea in Bithynien als Beauftragter des Patriarchen und zwei Bevollmächtigte des Kaisers Verhandlungen mit ihm auf, die im September desselben Jahres im Kloster des hl. Theodoros bei Rhegion fortgesetzt wurden, jedoch zu keiner Einigung führten. Für Maximus kam Abendmahlsgemeinschaft mit einer Kirche, die sich vom »Typos« den Verzicht auf das Bekenntnis, daß Jesus Christus als Gott und als Mensch unser Heil wolle und wirke, auferlegen ließ, nicht in Frage, weil er darin eine glatte Verleugnung des Glaubens erblicken mußte. Der Einsicht jedoch, daß die durch untaugliche Versuche zur Überwindung der Absonderung der monophysitischen Kirchen heraufbeschworene Spaltung innerhalb der Reichskirche selbst nicht durch ein Schweigegebot oder gar durch eine so absurde Kompromißformel wie die von Patriarch Petros und den Vertretern des Papstes Eugen I. (655–657) vorgeschlagene über drei Willen in Christus, nämlich einen hypostati-

schen und zwei natürliche, sondern nur durch eine Bestätigung der 649 vom Laterankonzil bereits ausgesprochenen Verurteilung der monotheletischen Christologie zu heilen sei, vermochte sich Konstans II. nicht mehr zu öffnen, sondern erst sein Sohn und Nachfolger Konstantin IV. (668–685). So mußte Maximus seinen bisherigen Verbannungsort mit Perberis an der Nordgrenze Thrakiens, die zugleich die des byzantinischen Reiches war, vertauschen.

Im Jahre 662 brach Konstans II. nach Italien auf, um nach einem kurzen Rombesuch im Juli 663 schließlich in Syrakus seine Residenz aufzuschlagen. Für diese Entscheidung waren nicht allein politische und militärische Gesichtspunkte ausschlaggebend; vielmehr hatte der Haß der Bevölkerung dem Kaiser den Aufenthalt in Konstantinopel verleidet. Zur Entwicklung dieses Hasses hatte schon seine Religionspolitik beigetragen; als er dann aber 660 seinen Bruder Theodosios ermorden ließ, um ihn von der Mitregentschaft auszuschließen, war in der Bevölkerung die Empörung über diesen »Kain« aufs höchste gestiegen. Doch vor seinem Aufbruch nach dem Westen wollte Konstans II. offenbar auch noch die letzten Keimzellen eines möglichen Aufstandes beseitigen. So wurden Maximus und seine beiden Leidensgenossen, Anastasios der Mönch und Anastasios der Apokrisiar, im Frühjahr 662 noch einmal nach Konstantinopel gebracht, um nach letzten ergebnislosen Verhandlungen von einer Bischofssynode feierlich verflucht und anschließend der weltlichen Macht zur Bestrafung übergeben zu werden. Nachdem man sie gegeißelt hatte, wurde ihnen am folgenden Tage die Zunge ausgeschnitten und die rechte Hand abgehackt. Dann führte man sie zur öffentlichen Verhöhnung durch die Hauptstadt. Am 6. Juni 662 trafen sie in Lazika an der Südostküste des Schwarzen Meeres als dem damals äußersten Randgebiet des byzantinischen Reiches ein, wohin man sie für den Rest ihres Lebens verbannt hatte. Maximus starb dort bereits am 13. August 662 im Kastell Schemarion, unweit dem heutigen Muri im Nordwesten Georgiens.

Nicht zuletzt durch sein Martyrium, dem er sich auch ohne allzu großen Gesichtsverlust hätte entziehen können, hat Maximus entscheidend zur Durchsetzung einer gesunden Christologie beigetragen. Auch wenn sich angesichts des Ergebnisses der zwischen 1964 und 1971 geführten Lehrgespräche zwischen Vertretern orthodoxer und monophysitischer Kirchen, daß man sich nämlich trotz unterschiedlicher Terminologie in der Sache selbst letztlich einig sei, die Lehrentscheidung des Konzils von Chalkedon heute nicht mehr als schlechterdings unumgänglich darstellen dürfte, muß ihre monotheletische Verformung nach wie vor als unerträgliche Entstellung des biblischen Christusbildes gelten. Vor allem aber hat Maximus durch seine Unbeugsamkeit zugleich einen Grundsatzstreit zwischen Staat und Kirche zugunsten der Kirche entschieden: unterstellte man ihm mit der Verwerfung des »Typos« auch eine Verwerfung des Kaisers, so bestritt er freimütig dem Kaiser das Recht zur Einmischung in dogmatische Fragen, und die byzantinischen Kaiser haben sich seitdem daran gewöhnen müssen, ihre Selbstherrschaft vom Mönchtum, das in der Regel die

Mehrheit des Volkes hinter sich hatte, begrenzt zu sehen, sobald Glaubensfragen berührt waren.
Einzigartige Bedeutung besitzt Maximus jedoch als der unvergleichliche Sammler, Sichter und Vermittler theologischen und philosophischen, asketischen und mystischen Gedankenguts im Übergang vom Altertum zum Mittelalter. Daß er als solcher auch ein durchaus eigenständiger und keineswegs unschöpferischer Denker war, hat erst die jüngere Forschung gegen Vorurteile der älteren erwiesen. Im Osten reichen seine Nachwirkungen bis in die russische Religionsphilosophie hinein: I. V. Kireevskij (1806–1856) nennt unter den Kirchenvätern, die auf ihn eingewirkt haben, ausdrücklich auch Maximus Confessor. Im Westen hat sein Werk nicht allein bei den Patristikern ein anhaltendes wissenschaftliches Interesse gefunden, sondern auch wichtige Denkanstöße vermittelt, wie sich vor allem an der Entwicklung des schweizerischen Theologen H. U. v. Balthasar (geb. 1905) erkennen läßt.
Obwohl frühzeitig kanonisiert und allgemein verehrt, ist Maximus doch kein volkstümlicher Heiliger geworden. Darum sind auch Ikonen oder andere bildliche Darstellungen von ihm nur selten anzutreffen. Er macht es selbst geschulten Theologen nicht leicht, den Zugang zu seiner Gedankenwelt zu finden. Wer ihn aber gefunden hat, wird auch heute noch mit F. Combéfis OP (1605–1679) urteilen: »vere maximum agit Maximus« (Sherwood, 3).

Werke

S.P.N. Maximi Confessoris Opera omnia. Hg. von J.-P. Migne, 2 Bde. Paris 1865 (PG 90–91).
Enchiridion Asceticum. Loci ss. patrum et scriptorum ecclesiasticorum ad ascesim spectantes. Hg. von M. J. Rouët de Journel S. J., J. Dutilleul S. J. 6. Aufl. Barcelona-Freiburg i. Br.-Rom-New York 1965 (Auswahl aus den »Quaestiones ad Thalassium«, dem »Liber asceticus«, den »Capita de caritate« u. a.: 615–624).
Des heiligen Maximus Confessor Buch vom geistlichen Leben (Liber asceticus), aus dem Griechischen ins Deutsche übertragen und mit einer Einleitung versehen von M. Garbas. Breslau 1925.
Führer zu Gott. Eine Auswahl aus griechischen Kirchen-Schriftstellern in freier Übersetzung von F. Murawski. Mainz 1926 (Berücksichtigt Maximus mit dem »Liber asceticus« und den »Capita de caritate«: 11–38; 63–106).
Weisheit, die betet. Maximus der Bekenner, 580–662. Deutsch von B. Hermann. Würzburg 1941 (Von aufdringlicher Erbaulichkeit und geringem wissenschaftlichen Wert, aber mit der einzigen deutschen Übersetzung der Vaterunser-Auslegung: 210–224).
Maximos der Bekenner. All-Eins in Christus. Auswahl, Übertragung, Einleitung von E. v. Ivánka. Einsiedeln 1961 (Ausschnitte aus den »Quaestiones ad Thalassium« und den »Ambigua«).

Darstellungen

Balthasar, H. U. v.: Kosmische Liturgie. Das Weltbild Maximus' des Bekenners. 2. Aufl. Einsiedeln 1961 (Die gründlichste Gesamtdarstellung seiner Gedankenwelt, ergänzt durch Übersetzungen der »Mystagogia« und der »Capita de caritate«: 363–481).

Beck, H.-G.: Kirche und theologische Literatur im byzantinischen Reich. München 1959 (Über Maximus: 356–358; 436–442).

Beck, H.-G.: Geschichte der orthodoxen Kirche im byzantinischen Reich. In: Die Kirche in ihrer Geschichte. Hg. von B. Moeller, Bd. 1, Lieferung D 1. Göttingen 1980 (Der Monotheletenstreit: 54–62).

Heinzer, F., Schönborn, Chr. (Hg.): Maximus Confessor. Actes du Symposium sur Maxime le Confesseur. Fribourg, 2–5 septembre 1980. Fribourg/Suisse 1982 (29 Vorträge in französischer, englischer oder deutscher Sprache über Probleme der Maximusforschung).

Ostrogorsky, G.: Geschichte des byzantinischen Staates. München 1952 (Maximus und seine Zeit: 72–113).

Sherwood, P.: An annotated date-list of the works of Maximus the Confessor. Rom 1952 (Unentbehrliches Hilfsmittel zur Klärung von Einleitungsfragen).

Völker, W.: Maximus Confessor als Meister des geistlichen Lebens. Wiesbaden 1965 (506 Seiten starke Ergänzung der Gesamtdarstellung H. U. v. Balthasars nach der asketisch-mystischen Seite hin; eingehende Literaturangaben).

Wagenmann (Seeberg, R.): Maximus Konfessor. In: Realencyklopädie für protestantische Theologie und Kirche. 3. Aufl., Bd. 12 (Leipzig 1903), 457–470 (In manchem überholt, aber trotzdem noch wertvoll).

Johannes von Damaskus

von A. Kallis

Am 4. Dezember gedenkt die Ostkirche, und seit 1969 am gleichen Tage auch die Römische Kirche, ihres großen Dogmatikers Johannes Damaskenos (um 680–750), der im Bewußtsein des orthodoxen Kirchenvolkes viel mehr als der Hymnendichter und Ikonenverteidiger fortlebt. Es ist bemerkenswert, daß für die orthodoxe Theologie der aus einer angesehenen Damaskener Familie stammende Priestermönch Johannes und nicht etwa ein origineller griechischer Denker als Repräsentant patristisch-ostkirchlicher Theologie gilt. Unter orthodoxen Theologen erfährt er eine auffallend große Bewunderung und Hochschätzung, vor allem auf dem Gebiet der Dogmatik, auf dem er bereits seit dem 11. Jahrhundert Methode und zum Teil Inhalt jedes späteren schuldogmatischen Handbuches bestimmt.

Es bedeutet sicherlich geistesgeschichtlich keine rhetorische Übertreibung, wenn der Konstantinopeler Patriarch Johannes Bekkos (1275–1282) ein Damaskenos-Zitat mit dem Hinweis einleitet, daß »der Damaskener ... die ganze Welt mit seiner Theologie erfüllt« (PG 141, 320 A). Die Zahl der griechischen Handschriften und der Übersetzungen (vgl. die Einleitung zu der Damaskenos-Ausgabe von B. Kotter) weist auf eine weite Verbreitung seiner Werke und sein hohes Ansehen hin, das in der orthodoxen Theologie bis heute anhält. Der Athener Dogmatiker Karmiris nennt Damaskenos »den klassischen Dogmatiker der Orthodoxen Katholischen Kirche, denn er bildet zugleich den Abschluß der ersten Periode der Orthodoxen Theologie, deren bester und treuester Vertreter er ist, und den Beginn ihrer zweiten Periode, auf die er einen starken Einfluß fast bis auf unsere Zeit ausgeübt hat« (Die dogmatische Lehre des Johannes Damaskenos [griech.], Athen 1940, 3). Diese Würdigung dokumentiert eindrucksvoll ein wesentliches Merkmal der östlichen Spiritualität und Theologie, die im Kult und in der Tradition der Kirche ihren Ausdruck und Niederschlag finden.

Der Grund, der Damaskenos zum Klassiker der Osttheologie erhoben hat, liegt keinesfalls, wie man annehmen würde, in der Originalität seiner Schriften, sondern in seinem Versuch, unter Anwendung der vorherrschenden Philosophie und mit bewußter Verpflichtung auf die kirchliche Tradition die Lehre der Kirche systematisch darzulegen. Daher ist es abwegig zu vermuten, die Heranziehung des Damaskeners in der neueren orthodoxen Theologie sei die Folge ihres ökumenischen Anliegens. Gerade den orthodoxen Theologen, die am meisten Damaskenos zitieren und folgen, geht es nicht darum, »die Dogmatik in einer systematischen Form nach westlichem Muster darzustellen« (Richter, 1964, 3f.), sondern die orthodoxe Theologie in Form und Inhalt vor den Einflüssen des Westens zu bewahren!

Seine im Westen vielfach mißverstandene Devise: »ich sage nichts Eigenes« (Dial. Prooem. 60; 2,9) hat ihn zum Repräsentanten der ostkirchlichen theologischen Arbeitsweise erhoben, nach der die Verbindung zur kirchlichen Tradition unter möglichst weitgehendem Verzicht auf Subjektivität in der theologischen Spekulation unerläßlich ist. In diesem traditionsverpflichtenden Prinzip erblickt man die Garantie für die orthodoxe Kontinuität des lebendigen kirchlichen Organismus, in dessen Ganzheit das richtige Verständnis der Glaubenswahrheiten liegt. Dort wird der Glaube gelebt und unverfälscht bewahrt. Darum erklärt Damaskenos durch den Verzicht auf subjektive Spekulation bei der Darlegung des Glaubens seine Einordnung in die kirchliche Gemeinschaft, durch deren Gebete er sich bei der Durchführung seiner Aufgabe gestärkt fühlt (Dial. Prooem. 39–42). Diese Grundhaltung würdigt die Hagiographie, wenn sie ihm den Beinamen *Goldfluß* gibt, da bei ihm, wie Theophanes (PG 108, 824C; 841A) bemerkt, »in Wort und Leben die goldglänzende Gnade des Geistes hervorsproßt«. Der Ausgangspunkt und die Wurzel seiner theologischen Spekulation liegen in dem gemeinsamen Erlebnis des Glaubens der Kirche, mit der er sich in Gemeinschaft und voller bzw. erwiesener Übereinstimmung fühlt.

Das bedingt die Methode bei der Erfassung und Darlegung der christlichen Lehre, die bezeichnend für die Denk- und Arbeitsweise der Väter ist, die als christliche Denker traditionsgebunden sind und deren geistige Anstrengungen auf die Vertiefung und Auslegung dessen ausgerichtet sind, was ihre Vorgänger erarbeitet haben. Daher stellt die Erklärung, nichts Eigenes zu sagen, nicht die Wiederholung einer alten Bescheidenheitsformel dar (Studer, 15), sondern ein unausweichliches Prinzip seiner Arbeitsweise.

Damaskenos fühlt sich in starkem Maße der Arbeitsweise verbunden, die sich von Anfang an auf den Boden der Tradition stützte, in deren Kette die Kirchenväter sich nacheinander anschlossen. Die bezeichnenden Worte »den heiligen Vätern folgend ...«, mit denen gewöhnlich die dogmatischen Definitionen der ökumenischen Konzilien eingeleitet wurden (D 301; 600), sind aufschlußreich für die Arbeitsweise der Väter und der Konzilien, die sich der Vätertradition verpflichtet fühlten und an erster Stelle als Ausleger der Vorangegangenen ansahen. Dadurch erreichten sie den »consensus fidelium« durch die Jahrhunderte der kirchlichen Entwicklung hindurch, der das deutlichste Zeichen für die Richtigkeit der jeweils neu formulierten Glaubenswahrheiten ist. Dieses starke Traditionsbewußtsein der Väter hat an sich nichts mit einer unproduktiven, sklavischen Denkweise zu tun, denn es kommt nicht darauf an, durch Zitate das Alter der Wahrheit und damit ihre Richtigkeit zu beweisen; Häretiker könnten genauso mit Erfolg operieren. Die Väter werden nicht so sehr als Zeugen des alten Glaubens, »testes antiquitatis«, herangezogen, sondern als Zeugen des wahren Glaubens, »testes veritatis«. Als ein solcher Zeuge genießt Damaskenos ein hohes Ansehen, denn er gilt als Interpret der kirchlichen bzw. patristischen Tradition: »Wenn ich den Damaskener nenne«, meint der Metropolit Makarios von Ankyra, »habe ich alle Lehrer und Theologen zusammen genannt. Denn dieser ist Mund und Dolmetsch aller Theologen« (PG 94, 129).

Diese Eigenart der Vätertheologie, die Damaskenos in seinem Versuch, einen zusammenfassenden Überblick über die Glaubenslehre der sechs ersten ökumenischen Konzilien zu geben, exemplarisch repräsentiert, muß zugrunde gelegt werden, wenn man seine Leistung objektiv würdigen will. Denn vor allem darauf läßt sich die Divergenz in der Beurteilung des Damaskenos zurückführen, die eigentlich einer Bejahung oder Ablehnung einer bestimmten östlichen theologischen Arbeitsweise gleichkommt. Durch diese im Hinblick auf Damaskenos a priori bezogene Haltung gilt er für die einen als der Aquinate des Ostens und Vater der Scholastik überhaupt, während die anderen in ihm den unproduktiven Kompilator erblicken. So wird nach J. Karmiris (Thomas von Aquins Summa theologica I, 1/2 [griech.], Athen 1935–40, 30), »der heilige Johannes Damaskenos sehr zutreffend der heilige Thomas des Ostens genannt«. N. Matsoukas (30f.) hebt die Leistung des Damaskeners stärker hervor, wenn er nach einem Vergleich mit Thomas von Aquin nur äußerliche Gemeinsamkeiten feststellt und Damaskenos indirekt lobt, weil er den Fehltritt des Aquinaten nicht begangen habe, der »die Grenzen des Gleichgewichts zwischen Logos und Dogma« überschreite. Dagegen räumt B. Studer (133f.), der von einem unöstlichen Theologieverständnis ausgeht, Damaskenos keinen hervorragenden Platz in der Entwicklung der Theologie ein. Ähnlich urteilt G. Richter, der im Anschluß an Studer seine Arbeit mit der Feststellung abschließt, daß die Bedeutung Damaskenos' »weniger in der Dogmatik – und nun ist hinzuzufügen: erst recht nicht in der Philosophie und ihrer Grundlegung für die Dogmatik – zu suchen ist, sondern daß sie auf dem Gebiet der Hagiographie liegt« (Richter, 1964, 280). Sein Urteil fällt allerdings nicht immer so hart aus. So spricht er in seiner Einleitung (ebd. 4) unter Hinweis auf Karmiris von der Bedeutung des Damaskeners für eine Darstellung der orthodoxen Dogmatik in einer systematischen Form nach westlichem Muster und bemerkt an anderer Stelle (21): »Was er [Damaskenos] in der Dialektik und anderswo schreibt, ist diese Philosophie [der Väter] im 8. Jh. selbst.« Mehr noch ist es die Antwort der Theologie auf die geistigen und theologischen Fragen der Zeit. Zweifellos bilden seine dogmatischen und philosophischen Schriften den Kern seines literarischen Schaffens, doch sein Gesamtwerk – und dazu gehören auch seine exegetischen, apologetischen, moralischen, hagiographischen Schriften und liturgischen Dichtungen – zeigt, daß wir mit einem Diener der Kirche zu tun haben, der das liturgische Leben (vgl. seine Hymnen) und die geistig-geistlichen Probleme der Zeit miteinander verband.

Das bedeutende griechische Mâr-Saba-Kloster in Palästina bildete für ihn nicht einen Ort der Abgeschiedenheit und Weltflucht, sondern Stärkungsstätte für die Auseinandersetzung mit den Fragen der Zeit aus der Mitte der Kirche und ihrer Tradition heraus. Dies zeigt deutlich sein Einsatz für die Bilderverehrung, den die Bilderstürmer verächtlich erwähnen (Synode von Hieria [754]; Mansi XIII, 356 CD), während das 7. Ökumenische Konzil ihn deswegen einen Verteidiger der Wahrheit nennt (ebd. 357B; 400 CD).

Darin liegt schließlich der Grund dafür, daß orthodoxe Theologen eine Arbeitsweise preisen, die unter Verzicht auf Spekulation sich in vorgeschriebenen Bahnen bewegt, um eine sichere Vermittlung der geoffenbarten Wahrheiten zu erreichen, und die schon lange vor Damaskenos allgemein gültig war. Sie muß gewiß nicht unbedingt und a priori geistige Schwäche oder Dekadenz bedeuten, doch sie birgt in sich die Gefahr des Formalismus und Traditionalismus, die zu einer Erstarrung des geistigen und kirchlichen Lebens überhaupt führen können. Weder sehen die Osttheologen, die Damaskenos überschwenglich loben und bewundern, die Nachteile einer vielfach in Väter-Zitaten Sicherheit suchenden Theologie, noch würdigen die westlichen Theologen, die in ihrer Mehrzahl den Verzicht auf Eigenes abschätzig beurteilen, die Leistung Damaskenos' im Rahmen dieser Tradition, die für die Osttheologie charakteristisch ist.

Doch Traditionsbewußtsein und produktives Denken schließen sich nicht gegenseitig aus, denn die großen griechischen Väter, die sich in ihrer theologischen Spekulation zweifellos auf den Boden der Tradition stützten, entwickelten eine bewundernswerte geistige Freiheit. Mit überzeugender Souveränität übernahmen sie das Erbe der griechischen Gesamttradition als Grundlage der christlichen Spekulation und überwanden zugleich die theologischen Gefahren, die dem griechischen Denken innewohnten und zum Teil in den christlichen Häresien zum vollen Ausdruck gekommen waren. Diese gewaltige Leistung wird zwar ausnahmslos von allen gewürdigt, doch die ihr zugrunde liegende geistige Haltung, ohne die sie nicht zu denken wäre, von den überschwenglichen Befürwortern der Damaskenischen Arbeitsweise völlig ignoriert.

Gerade diese Voraussetzung tritt später in den Hintergrund bei denen, die auf die Leistung der großen Väter mit Ehrfurcht blicken und sie zu unantastbaren Autoritäten erklärten. Kyrillos von Alexandrien (gest. 444) und Theodoretos von Kyrrhos (gest. um 466) sind die letzten großen griechischen Kirchenväter und Ausläufer der zwei dominierenden Richtungen im Ausbau eines theologischen Systems, der alexandrinischen und antiochenischen Theologenschulen. In der nachfolgenden Zeit gelten neben den Kappadokiern Basileios dem Großen, seinem jüngeren Bruder Gregorios von Nyssa und seinem Freund, dem Theologen Gregorios von Nazianz, die als Hüter der Orthodoxie gefeierten Athanasios und Kyrillos von Alexandrien sowie der größte Prediger der griechischen Kirche, Johannes Chrysostomos, als die Autoritäten, aus denen man schöpft und auf die man sich bei den theologischen Auseinandersetzungen beruft.

Bereits bei Kyrillos von Alexandrien beginnt das Rückblicken auf das Erbe der Vergangenheit der »königliche Weg« der griechischen Theologie zu werden, die eine Absicherung der Orthodoxie durch eine »Papageientheologie« erhoffte. Die literarische Tätigkeit der späteren Kirchenväter besteht hauptsächlich in der Erhaltung des überlieferten Gedankengutes, das sie als einen kostbaren und ehrwürdigen Schatz aufzubewahren versuchen. Sie meiden die Beschäftigung mit neuen Problemen, statt dessen bearbeiten sie die schon aufgeworfenen und suchen die Antwort auf neu entstehende Fragen in der Vergangenheit. Denn es herrschte die Ansicht, daß die Väter nichts Notwendiges ausgelassen oder übersehen hätten.
Zu einer Zeit, in der im Westen eine schöpferische und dynamische Theologie, die ihren Anfang den Griechen verdankte, mit Augustin an der Spitze entstand, fühlten sich die Griechen nach einem in der Tat fundamentalen Beitrag zur Formulierung und Gestaltung des christlichen Glaubens bereits am Ziel, das es nun nicht mehr aus den Augen zu verlieren galt. Für sie brach die Epoche des Traditionalismus an, der sich von der Traditionsverbundenheit und -verpflichtung der großen Väter dadurch unterscheidet, daß die Theologie fast ausschließlich von den Vätern der Vergangenheit lebt, die sie übermäßig bewundert und in mannigfacher Weise immer wieder zu Wort kommen läßt und dies als den besten Dienst an der Orthodoxie sieht. Zeuge dieser Tendenz sind die Florilegien, d. h. Sammlungen von Zitaten, die nach Bedarf zusammengestellt oder als Beweismittel Abhandlungen beigegeben wurden. In diesem Sinne versteht Damaskenos die Väterzeugnisse, die er seinen Schriften beilegt: Imag. I, 28–65; II, 24–68; III, 43–116; Jacob. 89–129; Trisag. 7,34–25,31. Ieiun. PG 95,64.
Das hat aber an sich nichts mit einer Selbstzufriedenheit zu tun, sondern mit einem kirchlichen Pflichtbewußtsein, das infolge politischer, kultureller, soziologischer und religiöser Umstände zu einer Sakralisierung der kirchlichen Tradition führte.
In der ersten Hälfte des 8. Jahrhunderts, in der Damaskenos wirkte, wurde die Ostkirche durch tiefgreifende Ereignisse erschüttert. Politische Umwälzungen, geistige und soziale Krisen haben ihre Spuren auch in der Kirche und Theologie der Zeit hinterlassen. So haben z. B. die kriegerischen Angriffe auf Byzanz nicht nur das Reich geschwächt und in Unruhe versetzt, sondern auch orientalische Einflüsse mit sich gebracht, die auch in den dogmatischen Auseinandersetzungen unverkennbar sind, wie der Ikonoklasmus exemplarisch dokumentiert. Der Kampf um die Ikonen, deren Verehrung Damaskenos standhaft verteidigte, stellt auch einen komplexen kulturellen, soziologischen und machtpolitischen Vorgang dar, der daher nicht nur mit theologischen Argumenten ausgetragen wurde.
Doch die Hintergründe für die Entwicklung einer Theologie, die zunehmend in Väterautoritäten flüchtete, liegen in der Kirche selbst. Die Angst der Kirche vor der Häresie, mit der sie in ständigem und zeitweise existentiellem Kampf stand,

führte zum Traditionalismus, der mit der Zeit ein ebenso großes Übel wie eine seiner Ursachen, eben die Häresie, wurde. Die Systematisierung des immer größer und komplizierter werdenden literarischen Erbes wurde als die beste Abschirmung gegen die Häresie und damit als die einzige Aufgabe der Nachkommen gesehen. So entstand eine im wesentlichen von Autoritäten der Vergangenheit lebende Theologie. Der Traditionalismus gewann allmählich so sehr an Boden, daß später niemand den Mut hatte, etwas Neues zu sagen, auch wenn er die Fähigkeit dazu besaß. Der Eifer – vor allem der Mönche – für die Orthodoxie, der selbst auf das Volk übertragen wurde und mit Unwissenheit und Angst vor dem Neuen verbunden war, hat dann den Ausschlag gegeben, daß eine gegen diese sakralisierte Tradition gerichtete Entwicklung unmöglich wurde.

Dieser Konservierungsprozeß, der zur Zeit des Damaskeners ein schon längst gefestigtes System darstellte, wurde auch von einer anderen Seite, dem Staat, vorangetrieben, der in der Stärkung des Traditionalismus eine bedeutende Rolle spielte. Die Spalterei der Häresie hatte in Byzanz nicht nur auf die Kirche, sondern auch auf den Staat ihre negativen Auswirkungen gehabt, so daß die dogmatische Einheit auch aus politischen Gründen erstrebt wurde. So erfolgte der erste politische Schritt zur Bildung des Traditionalismus durch den Kaiser Theodosios I. (379–395), der die Orthodoxie mit allen Kräften förderte. Kennzeichnend dafür sind zwei Edikte: das vom 28. Februar 380, das alle Völker des Reiches zum rechten Glauben anhielt, wie ihn der Apostel Petrus den Römern überliefert habe und jetzt die Bischöfe Damasus von Rom und Petrus von Alexandrien bewahrten (Cod. Theod. XVI, 1, 2), und das vom 30. Juli 381, in dem Theodosios eine Reihe von Bischöfen nannte, die als Norm des rechten Glaubens gelten und an denen die übrigen sich orientieren sollten (ebd. 3).

Progressive Theologie und jede dazu führende Autorität waren verdächtig und unerwünscht. Die Besiegelung dieses Zustandes erfolgte durch den neunzehnten Kanon der Konstantinopeler Synode von 692, der bestimmte, die Grenzsteine der Tradition nicht zu übertreten, sondern die Schriften der orthodoxen Väter als Quelle für die sichere Interpretation der Lehre der Kirche und darüber hinaus für die Antwort auf entstehende Fragen zu benutzen und auf die eigene Spekulation zu verzichten (Mansi XI, 952 Cf.). Wie ein roter Faden geht durch alle Schriften des Damaskeners die alttestamentliche Devise: »Verschieb nicht die alte Grenze, die deine Väter gesetzt haben« (Spr. 22,28; vgl. Expos. 1,27; Imag. I, 22,13f.; II, 12,43–47; III, 41,3–13; Jacob. 28,4f.).

In diesem Zusammenhang erscheint auch das gewaltsame Vorgehen gegen die heidnische Philosophie als verhängnisvoll, denn damit wurde eine wichtige geistige Kraftquelle ausgeschaltet; ungeachtet dessen, daß gewiß nicht Justinianos I., der 529 die Vorlesungen in Philosophie und Recht in Athen verbot, den entscheidenden Schlag gegen die Philosophie geführt hat. Schon zu einer Zeit, in der die Väter mit Hilfe der griechischen Philosophie erstaunliche geistige Leistungen vollbrachten, wurde bei den Philosophen ein immer stärker werdender

Verzicht auf selbständiges Denken verzeichnet. Die reproduzierende Literaturform, die Florilegien, kamen wie bei den Kirchenvätern auch bei den heidnischen Philosophen immer mehr zur Geltung. Sie boten nicht etwas Neues an, sondern machten nur das überlieferte Gedankengut leichter zugänglich, wobei der unmittelbare Kontakt zu den Schriften der großen Philosophen allmählich verloren ging.

Diese Philosophie konnte gewiß der Theologie kaum neue Impulse vermitteln, doch durch den Gewaltakt des Kaisers, der jedem »Hellenen« die Lehrtätigkeit verbot (Cod. Just. I, 11,10,2), schwand die Möglichkeit des freien Philosophierens und Spekulierens dahin. Es mutet wehmütig an, daß daraufhin der letzte Scholarch der Platonischen Akademie, Damaskios, und sechs andere athenische Philosophen veranlaßt wurden, Byzanz zu verlassen, um für einige Zeit am Hof des neuen persischen Großkönigs Zuflucht zu suchen.

Das bedeutet für die Philosophie das Ende ihres selbständigen Daseins, denn sie konnte nur im christlichen Gewand fortleben. Sie wurde mehr und mehr von der christlichen Spekulation absorbiert, in der sie einen neuen Sinngehalt erhielt. Die profane Philosophie, die seit Herakleitos als die Wissenschaft gilt, die sich mit Denkgesetzen und Grundfragen der Welt und des Lebens befaßt und als Ziel die Wahrheitsfindung hat, erhielt bei den Vätern auch einen neuen Sinn, indem sie die Wahrheit als gegeben nahmen. Es galt nun, sich zu ihr zu erheben, um ihrer teilhaftig zu werden. Damaskenos dokumentiert exemplarisch diese Entwicklung, indem er sich in seinen »Philosophischen Kapiteln« vorwiegend an die klassische Philosophiedefinition hält, während er in den theologischen Schriften im allgemeinen das neue Philosophieverständnis gelten läßt. Dieser Wandel bedeutet prinzipiell nicht unbedingt eine Abwertung des klassischen Philosophiebegriffes, wie man gewöhnlich diese Entwicklung versteht; das Abträgliche in dieser Geisteshaltung besteht nur in der vernichtenden Gefahr für das geistige Leben, wenn alles durch administrative Maßnahmen auf eine Bahn gelenkt oder gezwungen wird.

Gerade die östliche Theologie im engeren Sinn (Lehre von Gott) und die Mystik fanden in der Philosophie bzw. im Platonismus und Neuplatonismus ausgezeichnete Wegbereiter des meditativen und mystischen Durchdringens des übersinnlichen Göttlichen, das, wie bereits Platon formulierte, undefinierbar ist: »Es gibt keinen Namen für es [das Einsseiende], keine Erklärung, noch auch irgendeine Erkenntnis, Wahrnehmung oder Vorstellung ... Es wird also nicht benannt, nicht erklärt, nicht vorgestellt, nicht erkannt, noch auch etwas, was es an sich hätte, wahrgenommen“ (Platon, Parm. 142a). In auffällig ähnlicher Weise, jedoch ohne völlige inhaltliche Übereinstimmung, bemerkt Damaskenos, indem er auf eine inzwischen zum Topos entwickelte Auffassung der Väter zurückblickt: »Das Göttliche ist unendlich und unfaßlich, und das einzige, was in ihm faßlich ist, ist seine Unendlichkeit und Unfaßlichkeit« (Expos. 4,32f.). Die apophatische Theologie, die für die griechischen Väter und die Osttheologie

überhaupt charakteristisch ist, schloß formal an die philosophische Erkenntnisproblematik des Platonismus an, auch dann, wenn die Philosophie, d. h. die reine Apodeixis des Artistoteles, zurückgewiesen wurde.
Auf dem Wege des Neuplatonismus fand jedoch später bei den griechischen Vätern auch Aristoteles Eingang, vor allem als es darum ging, die trinitarischen und christologischen Glaubensinhalte, worin die Terminologie vorwiegend aristotelisch war, systematisch darzulegen. Die aristotelischen Gesetze des diskursiven Denkens bildeten sodann die Grundlage bei der Abgrenzung gegen die Begriffsverwirrung der Häretiker. So blieb zwar der Neuplatonismus die herrschende und in Form und Inhalt dominierende Philosophie der griechischen Väter, doch zu Beginn des 6. Jahrhunderts drang durch Leontios von Byzanz und später Maximos Homologetes das aristotelische Denksystem definitiv ein.
Im Fluß dieser theologisch-philosophischen Entwicklung kommt dann bei dem systematisierenden Versuch des Johannes Damaskenos, die orthodoxe Glaubenslehre zusammenzufassen und von den Häresien abzugrenzen, der Aristotelismus am deutlichsten zur Geltung, allerdings ohne eine Ablösung des Platonismus der früheren Kirchenväter, denen Damaskenos mit allen Kräften die Treue hält. Sein Hauptwerk, die »Darlegung des orthodoxen Glaubens«, geht zum größten Teil auf neuplatonisierende Väter zurück, die er themenweise benutzt. In der Gotteslehre liefern das Material merkwürdigerweise vor allem zwei Autoren, deren Werke unter der Fahne früherer Autoritäten liefen, des letzten großen griechischen Kirchenvaters, des Kyrillos von Alexandrien (Trin. PG 77, 1120 A – 1173 D), und des »Apostelschülers« Dionysios vom Areopag. Einen großen Einfluß haben auf das Werk des Damaskenos die Kappadokischen Kirchenväter des 4. Jahrhunderts, vor allem »der Theologe« Gregorios von Nazianz, ausgeübt, namentlich in der Trinitätstheologie, Christologie, Angelologie (neben Ps.-Dionysios), Sakramententheologie, und in der Kosmologie natürlich die Hexaemeros des Basileios. Die Anthropologie geht zum größten Teil auf den Bischof von Emesa, Nemesios, zurück, der die erste christlichphilosophische Anthropologie verfaßt hat. Drei weiteren großen Theologen ist Damaskenos stark verpflichtet, Athanasios von Alexandrien in der Trinitätstheologie sowie Kyrillos von Alexandrien in der Christologie und Trinitätstheologie und schließlich Maximos Homologetes in der Christologie. Am stärksten jedoch sind Bibelzitate vertreten, durch die die der griechischen Philosophie entnommene Terminologie der Väter und Konzilien ein biblisches Fundament erhält. So erweist sich die Damaskenische Vätertheologie nicht, wie so oft der Vorwurf gegen die Kirchenväter lautet, als eine griechische, sondern als eine biblische Theologie.
Auch in dieser Hinsicht ist Damaskenos ein exemplarischer Zeuge der Patristik, in der gewiß nicht eine Hellenisierung des Evangeliums erfolgte, sondern eine Verchristlichung der griechischen Philosophie. In seinen Vorlagen fand allerdings Damaskenos die griechische Philosophie christianisiert eingebaut vor.

Johannes von Damaskus

Daher kann man ihn nicht zum Schüler der Kappadokier und des Aristoteles erklären (Chevalie, 10) oder von einer »Verchristlichung« der heidnischen Philosophie durch Damaskenos sprechen (J. Gräf, Psychologie des hl. Johannes von Damaskus. Diss. phil. [Maschinenschr.] Köln 1923, 2), der am Ende einer langen Überlieferung stehe, verschiedene Gedankenbildungen überblickte und in seinem Bemühen, sie zu ordnen, die Aristotelische Dialektik heranziehe (E. Hammerschmidt, Einige philosophisch-theologische Grundbegriffe, in: Ostkirchl. Studien 4 [1955], 148f.). Die »Philosophischen Kapitel«, worin man an erster Stelle den Aristoteliker Damaskenos erblickt, der »in klarer, einfacher und methodischer Weise alles dies aus der aristotelischen Philosophie darlegt, was sich auf die Substanz, das Akzidenz, die Definition, die Unterteilung, das Genus und die Spezies bezieht« (Matsoukas, 267), dürften endlich nach ihrer eingehenden quellenkritischen Untersuchung durch G. Richter nicht weiterhin durch einen oberflächlichen Vergleich mit den Kategorien des Aristoteles als Beleg für den »Aristotelismus« des Damaskeners angeführt werden. Dessen ungeachtet bleibt die Tradition einer bestimmten theologischen Schule von Damaskenos-Enkomiasten ungebrochen, die eine überschwengliche Einschätzung der philosophischen und theologischen Bedeutung des Damaskeners liefern.
Zudem ist es nicht so, daß Damaskenos die Dialektik als das aristotelische Organon benutzt, mit dem er die orthodoxe Theologie von der Häresie abgrenzt und systematisch darlegt (E. v. Ivánka, Plato Christianus, Einsiedeln 1964, 476), oder als eine »Einführung in die Darlegung der Wahrheiten des orthodoxen Glaubens« (P. Christou, Johannes Damaskenos [griech.], in: Threskeutike kai ethike enkyklopaideia, 1222f.), sondern sie bildet bei ihm ein Vorfeld, in dem er einige in der Theologie und Philosophie angewandte Begriffe, über die Verwirrung herrschte, für sich erörtert, ohne Konsequenz und Vollständigkeit im Hinblick auf die theologische Anwendung. Er entwirft kein philosophisch-dogmatisches Handbuch, sondern er trägt alles Wissenswerte seiner Zeit zusammen, zu dem auch das intellektuelle Wissen gehörte (vgl. Dial. 1,2f.). Diese Einschätzung läßt sich auch aus dem Brief Damaskenos' an seinen Adoptivbruder Kosmas, der Bischof von Majuma war, bzw. der Vorrede zu seinen »Philosophischen Kapiteln« ersehen, wenn er in klarer und schlichter Weise die Struktur seiner Trilogie »Quelle des Wissens« darlegt: »Zuerst werde ich darlegen, was an Wissen bei den Griechen das Beste ist ... Ich werde mir die Biene zum Vorbild nehmen und zusammentragen, was zur Wahrheit gehört ... Danach werde ich das Geschwätz der gottverhaßten Häresien durchschauen, damit durch die Erkenntnis der Lüge mehr zur Wahrheit gelangen. Schließlich werde ich ... die Wahrheit darlegen, die den Irrtum zerstört und die Lüge vertreibt« (Dial. Prooem. 43–57). Dieses Vorgehen war vor allem durch die aristotelisierenden Häretiker bestimmt, denen man mit den gleichen Waffen begegnen mußte, ohne Aristoteles wie einem dreizehnten Apostel zu folgen (vgl. Jacob. 10,13). Daß dabei logischerweise der Aristotelismus Bestandteil orthodoxer Theologie

wurde, wenn auch nicht, wie J. H. Waszink meint, »von hervorragender Bedeutung« (Aristoteles, in: Reallexikon für Antike und Christentum 1 [1950], 664), ist ein Tatbestand, den man nicht auf Grund von Unzulänglichkeiten des Damaskenischen Systems leugnen darf.
Gewiß kam Damaskenos in der Anwendung der aristotelischen Dialektik kaum über seine Vorlagen hinaus, die zu einem großen Teil aus einer Zeit stammen, in der die Theologie durch ihre Anlehnung an den Neuplatonismus und Ablehnung des Aristoteles gekennzeichnet ist. Insofern, d. h. vom Inhalt der Schriften her, ist es unmöglich, Damaskenos, der zudem sich selbst als Biene bezeichnet, die nur den Honig sammelt (Dial. Prooem. 49), oder als Geldwechsler, der nur echte Münzen annimmt (Expos. 90, 41), einem philosophischen System unterzuordnen, denn die Philosophie hat eine Dienstfunktion in seinem theologischen Werk (vgl. Dial. 1,57), in dem er verschiedenartiges Material, das auch in seiner philosophischen Prägung uneinheitlich ist, zusammenfaßt.
Wie sollte er auch die neuplatonisierenden Väter ohne ihren neuplatonischen Hintergrund sprechen lassen, d. h. die aristotelische Dialektik als Grundlage bei der Darlegung der dogmatischen Lehre benutzen, ohne die theologische Tradition zu brechen? Und dennoch durchbrach er die Tradition, ohne seine Devise, nichts Eigenes zu sagen, aufzugeben, indem er den Aristotelismus, der vor allem in der Trinitätstheologie und in der Christologie Eingang fand, nicht nur bei der Behandlung der entsprechenden theologischen Fragen übernahm, sondern als System in die Theologie einführte, wie es die »Philosophischen Kapitel« und die »Elementare Einführung« bereits durch ihre Existenz dokumentieren.
Insofern kann Damaskenos zweifellos als Vorläufer der Scholastik gelten, nicht jedoch, wie es exemplarisch für seine Bewunderer A. Tsirpanlis sieht: »Durch die Verbindung des Aristoteles mit dem christlichen Glauben hat der hl. Damaskenos der scholastischen Philosophie des Westens die fundamentalen Begriffe der Logik und Ontologie des großen Philosophen der Antike wie auch wichtige Elemente seiner Psychologie und Ethik bekannt gemacht« (Der Beitrag des Johannes Damaskenos zur Philosophie der Theologie [griech.], in: Aktines 21 [1958], 443). Der Einfluß des Damaskenos auf die Scholastik wird gewöhnlich in der älteren Literatur überschätzt (vgl. z. B. die Dogmengeschichten von B. J. Bach und A. Harnack), der sich allerdings auch noch die meisten jüngeren orthodoxen Theologen anschließen.
Die Scholastik, die durch die lateinischen Übersetzungen Zugang zu Damaskenos fand, wurde zwar in ihrer philosophisch-theologischen systematisierenden Tendenz ermuntert, doch ihr Weg zu Aristoteles und den griechischen Kirchenvätern ging gewiß nicht über Damaskenos, dessen Bedeutung mehr darin zu sehen ist, daß er, der von der Trennung zwischen Byzanz und Rom lebte, mit seiner in der Scholastik unbestrittenen Autorität eine formale Brücke zwischen Ost- und Westtheologie bildet. Allerdings nicht nur die Scholastik betrachtet ihn als einen authentischen Vertreter der griechischen Patristik, sondern auch die

moderne katholische und evangelische Theologie, die sich auf ihn berufen, wenn es darum geht, die Lehrkontinuität mit der alten Kirche aufzuzeigen.
Das gilt besonders für die Trinitätstheologie und Christologie, die die Eckpfeiler des dogmatischen Gebäudes des Damaskenos bilden, worauf er seine Soteriologie und vor allem Anthropologie aufbaut. Es ist bemerkenswert, daß Damaskenos in der Anthropologie der mittelalterlichen Denker des Westens als eine Hauptautorität galt, obschon die anthropologische Denkstruktur des griechischen Ostens mehr johanneisch, die des lateinischen Westens mehr paulinisch ausgeprägt ist. Diese Divergenz kommt bei der Einbeziehung des Damaskeners durch die Scholastik nicht zum Ausdruck, in der er als einer ihrer geistigen Vorläufer erscheint. Allerdings darf er nicht in seiner theologischen Betrachtungsweise als Schlolastiker gelten, denn seine literarische Hinterlassenschaft bestätigt nicht diesen durch die Scholastik vermittelten Eindruck. Deshalb konnte auch Gregorios Palamas (gest. 1359) sich bei der Auseinandersetzung mit der scholastischen Theologie auf Damaskenos stützen, der in der Auseinandersetzung mit der römisch-katholischen Kirche und Theologie, aber auch in der innerbyzantinischen theologischen Auseinandersetzung als Garant der Orthodoxie galt.
Doch nicht nur wegen des aus der gottbezogenen anthropologischen Betrachtungsweise resultierenden Charakters der Terminologie darf die Anthropologie des Damaskeners, der auch hier in der Vätertradition steht, nicht isoliert betrachtet werden, sondern auch wegen der Verquickung der Anthropologie mit der Theologie überhaupt. Die anthropologischen Begriffe sind vielfach in theologischen und vor allem christologischen Auseinandersetzungen geprägt, so daß man sich nicht nur, wenn ein unmittelbarer Bezug zur Christologie oder Theologie vorliegt, die parallele Problematik vergegenwärtigen muß, sondern auch dann, wenn nur vom Menschen die Rede ist. Andererseits muß anthropologisches Material auch dort gesucht werden, wo man es vielleicht nicht vermutet, denn wenn Damaskenos z. B. von den beiden Willen Christi spricht, greift er immer wieder auf den Menschen zurück, zumal er in seiner Anthropologie die christologische Problematik bzw. die Anwendung der Begriffe auf die Person Christi vor Augen hatte.
Dabei stößt man auf eine besondere Schwierigkeit, die durch die Verschiedenheit der von Damaskenos benutzten Schriften auftritt und die auch er selbst in seiner Arbeit erfahren haben muß, als er aus dem Dickicht der theologischen Überlieferung mit Geschick »die weit auseinanderliegenden und durchaus nicht immer homogenen Bausteine, die er zusammentrug, zu einem geschlossenen System ineinanderzufügen verstand« (Hoeck, 56). Allerdings muß man hier die Legende zerstören, nach der Damaskenos als Kenner der Gesamtpatristik eine direkte Auswahl aus den Schriften der Väter vornimmt.
Doch gemessen an den Idealen und Bedürfnissen seiner Zeit, in der nur eine bescheidene Zahl von Schriftstellern hervortrat – von Bedeutung sind außer

Damaskenos nur noch Anastasios Sinaites (gest. kurz nach 700), Germanos von Konstantinopel (gest. 733), Andreas von Kreta (gest. 740) und der Adoptivbruder des Damaskeners, Kosmas der Melode –, ist diese Leistung, die allerdings von Hoeck etwas zu hoch eingeschätzt wird, nicht weniger wertvoll als anderswo die Originalität, die man überdies Damaskenos nicht ganz absprechen darf, denn sein Hauptwerk, die »Quelle des Wissens«, stellt als Ganzes einen Versuch dar, für den er kein Vorbild hatte und der im Osten nicht mehr wiederholt worden ist.

Werke

Die Schriften des Johannes von Damaskos. Hg. v. B. Kotter. Berlin–New York 1969ff.
Von der geplanten achtbändigen Ausgabe ist erschienen:
I. Institutio elementaris. Capita philosophica (Dialectica). 1969.
II. Expositio fidei. 1973.
III. Contra imaginum calumniatores orationes tres. 1975.
IV. Liber de haeresibus. Opera polemica. 1981.
Als Gesamtausgabe immer noch J. Migne (Hg.): Patrologia Graeca, Bde. 94–96. Vgl. auch das Werkeverzeichnis bei G. Richter, 1982, 263–266.

Darstellungen

Bilz, J.: Die Trinitätslehre des hl. Johannes von Damaskus. Paderborn 1909.
Chevalier, C.: La mariologie de saint Jean Damascène. Rom 1936.
Hoeck, J. M.: Stand und Aufgaben der Damaskenos-Forschung. In: Orientalia Christiana Periodica 16 (1951), 5–60 (wichtig vor allem für die Frage nach der Echtheit der Schriften).
Kallis, A.: Handapparat zum Johannes-Damaskenos-Studium. In: Ostkirchliche Studien 16 (1967), 200–213 (nach Themen gegliederte Bibliographie).
Matsoukas, N.: Philosophie und dogmatische Lehre des Johannes Damaskenos [griech.]. In: Epistemonike epeteris tes theologikes scholes tou panepistemiou Thessalonikes 14 (1969), 251–324.
Nasrallah, J.: Saint Jean de Damas, son époque, sa vie, son oeuvre. Harissa 1950.
Richter, G.: Die Dialektik des Johannes von Damaskos. Ettal 1964.
Richter, G.: Johannes von Damaskos, Philosophische Kapitel. Eingeleitet, übersetzt und mit Erläuterungen versehen. Stuttgart 1982 (wichtig auch für die Lebensbeschreibung).
Rozemond, K.: La christologie de saint Jean Damascène. Ettal 1959.
Sahas, D. J.: John of Damascus on Islam. Leiden 1978.
Studer, B.: Die theologische Arbeitsweise des Johannes von Damaskus. Ettal 1956.

Die Autoren

Bartelink, Gerard (1924), Dr. phil., lehrt Altchristliches Griechisch, Altchristliches, Vulgär und Mittelalterliches Latein an der Katholischen Universität Nijmegen

Goosen, Louis (1925), Dr. theol., lehrt Alte und Mittelalterliche Kirchengeschichte an der Katholischen Universität Nijmegen

Haendler, Gert (1924), Dr. sc. theol. Dr. h. c., lehrt Kirchengeschichte an der Sektion Theologie der Wilhelm-Pieck-Universität Rostock

Hauptmann, Peter (1928), Dr. theol., lehrt Kirchengeschichte mit besonderer Berücksichtigung Osteuropas an der Westfälischen Wilhelms-Universität Münster

Hauschild, Wolf-Dieter (1941), Dr. theol., lehrt Historische Theologie an der Universität Osnabrück

Kallis, Anastasios (1934), Dr. phil., Dr. theol., lehrt Orthodoxe Theologie an der Westfälischen Wilhelms-Universität Münster

Lippold, Adolf (1926), Dr. phil., lehrt Alte Geschichte an der Universität Regensburg

Mayer, Cornelius (1929), Dr. theol., lehrt Systematische Theologie an der Justus-Liebig-Universität Gießen

Meer, Frits Gerben Louis van der (1904), Dr. phil., Emeritus, lehrte altchristliche Archäologie und Kunstgeschichte des Mittelalters an der Universität Nijmegen

Moreschini, Claudio (1938), lehrt Lateinische Literatur an der Universität Pisa

Mühlenberg, Ekkehard (1938), Dr. theol., lehrt Kirchengeschichte an der Georg-August-Universität Göttingen

Podskalsky, Gerhard (1937), Dr. phil., lehrt alte Kirchengeschichte sowie byzantinische und slavische Theologie an der Philosophisch-Theologischen Hochschule St. Georgen (Frankfurt/Main)

Raddatz, Alfred (1928), Dr. theol. habil., lehrt Kirchengeschichte und Christliche Archäologie an der Universität Wien

Smolak, Kurt (1944), Dr. phil., lehrt Klassische Philologie, Spät- und Mittellatein an der Universität Wien

Stockmeier, Peter (1925), Dr. theol., lehrt Kirchengeschichte des Altertums und Patrologie an der Ludwig-Maximilians-Universität München

de Vogel, Cornelia Johanna (1905), Dr. litt. et phil., Emeritus, lehrte Philosophie des Klassischen Altertums und Mittelalters an der Universität Utrecht

Vogt, Hermann-Josef (1932), Dr. theol., lehrt Alte Kirchengeschichte und Patrologie an der Eberhard-Karls-Universität Tübingen

Wyß, Bernhard (1905), Dr. phil., Emeritus, lehrte Griechische Philologie an der Universität Basel

Bildnachweis

S. 8: Basilius von Caesarea (329/330–379): Reproduktion aus: P. J. Fedwick (Hrsg.), Basil of Caesarea. Christian, Humanist, Ascetic. Toronto 1981

S. 24: Gregor von Nazianz (um 326–390): Miniatur aus einer griechischen Handschrift von ca. 1300 aus dem Nachlaß des Kardinals Johannes Stoichowitsch von Regusa. Codex AN I 8, fol. D^v. Öffentliche Bibliothek der Universität Basel

S. 56: Gregor von Nyssa (um 340–394): Handschrift des 9. Jahrhunderts. Graecus 510, fol. 71^v. Bibliothèque Nationale Paris

S. 64: Wulfila (307–um 383): Abbildungen entnommen aus: R. Henning, Ein Ulfilas-Stempel. Zeitschrift für deutsches Altertum 49, 1908, S. 147f.

S. 80: Theodosius der Große (347–395): Solidus, Gold, Münzstätte Constantinopolis 379/83. a) Vorderseite: Theodosius mit Diadem, in Panzer und Paludamentum; b) Rückseite: Constantinopolis. Die Umschrift Concordia Auggg. verweist darauf, daß zur Zeit der Prägung drei Augusti (daher drei g) herrschten. Hirmer Fotoarchiv, München

S. 96: Martin von Tours (316/317–397): Codex Ms fol. 113^r. Niedersächsische Staats- und Universitätsbibliothek Göttingen

S. 112: Ambrosius von Mailand (333/334 oder 339/340–397): Mosaik aus der Satyrus-Kapelle der Ambrosianischen Basilika in Mailand. Reproduktion aus: H. von Campenhausen, Lateinische Kirchenväter, Stuttgart 1960

S. 128: Johannes Chrysostomus (um 350–407): Ikone eines Sinai-Klosters. Reproduktion aus: E. Dinkler (Hrsg.), Kunst und Geschichte Nubiens in christlicher Zeit, Recklinghausen 1970. Verlag Aurel Bongers KG Recklinghausen

S. 160: Hieronymus (347–419): Miniatur des ottonischen Evangeliars aus Sankt Maria ad Gradus (um 1030), Erzbischöfliche Diözesan- und Dombibliothek Köln. Reproduktionsvorlage: Rheinisches Bildarchiv, Köln

S. 200: Aurelius Augustinus (354–430): Fresko, Lateran, 6. Jahrhundert. Reproduktion aus: J. Wilpert, Die römischen Mosaiken und Malereien der kirchlichen Bauten vom 4. bis 13. Jahrhundert. 4. Band, Tafeln. Verlag Herder, Freiburg 1924

S. 216: Nestorius (nach 381–um 451): Darstellung aus der St. Sozomenos-Kirche von Galata/Zypern. Reproduktion aus: Chr. Walter, L'iconographie des conciles dans la tradition byzantine, Paris 1970

S. 232: Cyrill von Alexandrien (375/380–444): Goldemailmedaillon, um 1100 (?), Pala d'Oro, Venedig, Schatz von S. Marco. Reproduktion aus: Lexikon der christlichen Ikonographie. Verlag Herder, Freiburg 1974

S. 240: Theodoret von Cyrus (um 393–458/466): Wandmalerei aus dem Bačkovo-Kloster, Bulgarien (1643). Reproduktion aus: Ivan Dujčev, Antike heidnische Dichter und Denker in der alten bulgarischen Malerei, Sophia 1978

S. 256: Boethius (um 480–525): Darstellung aus einer Handschrift des 11./12. Jahrhunderts. Madrid, National-Bibliothek; Nr. 10109, fol. 2. Reproduziert in: P. Courcelle, La Consolation de Philosophie dans la tradition littéraire, Paris 1967, Titelbild

S. 264: Justinian I. (483–565): Mosaik S. Vitale, Ravenna. Foto Alinari, Florenz

S. 280: Maximus Confessor (um 580–662): Reproduktion aus: Žitija Svetich za avgust. Beograd 1976, S. 223.

Die Ikone wurde von V. Lepur nach einem von dem byzantinischen Maler Manuēl Panselēnos (14. Jh.) geschaffenen Fresko im Prōtaton von Karyai (Athos) gemalt. Der griechische Text auf der Schriftrolle lautet in deutscher Übersetzung: »Die Seele ist vollkommen, deren Aufnahmevermögen völlig auf Gott gerichtet ist.«

S. 296: Johannes von Damaskus (um 680–750): Das Bild (Athen 1960, *»Astēr«*) ist entnommen dem Werk des neugriechischen Ikonenmalers Photios Kontoglou (gest. 1965). Kontoglou folgt dem Handbuch der Malerei vom Athos § 415.

Text der Schriftrolle:
Seekrank von Sturm der Lebenssorgen,
von den mitschiffenden Sünden versenkt
und dem seelentötenden Raubtier preisgegeben
wie Jonas, rufe ich Christus zu dir:
Aus der todbringenden Tiefe führe mich empor.

Text oben rechts:
Der heilige Johannes Damaskenos

Text unten links:
Durch die Hand von Photios Kontoglou 1945